工商管理案例丛书

战略管理案例精选精析

王海鉴 滕人轶等 编著

中国社会科学出版社

图书在版编目（CIP）数据

战略管理案例精选精析/王海鉴，滕人轶等编著.
—北京：中国社会科学出版社，2008.7
ISBN 978-7-5004-6997-1

Ⅰ.战… Ⅱ.①王…②滕… Ⅲ.企业管理—案例—分析 Ⅳ.F270

中国版本图书馆 CIP 数据核字（2008）第 085838 号

策划编辑　卢小生（E-mail：georgelu@vip.sina.com/georgelu99@yahoo.cn）
责任编辑　卢小生
责任校对　韩天炜
封面设计　高丽琴
技术编辑　李　建

出版发行	中国社会科学出版社		
社　　址	北京鼓楼西大街甲158号	邮　编	100720
电　　话	010-84029450（邮购）		
网　　址	http://www.csspw.cn		
经　　销	新华书店		
印　　刷	北京新魏印刷厂	装　订	丰华装订厂
版　　次	2008年7月第1版	印　次	2008年7月第1次印刷
开　　本	787×960　1/16	插　页	2
印　　张	21.5	印　数	1—6000册
字　　数	395千字		
定　　价	30.00元		

凡购买中国社会科学出版社图书，如有质量问题请与本社发行部联系调换
版权所有　侵权必究

《工商管理案例丛书》主编、副主编及编委名单

主　编：张岩松
副主编：栾永斌　刘淑茹　周瑜弘
编　委（按姓氏笔画为序）：
　　　　王　萍　王海鉴　包红军　刘　霖　刘淑茹
　　　　李　岩　赵　霞　张岩松　辛宪章　赵明晓
　　　　周瑜弘　姜雪梅　栾永斌　滕人轶

目　　录

总　序/1
前　言/1
绪　论/1

第一章　战略管理概述/49
　　案例1-1　德隆：折戟于战略缺失/52
　　案例1-2　澳柯玛失利引起的战略思考/55
　　案例1-3　长虹集团的战略管理/57
　　案例1-4　盛田昭夫：奇妙的"U"形线/61
　　案例1-5　新希望集团的发展轨迹/64
　　案例1-6　"今天你雅虎了吗？"/67
　　案例1-7　施振荣的宏碁之道/70
　　案例1-8　沃尔玛的中国战略/74
　　案例1-9　将幸运留给老天的"任天堂"/76

第二章　战略环境分析/82
　　案例2-1　长春电影制片厂的新生/91
　　案例2-2　传媒产业——民营企业经济的新舞台/94
　　案例2-3　亚马逊——拓展网上销售的新疆域/99
　　案例2-4　非常可乐的非常选择/108
　　案例2-5　福特汽车的外部环境分析/116
　　案例2-6　华凌的环保冰箱/124
　　案例2-7　TCL集团的发展及战略管理/130
　　案例2-8　格兰仕微波炉的战略/136
　　案例2-9　乐凯胶片在市场竞争中生存/138

第三章　基本战略的选择/144
　　案例3-1　贝塔斯曼（中国）发展战略/151
　　案例3-2　可乐双雄的战略选择/154
　　案例3-3　联想集团的战略发展/157

案例 3-4　从纸张到手机的故事/165
　　案例 3-5　华西集团的发展战略/172
　　案例 3-6　李嘉诚父子的胜利/174
　　案例 3-7　伊莱克斯中国战略转型/178
　　案例 3-8　吉列公司的差异化战略/186
　　案例 3-9　世纪转型之英特尔公司/190
　　案例 3-10　麦当劳的特许经营战略/193
　　案例 3-11　阿迪达斯与耐克——后来者居上/197
　　案例 3-12　奔驰与克莱斯勒的跨国合并/204
　　案例 3-13　本田之路/210
　　案例 3-14　搜狐公司的产权重组/214
　　案例 3-15　招商银行：创新出卓越/218

第四章　战略实施/223

　　案例 4-1　新惠普时代/231
　　案例 4-2　海尔集团的业务流程再造/249
　　案例 4-3　通用电气公司的战略实施/253
　　案例 4-4　康佳"驰名之路"/259
　　案例 4-5　虚拟经营之路：美特斯邦威演绎"空手道"/263

第五章　战略控制与评价/270

　　案例 5-1　摩托罗拉：敢问路在何方？/274
　　案例 5-2　IBM 公司战略的调整/283
　　案例 5-3　舒蕾的终端战略/286
　　案例 5-4　福特汽车：一个世纪的辉煌/292

第六章　综合案例/297

　　案例 6-1　宜家在中国/297
　　案例 6-2　微软公司成长的启示/309
　　案例 6-3　双汇 VS 雨润：品牌是这样生成的/315
　　案例 6-4　实施创新战略的三九药业/321

参考文献/332

总　序

作为与传统理论教学模式完全不同的管理类案例教学，在我国，是改革开放之后才迅速传播开来的。在传统的理论教学模式中，教师凭借粉笔和黑板做系统的讲解，通过教师的口头表达、板书、手势及身体语言等完成教学活动，这带有很大的局限性。这种教学模式缺乏师生之间、学生之间的交流，教师是这类活动的中心和主动的传授者，学生被要求认真倾听、详细记录和领会有关意图，是被动的接受者。因此，这种传统的教学模式应用于能力的培养上难以奏效，对独立思考能力日趋完善的新时代大学生来说，是很难激发其学习兴趣的，因此也难以更好地实现培养目标。

案例教学则完全不同，教学活动主要是在学生自学、争辩和讨论的氛围中完成，教师只是启迪和帮助学生相互联系，担当类似导演或教练的角色，引导学生自己或集体做分析和判断，经过讨论后形成共识。教师不再是这类教学活动的中心，仅仅提供学习要求，或做背景介绍，最后进行概括总结，绝大部分时间和内容交由学生自己主动地进行和完成。

不难看出，案例教学的首要功能，在于使学生通过个人和集体的讨论与分析，从案例情景中归纳出问题，找寻解决问题的方案及择优处理，最终领悟出适合自己个人特点的思维方法和逻辑推理，使得在今后的实践活动中，可以有效地运用这种逐步培育起来的思维方法和逻辑推理，来观察、分析和解决实际问题，从而使学生的相关能力得以培养和确立，并随今后工作实践的持续进行而日趋成熟和完善。

由张岩松等一批年轻教师新近编写的"工商管理案例丛书"——《战略管理案例精选精析》、《危机管理案例精选精析》、《企业文化案例精选精析》、《组织行为学案例精选精析》、《财务管理案例精选精析》、《国际贸易案例精选精析》和《经济法案例精选精析》，加上此前已经出版的《企业管理案例精选精析》、《市场营销案例精选精析》、《人力资源管理案例精选精析》和《公共关系案例精选精析》，这套丛书基本上涵盖了管理类专业主干课程的内容。这套丛书结合国内外企业管理的实践，从方便高校各层次工商企业管理类课程教学的角度出发选编案例，整套丛书的近800个案例涵盖了大量最新的企业信息，每个案例都具有很强的可读性、操作性、代表性和新颖性，真正做到了"精选"。

"工商管理案例丛书"每本书的绪论对案例的含义、类型、功能，特别是对案例教学的特点、过程及案例教学的组织等都做了各有侧重的分析和阐述。具体案例注重结合各管理学科通行的内容分章组织编写，在每章前先对本章的学科内容做了简要的阐述，帮助使用者把握基本管理原理和规律。在对每个案例进行分析和点评时，力求画龙点睛，对读者有所启迪，并在此基础上提出若干思考·讨论·训练题，供读者思考和作为教学之用，真正做到了"精析"。

这套丛书既可以作为管理类专业相应课程的教材单独使用，也可作为相应课程的教学参考书使用。我相信，这套"工商管理案例丛书"必将会推动我国高校管理案例教学的开展，对从事企业管理工作、企业管理教学和研究的人士也会有所裨益，有所启发。

武春友
2008 年 3 月 30 日

前 言

　　企业战略管理作为一门高度综合性的课程，有别于许多管理课程，如会计、财务管理、市场营销、生产管理、人力资源管理，它们只是非常狭窄地集中于某一领域，而企业战略管理跨越了公司经营和管理的整个范畴，重点是研究和解决企业长远性、全局性的战略管理问题，为企业高层决策者服务。

　　企业战略管理是一门新兴的管理学科，它的发展离不开市场经济的发展。战略管理从20世纪50年代的战略概念，到60年代的战略规划、70年代的战略热潮、80年代定位学派的形成、90年代资源学派的涌现，这一切都反映了企业发展的迫切需要。战略管理越来越受到企业的高度重视。

　　本书荟萃了国内外企业在战略管理活动中46个战略管理典型案例，主要涉及战略管理概述、战略环境分析、基本战略的选择、战略实施、战略控制和评价等方面。本书以大量翔实、生动的资料为读者展示了多幅精彩的企业实践画面，使读者举一反三，触类旁通。同时，为使读者对每个案例所阐述的问题有重点地了解，我们特地为每个案例配写了"案例分析"，并以"思考·讨论·训练"的形式，引导读者对案例进行进一步的分析。本书适合作为战略管理课程的教材使用，同时也可作为企业岗位培训教材和广大企业管理者的参考和借鉴。本书既是大中院校学生的良师益友，也是广大企业工作者颇有价值的参考读物。

　　本书在编写过程中，参考了许多资料，正是这些在战略管理领域里做出了开拓性贡献的学者、作者和实践者，为我们提供了许多智慧，本书的完成离不开他们的研究成果，在这里表示衷心的感谢。同时，感谢中国社会科学出版社卢小生编审的大力支持和关怀。

　　本书由王海鉴、腾人轶等编著，王海鉴编写了第一、第二章和第三章，腾人轶编写了第四章和第五章，包红军编写了第六章，张岩松编写了绪论部分。徐晋、李峰、吴淼、黄骥、陈永吉、郑洁、朱宇翔、张萃、李恩乐、丁薇、李勇、韩芳芳负责本书的文字录入和整理工作。

企业战略管理涉及的知识面广泛，发展迅速，由于编者水平有限，加上查阅论文、资料、调查研究不够，书中错漏之处在所难免，恳请广大同行和读者批评指正。

编 者

2008 年 3 月

绪　论

　　管理案例是在企业管理实践过程中发生的真实事实材料，这些事实材料由环境、条件、人员、时间、数据等要素所构成，把这些事实材料加工成供课堂教学和学生分析讨论所用的书面文字材料，就成为了管理案例。它是为了某种既定的教学目的，围绕一定的管理问题而对某一真实的管理情景所做的客观描述或介绍。管理案例教学既是对管理问题进行研究的一种手段，也是现代管理教育的一种方法，目前国内外已经有广泛的研究和运用。为了更好地实施案例教学，充分运用本套丛书，我们在此对管理案例教学的组织开展进行较全面的论述，希望对读者有所助益。

一、管理教学案例概述

（一）管理教学案例的由来

　　"案例"译自英文单词 Case，医学上译作"病历"；法学上译作"案例"或"判例"；在商业或企业管理学中，往往译作"案例"、"实例"、"个案"等。

　　案例教学法是指以案例为教学媒介，在教师的指导下，运用多种方式启发学生独立思考，对案例提供的客观事实和问题分析研究，提出见解，做出判断和决策，从而提高学生分析问题和解决问题能力的一种理论联系实际的启发式教学方法。

　　案例教学法的产生，可以追溯到古代的希腊和罗马。希腊哲学家、教育家苏格拉底，在教学中曾采用过"问答式"教学法，这可以被看作是案例教学的雏形。之后，希腊哲学家柏拉图继承了苏格拉底的教育思想，将"问答"积累的内容编辑成书，在书中附加了许多日常生活的小例子，一个例子说明一个原理，那些日常生活的小故事，就可被看作是案例。

　　在管理教学中采用案例教学法是 20 世纪初的事情。现代工商管理实务的出现呼唤着正规的学校管理教育。19 世纪 80 年代，首批商学院在北美出现，哈佛商学院是其中之一。1908 年，哈佛大学创立企业管理研究院，由经济学者盖伊担任首任院长。他认为，企业管理教学应尽可能仿效哈佛法学院的教学法。他称这种方法为"问题方法"（Problem Method）。在盖伊的策划下，邀请了 15 位商人参加哈佛"企业政策"一课，每位商人在上第一次课时，报告他们自己所遇到的问题，并解答学生们所提出的询问。在第二次上课时，每个学生须携带分析这些问题及解决这些问题的书面报告。在第三次上课时，由商人和学生一同讨论这些报告。这些报告，便是哈佛企业管理研究院最早的真实案例。1920 年，哈佛企业管理研究院第二任院长董翰姆向企业管理界募集到 5000 美元，请欧普兰德教授从事收集和整理制作案例的工作，这是哈佛企业管理研究院第一次由专人从事案例开发工作。这应当说是案例教学的雏形。同年，哈佛成立案例开发中心，次年出版了第一本案例集，开始正式推行案例教学。

到 20 世纪 40 年代中期，哈佛开始大力向外推广案例法。在洛克菲勒基金会赞助下，从 1946 年起连续 9 年，先后请来 287 位外校的高级学者参加他们的"人际关系"课的案例讨论，开始争鸣辩论。1954 年，编写出版了《哈佛商学院的案例教学法》一书，并出版了《哈佛案例目录总览》，建立了"校际案例交流中心"，对澄清有关概念、统一术语、就案例法的意义与功能达成共识，起了良好的作用。1955 年起，在福特基金会资助下，哈佛连续 11 年，每年举办为期 8 周的"访问教授暑期案例讲习班"，前后有 119 所院校的 227 位院长、系主任和资深教授参加，大大促进了案例教学在全美管理院校的普及。由此可以看出，案例教学在美国普及经历了近半个世纪的艰苦历程。首先在少数院校"开花"，再向四周逐步扩散；在有战略远见的团体的大力支持下，通过出书、编案例集、建立交流所、举办研讨班等措施，尤其是首先提高院系领导的认识，终于瓜熟蒂落，水到渠成。

从 20 世纪 50 年代开始，案例教学法传出了美国，加拿大、英国、法国、德国、意大利、日本以及东南亚国家都引进了案例教学法。50 年来，哈佛案例教学法被各大学接受，闻名全球，它设立"校际案例交换所"，从事国内以及世界各大学所制作的案例交换工作，每年投入巨额资金开发案例，同时案例的交流也使它每年获得 2000 多万美元的收入。

我国管理教育与培训界开始接触到案例教学起自 20 世纪 80 年代。1980年，由美国商务部与中国大陆教育部、经贸委合作，举办"袖珍 MBA"培训班，并将中美合作培养 MBA 的项目执行基地设在大连理工大学，称"中国工业科技管理大连培训中心"，由中美双方教师组成案例开发小组，到若干个中国企业编写了首批用于教学的中国案例，并编写了《案例教学法介绍》一书和首批 83 篇自编的中国管理案例。此后数年，部分高校及管理干部培训机构开始陆续试用案例教学，全国厂长统考也开始有了案例题。

1986年春，在国家经委支持下，大连培训中心首次举办了为期两周的案例培训班，这种新型教学方法与思想引起几十位参加者的极大兴趣。在大家倡议及国家经委的支持下，同年底在太原成立了第一个国内民间的专门学术团体"管理案例研究会"，次年开始办起了"管理案例教学研究"的学术刊物，余凯成教授任会长和刊物主编，他主持和出版多部案例教学法的译著与专著。

中国台湾地区较之大陆地区更早地开展工商管理教育，自20世纪70年代起，先后有司徒达贤、陈万淇、刘常勇等学者，力主和推荐个案教学法，并编写出版了《企业个案集》（熊祥林主编）、《台湾本土企业个案集》（刘常勇主编）供教师学生使用。此外，要学好案例，对师生的要求都很高，学生得认真准备，积极参加小组和班级讨论，查阅参考文献，构思和拟写发言提纲，这当然比带上笔记本就去听课要难多了；对教师来说更是如此，案例的课堂讨论中将会发生什么情况，很难预计，这次班上出现这种情况，下一次虽讨论同一案例，却可能出现另一情况。冷场了怎么办？出现僵局怎么办？……有点防不胜防，所以，教师备好一堂案例课所花工夫，常远胜于准备一堂讲授课。

总之，案例教学确实是适合管理教育与培训特点的一种十分有效而独特的管理教学方法。

（二）管理教学案例的特征

1. 鲜明的目的性。这里所说的目的是教学目的，它有两层含义：一是狭义的目的，是指通过对案例的分析，让学生验证、操习和运用管理的某些概念和方法，以达到学生能深刻领会、掌握、提高这些知识和技能的目的；二是广义的目的，这与工商管理教育的基本目标——重在能力培养是密切联系的。这包括未来管理者应具备学习能力（快速阅读、做笔记、抓重点、列提纲、查资料、演绎和归纳等）、人际交往能力（口头和书面表达、陈述见解与听取意见、小组交流沟通等）、解决问题能力（发现和抓住问题、分清轻重主次、分析原因、拟订各种解决问题的措施等）。

2. 高度的仿真性。教学案例是在实地调查的基础上编写出来的实际案例，这种实际案例具有典型性、代表性、非偶发性，这是案例的关键特征。在案例设计中，其问题往往若隐若现，提供信息并非一目了然，有关数据需要进行一定的计算、加工、推导，才能直接用案例进行分析。案例通过模拟显示社会经济生活纷繁复杂的"迷宫"以及"陷阱"，目的是训练学生通过对信息的搜集、加工、整理，最终获得符合实际的决策。

3. 灵活的启发性。教学案例必须设计一定的问题，即思考题。其中有的问题比较外露，有的比较含蓄，但通常是显而不露，留待学生去挖掘。案例中设计的问题并不在多，关键是能启发学生的思考。案例提供的情况越是有虚有实，越能够诱人深入，从而给学生留下充分的思维空间，达到最佳的学习效果。

4. 相当的随机性。管理教学案例的侧重点是介绍真实的管理情形，这种情形中包含了许多对解决问题的思路、途径和办法所做的评论；或者案例对问题的解决只字不提，由学生去观察、挖掘、分析，提出自己认为合适的、满意的解决办法和方案。

（三）管理教学案例的类型

案例可以按不同的角度划分类型。如按篇幅长短，可分为短、中、长、超长四类。短篇案例，通常指2500字以下的；中篇案例指在2500~5000字之间的；长篇案例指超过5000字的；除此以外，将超过万字的案例称为超长型案例。以传载形式看，可以分为书写案例、影像案例、情景仿真案例以及网络上使用的用于远程教育或其他形式的案例。若按编写方式，则可分为自编、翻译、缩删、改编等类。从案例的专业综合程度看，则可分为单一职能性的（如生产、财务、营销等）与跨职能综合性两类。按案例间关系，又可分为单篇独立型与连续系列型两类等。应当指出，这些分类方法都不可能划分得很明确，其中必有些中间性混合过渡的情况。比较有用的分类法，是按案例编写方式和学习功能的不同，将管理案例分为描述性管理案例和分析判断性管理案例。

1. 描述性管理案例。它是指通过调研工商企业经营管理的整体问题或某一部分问题（包括成功的经历和经验与失败的过程和教训），具体地、生动地加以归纳描述，这类案例的最大特点是运用管理实践的事实来印证管理基本理论与方法，人们通过这类案例的分析能够获得某种经验性的思维方式。最为典型的是，中国管理科学院采取"企政研"三位一体相结合的方式撰写的《中国企业管理案例库》。现实中，人们常常把描述性案例与实例混为一谈，实际上，它们之间既有联系又有区别。案例必须是实例，不是实例就不是案例，但实例又不等于案例，而这之间主要区别在于两方面：一是描述性管理案例是管理实践的一个全过程，而实例可以是管理实践过程中的某一个侧面或一个环节；二是描述性案例通常有解决某一问题（决策、计划、组织等）的所有基本事实（人、财、物、时间、环境、背景等）和分析过程，而实例往往仅是表达某一问题的解决方法和运用某种方式的效果。描述性案例更多的是写拟订好的方案，很少叙述执行结果，一般也不进行总结和评价,以给读者留下更多的思考空间。很显然,描述性案例应属于管理教学案例法的范畴,而实例只能属于课堂讲授教学法范畴。

2. 分析判断性管理案例。这类案例是通过描述企业面临的情况(人、财、物、时间、环境等)和提供必要的数据,把企业决策所面临的各种环境、因素问题及意义写成书面材料,使学生身临其境。现在翻译出版的西方管理案例书中,许多都是这类判断性案例。这种案例的编写像录像机一样将企业面临的全部景况从不同侧面实录下来,然后整理成文字数据资料,搬到课堂,供学生分析研究,帮助企业决策。这类案例最接近企业实际,它往往是主次方面交叉,表面现象与实质问题混淆,数据不完整,环境不确定,人们观察与思考具有多维性。由于判断性案例存在着描述企业实际状况方面的非完整性、解决问题途径的多元性和环境因素模糊以及未来发展的不确定性等问题,所以这都给在传统学习模式熏陶下的学生分析研究和在传统教学思维惯性中的教师用管理理论方法来组织引导学生对案例进行分析讲解带来了较大困难。但是,如果我们跳出传统思维方式的窠臼,把案例教学作为培养学生的感觉能力、反应能力和思维能力,以及对案例中企业面临的问题或机遇的敏感程度,对企业内外环境因素所发生变化的对策思路,的确是很有好处的,因为它能增强学生独立判断企业问题或机遇的能力。通过这类案例分析和讨论,还能增强教师和学生的思维、逻辑、组织和归纳能力,并摆脱对权威教科书理论或标准答案的心理上的依赖。而这一切对学生今后迈向真正的企业经营管理实践是大有裨益的。因此这种案例无疑是最典型的,它是国外案例教学的主流。

(四) 管理案例教学的作用

管理案例教学的过程具有极为丰富的内容,它是一个学知识、研究问题和进行读、写、说综合训练的过程,这一过程有着重要的作用。

1. 帮助学生建立起知识总体,深化课堂理论教学。一个管理专业的学生按其专业培养计划要求,需要学习的课程较多,除管理专业课外,还要学习诸如会计、统计、财务、金融、经济法学、经济学和哲学等课程。正是这众多的课程构成了学生必要的知识结构,形成一个知识的总体。但是,在教学过程中,分门别类地开出这些课程,出于种种原因,仅依靠课堂讲授,学生总难以把握各门课程之间的内在联系,因而难以形成自己的知识总体。知识的总体建立不起来,也就表明一个学生所获得的知识还是零散的、死板的,是解决不了现实问题的一些知识碎片。在现实社会生活中,书呆子正是这种情况及其危害的生动说明。管理案例分析在帮助学生建立知识的总体结构方面,具有特殊的功能。因为要对一个现实的、活生生的管理案例进行分析,势必要运用各学科的知识，使其相互渗透，融会贯通，否则，就难以分析说明任何一个问题。而且，正是在这种案例的分析说明中，使得分析者头脑中原来处于分割状态、零散状态的知识，逐渐实现了有机结合，形成了知识的总体，表现分析和解决问题的一种能力。很显然，管理案例分析不是理论学习的中断，而是学习的深入，只是这种学习具有很强的针对性，它致力于实际问题的分析和解决。因此，对深化课堂理论教学起着十分重要的作用。

2. 增强学生对专业知识的感性认识，加速知识向技能的转化。管理是一种特殊的复杂劳动，一个管理者仅仅会背诵几条管理理论，而没有判断实际事物的能力是不能解决问题的。正是出于这一原因，作为一个管理者就要特别注意对实际问题的研究，把握事物的个性特征。所以，在管理专业知识的教学中，增强学生对专业知识的感性认识，努力促使学生所学知识向技能转化十分重要。由于管理案例中一些典型素材源于管理实践，提供了大量的具体、明确、生动的感性知识，因此，管理案例的分析过程在丰富学生对专业知识的感性认识，培养学生洞察问题、发现问题和根据实际情况分析问题的实际技能等方面有着重要作用。

3. 推进"启发式"教学，提高教学质量。多年来，在教学上，我们都主张废除灌输式，提倡启发式的教学方法，而且，我们为此也做出了巨大的努力，获得了不少成功的经验。但是，我们过去的不少探索多是在课堂理论教学的范围内进行的，多是强调教师的努力，较少注意到发挥学生在这方面的积极作用。而管理案例分析的独到之处在于，它的教学阵地大大突破了课堂的狭小范围，并一改单纯由教师进行课堂讲授知识的传统形式，要求学生对一个个活生生的管理案例进行分析研究，并以高度的积极性和主动性在理论知识和实例的相互碰撞过程中受到启发，在把握事物内在的必然联系中萌生创见。很明显，案例分析的这种教学方式，对提高教学质量是大有好处的，它在教学领域里，对推动理论与实际的紧密结合和正确运用启发式教学等方面，将产生深远影响，发挥重要作用。

4. 培养学生分析和解决问题的能力，提高决策水平。在一定的意义上说，管理就是决策，而决策就是分析和解决问题的过程。所有案例都隐含着现实管理中的问题，案例将纷繁复杂的管理情景加以描述，以使管理者调动形象思维和逻辑思维，对其中的有关信息进行分类组合、排列分析，完成去粗取精、由表及里的加工过程，理出头绪，揭示问题的症结，寻求解决问题的有效方法。通过对案例情景中所包含的矛盾和问题的分析与处理，可以有效地锻炼和提高学生运用理论解决实际问题的能力。由于在解决案例有关管理问题的过程里，学生唱的是"主角",而教师只起辅助和支持的作用,因此,学生没有依靠,必须开动自己的脑筋,独立地走完解决问题的全过程。这样,经过一定数量的案例分析,能使学生摸索到解决问题过程中的规律,帮助他们逐步形成自己独特的分析和解决问题的方式方法,提高他们决策的质量和效率。

5. 提高学生处理人际关系的能力,与人和谐相处。管理是一种社会性活动,因此,管理的效果不仅取决于管理者自身的办事效率,而且还取决于管理者与人相处和集体工作的能力。案例教学在注重提高学生解决问题能力的同时,把提高处理人际关系和集体工作的能力也放在重要的位置上。要解决问题就必须与别人合作。在案例教学过程中,有许多群体活动,通过群体的互动,取长补短,集思广益,形成较为完善的方案。同时,同样重要的是,在讨论过程中,学生可以通过学习与沟通,体会如何去听取别人的见解,如何坚持自己的观点,如何去说服别人,如何自我指导与自我控制,如何与人相处。人们的思想方法不尽相同,思维方式各异,价值观念也不尽一致,在认识和处理问题上自然会存在分歧,正是在遭遇和处理分歧及人际冲突过程中,学生才能体会到如何理解和包容想法不同、观点各异的同伴,才能心平气和地与人合作,向他人学习并携手朝着共同的目标努力。

6. 开发学生的智能和创造性,增强学习能力。案例独具特色的地方,是有利于开发人的智能和创造性,增强人的学习能力。人的学习能力是分层次的,接受知识和经验是一个层次,消化和整合知识经验是另一个层次,应变与创新是更高层次。学习能力的强弱不仅体现在对理论知识的死记硬背和被动接受上,更为重要的是体现在整合知识和经验的能力上,以及适应不断变化创新的能力上。只有真正善于学习的管理者,才会知道自己需要什么样的知识和窍门,懂得更新哪些方面的知识,知道如何利用知识解决问题,达到既定的目标。

二、管理案例教学的组织引导

管理案例教学的组织引导,是教师在案例教学的课堂上自始至终地与学生进行交流互动,催促学生学习的过程。管理案例教学的组织引导是主持案例教学的重点和难点,它似一只看不见的手,对案例教学产生一种无形的推动作用,是教学成败的关键,作为实施管理案例教学的教师必须高度重视管理案例教学的组织引导。

(一) 明确教师角色

在案例分析中,教师与学生的角色关系有所转换,这具体是指在传统的课堂上，从讲授的角度来看，教师的活动似乎减少了。其实，就和演戏一样，这是前台上的表面现象，这并不能否定教师在教学中的重要作用。恰恰相反，在案例分析中，教师的作用非常重要，为了使案例分析课获得好的效果，教师总要煞费苦心、精心设计，这里我们不妨转摘一段一个学生有趣的谈话，来看看教师所耗费的苦心：

我头一回碰上大型综合性管理案例，是在上一门叫做"政策制定"课的时候。在这以前，我连什么叫政策也不清楚，跟大多数同学一样，头一回去上这课，可真有点紧张，生怕老师点到我。

一开始老师就正巧把坐在我身边的一位同学叫起来提问，我如释重负，松了一口气，暗暗地说：老天爷，真是福星高照，差点没叫到我！其实，那案例早就布置下来了。我也曾细细读过两遍，而且想尽量把分析准备好。可是说实话，我仍然不知从何下手，心中实在无底。

我身边那位同学胸有成竹，很快地解释起他所建议的方案来。讲了5分钟，他还滔滔不绝，看来信心十足。我们绝大多数同学都听得目瞪口呆，他真有一套！

又过了5分钟以后，他居然像魔术师似地拿出几张幻灯片，上台去用投影仪放给大家看，上面全是支持他论点的数据演算和分析，足足花了10分钟才介绍完。

老师既无惊讶之感，也没夸他，只是礼貌地向他略表谢意，然后马上叫起另一位同学："李××同学，请你谈谈你对王×同学的分析有什么看法？"我心想：真见鬼，难道老师真想让我们也干得跟王×一样好？

不用说，以后每来上课，同学们全把案例准备得十分充分。原来这种案例就该这样分析，我也能学会！大约一周以后，我可真有点想念王×来了。可是，自打头一课露过面以后，他再没露面。这是怎么一回事？

原来是老师要的"花招"，他让一位高年级班上的尖子生来放头一炮，向我们提供了一个案例分析发言的样板。我们知道后都叫了起来："咳，我说呢，他咋那棒！老师真鬼。"可是，老师的目的达到了，他已清楚地向我们表明了他眼里杰出的案例分析发言该是什么样子。虽然最后我们班没有谁撑上王×的水平，但我们心里已有了一个奋斗方向，用不着老师老来督促我们去向某种看不见、摸不着的目标努力了。

从学生的话中，我们可以看到，这个老师为了设计案例分析发言的"第一炮",他做了多么精巧的安排,费了何等的苦心,而正是这番苦心,使学生获得了具体的真实的楷模,有了可仿效的范例。不难看出,教师在这里扮演的是一个导演的角色,所起的是一个导演的作用,教师没有直接告诉学生应该怎样进行案例分析的发言,可是,他通过精心安排,使"第一炮"获得成功,让同学们明白了应该如何去做,这比直接讲授,效果要好得多,正如这个学生所说的,这是他们看得见、摸得着的目标。

在管理案例分析中,还有许多重要工作需要教师去做,比如,教学进度的确定,规范性案例的选择等。学生在案例分析过程中理论指导和能力的诱发,以及学生分析成果表述的评估和最后的讲评等,都离不开教师的辛勤劳动。具体来说,教师在案例教学中要承担如下角色:

1. 主持人。在案例教学过程中,教师首要的任务是向学生明确教学的内容以及把握教学行进的程序,并在整个课堂教学的过程中维持课堂秩序。具体来说,在教学的开始阶段,教师要像主持人那样引导学生进入学习状态,帮助学生明确教学目的,了解学习的程序、规范和操作方法。同时,还要提出明确的教学要求,编制教学计划和进度表,使学生心中有数,尽早进入学习状态。没有课堂秩序,就不可能进行真正的案例讨论,因此,教师还必须发挥主持人的角色作用,在教学过程中,控制发言顺序和学习进度,使讨论总是围绕一个问题或一定范围的问题进行,使课堂的发言在每一时刻只能由一人主讲,形成热烈而有秩序的讨论气氛。在讨论终结时,教师要发挥主持人的作用,无论对讨论的内容做不做评价,但有必要对讨论的全过程进行总结,使案例教学有头有尾,为学生的学习画上一个完满的句号。

2. 发言人。如果说教师对教学有控制作用,那就是对教学程序和学习大方向的控制,这是通过主持人角色实现的。在教学的具体内容上,教师发挥一定的"控制"作用。但这种"控制"完全不同于课堂讲授上教师发挥的作用。在讲授中的教师可以自己决定讲什么内容,讲多少内容,如何安排这些内容,不需要考虑学生的所思所想。而案例教学中教师的控制作用是通过发言人的角色发挥出来的。"发言人"是一个代表性人物,他的发言不能只代表自己,而要代表一个群体。教师的发言,需要反映学生群体的整体意见,也就是既不能是教师自己的,也不能是学生中个别人的,而是包括全体学生集体成果的思想和意见。当然,发言人不能有言必发,原样照抄,也不能任意取舍,随意剪裁,而是对学生的思想"原料"进行加工简化,对学生的发言做简要的总结和整理归类,有时还要从意思到言语上稍加修正,以求更准确、更科学地反映学生的思想。当学生不能形成统一的意见和共识时,教师还要综合各种不同的看法和决策，向学生做一个既有共性又包含特性的结论性交代。能否扮好这个角色，取决于教师的综合分析能力，以及思想整合能力。

3. 导演者。案例的课堂讨论虽然以学生为主体，但这并不等于完全放任自流，它实际上一直处于教师紧密而又巧妙的监控与指导之下。教师就像那未曾出现在舞台或屏幕之上但却无所不在的导演那样，发挥着潜在的影响力。教师通过导演的角色，使学生知道什么时候陈述自己的见解，什么时候评论他人的观点；教师通过导演的角色，无形规定着哪些学生发言，哪些学生不发言，哪些学生多说，哪些学生少说；教师通过导演的角色，影响全班的联动，同时也影响个人，对其进行个别辅导。导演角色的灵活度很大，同时难度也很大，扮演好这个角色，对教师的群体互动能力和临场应变能力要求很高。

4. 催化剂。催化剂是化学反应中帮助和加速物质变化过程的中间媒体，它本身不发生变化，但在物质的变化过程中却又离不开它。案例课堂上的教师像催化剂一样，促进着学生的讨论学习过程，否则就难以深入，难以取得预期效果。教师催化剂角色的发挥，就是帮助、启发学生，通过一个又一个的提问向学生提出挑战，促使他们思考，将问题由表面引向纵深，一步步地朝着解决问题的方向发展。为达到这个目的，教师会不断地提出这类的问题：这些方案的优点和缺点是什么？如果选择了这个方案将产生什么样的影响？会有什么反作用？有多大风险？必要时，教师还会主持一场表决，迫使学生做出自己的决策。同时，教师催化剂角色的发挥，还体现在促进学生相互交流沟通过程中。在学生交流过程中，发挥桥梁和穿针引线的作用，使各种思想相互撞击和融合，丰富教学的内容。要发挥好催化剂的作用，是很不容易的，需要悉心体会，不断摸索，长期积累，才可功到自然成。

5. 信息库。这不是教师的主要角色，但在某些情况下，特别是在进行"活案例"的教学过程中，这个角色的作用是必不可少的，甚至是非常重要的。在许多情况下，教师需要向学生适当地补充一些必要的信息，充作"提问"和"参考数据库"。在学生主动提出补充有关信息的要求时，教师就应该满足他们的要求。要发挥好这个角色，教师必须在备课时做好充分的材料和信息准备。

教师要自觉抵制诱惑，不能角色错位，充当自己不该扮演的角色：一是不当讲演者。高明的案例教学教师在课堂上往往是少露面、少讲话，他们只铺路搭桥，穿针引线，最忌讳经常插话，长篇大论，形成喧宾夺主之势。二是不当评论家。教师不要频繁地、急急忙忙地对学生的见解和活动横加指责和干涉，不要吹毛求疵，评头论足，只能适当地诱导和提醒。教师应当更精心备课，对将要做研讨的案例有深刻的认识,就案例中隐含问题的分析和处理对策有自己的见解。在课堂上,教师也应当在必要时为学生释疑解惑,以及在展开讨论的基础上适当予以归纳、评论。然而,不应忘却和违背"导引而非替代"的宗旨,切忌讲解过度。要致力于引导学生多想、多说,以收到激发思考,集思广益之效。古人说:"君子引而不发,跃如也"(《孟子·尽心上》),这对于成功的案例研讨是极为重要的。三是不当仲裁者。当学生之间产生争论时,不要马上出来评判是非,充当裁判员,教师见解未见得总是正确、全面的,不能总以"权威"自居,教师若妄下断语,实际上就终止了讨论。

(二) 做好教学准备

案例的教学准备是指在选择确定了具体案例之后,根据教学目标,就案例的内容、重点以及教学的实施方法等问题的酝酿筹划。

这些准备工作并不一定按照固定的顺序进行,通常应首先考虑教学目标,其次是案例内容,最后是实施方法,然后再回到内容和实施方法,如此不断地反复。对多数教师来说,课前的准备是不断地试验和纠正错误的过程,直到找出一种最适合自己的办法。

1. 案例内容的准备。以案例内容为主的准备工作包括了解案例的事实和对有关信息的透彻分析。教师对案例事实和数据越熟悉,在教学中就越主动。要避免出现在课堂上胡乱翻找关键的信息和统计数据的现象,所有重要信息都要做到信手拈来。不能因为以前教过了某些案例就认为掌握了这些案例,即使是教了十多遍的案例,也应该不断地翻翻这些案例,重视一下有关人物的姓名和职务,重温一下各种数据并记住在哪儿可以找得到。

除了对案例的情境有把握,教师还应对超出案例情节的相关情形进行了解,掌握更多的背景情况,争取对案例的内容有所扩展。这就要求教师不仅要研读案例,同时,还要阅读报纸杂志上的相关资料,并通过与相关人员谈话,积累丰富的相关的信息。

在案例内容的准备上,教学说明书或教学指导书有时会起更大的作用。通常,公开发表的案例教科书都伴有教学指导书或说明书。指导书的目的是为了帮助教师为课堂教学做准备,其主要内容一般包括识别案例问题、确定教学目标、建议的学生作业、在课堂讨论中可以提出的问题等。不同作者写的教学指导书都是为了某一特定的课程编写的。所以,每个教师在考虑使用一份教学指导书时,要看他的课程是否具备类似的条件。把某一环境中某一门课的一个案例搬到另一环境中的另一门课中往往很难取得理想的效果,需要教师认真把握。

2. 教学重点、难点的准备。由于教学的时间有限，因此，应该对案例中的重要议题做优先安排，根据教学的目标不同，教学重点也应有不同的侧重。有时，可以将重点放在传授知识、理解概念上，在这方面，其他教学形式也许更容易做到。案例教学特有的重点是对问题的识别与分析，对资料与数据进行分类与说明以及制定备选方案和决策。既可以是内容性的，也可以是过程性的，完全根据具体的需要进行选择和确定。在教学重点的准备过程中，必须考虑教学目标与学生特点等因素，避免凭教师的主观想象来确定教学重点，造成学生需要的没有作为重点，学生掌握不了的或已经掌握的，却被作为重点强调和发挥这样的局面。

3. 教学实施方法的准备。根据教学目标和教学重点，教师通常需要制定教学实施计划，明确一系列方法步骤。比如：教师希望课堂上发生什么？如何使其发生？讨论按什么顺序进行？是先做决策然后再分析，还是先分析再决策？案例的每一部分需要讨论多长时间？是对讨论进行控制，还是任其自由发展？以上所有问题都应在教学实施计划中做出回答。教学实施计划通常涉及预习思考题、课堂时间分配、板书计划及拟定提问学生名单等方面的问题。不同教师的课堂计划所包含的组成部分和具体内容不尽相同，其详细的程度也不一样，有的将其写在纸上，有的则存在脑子里。下面就以上几个方面的具体准备内容做一般性介绍。

(1) 布置预习作业。由于案例教学的特殊形式和作用，在案例教学前让学生进行课前预习非常必要。因此，给学生布置预习作业就成为案例教学的重要一环，也是教学实施准备的基础工作。在案例教学中，学生的预习作业主要包括：阅读案例及其参考资料和针对具体案例的思考题。为了促进学生的课前准备，教师可以要求学生就自己准备的案例写一份书面分析。预习作业中的思考题，通常隐含教师的教学意图，对学生的分析起着导向的作用，是非常重要的一个环节，它可以作为"引子"，是值得认真琢磨和探讨的问题。案例教学中没有一定要遵循的布置预习作业的准则，由于教学风格的不同和教学目标的特殊需要，教师可以灵活安排，随时调整。

(2) 课堂时间分配计划。为使教学时间得到有效利用，制定课堂时间分配计划是必要的，特别是对那些教学经验少的教师更是如此。课堂时间的分配计划不仅规定课堂上各种活动各占多长时间，而且还包括将讨论问题的顺序。从教学经验来看，时间计划既不能规定太死，也不能毫无限制，时间计划性太弱，可能使教学发生任意性，容易使教学偏离目标。

(3) 板书计划。课堂上的板书往往不为一般教师所重视，特别是在案例教学过程中，板书的书写更容易被当作可有可无、可多可少的，是一件较为随意的事情。然而，一些对教学有丰富经验的教师，则尤为重视板书的作用，他们在教学之前，刻意做板书计划，对那些重要问题和重要内容常做一些强调，加强对学生的引导。有的教师甚至会对哪些问题写在黑板的什么部位都做预先的规定，比如，将分析的内容写在左边，将建议的内容写在右边。许多包含重要内容和重要问题的板书，往往会从头到尾地保留在黑板上。这些板书，无疑会对学生有着非常重要的提示和指导作用，教师根据教学的需要，可随时将这些"要点"展示在学生面前，学生从这些"要点"中受到提醒，使其思考得以连贯，学到的概念得以进一步的强化。

(4) 拟定提问名单。为了提高课堂讨论质量，创造良好的教学气氛，在事先对学生有所了解的前提下，拟定一个提问名单，不失为一种好方法。提问名单没有固定的模式，一般可以包括如下一些思路：一是确保班上每一个人在课堂里至少有机会依次发言；二是找到那些与该案例特定情境有相关的技能和经验的学生，并予以重点考虑；三是当分析案例遇有较大困难时，要确保选几个，至少一个合适的学生来打破僵局；四是当课堂上没有人举手发言时，教师能有一个名单可用。制定提问名单同鼓励学生积极发言并不矛盾，即使名单上列出了某个学生，教师仍希望他们自己举手发言。关于教师应否使用提问名单，可以根据教学需要，自行处理。

(5) 课堂的课题引入与结束。如何使学生在案例教学中快速进入正题，如何使学生在讨论结束后有一个整合，这与课堂的开始和结束有很大的关系。好的开始是成功的一半。因此，教师需要就如何推动课堂讨论做认真的准备。好的教学需要找到合适的切入点，比如，如何引入案例，如何谈到所布置的阅读材料，如何就已布置给学生的思考题让其发挥。可供切入的点有许多，关键是要做到自然巧妙，能抓住学生的兴趣和注意力。同开始一样，一堂案例课的结束虽不是教学的主体，但却有独特的作用，是不可缺少的教学组成部分，形象一点地理解，可将课堂教学的结束看作"点睛"之笔，通过结束过程突出重点，使之显得有生气，这在很大程度上决定于如何去"点睛"，有的教师会对学生的活动进行总结，同时指出课堂讨论的优缺点；有的教师会既不总结也不评论，而把总结的任务留给学生独立完成。很难说哪种方法好，应根据实际情况而定。

4. 物质准备。在案例教学的准备过程中，往往容易被忽视，而又非常重要的是教学场地等物质设施的安排。物质性设施的准备是案例教学中的重要一环。教学之前，教师必须检查教室的布局是否利于学员参与学习，必须提供必要的条件，使教师能够迅速认识学员并使学员相互彼此认识，并保证和促进其交流与沟通。因此，明智的教师有必要在教室的物质性设施上动一番脑筋，下一番工夫。

理想的教室布局需要根据场地的形状、面积和学员人数进行灵活调整。因此，案例教学是不可能有固定教室布局的，但没有固定的布局并不意味着可以随意安排，而要遵循一定的原则。案例教学教室布局的原则主要有四条：一是要满足听与看的条件，即学员可以在任何位置上听到教师和其他学员的发言，不需移动位置就可以看到教师、写字板以及教室内设置的其他视听设备；二是要保证教师不受限制，可以走到每一个学员的位置前进行对话和指导；三是每个学员可以很便利地离开座位走到讲台前或其他学员的面前，进行面向全班的交流和学员之间面对面的交流；四是根据学员人数的多少，扩大或缩小课堂的沟通半径。

实际上，大多数大学和教育培训机构中的传统式教室（或许还应算上一些公共设施如酒店等的会议室）都是一间长方形的房间，室内一端放置有一个讲坛或讲桌，条桌和坐椅一排排地放置，布满全室。对于讲课这类单向沟通来说，学员的主要任务是聆听教师的讲解，这种布置方式是实用的。不过，这可能并不算是最佳的布局，因为后排的人往往很难看得见讲演者。但这是一种常规的布局方式。从案例教学的角度看，这种布局带来了不少困难。案例讨论要求的是双向沟通，这种布局方式使坐在后排的人发言时，只能面对前面各排同学的后脑勺，这很难实现流畅的双向沟通。对于坐在前面的学员来说，要他们扭过头去看着后排正在发表的同学，同样也非易事。从使用案例来考虑，这种布局对教师强调过多而对学员重视不够。

对于小组，使用案例的理想布局是一张完整的圆桌，坐椅呈环状布置。环状意味着全体参加者地位均等，平起平坐，大家的视线可以顾及每一个人，使组员得以面对面地沟通。环形布局有一些其他变化形式。例如，可以利用方形或矩形布局，也可以采用六边形或八边形布局，在参加讨论的人数不多的情况下，六边形和八边形或矩形更可取，因为这两者都能改善学员的视野，但随着学员人数的增加，以上这些布局开始显现出不足。桌子的尺寸总是有限的，人数增加，参加者之间的距离就会随之迅速增加，桌子中央的无用空间不但被浪费，而且还成了沟通的障碍。对于较大的组，就不能像小组那样安排，而需要采用其他布局方案。以半环形、好似台阶式的方式，用成排的坐椅布置出的各种形式，是较为理想的方案。坐椅最好是可移动的，或至少是可转动的，以便前排的学员可以轻易地转过身来，看见他们身后的学员。放在每位学员前面的课桌或条桌的大小，应不但能使人舒适，还能放置案例和参考材料，其尺寸不必太大，比正常的打印案例尺寸宽一点即可，大约30厘米是较适当的尺寸。

（三）积极组织引导

课堂组织和引导的效果是否理想，课堂引导的原则是否得到较好的体现，教师的角色和作用能否得到较好的发挥，不仅取决于教师主观刻意的追求，更紧要的是要具备较厚实的功夫，掌握并善于运用课堂组织引导的技能技巧。掌握了多种引导技能技巧，教师就能在课堂上进退自如，四两拨千斤；缺乏引导的技能技巧，就会面对复杂的教学环境，束手无策，难以驾驭课堂。课堂组织引导的技能技巧难以穷尽，何时何处在何种情况下采用何种技巧更难以在纸面上准确叙述，而是需要教师经过一段时间的教学实践，不断地探索和积累，才能有所把握。

1. 善于把握教学节奏。课堂引导就如同带一支队伍，教师要尽力做到出发时有多少人，到达目的地时还有多少人，也就是说，当学习的过程完成后，所有学生都能达到预期的学习目的。由于案例教学前后延伸的时间长，经历的环节多，特别是始终处在较开放的教学条件下，因此，不可能像讲座那样可以由教师直接操纵和控制，教学行进速度和节奏可以不受其他因素的影响，完全由教师一人决定。在案例教学过程中，难免会遇到节外生枝、偏离主题的情况，如不能及时予以处理，就会影响和分散一些学生的注意力，渐渐地会使有的学生"落伍"和"掉队"。因此，在总揽全局、整体把握的前提下，教师必须根据教学的具体进展情况，不断地进行"微调"。其中，合理地把握教学的节奏就是进行微调的一个关键技能，值得教师去细心体会和认真掌握。进度的跳跃，会破坏连贯思维，使学生产生困惑；进度缓慢，会淡化学习的兴趣，使学生产生懈怠情绪。所谓合理的节奏，就是快慢适度，松紧自如。调整进度，把握节奏，可以采取以下方法和技能：

（1）具备善于澄清学生意见和见解的能力。具备善于澄清学生意见和见解的能力才能及时避免观点混淆和学生间的误解。课堂交流的效果是好还是不好，首先体现在发言人是否准确地表达了自己的意见，听取发言的人是否完整地理解了发言人的意思，两者中有一方出了问题，误解就在所难免。因此，要使教学能有效地进行，教师就要从最初较容易出现差错的地方着手，帮助学生表达和理解。为此，教师可以运用一些操作性、实用性较强的问句去引导和澄清学生发言中需展开和完善的概念，或请发言的学生进一步解释说明自己的意见，或通过教师表述其意思，然后征询发言学生意见。澄清概念和观点，不仅可以及时增进师生以及学生之间在语言含义上的理解，提高教学效率，同时，还常常可以避免许多无意义的争论。当然，案例教学适度争论是必要的、有益的。但一旦争论超出了一定的限度，就会造成无意义的纠缠，甚至攻击。一旦达到了这种程度，争论双方都会置初始的概念和见解于不顾，掺杂许多个人情绪，不是为了辨明是非，而是为了争胜负。这时，通过澄清概念，可以把学生拉回到最初探讨问题的状态中去，从紧张和对立的情绪中摆脱出来。同时，在概念澄清过程中，往往还可以发现许多共同点，进一步增进理解。

（2）要检查认同程度、把握学习进度。由于学生在思维方式、表达习惯、理解能力、经验积累等方面存在着差异，对教学中遇到的问题和探讨的道理，有的学生可能理解和接受得快一些，有的学生则慢一些，要保持全体学生相对同步，教师有必要适时检查学生思想进度及对问题的认同程度，进而适度控制进展节奏，以免学生学习进度的差距拉得太大，妨碍广泛的思想交流，影响课堂的讨论交流效果以及学生的参与程度。因此，教师在课堂上要注意首尾相接，不断提出问题，了解学生是否将注意力放在了问题的主线上，并了解学生是否对有关问题有了相应的理解。一旦发现有学生走得太快，及时引导，使其适当地放慢进度；对跟不上的学生，则集中力量加以引导，使其加快步伐，同全班保持同步。在检查学生对问题的认同程度、学习进度的过程中，还有另一个问题值得注意，由于学生研究问题的兴趣不同，一些学生往往被枝节的问题所吸引，而分散了注意力。因此，教师要善于体察学生的思想动态和心理过程，及时发现偏离主题的情况并加以引导，把其注意力集中到关键的问题上来。

（3）要善于做好阶段性小结和总结。在课堂引导中，教学节奏的明确标志体现在阶段性的小结和最后的总结上。当教学的一项内容或一个过程完成时，往往需要进行小结，归纳阶段性的成果和收获，使学生对全班的学习成果有一个概要性的认识，并进行条理化、结构化，明确要点和重点，为进行下一步的学习和研究打下基础。因为案例教学是一个分析问题和解决问题的过程，只有一环扣一环地探索和铺垫，循序渐进地向前推进，才能形成有说服力的方案和解决问题的方法。值得教师注意的是，阶段性小结和最后总结的内容不是教师自己对问题的认识、分析和看法，而是就学生对问题的分析和看法的重点进行归纳。总结也不一定需要太长时间，5分钟可以，15分钟也行，只要把握住重点，提纲挈领地理出几条，即能达到目的，切忌在总结中大发议论，喧宾夺主，影响学生学习的主动性和积极性。

2. 进行课堂有效沟通。管理案例的课堂教学是师生之间、学生之间进行沟通，实现思想交流、达成共识、取长补短、相互学习的过程。课堂上教师的发言总量的多少、沟通时机的把握、沟通方式的运用等种种因素，都直接影响课堂引导的质量和教学效果。因此，课堂上的沟通能否有效，在很大程度上取决于教师的沟通技能与技巧。

（1）要给出明确的指导语。教师的主持人角色和发言人角色，具体体现在他对课堂活动所做的总体性和阶段性的安排及组织上。要发挥好这个作用，教师就要善于明确地、简要地将教学的目的、程序、方式、方法等向学生交代清楚，使学生能够尽早地在教师确定的规则下形成自组织状态。所谓自组织状态就是学生不需要教师的介入，自行组织进行教学活动的状态。指导语在案例教学中，是教师向学生进行授权，帮助学生达到自组织状态的关键。如果处理不好，就可能出现暂时失控的情况。因此，给出明确的指导语，是把握课堂教学的重要技能。指导语要恰当明了、突出重点，添枝加叶、反复解释会冲淡重要的信息，使学生难得要领。对关键的信息，重要的内容和程序，适当加以强调，有时还有必要适当举例和示范加以说明解释，引起学生的注意。

（2）对学生在课堂上的表现和发言予以及时反馈。反馈是激励学习的重要手段，因为反馈是教师对学生发言内容的理解验证。要理解学生就必须真诚、精心地去听。除此之外，反馈是教师引导把握教学方向的有力工具。在课堂讨论中，教师可以通过反馈，讨论学习中的重点内容、观点，把有独到见解的发言提纲反映出来，使有价值的闪光点得到突出和放大，使学生能够朝着正确的学习线路进行思考和研究问题。反馈可以采取不同方式，比如，可采取言语表述方式，也可采取写板书的方式，必要时，还可以与个别学生进行课外的交流并予以适当指导。有时，写板书的方式比只用言语表述的反馈效果会更好些。一是因为这样的反馈更直观明了，二是学生可能会受到更强的激励。值得探讨的还有一点，就是在对待学生所提出的尖锐问题和棘手难题时，教师不能回避，必须做出合情合理的解释和响应。来不及在课堂上说明的，可以采取课后单独交流的方式来完成。因为，学生提出的许多尖锐问题往往是其最关注的问题，非常希望得到教师的重视和认可，如果这时教师予以回避，势必会影响学生的学习积极性。

（3）善于打破冷场。所谓冷场指的是当需要学生发表意见和看法时，课堂保持较长时间的沉默。冷场是教师和学生都不愿看到的事，但在整个教学过程中偶尔出现冷场的情况也在情理之中。重要的是，当出现冷场时，教师能否采取灵活的方式方法，运用恰当的技能技巧，及时有效地启发引导，打破沉默，使课堂气氛热烈起来。冷场的现象可能由不同的原因造成，因此要解决冷场问题，必须针对不同的原因，采取不同的方法。分析起来，冷场多是发生在以下几种情况之下,一种是在教学开始阶段,可能由于不熟悉,学生带有一些防备心理,慎于开口,这时教师可以采取一些"破冰"或称"热身"的方法,激励学生。所谓"破冰"、"热身"就是创造某种环境,使学生心情放松,在不自觉中参与培训的教学技能,就像体育运动所称的"热身运动"一样,教学开始阶段的"热身"和"破冰",对帮助学生进入状态很有意义。在学生相互不熟悉的情况下,还可以通过点名的办法或者"顺序发言"办法,打破冷场,这对学生保持在以后的时间里继续发言也是非常重要的。研究发现,在集体讨论中,已经发了言的人往往再发言的可能性更大,而没有开口的人,则往往倾向于保持沉默。发言和不发言都犹如带着惯性。因此,在教学阶段教师就应尽力想办法让每一个学生都发言。另外,还有一种可能带来冷场的情况,当课堂中由几位擅长发言的学生主宰时,一旦他们不发言,冷场就出现。这时,既要引导擅长发言的学生继续发言,又要引导不开口的学生对面前的发言谈看法,逐步让缺乏自信和羞怯心理较重的学生适应讨论和交流的环境。为了避免冷场,教师还需讲究一下提问的方法和角度,尽量避免过空过大。过于抽象的问题,往往会使学生难以准确地把握问题的含义,无从开口。当教师提出问题后,没有得到响应,就回头来想想提的问题是否不够具体,指向是否够明确,一旦发现是这种情况,就应及时地将问题细化,做进一步解释和说明。

(4)出现背离正题,及时引回。许多人在一起讨论,很难避免出现海阔天空、离题万里的偏差,这时不必焦躁,也不妨静观一下,很可能会有学生主动出来纠偏。如果走得过远,时间宝贵,不容再等,也可由教师干预,但切忌粗暴,口气要委婉些。如能培养学生自治,集体控制讨论,那当然是上策了。

(5)做好讨论的收尾。收尾并没有什么固定的格式。有的老师喜欢做一个简要的结论性小结,或做一番讲评收尾。学生这时喜欢围绕着教师问这类问题:"老师,您说谁的说法对?""要是换了您,会怎么办?""什么才是正确答案?"明智一点,最好别正面直接回答。一是有违学生自学与自治原则;二是管理问题,本无所谓"唯一正确"或"最佳"答案,何况学生中很可能更有见解,所以,有的教师是让学生集体做总结,比如问:"大家觉得今天有哪些主要收获和心得?"也可以让一位学生带头小结,再让大家补充。因为既无所谓"标准答案",因此,重要的是使每个人去总结自己的体会。在这个案例的具体情况下,问题及其原因已经找出了,你到底打算怎么办?当然还该知道,别人有不同意见吗?为什么?这些才是要紧的。

(6)课堂发言的掌握。在案例讨论的各个阶段,教师都面临着掌握课堂发言过程的问题。课堂发言是全班信息共享、形成共识的过程,利用好有限的时间，集中学生高质量的见解和解决问题的思路、办法，创造良好的交流氛围，也是教师掌握课堂发言的关注点和主导方向，这是教师引导教学的难点和重点，对教师的角色发挥和教学技能的发挥提出了很高的要求，其基本任务便是妥善处理四类常见的问题。

其一，发言过少。每次在讨论时总有一些人发言很少或完全不发言。两小时左右的讨论，很难使30个以上的学生都有效地参与讨论。因此，班级规模超过这个数，很多学生显然不可能发言，问题是要防止同一批学生每次讨论都不发言。因此，教师要尽力避免这种情况的发生，采取多种办法帮助那些发言过少或根本不发言的学生。要做好这一点，前提就是要了解学生。人与人之间有很大的差别，人们对不同事物的敏感度也不一样，教师应在教学过程中，注意发现学生的个性特点，对"症"下药。对那些要面子的学生则可以客气的方式，劝导其发言，对于过于腼腆的学生还可以私下与之交流，个别提供指导，给他们鼓励，帮助他们战胜怯场的弱点。同时，教师要注意搜寻那些新举手的人，及时给他们创造发言的机会，注意观察经常不发言者的兴趣，从他们的兴趣入手，引导他们发言，还可提一些简单的是非判断题请不善发言的人作答，由少到多地引导他们发言，有时还可以要求学生每人至少要说一句话，但不能重复别人已经说过的，或仅仅复述案例内容而没有个人见解或解决措施。总之，这些办法的真正作用，在于强调参与发言本身的重要性，对创造良好的交流氛围大有好处，至于采取哪些具体办法，可以根据教师的喜好和学生的特点灵活处置。

其二，发言过差。虽然学生都发言了，但其发言的态度与质量却不能令人满意，这种事情也是有可能发生的。偶尔放过一些水平不高的发言是可以的，也是正常的，但是，经常容忍学生低水平发言，最后会使整个学习班趋于平庸，所以有时必须要采取一些措施，改善发言过差的情况。首先要分析其原因，看是教师方面的原因，还是学生方面的原因？不同的原因，应采取不同的对策和方法。是教师的问题，就要注意总结经过，分析是教师提出的要求和标准太高，学生无法达到，还是阅读时间的余地太小，难以深入解析案例？等等。发现问题，及时纠正。如果是学生的原因，属于能力等客观问题，可以原谅，属主观努力程度不够，没有很好地预习案例，课堂讨论得不好，可以要求学生重新再来，促使其认真对待。总之，解决发言过差的问题是为了提高讨论质量，带动全班学习的整体水平，教师要认真对待，慎重处理。

其三，发言过多。正像有些学生发言过少一样，也可能有些学生在课堂讨论中发言过多，这往往会影响其他学生的参与程度，破坏讨论的发言气氛。因此，适当对发言过多的学生加以限制是必要的。在院校学生的案例课上，那些口若悬河的人成不了太大的问题，因为，在一个大家彼此相处了较长时间的班级里，群体压力会迫使那些讲话滔滔不绝而又空洞无物的发言者有所限制，"自我矫正"。但在具有丰富经验的管理者的培训班上，教师所面对的是一批彼此相处不久的学生，如果讨论的题目撞在了他们的兴奋点上，很有可能一发而不可收拾，教师要特别注意观察，必要时，可以有意识地限制他们发言，或者以诙谐的办法打断他们的长篇大论，限制他们发言的次数。有时，一堂课上，多数学生争相发言，都颇有见地，只是时间不够，不可能每个人都尽兴，那就只好限制每个人的发言时间。制定一个规矩，一个大家都必须共同遵守的规矩，比如，规定每个人就每个问题的发言最多不可超过 5 分钟。在这个规定前提下，教师再进行"协调"和"平衡"，则显得容易些了。

其四，发言过当。发言过当主要是指讨论中出现空洞无物、关系不太大或不得要领的发言。发言过当是影响讨论效果的原因之一，需要教师及时引导，及时纠偏。解决发言过当的问题，首先要由教师明确具体的讨论题目，要求学生将注意力集中到某一问题上或某一范围内。如果遇到与确定的问题有关但暂时还未涉及时，教师可以说：让我们把这个问题放一放。必要时，还可以把学生引出的这些问题记录在写字板上，这样，既可以调动发言学生的积极性，又可以将这些将要涉及的问题存下来，留做话题。当遇到那些空洞无物的发言时，可以适当地打断发言者，请他结合一些数据加以说明，有哪些证据支持他的观点？通过这些问题，可以引起发言者的思考，帮助学生学会分析问题的方法。当然，处理发言过当的情况还应该注意因人而异，不要采取一种方法对待所有学生。比如，一个从不发言的学生第一次发了言，即使没有讲出什么内容，也可以鼓励他，而对一个经常喋喋不休的学生，教师可以果断地打断他的发言。

到底采取什么样的发言引导办法，掌握讨论发言的过程，需要一个系统的考虑，必须从教学目标、课堂讨论的整体进程和学生的具体情况出发，不能"灵机一动"，随意处置，否则会迷失方向，丧失重点。为实现总体意图，采用的方法可以千差万别，但需要遵循的一个基本原则是：在任何情况下，都不能伤害学生的感情，至少不能从主观上面打击学生的积极性。有时，极个别学生的冷漠和不参与态度不能改变，那就让他去保持自我，其实教师不可能解决所有学生的所有问题。

三、管理案例的学习过程

学生是案例教学中的主体，案例教学的过程基本上是学生通过自己努力来逐步领悟的过程。换句话说，案例教学的过程，对学生来讲，既是一种收集分辨信息、分析查找问题、拟订备选方案和做出最后决策的纵深演进的过程，同时也是个人阅读分析到小组学习讨论，再到全班交流，形成共识的过程。学生在案例教学过程中要做好以下工作：

（一）重视课前阅读

阅读案例是进行案例分析的基础，没有一定数量和一定质量的阅读，要做好案例分析是不可能的，实质上它是将纸上的情况变为脑中的情况的转换加工过程，能否既全面、客观又突出重点地接受案例的信息，首先取决于对案例的阅读质量，为了达到有效的阅读，可以从以下方面着手考虑：

1. 案例阅读的目的与时间安排。阅读的目的，不仅是为了了解案例的内容和所提供的情况，而且要能以尽可能高的效率做到这一点，因为学习负担总是那么重，谁能以最短时间读完并理解它，谁就能占优势。不过所说最短时间，不是指到了次日进行课堂讨论了，当晚才急匆匆翻阅、囫囵吞枣，不花工夫是无法理解、分析和消化案例的，大多数案例至少要读两次，若要分析深透，两次也不够，要知道教师们可能已经把案例反复读得很熟，甚至能背诵了，学生当然不必下这么大工夫去阅读，但要准备至少读两遍。

记住这一要求，便可以预做时间安排了。一般来说，一个大型综合案例，约2小时30分至3小时精读一遍，外文案例当然要更长些。如果同时有几门课，全有案例分析，合并专门时间（比如一整天或两个下午等）集中阅读效果较好。有经验的学生，总是安排在每周五、六和周日，先把下周要学习的案例阅读一遍，以便能有充足的时间深思，有备无患，万一下周出了应急情况，使你无法再读，但由于你已知道大概，不至于进课堂脑内空空、仓促应战。

2. 案例阅读的步骤与方法。不要一开始就精读，而应分两步走：先粗读，待知其概貌再精读，究其细节。粗读是浏览式的，而且要掌握诀窍，这就是先细看第1、2页，其中往往交代了背景情况及主要人物所面临的关键问题。有时候如果开始没有介绍背景，赶快先翻至末页，因为背景在最后介绍也是常见的。如果还没有读到，就只好从头读下去，直到找到为止。背景介绍找到后，要反复看，不可浮光掠影，要透彻了解，到能用自己的语言描述出来为止；了解了背景后，应快速浏览正文中余下的部分，注意小标题，先看每一节的头一段的头几句，不必齐头并进，同样下工夫，因为粗读的目的，是做到心中有数。很快翻完正文，就要迅速翻阅正文后面所附的图表，先注意是些什么类型的图表，有资产负债表和损益表，有组织结构系统图，有主要人物的简历列在表中，是否已列出一些现成的财务经营表，搞清这些可以帮你节省不少分析时间，否则你若盲目地读，做了许多分析，最后再看附图，其实已经提供了这些分析，岂不白花了你的宝贵时间与力气。图表分为两大类，一类是多数案例都常有的，比如：一般财务报表、组织结构图等；另一类是某案例独有的。对于前者，要注意有什么不同于一般的奇特之处，如财务报表里有一笔你没见过的特殊账目，就得标出来留待以后来细加探究，你若能在这些常被人忽略的地方有发现，则在全班讨论时就可能有独到之处。

　　对正文与附图有了大体了解后，就可以从容地从头到尾再仔细读之，如记点眉批和备注，但不要重复文中所述，应点出要害，引进你自己的观察结果、发现、体会与心得，记住与下一步分析有关的概念。如果是外文案例，做点摘要是有好处的。一边读正文，一边要对照有关附图，找出两者关联。对于技术、组织方面的复杂描述不要不求甚解，一定要搞清楚。要把事实和观点分开，还要分清人物说的和他们实际做的，看两者是否一致。不但要注意他们说过和做过什么，还要注意他们有什么没说和没做的以及为什么这样。千万不要对文中人物所说的看法和结论都照单全收，信以为真，而要想一想，真是这样吗？正文全看完，要再细看附图，搞清其中每个主要组成部分。全班讨论前夕，最好挤出一点时间把案例重读一遍，温习一下。不过，步骤可不全同于上次。虽然先看背景情况，但接着先不要读正文，而是先看图表，顺序最好倒着看，即先从最后一幅看起，弄清细节，特别留心反常的图表或项目。这样做的原因是，因为粗读时，往往越读越累、越厌烦，也就越马虎，结果虎头蛇尾，对后面的理解不如前面的深入，尤其时间紧迫时，倒读更为保险。

（二）做好分析准备

　　个人分析与准备是管理案例学习的关键环节，其目的是完成信息的取舍，找到有效信息的因果关系，是学生创造性学习的过程。这个环节的基础打好了，不但可以为个人的决策提供可靠的根基，而且可以将全班的讨论交流朝着高质量、高水平推进。同样，做好个人分析和准备有其内在的规律，需要学生认真琢磨、体会。

　　1. 案例分析的基本角度。案例分析应注意从两种基本角度出发：一是当事者的角度。案例分析需进入角色，站到案例中主角的立场上去观察与思考，设身处地地去体验，才能忧其所忧，与主角共命运，才能有真实感、压力感与紧迫感，才能真正达到预期的学习目的。二是总经理或总负责人的角度。这当然是对综合型案例而言。高级课程就是为了培养学生掌握由专业（职能）工作者转变为高级管理者所必需的能力。因此，这种课程所选用的案例，要求学生从全面综合的角度去分析与决策，这是不言而喻的。

2. 案例分析的基本技巧。这种技巧包括两种互相关联和依赖的方面。第一，就是要对所指定的将供集体讨论的案例，做出深刻而有意义的分析。包括找出案例所描述的情景中存在的问题与机会，找出问题产生的原因及各问题间的主次关系，拟定各种针对性备选行动方案，提供它们各自的支持性论据，进行权衡对比后，从中做出抉择，制定最后决策，并作为建议供集体讨论。第二，被人们所忽视的就是以严密的逻辑、清晰而有条理的口述方式，把自己的观点表达出来。没有这方面的技巧，前面分析的质量即使很高，也很难反映在你参与讨论所获得的成绩里。

3. 案例分析的一般过程。究竟采用哪种分析方法，分析到何种深度，在很大程度上要取决于分析者对整个课程所采取的战略和在本课中所打算扮演的角色。但不论你的具体战略如何，这里向你提供一个适用性很广、既简单又有效的一般分析过程，它包括 5 个主要步骤：①确定本案例在整个课程中的地位，找出此案例中的关键问题；②确定是否还有与已找出的关键问题有关但却未予布置的重要问题；③选定适合分析此案例所需采取的一般分析方法；④明确分析的系统与主次关系，并找出构成自己分析逻辑的依据；⑤确定所要采取的分析类型和拟扮演的角色。

4. 关键问题的确定。有些教师喜欢在布置案例作业时，附上若干启发性思考题。多数学生总是一开始就按所布置的思考题去分析，实际上变成逐题作答，题答完了，分析就算做好了。作为学习案例分析的入门途径，此法未尝不可一试，但不宜成为长久和唯一的办法。老师出思考题，确实往往能够成为一个相当不错的分析提纲，一条思路，但那是他的，不是你的，不是经过你独立思考拟定的分析系统。按题作答不可能是一套综合性分析，多半只是一道道孤立的问题回答。最好是在初次浏览过案例，开始再次精读前，先向自己提几个基本问题，并仔细反复地思索它们：案例的关键问题，即主要矛盾是什么？为什么老师在此时此刻布置这一案例？它是什么类型的？在整个课程中处于什么地位？它跟哪些课程有关？它的教学目的是什么？除了已布置的思考题外，此案例还有没有其他重要问题？若有，是哪些？这些问题的答案往往不那么明显、那么有把握，不妨在小组里跟同学们讨论一下。这些问题要互相联系起来考虑，不要孤立地去想。最好一直抓住这些基本问题不放，记在心里，不断地试图回答它们，哪怕已经开始课堂讨论了。一旦想通了此案例的基本目的与关键问题，你的分析自然纲举目张，命中要害。要是全班讨论后你还没搞清，可以再去请教老师和同学。

5. 找出未布置的重要问题。真正很好地把握住案例的实质与要点，这是必须做的一步。一般凭自己的常识去找就行，但要围绕本案例的主题并联系本课程的性质去发掘。找出这些问题的一个办法，就是试着去设想，假如你是教师，会向同学们提出一些什么问题？有些教师根本不布置思考题，或讨论时脱离那些思考题，不按思考题的思路和方向去引导，却随着大家讨论的自然发展而揭示出问题，画龙点睛地提示一下，启发大家提出有价值的见解。你还得想想，在全班讨论此案例时可能会提出什么问题？总之，要能想出一两个问题，做好准备，一旦老师或同学提出类似问题，你已胸有成竹，便可沉着应战。

6. 案例分析的一般方法。案例的分析方法，当然取决于分析者个人的偏好与案例的具体情况。这里想介绍三种可供选用的分析方法。所谓一般方法，也就是分析的主要着眼点，着重考察和探索方面，或者是分析时的思路：

（1）系统分析法。把所分析的组织看成是处于不断地把各种投入因素转化成产出因素的过程中的一个系统，了解该系统各组成部分及其在转化过程中的相互联系，就能更深刻地理解有关的行动和更清楚地看出问题。有时，用图来表明整个系统很有用，因为图能帮助你了解系统的有关过程及案例中的各种人物在系统中的地位与相互作用。管理中常用的流程图就是系统法常用的形式之一。投入—产出转化过程一般可分为若干基本类型：流程型、大规模生产型（或叫装配型）、批量生产型与项目生产型等。生产流程的类型与特点和组织中的各种职能都有关联。

（2）行为分析法。分析着眼于组织中各种人员的行为与人际关系。注视人的行为，是因为组织本身的存在，它的思考与行动都离不开具体的人，都要由其成员们的行为来体现，把投入变为产出，也是通过人来实现的。人的感知、认识、信念、态度、个性等各种心理因素，人在群体中的表现，人与人之间的交往、沟通、冲突与协调，组织中的人与外界环境的关系，他们的价值观、行为规范与社交结构，有关的组织因素与技术因素，都是行为分析法所关注的。

（3）决策分析法。这不仅限于"决策树"或"决策论"，而且指的是使用任何一种规范化、程序化的模型或工具，来评价并确定各种备选方案。要记住，单单知道有多种备选方案是不够的，还要看这些方案间的相互关系，要看某一方案实现前，可能会发生什么事件以及此事件出现的可能性的大小如何。

7. 明确分析的系统与主次。这就是通常说的"梳辫子"，即把案例提供的大量而紊乱的信息，归纳出条理与顺序，搞清它们间的关系是主从还是并列，是叠加还是平行，等等。在此基础上分清轻重缓急。不论是你的观点还是建议，都要有充分的论据来支持，它们可以是案例中提供的信息，也可以是从其他可靠来源得来的事实，还可以是自己的经历。但是，案例中的信息往往过量、过详，若一一予以详细考虑，会消耗大量的精力与时间，所以要筛选出重要的事实和有关的数据。最好先想一下，采用了选中的分析方法分析某种特定问题，究竟需要哪些事实与数据？然后再回过头去寻找它们，这可以节省不少时间。此外，并不是所需的每一个事实都能找到，有经验的分析者总是想，若此案例未提供这些材料，我该做什么样的假设？换句话说，他们已对某一方面的情况做出恰当的、创造性的假设准备。分析的新手总以为用假设就不现实、不可靠，殊不知，在现实生活中，信息总难以完备精确，时间与经费都往往不足以取得所需要的全部信息，这就需要用假设、估计与判断去补充。既然是决策，就不可能有完全的把握，总是有一定的风险。最后还应提醒一点，能搞出一定定量分析来支持你的立场，便可以大大加强你的分析与建议的说服力。能创造性地运用一些简单的定量分析技术来支持自己的论点，正是学生在案例学习中所能学到的最宝贵的技巧之一。这种技巧一旦成为习惯或反射性行为，就能使你成为一个出类拔萃的管理人才。

8. 案例分析的类型与水平。案例分析的类型，可以说是不胜枚举，每一种都对应有一事实上的分析深度与广度（或称分析水平），不能认为在任何情况下都力求分析得越全面、越深入才好。有时你还有别的要紧事要做，时间与精力方面都制约着你。所以，究竟采取何种类型的分析为宜，这要取决于你具体的战略与战术方面的考虑。这里举出五种最常见的分析类型：

（1）综合型分析。即对案例中所有关键问题都进行深入分析，列举有力的定性与定量论据，提出重要的解决方案和建议。

（2）专题型分析。不是全线出击，而只着重分析某一个或数个专门的问题。所选的当然是你最内行、最富经验、掌握情况最多、最有把握的、可以充分扬长避短的问题。这样你就可以相对其他同学分析得更深刻、细致、透彻，提出独到的创见。讨论中你只要把一个方面的问题分析透了，就是对全班的重要贡献。

（3）先锋型分析。这种分析是你认为教师可能首先提出的问题。这似乎也可以算是一种专题的分析，但毕竟有所不同。开始时往往容易冷场，要有人带头破冰"放响第一炮"。所以这种一马当先式的分析，可能不一定要求太详尽，还要具体视问题的要求和教师的个人特点而定。这种分析，因为是第一个，所以还常有引方向、搭架子的作用，即先把主要问题和备选方案大体摊出来，供大家进一步深入剖析、补充、讨论。然而，这点做好了，是功不可没的。

(4) 蜻蜓点水式或曰"打了就跑"式的分析。这种分析多半是一般性的、表面的、肤浅的。这种分析，只是个人因故毫无准备，仓促上场时采用，是一种以攻为守性战术，目的是摆脱困境，指望收瞬间曝光之效。这当然只能在万不得已时而偶尔为之，仅表示你积极参与的态度。

(5) 信息型分析。这种分析的形式很多，但都是提供从案例本身之外其他来源获得的有关信息，如从期刊、技术文献、企业公布的年报表乃至个人或亲友的经历中得来的信息。这种信息对某一特定问题做深入分析是很可贵的，分析虽不能记头功，但功劳簿上仍要记上一笔的，因为你为全班提供了额外的资源。

9. 案例分析的陈述与表达。完成了上述分析，还有很重要的一步，就是把你的分析变成有利于课堂陈述的形式。学生分析做得颇为出色，可惜不能流畅表达，无法将高见传播得让别人明白。表达与说服他人是一种专门的技巧，它是管理者终身都要提高的技巧。关于这方面的一般要点，在此只想提出三点以供参考：一是要设法把你所说的东西形象化、直观化。例如，能不能把你的发言要点用提纲方式简明而系统地列出来？能不能用一幅"决策树"或"方案权衡四分图"表明备选方案的利弊，使比较与取舍一目了然？能否列表表明其方案的强弱长短？学生为课堂讨论预制挂图、幻灯片或课件应当受到鼓励并提供方便，因为这可以大大提高讨论的质量和效率。二是可以把你的分析同班上过去分析某一案例时大家都共有的某种经历联系起来，以利用联想与对比，方便大家接受与理解。三是不必事先把想讲的一切细节全写下来，那不但浪费精力，而且到时反不易找到要点，还是列一个提纲为好。要保持灵活，不要把思想约束在一条窄巷里，否则教师或同学有一个简单问题请你澄清，便会使你茫然不知所措。

(三) 参与小组学习

以学习小组的形式，组织同学进行讨论和其他集体学习活动，是案例教学中重要的、不可缺少的一环。这是因为，许多复杂案例，没有小组的集体努力，没有组内的相互启发、补充、分工合作、鼓励支持，个人很难分析得好，或者根本就干不了。而且，有些人在全班发言时顾虑甚多，小组中则活跃，充分做出了贡献并得到锻炼。此外，案例学习小组总是高度自治的，尤其在院校的高年级与干部培训班，小组本身的管理能使学生学到很有用的人际关系技巧与组织能力。

1. 案例学习小组的建立。小组建立的方式对它今后的成败是个重要因素。这种小组应由学生自行酝酿，自愿组合为好，使其成为高度自治的群体。但小组能否成功地发挥应有的作用，却取决于下述五个条件：

（1）建组的及时性。这指的是建组的时机问题。据有的院校对上百位管理专业学生所做的调查，搞得好的小组多半是建立得较早的，有些在开学之前就建立了。组建早的好处是，对组员的选择面宽些，组员间多半早就相识，对彼此的能力与态度已有所了解，学习活动起步也早些。

（2）规模的适中性。调查表明：最能满足学习要求的小组规模都不大，一般 4~6 人，过大和过小都会出现一些额外的问题。小组超过 6 人（调查中发现有的组多达 10 人），首先集体活动时间难安排，不易协调。当然，人数多达 7~8 人的组办得好的也有，但都符合下列条件：一是建组早，彼此又了解在各自工作与学习方面的表现。二是时间、地点安排上矛盾不大，可以解决。三是第 7、8 位组员有某些方面的特长、专门知识或有利条件，还有的是组员们知道有 1~2 位同学确实勤奋，但因某种原因需要特别额外辅导、帮助，再就是有个别组员因某种正当理由（半脱产学习等），事先就说明不可能每会必到，但小组又希望每次学习人数不少于 5~6 人时，就不妨多接纳 1~2 人。

（3）自觉性与责任感。这是指组员们对小组的负责态度与纪律修养，尤其指对预定的集体学习活动不迟到、不缺勤。否则，常有人不打招呼任意缺席，小组的积极作用就不能充分发挥。你可能会问：干脆每组只要 2~3 人，组小精干，机动灵活，有什么不好？也许确实没什么不好，避免了大组的那些麻烦，但却可能因知识的多样性与经验不足，虽收到取长补短之效，却不能满足优质案例分析的需要，同时，也难造成小组讨论的气氛。而且与大组相比，分工的好处不能充分显现，每人分配的工作量偏多。很明显，小组规模的大小应因课程的不同而异，课程较易，对分析的综合性要求较低，且并不强调与重视小组学习形式的利用，则规模宜小，2~3 人即可；反之，则至少应有 4 人，但增到 6 人以上就得慎重了。

（4）互容性。如果组员间脾气不相投，个性有对立，话不投机，互容性低，就不会有良好的沟通，易生隔阂。调查中就有学生反映，尖子生不见得是好组员，要是大家被他趾高气扬、咄咄逼人的优越感镇住了，就不能畅所欲言。当然，强调互容性并不是认为一团和气就好，不同观点之间的交锋也是有必要的，关键是要保持平和、平等的态度。

（5）互补性。指相互感到有所短长，需要互助互补。可惜的是，希望组内气氛轻松随和，就自然去选私交较好的朋友入组，以为亲密无间，利于沟通，却忽略了互补性。调查中有人说，我悔不该参加了由清一色密友们组成的学习小组，我们之间在社交场合已结交了很久，相处得一直不错，但却从未一起学习、工作过，结果证明不行，遗憾的是，学习没搞好，友谊也受了影响。这不是说非要拒绝好友参加不可，最好是根据课程性质和对个人特长的了解来建组，以收集思广益之效。

2. 案例学习小组集体活动的管理。根据经验，要建设并维持一个有效能的小组，在管理方面应该注意下列事项：

（1）明确对组员的期望与要求。如果你有幸成为组长，你首先要让大家知道，一个组员究竟该做什么？所以，必须在小组会上从开始就预先向大家交代清楚这些要求：一是小组开会前，每人必须将案例从头到尾读一遍，并做好适当的分析。二是人人尽量每会必到，如与其他活动冲突，小组活动应享受优先。三是要给予每人在小组会上发言的机会，人人都必须有所贡献，不允许有人垄断发言的机会。四是个人做出了有益贡献，应受到组内的尊敬与鼓励，首先让他（或他们）代表小组在全班发言。五是组内若有人屡屡缺席，到会也不做准备，无所作为，毫无贡献，就不能让他分享集体成果，严重的要采取纪律措施直到请他退组。有时小组为了程序方面的琐事（如定开会时间、地点、讨论顺序等）而争吵，或因为性格冲突，话不投机，拂袖而去，甚至为争夺影响与控制权而对立，也是有的。但关键是要看小组是否能出成果，对大家学习是否确有帮助，如时间花了，却没有收获，小组对大家没有凝聚力，各种矛盾就会出现。

（2）建立合理的程序与规则。所谓合理即指有利于出成果。一是要选好会址。这是第一个程序问题，会址除了要尽量照顾大家，使人人方便外，最要紧的是清静无干扰。最好有可以坐和写字的桌椅，能有块小黑板更好。二是要定好开会时间。一经商定，就要使之制度化、正规化。这可以节省每次协调开会或因变化而通知的时间，也不致因通知未到而使有的人错过了出席机会。不但要定好开会时间，也要定好结束时间，这更为要紧。每一案例讨论2小时，最多3小时就足够了，时间定了，大家就会注意效率。三是要开门见山，有什么说什么，节省时间。四是要早确定和发挥小组领导功能，可以用协商或表决的方式公推出组长，以主持会议和作业分派，也可以轮流执政，使每个人都有机会表现和锻炼组织领导能力。五是要尽早确定每个案例的分工。这种分工是允许的，甚至是受到鼓励的。多数老师允许同小组的同学，在各自书面报告中使用集体搞出的相同图表（报告分析正文必须自己写，不得雷同），有的组为了发扬每个人的特长，把分工固定下来（如某某总是管财务分析等）。但由于案例各不相同，若每次小组会能根据案例具体特点，酌情分工，可能会更有利于出成果。但由谁来分工好，较多情况下是授权组长负责，他得先行一步，早把案例看过，拟出分工方案。六是要在整个学期中，使每个人都有机会承担不同类型的分工，以便弥补弱点与不足。人们的长处常与主要兴趣一致，或是本来主修的专业，或是自己的工作经历等。通常开始总是靠每人发挥所长，才能取得最佳集体成效。但长此以往，人们的弱点依然故我，难有长进。因此，组长得考虑安排适当机会，使每个人在弱项上能得到锻炼。事实上，个人弱项进步了，全组总成绩也水涨船高。好的组长会巧妙地安排不善演算的组员有时也去弄一下数字，而让长于财会的同学适当分析一下敏感的行为与人际关系问题。至少学会在自己的弱项上能提出较好的问题，并观察在这方面擅长的同学是怎么分析的，对已在管理岗位上当领导者的同学更需如此。

（3）学习小组的改组。有时会发现，由于各种无法控制的原因，小组不能做出富有成果的集体分析，这时可以考虑与另一个较小的组完全或部分合并。后者是指仅在分析特难案例时才合到一起讨论，可先试验几次，再正式合并。较大的组可能体验到相反的情况，指挥不灵，配合不良。这时，可以试行把它进一步分解为两个小组以增加灵活性，不是指彻底分解，而是有分有合，有时分开活动，有时则集中合开全体会议。

（4）争取实现"精神合作"。从行为学的角度看，小组也像个人那样，要经历若干发展阶段，才会趋于成熟，变成效能高、团结紧密、合作良好的工作单元。但有的小组成长迅速，有的要经历缓慢痛苦的过程，有的永远不能成熟。成长迅速的小组，表面看来没下什么工夫，其实他们为了发展群体，是做出了个人牺牲的。他们注意倾听同伙的意见和批评，仲裁和调解他们中的冲突，互相鼓励与支持、尊重并信任本组的领导。组员只有做出了这种努力，才能使小组完成既定的集体学习任务，满足各位组员个人的心理需要，成为团结高效的集体。这里的心理需要指的是集体的接受、温暖、友谊、合作与帮助。案例学习小组的成熟过程，一般包括五个阶段：一是互相认识；二是确定目标与任务；三是冲突与内部竞争；四是有效的分工合作；五是精神上的合作。小组若是能具备适当的构成条件，又制定出合理的工作程序与规范，就易于较快越过发展的头三个阶段而达到第四个阶段，并有可能发展到最高境界即精神上的合作默契成熟阶段。那时，小组的成果就更多，水平更高，学习兴趣更浓，组员们也就更满意了。

（四）置身课堂讨论

课堂讨论，对于教师来说是整个案例教学过程的中心环节，对于学生来说则是整个案例学习过程中的高潮与"重头戏"。因为学生在个人及小组的分析准备中所做的工作要靠课堂讨论表现出来，这也是教师对学生整个课程中成绩评定的重要依据。事实上，课堂讨论的表现也决定了随后书面报告质量的高低，并已为大量实践所证明，但不少教师不太重视书面报告评分。

1. 注意聆听他人发言。就是注意倾听别人（教师与同学们）的发言。许多人认为，参加讨论就是自己要很好地发言，这的确很重要，但听好别人的发言也同等重要。课堂讨论是学习的极好机会，而"听"正是讨论中学习的最重要的方式。有人还以为，只有自己"讲"，才是做贡献，殊不知，听也同样是做贡献，听之所以重要，是因为课堂讨论的好坏不仅决定于每一个人的努力，而且也取决于全班的整体表现。集体的分析能力是因全班而定的，它的提高不仅依靠个人经验积累，也要靠全班整体的提高。重要的是要使全班学会自己管理好自己，自己掌握好讨论，不离题万里，陷入歧途。初学案例的班常会发生离题现象，原因就在于许多人从未经过要强制自己听别人发言的训练，只想自己打算讲什么和如何讲，而不注意听别人正在讲什么，并对此做出反应。监控好全班讨论的进程，掌握好讨论的方向，从而履行好你对提高全班讨论能力的职责，这也是重要的贡献。只会讲的学生不见得就是案例讨论中的优等生，抢先发言，频频出击，滔滔不绝，口若悬河，还不如关键时刻三言两语，击中要害，力挽狂澜。如能在每一冷场、一停顿就插话、发言，使得讨论马上又活跃起来，那才可谓是位高手。许多人在讨论刚一开始，总是走神，不是紧张地翻看案例或笔记，就是默诵发言提纲，或沉浸在检查自己发言准备的沉思里。其实，正是一开头教师的开场白和当头一问，以及所选定的第一个回答者的发言最重要，是定方向、搭架子，你得注意听教师说什么，你是否同意教师的观点，有什么补充和评论，并准备做出反应。

2. 具备主动进取精神。前面提到有人总想多讲，但对多数人来说，却不是什么克制自己想讲的冲动问题，而是怎样打破樊篱，消除顾虑，投身到讨论中去的问题。这一点，教师必须尽力做好说服教育工作。就像生活本身那样，案例的课堂讨论可能是很有趣的，也可能是很乏味的；可能使人茅塞顿开，心明眼亮，也可能使人心如乱麻，越来越糊涂；可能收获寥寥，令人泄气，也可能硕果累累，激动人心。不过，追根到底，从一堂案例讨论课里究竟能得到多少教益，还是取决于你自己。为什么？因为案例讨论是铁面无私的，既不会偏袒谁，也不会歧视谁。正如谚语所云："种瓜得瓜，种豆得豆。"你参加讨论并成为其中佼佼者的能力如何？你在讨论中所取得的收获大小怎样？决定因素是你有没有一种积极参与、主动进取的精神。足球界有句名言："一次良好的进攻就是最佳的防守。"这话对案例讨论完全适用。反之,最糟糕的情况就是畏缩不前,端坐不语,紧张地等着教师点名叫你发言。这种精神状态,完全是被动的,怎么会有多少收获?你不敢发言,无非怕出了差错,丢了面子。你总想等到万无一失,绝对有把握时再参加讨论。可惜这种机会极为罕见或根本没有。你若有七八成把握就说,那发言的机会就很多。积极参与的精神能使你勇于承担风险,而做好管理工作是不能不承担风险的,这种精神正是优秀管理者最重要的品质之一。指望每次发言都绝无差错,这是不现实的,无论分析推理或提出建议,总难免有错,但这正是学习的一种有效方式。人的知识至少有一部分来自于教训,教师或同学指出你的某项错误,切不要为争面子而强辩,为了满足自己"一贯正确"的感情需要而拒不承认明摆的事实。这正是蹩脚管理者的特征。要知道,案例讨论中说错了,只要诚恳认识,不算成绩不佳、表现不佳;无所作为,一句不讲才是成绩不佳、表现不佳。其实,怕在案例讨论中发言不当,根本谈不上是什么风险。因为即使你讲得不全面、不正确,对你将来的工作、生活、职业生涯与命运,都无损于丝毫,倒是你的分析与决策能力以及口头表达与说服能力得不到锻炼与提高,反会影响你的前途与命运。既然如此,你又何妨一试呢?

(五) 记录学习心得

参加案例课堂讨论的过程,是一个学习和锻炼的过程,也是一个积极进行思考从事复杂智力劳动的过程,在这过程中萌发一些心得体会和发现一些自己原来未曾想到的问题是常有的事,这正是在案例学习中已经意识到的点滴形态的收获,为了不使这些收获遗忘或丢失,有必要做好记录。

做心得和发现的记录,要讲究方法。有的同学过于认真,从讨论一开始就从头记录,结果记录一大篇,不知精华之所在,这就是方法不妥。正确的方法是,在认真听的基础上记重点,记新的信息。有的学生采取"事实、概念、通则"一览表的格式,颇有参考价值。这里不妨引一实例以作借鉴:

春季学期:××××年×月××日课堂讨论"兴办新事业"。

事实:①在美国的所有零售业企业中,50%以上营业两年就垮台了。②美国企业的平均寿命是6年。③在经营企业时想花钱去买时间,是根本办不到的。④美国在2000年有235万个食品杂货店。

概念:"空当",各大公司经营领域之间,总有两不管的空当存在。大公司不屑一顾,小企业却游刃有余,有所作为。例如,给大型电缆制造商生产木质卷轴,就是个空当。

通则：①开创一家企业所需的资源是人、财、物，还有主意。②新企业开创者的基本目标是维持生存。

记录要精确、简明，对素材要有所取舍、选择。在课堂上，主要注意力要放在听和看上，确有重要新发现、新体会，提纲挈领，只记要点。此外，最佳的笔记心得整理时机是在案例讨论结束的当天。

（六）撰写分析报告

管理案例书面分析报告，是整个案例学习过程中的最后一个环节，是教师在结束课堂讨论后，让学生把自己的分析以简明的书面形式呈上来供批阅的一份文字材料，一般由2500字以下，最多不到3000字的正文和若干附图组成。但并不是每门课程所布置的案例都必须撰写书面报告，有些案例教师可能要求只做口头分析就够了。有些报告可能完全布置给个人去单独完成。书面报告是在全班及小组讨论后才完成，本身已包括了集体智慧的成分，是指教师允许同一小组的成员使用小组共同准备的同样图表，但报告正文照例要由个人撰写，禁止互相抄袭。还有的案例教师要求学生在全班讨论前呈交个人书面报告或案例分析提纲。这主要是为了掌握学生的分析水平，也便于在下次全班讨论前进行小结讲评。一般来说，要求写书面报告的案例比起要求口头讨论的案例要长些、复杂些、困难些，也就是教师希望在这些案例的阅读与分析上花的时间和工夫要更多些。其实，在书面报告上下点力气是值得的，书面报告的撰写是一种极有益的学习经历，这是在学习管理专业的整段时期内，在本专业领域检验并锻炼书面表达技巧的极少而又十分宝贵的机会之一。多数学生在如何精确而简洁地把自己的分析转化为书面形式方面，往往都不怎么高明和内行。这种转化确实并非易事，尤其篇幅与字数的限制又很紧，所以花点时间去锻炼提高这种可贵的技巧是必要的。

1. 做好撰写准备与时间安排。写书面报告，先要认真地考虑一下计划，尤其要把时间安排好，这不单指报告本身，要把阅读与个人分析以及小组会议（一般是开两次）统一起来考虑。一般的计划是，在两三天内共抽出12~15小时来完成一篇案例分析报告（包括上述其他环节，但课堂讨论不在内）是较恰当的。如果案例特难，也许总共得花20~25小时以上。但是，如果长达25小时以上，就会使人疲乏而烦躁，洞察力与思维能力会下降。不能满足于抽出整段总的时间，还得仔细划分给每项活动的时间，这种安排是否恰当将影响整个工作和效率。下面是一种典型的时间计划安排，共分六项或六个步骤，分析的作业是一篇较长的、具有相当难度的典型综合性案例，书面报告要求

2500字以下，图表最多8幅：

（1）初读案例并做个人分析：4~5小时。
（2）第一次小组会（分析事实与情况，找出问题及组内任务分工安排）：2~3小时。
（3）重读案例并完成分析：4~5小时。
（4）第二次小组会（交流见解及讨论难点）：2~3小时。
（5）着手组织报告撰写（确定关键信息，列出提纲，完成初稿）：5~7小时。
（6）修改、重写、定稿、打字、校核：2~3小时。

上述六项活动可分别归入"分析"与"撰写"这两大类活动。根据对3000多份案例报告的调查，无论是得分高低，大多数学生花在写稿方面的时间普遍不足，而花在分析上，尤其是小组会上的时间过多。要知道，既然总时数已经限定，则多分析一小时，写稿就少了一小时，而且又多出来一批需要筛选和处理的信息，会加重写稿的工作量，这种连锁反应式的影响，将使一些同学无法细致地利用、消化、吸收他们的分析成果，难以准确表达、陈述、综合归纳成一份有说服力的文件，很难使阅读他们分析报告的人信服和接受他们的见解。

下面是一段典型的对话：

学生：我花了那么些时间，没想到只得到这么点分数！不过，我把自己的报告又读了一遍，是看出不少问题。我怎么在写稿的时候竟然一点没意识到它会这么糟呢？

教师：怎么会没意识到呢？仔细谈谈你是怎么写的？

学生：报告是星期二早上上课时交的，我们小组是上星期五下午开的第一次会，开了好长时间，第二次会是星期一下午开的，会开完，已经很晚了。当晚我就动手组织材料，拟提纲，动笔写初稿，搞到凌晨两点多才写完，但来不及推敲修改誊正，就交卷了。

很明显，这位同学根本没时间修改初稿就直接誊正，也没留足够时间消化、吸收和组织好他个人和小组分析的结果。遗憾的是，这种现象十分典型，是经常出现的。有人说："根本不会有高质量的初稿，只可能有高质量的定稿。"这就是说，要写好分析报告，在报告的构思上得肯花时间，并安排足够时间用在修改和重写上。

2. 书面报告的正确形式与文风。要写好报告，当然要以正确的分析作为基础，问题还在于怎样才能把最好的分析转化为书面报告，由于受篇幅、字数的限制，这就自然引出对文风的要求，那就是简明扼要。写案例报告可不是搞文学创作，不需要任何花哨的堆砌修饰，但要做到一针见血，开门见山，却非易事。不许你多于2500字，你就只能把代表你分析的精髓的那一两点关键信息说出来，并给予有力的辩护和支持。

一般来说，2500字加图表的一份报告，教师评改得花15~20分钟，一位老师通常每班带50位学生，每一班他就要批阅50份报告，每份20分钟，就要花17小时才批得完，若同时教两班，每班平均每周两次案例作业……算算就知道，一份报告最多能占20分钟，所以，一定要干净利落，把你的主要见解及分析论据写得一目了然。手头有了分析与讨论所得的大量素材，可别忙于动笔，要先花点时间好好想想，怎样才能有效而清晰地把你的意见表达出来，到这一步为止，你就已经花了不少时间在案例阅读、分析和讨论上。一般是按照自己分析时的思路，一步步地把报告写出来，可是，教师和读者要知道的是你分析的结果，所以你的报告若不以你的分析为起点，而是以分析的终点入手，会显得明智得多。试考虑一下，能不能用一句话概括出你所做的分析的主要成果和精华所在？这应该成为报告的主体，并应在几段中就明确陈述出来，报告的其余部分，则可用来说明三方面的内容：一是为什么选中这一点来作为主要信息。二是没选中的其他方案是什么及其未能入选的理由。三是支持你的表现及其所建议方案的证据。慎重的方法是，把报告剩下这部分中的每一段落，都先以提纲的形式各列出一条关键信息来，最好每一段落只涉及一条重要信息，一个段落若超过700个字，就一定包含有几条不同见解，这会使读者抓不到要领。报告定稿后，正式打字前，最好要自己读一遍，以便发现问题，及时修改，打字后还应校阅一遍，看有无错别字和漏句、漏字等。老师批阅发回报告后要重读一遍，记下写作方面的问题，以免下次再犯。

3. 图表的准备。把数据以图表方式恰当地安排与表达出来，有效地介绍出你的许多支持性论证，但一定要使图表与正文融为一体，配合无间，让读者能看出图表的作用，还要使每张图能独立存在，即使不参阅正文，也看得懂，每幅图表应有明确标题，正文中要交代每幅图表的主要内容，图表应按报告正文中相应的顺序来编号。

四、管理案例教学范例

（一）管理案例讨论提纲实例

案例：中日合资洁丽日用化工公司

十几年前，洁丽公司与日本丽斯公司技术合作，向国内引进该公司丽斯品牌的化妆品，双方各投资40%，另有20%由建厂当地乡镇的个体户出资建成。日本丽斯品牌在日本不出名，由于中国当时开放不久，日用化工和化妆品缺乏，大家也不在乎名牌。十几年来，合资生产的丽斯牌，在江南一带颇具知名度，有数百个专柜遍布城乡各地的小百货商店，并有几百位化妆师（销售与推广）和美容店。近两三年来人们消费水平提高的缘故，以及不少欧美品牌进入中国市场，丽斯牌在人们心目中的地位下降，销路萎缩，此时那几个占20%份额的小股东希望让出股份、撤资。假使你是洁丽公司的负责人，你有哪些应对策略和方案？

中日合资洁丽日用化工公司案例课堂讨论提纲

1. 有三种可能的方案
（1）品牌重新定位。
（2）收购散户小股东的股份，使洁丽公司控股超过50%，然后找一流的厂商技术合作或代理一流产品。
（3）寻找机会，脱售持股。
2. 方案分析

方案1：

利：可利用原来已建立的销售渠道、服务人员以及与经销商的良好关系、化妆品本身的价值、较难衡量的较高附加值，重新定位锁住目标市场。

弊：因为市场变化快，进口关税逐渐降低，会使整个企业转型有较高的风险。

方案2：

利：可利用原有的销售渠道与服务人员，除可重新定位外，还可与其他知名品牌厂商合作，进入其他市场；控股权扩大，经营方式较有弹性。

弊：投资金额较大；日方态度不易掌握。

方案3：

利：避免激烈竞争，可将资金转做他用。
弊：原有的渠道和人员、队伍全部放弃相当可惜。
3. 建议：采用方案2，接受小股东的退股建议。

本题的关键点是：想要放弃原有的市场或产品，而进入全新的陌生领域，只想创造新产品，放弃原有产品有改善的可能，都可能使事业受到更大的损伤。

但是，产品创新或多角化经营，也有可能为公司创造更好的将来，成败的关键在于信息的收集是否齐全、利弊评估是否准确。

（二）管理案例分析报告实例
案例：威廉美食苑的创业

赵威大学毕业后，没有去政府分配的工作单位上班，而在省城里的一家肯德基快餐店当上了副经理，原来他曾在大学四年级时，利用假期和社会实践的机会在肯德基店里打工，这次是他第一次告诉家里，没想到当乡镇企业经理的父亲还是理解他的，一年后他很快升为经理，再后来又升为地区督导等职。最近，他发现省城商业街有一店面要出售，这个地点位于商业闹市区附近的主要街道，交通流量大，写字楼也很多。赵威认为，这是一个很难得的快餐店地点，于是他决心自己创业。这是他由来已久的事业生涯规划，并与父亲商量请求财务支持，声明是借贷的，日后一定归还。家里表示可以支持他，但要求他认真规划，不要盲目蛮干，多几个方案才好，有备无患。

赵威自己创业的愿景是一个属于自己独立经营的快餐连锁店，它不是肯德基、麦当劳或其他快餐店的加盟连锁店。他很顺利地注册，资金到位也很快，房子的产权也办理了过户。不久，赵威很快就发现成立自己的店和当初在肯德基看到人家成立连锁店有很大的不同，他必须自己动手，从无到有地办理任何事情。比如，要亲自参与店面装潢设计及摆设布置，自己设计菜单与口味，寻找供货商，面试挑选雇用员工、自己开发作业流程，以及操作系统管理。他觉得需要找来在工商管理专业学习的同学好友帮忙一起创业，假如赵威选择的就是你。请你帮他搞一个创业的战略规划，试试看。

以下是摘要分析报告内容的主要部分：

创业的战略规划分以下五个步骤：①设定目标。②界定经营使命、愿景与经营范围。③进行内在资源分析。④进行外在环境分析。⑤可行性方案。

于是针对这五个步骤，分别说明：

1. 设定新目标。①提供更符合消费者口味、适度差异化的食品；②满足不喜欢西方快餐口味的顾客为最重要的目标。

2. 界定经营使命、愿景与经营范围。①提供消费者不同于西式文化、新的健康饮食概念。②提供融合中国人饮食口味与西式餐饮风格的新快餐。③塑造洁净、便利、快速、舒适、健康的企业形象。

3. 进行内在资源分析。可以就人力、财力等方面进行强弱势分析。

（1）相对优势方面。①曾经在著名的西式快餐店工作，有相当的经验，对于西式快餐店的经营模式、生产方式及管理方法都有相当的了解。②经营的地点有很大的交通流量，是一个理想的快餐店设立地点。③财务有来自于家庭的支持。

（2）相对弱势方面。①对于菜单的设计、分析消费者对于快餐的需求、生产流程规划，可能无法有相对的经验与优势。②在原料供货商方面，也无法像大型竞争者那样节省大量的进货成本。

4. 外在环境分析。

（1）在威胁方面有以下方面要考虑：①在竞争者方面，目前市场中的主要竞争者众多。②就替代品方面，快餐产品也纷纷进驻便利商店，如烤香肠等。③就整体市场而言，传统的快餐产品竞争者众多，他们所提供的产品，同构性也很高，他们之间的竞争优势，多是建构在附加服务或是媒体的塑造，所以对于非连锁性的自创性商店，可能无法在广告上与其相抗衡。④就垂直整合程度与经济规模而言，这些竞争者的连锁店众多，也因此他们在原料的进货上可以借助量大而压低成本，在媒体广告上，更可以收到较大的效果。再者，这些竞争者也不断借助媒体塑造，有些快餐店在假日已经成为家庭休闲或是举办聚会的场所，这种社区关系的维系，也是新进入者需要考量的。⑤在竞争手段方面，由于这些竞争者的市场占有率高，也因此会和其他商品进行联合营销，如麦当劳在电影《泰山》上映时，同步推出玩偶，更吸引许多只为喜好赠品而来店消费的顾客，如此更加提高他们的竞争优势。

（2）在相对机会方面。①由于快餐文化追求效率，使得他们在产品上无法做到顾客饮食差异化的满足。②就产品的广度与深度而言，这是目前竞争者较为缺乏的，不过，要达较佳广度与深度的境遇，可能与快餐追求快速有所抵触，这是一个值得考虑之处。③目前竞争者喜好推出的套餐组合，对于某些食品并不可以替换，例如，不喜欢吃薯条的人就不能要求换等值的产品，这是一个在无法提供大众差异化口味产品的前提下，另一种借助消费者产品组合满足需求的一种方法。④国内目前对于健康的重视，而西式的快餐又具有常被以为热量太高、被称为垃圾食物等问题，这也是一个在从事新式快餐店设立时确定产品种类的考量点。

5. 可行性方案。由以上的分析可以知道，自行创业从事快餐店，可能会遭遇的最大困难就是缺乏广告效果以及无法在生产原料上有规模成本的优势。但是，可以从产品的差异化来满足顾客的需求，于是可以提出下列几个可行性方案：

（1）发展中式口味，但又能兼顾生产效率的产品，如米食。
（2）借助大量顾客差异化的观点，提供较能满足顾客差异化需求的产品。
（3）提供顾客在产品套餐选择时有较大的自主性。
（4）先建立地区性的口碑，再从事跨区域经营。
（5）提供健康食品的概念，如可以卖素食、蔬果类素食以及有机饮料。
（6）不要放弃西式快餐店的经营模式，如整洁的饮食环境、明亮舒适的饮食空间、亲切充满活力的店员，但要导入中式口味、健康概念的食品。
（7）以食物作为竞争差异化优势，也就是强化食品的健康性、快速性，以及符合中国人的饮食口味。

由于这种产品的差异化，在快餐产业中，推介中式口味、健康概念的新快餐或许是一个缺乏媒体广告与附加商品支持的快餐创业者可以走的方向。

（三）哈佛案例教学实录

其一，哈佛拍"案"惊奇。以下是哈佛大学公共管理硕士孙玉红女士在其译著《直面危机：世界经典案例剖析》一书中有关哈佛案例教学的文章，希望对读者有所启发。

提起哈佛商学院，人们自然想起案例教学。

案例教学（case study）是哈佛教学的一大特色。不管是商学院、法学院，还是肯尼迪政府学院。对于商学院来说，所有课程，只用案例教学，全世界独此一家，可以说是很极端的。包括"公司财务"等看起来技术性很强，似乎不存在多大讨论余地的课，也用案例教学。为什么？

我们常说，学以致用。对于 MBA 和 MPA 来说，教学目的很明确。他们培养的学生不是搞研究的，而是解决问题的。在哈佛培养的是一种解决问题的思维方法,不是对一个理论有多深的研究(那是博士要做的事),而是做决定的水平。

虽然对于案例教学我并不陌生(我1999年写的《风雨爱多》被国内一些大学MBA用做教学案例,而正在应哈佛商学院之邀修改应用),但是对于只用案例教学我一直心存疑惑。

"如果我对一些课程基本知识都不懂怎么办呢?"有一天,我问一位教授。他说:"有两种可能:第一种是我们招错了人,第二种是该读的书你没有读。"

半年下来,我才明白了其中的含义。第一,两个学院招生基本要求有4~5年以上的工作经验;对肯尼迪学院高级班学员来说,是10年左右工作经验。所以,不大可能对一个领域完全不懂。第二,更重要的是,2小时的课堂时间,课余平均要花8~10小时的时间进行准备。包括阅读案例、建议阅读的书和材料。如果有困难,助教随时恭候,教授有固定的工作时间。你可以预约请教。这种设计的前提是你有足够的能力自学一门知识。课堂只是讨论它的应用问题。这既是对学生自学能力的挑战,也是一种锻炼。联想到为什么像麦肯锡这样的咨询公司喜欢哈佛商学院的人,是因为学生有这种能力与自信,面对陌生的行业和比自己大几十岁的客户,敢于高价出售自己的看法。想象一下郭士纳23岁离开哈佛商学院时那种自信的感觉。

还有一个妙处是最大限度地利用学生的时间和能力。将所有该学的知识部分压缩到课堂以外,难怪哈佛学生要自学的第一门课是"求生本领"。

哈佛所有的案例几乎全为自行撰写,均取自真实发生的事,姓名、地点偶尔做些改动。案例要经该公司认可,保证所有数字和细节的真实性。MPA的案例有一半是肯尼迪政府学院自己编写的,有一半是商学院的。均明确注明,版权保护,不得随便使用。当然,这些案例也对外公开,用于教学的价格是一个学生一次性5美元。也就是说,如果有100个学生的课堂上使用这个案例的话,你需要付500美元的版权费。

案例有长有短,长的30~40页,像南美某国的财政危机;短的只有一页纸。我印象最深的是公共管理第一堂课的案例,短小精悍型,题目是:宪法应该被修改吗?(Should the Constitution be amended?)

事情是这样的:参议员胡安遇到了他政治生涯中最令他头疼的事:他要在24小时之内做出决定,是否投票赞成修改宪法。12年前,该国人民推翻了军人独裁统治,并颁布了宪法。宪法规定总统一届6年,不得连任。现在该国总统弗洛里斯已经干了5年,并且在这5年中使国家经济取得了巨大成就,深受人民爱戴。要求修改宪法,使总统连任的呼声很高。胡安本人是不赞成修改宪法的,因为他知道民主政治在本国还很脆弱。但是面对民意调查多数人支持的结果,面对他自己明年也要进行连任竞选。如果你是他,你该做出什么决定?

在这个案例中,描述了一个两难的困境,需要胡安做决定。没有分析,只有事实。如果你是胡安,你会怎么做?

班上 50 多位同学,职业各异,信仰各异,知识结构各异。有的本身就是参议员、外交官,有的是效益至上的跨国企业的首席执行官,有的是社会观察者。有的深信民主政治体制,有的心存怀疑。一开始就分成两派,争论不休。支持修改宪法的基本观点是,既然现任总统受人民欢迎就应该支持他干下去,换新总统对国家的风险很大;支持胡安同意修改宪法的理由被汇总成 1、2、3、4、5 写在黑板上;反对总统连任的观点认为,随意变动国家体制对国家未来的风险更大。理由也被汇总,写在黑板上,1、2、3、4、5。有的说决策所需要的资料不全,无法做出决定。最后大家等着教授总结,给出答案。教授说:"你们已有了自己的答案。没有做出决定的同学需要立即做决定:下课!"

大家面面相觑。到哈佛是学什么来了?数星期之后,终于理清了案例教学法的基本思路:

分析案例围绕着四个方面的问题:

(1) 问题是什么?
(2) 要做出什么决定?
(3) 有什么可行方案(所有的)?
(4) 现在要采取的行动是什么?

通过案例教学,训练一种系统的思考问题的方法和采取行动的决心和勇气。它的价值在于:

(1) 领导就是做决定。案例取自真实生活的片断,通常是让决策者处于一种两难的困境。这是所有领导者经常面临的困境:没有绝对的对与错,没有人告诉你答案。案例教学的目的,就是让参与者置身于决策者的角色中,面对大量的信息,区分重要和次要,做出自己的决定。案例教学没有正确答案。

(2) 领导在于采取行动。案例不只是研究问题,是在分析的基础上采取行动。一切分析是行动的向导。在案例教学中,你就是参议员,你就是企业的技术主管,你就是阿根廷的总统,你就是主角。这是案例教学与传统教学的最大不同。

(3) 找出所有的可能性。所有人的积极参与,可以让你惊讶于这么多不同的选择。每个人想两个方案,50 个人就有 100 个方案。其中许多是你从来没想到的,或者从来不敢去想的。你能从同学那里学到很多,你能否从中收获，取决于你的参与程度。提出自己的观点，支持它；倾听别人的观点，评价它；敞开思想，随时准备改变自己的观点；做决定，避免模棱两可。

案例教学并不神秘，为什么哈佛案例独行天下？我想原因有几个：

第一，哈佛案例均为自行采写。哈佛的资源使它可以拥有全世界最有价值的案例，从南美国家改革的真实数字到跨国公司的财务情况，从中国北京旧城改造的难题到《华盛顿邮报》的家族危机，均拥有第一手材料。学生经常需要为跨国公司，为一个国家的大事做决定，不知是否在无形中培养了他们做大事的感觉和准备？

第二，凭借哈佛的名声，可以请到总统、总裁们到课堂上亲自"主理"。到哈佛商学院演讲的总裁们通常会出现在一节相关的案例课上。在肯尼迪学院，我记得在学宏观经济学的时候，美国农业部部长专门来讲过美国农产品出口问题；学演讲沟通的时候，不仅有好莱坞演技派明星专门来过，还有四届美国总统顾问亲自上课……这些都是哈佛案例的附加价值。

第三，哈佛拥有最好的学生。他们的观点、他们的眼界，常常使你受益最多。

最后，哈佛案例教学并不仅仅是就案例论案例，一个案例课过后，通常会开出一个书单，从这些书中你会找到分析此案例可能需要的理论支持，掌握一套科学的思考方式，建筑你自己的思考习惯。

写到这里，我已经在担心哈佛要起诉我侵犯知识产权了。但是，好在你我都知道：哈佛是无法复制的。如果你想了解更多，欢迎你到哈佛来。

其二，哈佛案例教学经历自述。

……第二天所用的案例，是我们在哈佛商学院要用的总共大约 800 个案例中的第一个，正躺在我的书桌上等着我去阅读、分析和讨论，我看了一眼题目："美国电报电话公司和墨西哥"，内容并不太长，大约有 15 页，实际上内容之长短并不很重要，因为哈佛商学院教学案例的挑战性不在于阅读过程之中，而在于准备在课堂上就案例发表自己的见解。在课堂上，每个案例是通过以教授和全班同学对话讨论的形式来完成的，学生们必须在课前阅读和分析每个案例，在课堂讨论时说出自己对案例的分析和看法，课堂讨论的进程由教授掌握，使全班同学的想法达到某种程度的一致，或者至少得出案例本身所能阐明的几个结论。

我拿起案例资料开始阅读，内容引人入胜，我不知不觉地就读完了，中心议题是美国电报电话公司的一位经理要决定是否在墨西哥建立一个答录机生产厂。该案例所涉及的伦理问题包括：使一些美国人失去工作机会；剥削第三世界廉价劳动力；在一个充满贿赂和腐败的环境中如何定义行为的适当性。我认为前两项不成问题，在第三世界国家投资建厂，给那儿的工人提供比当地平均水平较高的工资和较好的工作条件没有什么不对。只是对第三点，即如何应付当地的腐败的做法，我没有清楚的具体想法。

我又将案例资料阅读了两遍，并在旁边空白处及白纸上做了详细的笔记，花费大约半个小时考虑所附的三个思考题。有一个问题是这样的：该经理选择在墨西哥建厂，他应该就工资水平、工人福利、废料管理、童工问题、雇用工人时性别上的要求以及贿赂问题做出什么样的决定？这使我忽然想到一个问题：如果教授让我做开场发言怎么办？尽管可能性并不大，精确地讲被叫的概率是1/92，但是我并没有冒险的心情，我早就听说过被叫起做开场发言是商学院生活中带有传奇色彩的一个事实。如果说毕业后能拿到高薪工作的前景是吸引数千名学生在商学院拼搏两年的胡萝卜，那么被教授选做开场发言的潜在威胁就是那大棒。有人告诉我，大部分课是由任课教授叫起一名同学做开场发言而开始的，这位同学要做5～10分钟的发言，总结案例中的几个要点，为理解案例提供一个分析框架，还要为解决案例所描述的问题提出行动方案。

接下来，他可能不得不对其他同学对他发言的指责进行反驳。他发言得分的情况在很大程度上取决于其他同学的反应。我想起两种对付被教授叫起发言的方法：一是每天晚上都认真准备每个案例；二是偶尔认真准备一下，抱着侥幸的心理，希望教授不叫到自己。鉴于是第一堂课，我决定认真准备，制定一个详细的发言提纲，半小时后我才将提纲列出，准备输入电脑。

学习小组在哈佛商学院也是一个很重要的传统。学习小组的成员通常是在深夜或者早晨上课前的时间聚在一起进行讨论。在这种讨论会上大家互相启发，确保案例中的要点不被遗漏，并且可以在一个比较安全的环境中发表自己的见解。参加过学习小组讨论，大家对于明天的案例做了几乎过于充分的准备。第二天，走进教室，环顾四周，发现每个人的座位前都摆放着一个白色姓名卡，整个教室看起来像联合国的一间大会议室。

8点30分整，我们的教授迈进教室，他站在教室前部的中央，扫视了一眼，全场鸦雀无声，突然他吼叫道："让冒险历程开始吧！从今天起我们有许多事情要干，但在我们开始之前，我要求在座诸君为自己热烈鼓掌，因为你们大家都做了十分出色的事情，今天才能坐在这里，你们应该得到鼓掌欢迎！"这句话打破了大家的沉默，教室响起了雷鸣般的掌声。

教授接着向我们介绍了他的背景、课程的有关情况以及哈佛商学院的一些情况,他风度极佳,讲话极富感染力,然后,他开始谈论我们的情况,时而引用一些同学们填写在调查问卷上的内容。"你们中有一名同学,"他说道,"在调查问卷上写了一句妙语,现在我愿意与在座各位一同欣赏它。"他开始引用原话:"我喜欢挑战、成长和激励。"他一边说一边迈步登上台阶,走向"警示线"。"请推动我——"教授做了一个戏剧性的停顿,才接着说道:"使我发挥自己最大的潜力。"他停在一位坐在"警示线"中间的同学面前,"克拉克先生,"教授问道,"MBA生涯中第一堂课由你做开场发言算不算是一个足够的挑战?"可怜的克拉克同学几乎要昏过去了,此时大家哄堂大笑。教授的讲话完美无缺,就像CBS电视台大腕主持人大卫·莱特曼主持晚间电视节目一样,真是棒极了。

克拉克努力使自己镇静下来,结果做出一个很不错的案例分析发言。他得出的结论是:在墨西哥建厂是正确的,条件是美国电报电话公司要确保那些墨西哥工人的工作条件和该公司在美国的工厂工作情况大体一致。教授对他的模范发言表示感谢,然后问大家有什么要补充。至少有7名同学举起手,争先恐后地要求发言。两位同学曾告诉我,一旦开场发言结束,当那个做开场发言的同学在角落里颤抖的时候,其他同学争夺发言机会的战斗就开始了。不管发言内容是多么中肯贴切或者是纯粹的迂腐空话,只要发言就能得到课堂参与分。尽管教授一再言明课堂参与分不是根据发言次数而定,每个人仍然是极力争取尽可能多的课堂发言机会,以使自己能在同伴中脱颖而出。

同学们争夺课堂发言机会的表现因人而异。有的人审时度势,制定了一套什么时候发言、怎样发言以及发言频度的策略。有的人在发言时首先肯定其他同学的正确见解,然后指出不足,提出自己的意见。有的人采取"鲨鱼战术",如果有同学的发言不妥或显得可笑,他就唇枪舌剑,将对方批驳得体无完肤,用打击别人的方法来为自己得分。最终,每位同学的名誉和彼此之间的关系将在很大程度上取决于课堂讨论时的表现,问题的关键是课堂参与情况在每门功课的最后得分中占多达50%的比例。

教授对几个关键问题讨论的进展把握得游刃有余。这个案例产生不一致的原因相对较少,在墨西哥建厂实际上对美国人的工作并不构成威胁,它能给所在国带来的好处也是不言自明的,唯一产生争执之处是当地的腐败问题。一个拉美同学说:"当地腐败盛行,如果公司想在当地建厂,就不得不入乡随俗。"另一名同学援引《国外腐败行为法案》说:"如果公司在当地有任何失检行为,它将在美国陷入麻烦。"这个问题把同学分为两个阵营:实用主义者认为,小规模的行贿是可以接受的,只要通过它能实现建厂的目的;理想主义者认为,任何行贿行为都是不可忍受的;还有几个人从实用主义角度支持理想主义者,认为一旦有向当地官员行贿的行为,那么将来就面临更多被敲诈的可能。

  课堂讨论一直持续了将近4个小时,每个人都发过言,我本人持实用主义和理想主义相结合的态度,做了几次不太重要的发言。最后,教授通过告诉我们实际发生的事情结束了当天的案例分析。美国电报电话公司在墨西哥建一个厂,极大地推动了当地经济的发展,向所有有关当地官员表明了该工厂绝对不会行贿的立场。这一原则得到坚持,腐败问题从来也没有成为一个问题。教授最后说,我们大家做得很好,我们用鼓掌的方式结束了第一堂伦理课,并且大家对第一个做开场发言的同学也表示了祝贺。

  其三,哈佛商学院案例课堂讨论实录。下面是哈佛商学院的一次案例课堂讨论课的写实,内容是关于新日本制铁公司面临的人力资源管理问题。

  戴着一副深度眼镜的乔克第一个被教授叫起来发言:"我不清楚这里的问题究竟是什么。看起来很明显是新日铁公司无力将员工的退休年龄从55岁延长到60岁,但这是日本政府已经宣布在全国企业中推行的,而且工会也要求公司这么做。"

  以定量分析擅长的乔克在这次有关人力资源管理的案例课堂讨论中,说了这样一句话作为开场白。他接着说:"根据我的计算,由于钢铁市场需求减少,这家公司已经有3000名富余员工,这些人占了员工总数的10%。这种局面正在吞噬着企业的盈利。如果延长员工的退休年龄,那么,公司在今后五年时间内,还要承担7000多名富余人员。"

  刹那间,所有的人都沉默了。要是在往常,"开局者"总会受到许多人的围攻,他们都试图对其逻辑中的漏洞予以曝光。而领头发言的学生,常常畏畏缩缩地回到座位上等待着一场哄堂大笑。接着,教授请第二个学生起来,对这个问题增加一些定性的分析。

  "我们应该回顾一下过去,在做出草率判断之前,应该先考察一下这种情况的动态变化过程。首先,我们要看一看当时做出这项决策的条件。国际市场对日本钢铁的需求一般很大,只是在过去的两年时间里才开始减少。在这种环境下,新日本制铁公司采取了降低劳动力成本的经营战略,所以使它成为世界钢铁生产的领先者。这个战略的具体实施办法就是,当旧的工作岗位被撤销后,公司把现有的工人调换到新工作岗位上去,这样就同时解决了辞退和新招工人的矛盾，而且没有花太大的代价。

另外，社会上普遍认为这家公司有一个开明的雇主。这种认识对行业的发展很重要。因为这是一个重群体甚于个体的社会。尽管日本政府现在开始减少干预，但在历史上，政府一直在资助这家公司和钢铁行业的发展。劳资关系一直很融洽，工人们没有进行过罢工，但却得到了较好的福利。日本银行也一直与这家公司密切合作，银行实际上给该公司的经营提供了100%的资金。现在的退休年龄虽说是55岁，但人的寿命在不断延长，工人们已经不能再接受这么早就退休的现实了。

我们再看看公司目前的人力资源政策。这些政策适用于钢铁行业的环境，并且相互之间妥当配合，与社会价值观保持一致。有许多利益群体牵涉进来，他们参与子公司的决策。管理人员希望与劳动者保持和平共处，同时也希望能减少劳动力规模，并且对钢铁行业中出现的衰退现象进行负责任的管理，以便维持在本行业中的领先地位和取得长期的利润。管理人员和工人们与工会紧密联手，共同建造对各方都有利的工作环境。管理人员总是将决策问题摆在员工面前，而且向他们提供所有有关的材料，决策过程还是相当透明的。

工会希望把退休的年龄延长到60岁，同时希望避免罢工和维持一个全面有效的人力资源计划。工会领导者还希望继续保持他们的中立立场，以便工人们既得到应有的福利，又不致发生罢工现象。

工人们通过自主管理小组，对企业中各项工作如何开展，具有相当程度的发言权。他们希望保持他们的工作，并有一个良好的工作条件，同时也希望延长退休年龄。

政府也希望延长退休年龄，这样做的好处是可以减少社会的福利保障。政府还认为，钢铁是日本工业发展的一大关键行业。

公司人力资源流动方面的政策和程序。到目前为止，也还适应环境条件的要求。比如说公司实行了员工终身雇用制。这项对员工的投资，使得这家公司可以实行缓慢的晋升政策。这种缓慢的晋升与强有力的培训和发展机会相配合，才确保了在组织的各个层次中，有知识的人都能够轻易地在水平方向上移动。尤其是在工作堆积、需要加班的时候，员工的调动就更加普遍。公司对员工进行了投资，反过来，员工也对公司给予了相应的回报。

公司的奖酬系统很好地支持了人员流动政策，公司按资历计付报酬，这样也就为员工忠诚于公司提供了激励。而且外在的激励也不仅仅是公司提供的唯一奖酬。

这家日本公司的工作系统设计，反映出公司对工作的内在激励极为看重，比如，工作职责说明一直是灵活的、不那么正规的，只设置少数几个职务层级。决策总是在尽可能低的组织层次中做出。第三层次的管理人员负责开发和考评工人；第一层次和第二层次的管理人员则负责制定经营战略并与银行和政府部门打交道。

从案例中我们还可以看出，由于决策权的适当下放，蓝领工人组成的自主管理小组，能在几个小时之内开发出一个程序来改进工作中的安全保障问题。

最后，我们再来看看这些管理政策到目前为止所产生的效果。公司由于实行了一整套人力资源政策，在降低成本、提高员工对公司的忠诚感等方面取得了良好的效果。公司中有才干的员工数量正在增加，他们只要求中等水平的工资，并通过自主管理小组活动，使公司的年度成本开支节约了相当于雇用成本20%的水平。公司的员工也获得了自尊和安全的感觉。对于整个社会来说，这样一种企业正在成为经济发展的一大推动力量。

依我看来，这里的管理者们正在进行一件有益的事。社会人文因素的变化，使得劳动力队伍和社会逐渐老年化，加之市场对钢铁需求的减少，这些因素都促使公司的人力资源政策必须做出相应的改变。的确，人员配备过多会造成成本上升，但鉴于该公司有银行提供财务资助，所以利润并不那么紧要。如果公司与劳方发生对抗，可能对所有各方的利益都没有好处。

为了保持公司在世界范围内成本水平的领先地位，关键的是要在维持生产率水平的同时，尽可能降低劳动力成本。也许他们应该延长退休的年龄，忍受人员富余可能造成的成本增加，然后再努力寻找办法削减未来的员工。这样做是与公司的战略和行业传统的成功因素相吻合的。"

当这第二位发言者的长篇大论刚结束，坐在教室另一角的一位焦虑不安的女同学急忙抢着说：

"我原则上同意你的意见，尽管我到现在才终于搞清楚你的意见是什么。如果他们想赢得时间产生创造性解决问题的方案，那么有一个现成的办法就是，先不要执行新的退休年龄计划，而应该等到一年以后。"

坐在她左边的一位男同学反对说：

"你这个办法仍然不能解决这种长远性的问题，也就是对劳动力队伍的中期影响问题，它会使劳动力结构向老年化倾斜，而且在年功序列工资制下，还会使公司的工资支出增加。另外，减少招聘新员工，是不是就没什么新主意了？"

坐在教室中间的一位"高瞻远瞩者"认为，不管采用什么方案，都必须对利弊得失做出衡量。他补充说：

"所选定方案的执行方式，对于成功有着至关重要的影响。我认为，决策应该按他们传统的自下而上方式和惯用的程序来做出。然后，像往常一样，还要在所有有关情况都充分介绍的基础上，才能提出最终的决策。而劳资双方的密切合作，是一项很重要的财富，不能轻易破坏。"

尽管已经进行了近100分钟激烈的课堂讨论，教授和同学们心里都很清楚，案例中仍有许多问题尚待解决，许多事实需要明确交代。下课时间快到了，教授在做了简短的总结后宣布这堂讨论课就此结束。同学们边离开教室边带着意犹未尽的劲头争论着。像其他案例讨论课一样，有些同学离开教室时仍然遗憾课堂的讨论没有取得更一致的意见，心中纳闷最好的解决方案应是什么。另一些同学不以为然地反驳说："我们在这么短的讨论时间内就触到了这么多的问题，想到了这么多的好主意，该知足了吧？"有人甚至引用教授前些日子曾说过的话来这样开导学友："现实中的管理问题本来就没有一个唯一正确的答案嘛！关键是把握分析问题的角度，学会怎样去分析问题和解决问题。过程是第一位的，结果是第二位的。教授不是说了嘛，技能的锻炼才是最重要的，问题的解决方案可能因时、因地甚至因人而异！"

其四，海尔案例在哈佛。

1998年3月25日，美国哈佛大学迎来了一位特殊的客人。他就是来自中国海尔集团的总裁张瑞敏。海尔集团以海尔文化使被兼并企业扭亏为盈的成功实践，引起了美国工商管理界与学术界的极大关注。哈佛商学院搜集到有关信息后，认为"这简直是奇迹"。经过缜密研究，决定把海尔兼并原青岛红星电器厂并迅速使其发展壮大的事实编写成案例，作为哈佛商学院的正式教材。

这一天，《海尔文化激活休克鱼》的案例正式进入课堂与学生见面。张瑞敏总裁应哈佛商学院邀请前去参加案例的研讨，并当堂指导学生。上午9点，教授林·佩恩——一位精干的女士——高兴地见到了海尔案例的主角张瑞敏先生。下午3点，上课时间到了，学生们陆续走进教室。

张瑞敏总裁步入课堂，U形教室里座无虚席，讨论开始了。"请大家发挥想象力，回到1984年，那时，张瑞敏先生面临的挑战是什么？"佩恩教授意在启发每个学生研究企业时首先研究其文化背景，包括民族文化、企业文化。

学生们主要来自美国、日本、拉美国家以及中国台湾、香港特别行政区。其中有2/3的人举手表示曾到过中国大陆。

"铁饭碗，没有压力。"来自中国台湾的一位学生首先发言。

"没有动力，每个人缺乏想把事情做好的动力。"

发言一个接一个，学生们从各个角度理解这个对他们在思想观点上来说是遥远的中国。

教授及时把讨论引向深入："请大家把讨论推进一步，什么是海尔成功的因素？你若是处在张先生的位置，你怎么决策？"

"张先生注重管理，抓了质量与服务，他认为人最重要，他用不同方法来建立危机感，砸毁了不合格的库存品，我可能不会做得这么好。"一位美国学生的发言使大家笑了。

"张能改变公司文化，干得好奖励，干得不好要反省。"香港的陈小姐说。"张先生不在西方生活，在中国长大，他却有这样先进的观点，引用西方先进的管理来改变职工的思想。如果让我把东方文化中的精华传播到西方，我不知道我能否做到、做好，但张先生做好了，这是他成功的原因。"另一位美国学生说。

发言从一开始就十分激烈，一个人话音刚落，一片手臂便齐刷刷地举起来，有的同学连举几次手也没有得到教授的点名，急得直挥手。佩恩教授抓紧时间，把这堂课的"伏笔"亮了出来："我们荣幸地邀请到了海尔总裁张瑞敏先生。现在，由他来讲解案例中的有关情况并回答大家的问题。"

张瑞敏总裁走上讲台。

"作为一个管理者看哈佛，哈佛是神秘的。今天听了案例的讨论，我的感觉不像是上课，而是在海尔召开一次干部会议。"学生们听了这风趣的语言都开心地笑了。来自中国的这位企业家也像西方人一样幽默，他们开始被张瑞敏吸引了，"大家能在不同的文化背景下对海尔的决策有这样的理解，我认为很深刻，要把一条休克鱼激活，在中国的环境下，关键是要给每一个人创造一个可以发挥个人能力的舞台。这样，就永远能在市场上比对手快一步……"

学生们开始提问，从原红星电器厂干部的削减办法、效果谈到如何解决两个品牌，从扭转人的观念谈到改变公司文化的措施。问得尖锐，答得精彩，以至于下课时间到了，教授不得不让学生停止提问。

"我非常高兴地通知张先生，海尔这个案例今天第一次进入课堂讨论后，我们将要做进一步修订、核对，然后放在我们学院更多的课堂使用。定稿后，由我来签字认可，把案例交到学校案例库，作为正式教材出版。哈佛的案例教材是全美商学院通用的。美国以外的国家选用哈佛的案例做教材也相当多，因为哈佛始终是以严谨的治学态度对待每一个案例的编采、写作。这样，将会有更多的MBA学生和经理们看到海尔的文化，我相信他们一定会从中受益的。"佩恩教授真诚地说。

第一章　战略管理概述

> 江海所以能为百浴王者，以其善下之，是以能为百浴王。
> 是以圣人之欲上民也，必以其言下之；欲先民也，必以其身后之。故居前而民弗害也，居上而民弗重也。天下乐佳而弗猒也。非以其无诤舆？故天下莫能舆诤。
> ——老子:《德道经》

战略（Strategy），军事战争用语。其含义是"将军指挥军队的艺术"。《辞海》中对"战略"一词的定义是："对战争全局的筹划和指挥。它是依据敌我双方的军事、政治、经济、地理等因素，照顾战争全局的各方面，规定军事力量的准备和运用。"借用美国陆军军事学院编著出版的《军事战略》（1983）中的战略定义，战略可以描述为：战略＝目的（追求的目标）＋途径（行动方案）＋手段（实现目标的方法和工具）。

随着人类社会的发展，"战略"一词逐渐被人们广泛接受并应用于军事以外的领域，诸如政治、经济、社会发展领域。在众多关于战略的定义中，借用明茨伯格（Mintzberg）提出的"5P"战略来说明：

其一，战略是一种计划（Plan）。它是将战略作为一种有意识的、预计的行动程序，一种处理某种局势的方针。所以，它是企业活动之前制定的，而且是有目地地开发和制定。比如，某企业拟开发某种新产品、新技术，投入某种新设备。

其二，战略是一种计谋（Ploy）。它是将战略作为威胁和战胜竞争对手的一种具体手段。这种威胁通常是企业发出的一些"市场信号"所组成的。这些"信号"可能实施，更多的只是对竞争对手的一种恫吓手段。比如，电视剧《大宅门》里，百草厅去安国庙会采购药材，起始放出一些"信息"要大量购买黄连，这时市场上涌现大量供应商。百草厅却不再问津黄连，而是抓市场上其他滞销的且又必须要买的药材，办得差不多的时候，再突然返回来采购黄连，这时的黄连由于大量涌进市场，已形成滞销之势，药商为了避免徒劳往返，只能低价出售，真是应了那句话"哑巴吃黄连，有苦说不出"。

其三，战略是一种模式（Pattern）。它是将战略作为某种具体的经营行为，不管事前是否对其有所考虑。钱德勒在其《战略与结构》一书中认为，战略是企业为了实现战略目标进行竞争而做出的重要决策、采取的途径和行动以实现目标对企业主要资源进行分配的一种模式。比如，海尔物流创新战略确定了同步化模式的基本框架是国际物流中心和"一流三网"管理。

其四，战略是一种定位（Position）。它是将战略作为企业与环境之间的一种联结力量，使得企业的内部条件和外部的环境更加融合。即：企业在活动中既考虑与单个竞争对手面对面时处于何种位置，也考虑在若干竞争对手面前自己在市场上所处的位置，甚至企业可以在市场上确定一个特殊的地位，使得对手无法与之竞争。比如，有的企业利用产品的特性定位；有的企业利用产品能给顾客提供的利益定位；有的企业利用产品质量和价格定位；有的则是利用企业的竞争地位定位。

其五，战略是一种观念（Perspective）。它是将战略作为一种抽象的概念。将企业经营者对客观世界的认识包括价值观、文化、理想等精神内容表现在企业经营的效果上。所以，作为一个经营者应具备大胆创新、承担风险、快速反应、善抓机遇的能力。既要高瞻远瞩又要密切关注企业目前的管理活动。比如，内蒙古蒙牛乳业集团股份有限公司董事长兼总裁牛根生一直秉持着"小胜凭智，大胜靠德"的做人做事原则，因为"德"是制服人心的最佳利器，"想赢两三个回合，赢三年五年，有点智商就行；要想一辈子赢，没有'德'绝对不行"。体现出了现代成功经营者的更高精神追求和社会责任感。

战略与战术的本质区别是：战略针对全局，战术针对局部；战略针对长远，战术针对当前；战略比较原则，战术比较具体。营销、公关、价格、广告等只是企业竞争中的一种战术，而不是战略。企业战略是涉及企业中长期干什么、靠什么和怎么干等方面的问题；战术是战略在时间、空间上的分解。

战略管理有广义和狭义之分。广义的战略管理是指运用战略管理思想对整个企业进行管理；狭义的战略管理是指对企业战略的制定、实施和控制进行管理。因此，狭义的战略管理分为战略分析与制定、战略选择及评价和战略实施及控制。关于战略管理的含义，国外管理学界形成了十个流派：①设计学派：将战略形成看做一个概念作用的过程；②计划学派：将战略形成看做一个正式的过程；③定位学派：将战略形成看做一个分析的过程；④企业家学派：将战略形成看做一个预测的过程；⑤认识学派：将战略形成看做一个心理的过程；⑥学习学派：将战略形成看做一个应急的过程；⑦权力学派：将战略形成看做一个协商的过程；⑧文化学派：将战略形成看做一个集体思维的过程；⑨环境学派：将战略形成看做一个反应的过程；⑩结构学派：将战略形成看做一个变革的过程。其中，①～③为说明型学派，④～⑨为实际制定与执行过程学派，⑩为综合型学派。

企业战略管理具有总体性、长远性、权威性、权变性、政策性、有限合理性等特点。其作用，一是决定了企业经营成败的关键；二是编制经营计划和制定经营政策的依据；三是能够提高企业各项管理工作的效率；四是能够增强企业创新的意识。

战略管理具有以下几个层次：公司总体战略，即企业的总体战略总纲；经营单位层次战略，即多元化企业进行分权管理的组织结构中的一个管理层次，有时也称竞争战略、事业部战略；职能层次战略，即各个职能部门（如人力资源管理部门、营销部门等）如何开展活动的战略，它必须服从和服务于公司总体战略；运作层次战略，即为管理基层活动和战略相关的运作单位提供策略，为职能战略的实施提供保障（如营销职能部的销售工作如何开展，如何保证营销职能目标的实现，等等）。

企业战略管理理论的演进及发展如表1–1所示。从20世纪80年代起，随着改革开放和企业产权制度的改革，我国企业的战略管理实践也开始兴起，中国的企业战略理论研究也进入发展期，主要体现在对国外战略思想的引进及本土战略管理理论及战略管理学者的大量涌现。战略管理过程可分解为战略环境分析、战略的制定和选择、战略的实施和控制三个阶段。

表1–1 企业战略管理理论的演进与发展

	长期规划时代	战略规划时代	战略管理时代
各时代开始的时间	20世纪50年代初	20世纪60年代初	20世纪70年代初
管理特点	以对环境的预测和制定长期计划为重点	以适应环境变化制定长远发展战略为重点	以主动应对环境突变、即抓住出现的机会和威胁制定和实施战略为重点
管理前提	认为过去的情况必须持续到未来，未来是可以预测出来的	认为环境发展趋势和变化均需预测，了解环境变化的主动权在企业	单纯周期性变化不能完成适应环境变化的需要，企业能力是个变数
管理的程序	周期性程序	周期性程序	因地制宜与周期性程序并存

企业使命和愿景陈述的主要作用体现在确立企业宗旨和经营理念方面，就像一个人的座右铭，表明企业生存的目标、价值及达到的手段。企业在形成自己的战略时，首先需要构想企业的使命和愿景，并确立实现使命和愿景的战略目标。

战略管理是提升企业的发展态势、提升企业生命力，以适应社会环境、市场环境及其他环境变化。企业的经营与管理是强化竞争力、扩大收益基础，以增强在市场环境中的地位和作用。由于有两种不同的需要和两种管理职能，也就出现了两种不同的管理体系。

由于战略的本质特点不同于经营，所以战略管理体系并不如经营管理体系那样清晰和明细，而是坐落在最高层次上，即企业的战略管理是董事长和董事会的职责。企业的战略发展部门隶属于董事会，战略发展部作为董事会的参谋机构，承担着战略管理的主要职能。

战略研究是针对未来环境的变化研究企业发展的战略目标、战略重点和战略规划。目前企业战略研究较多地与经营目标、经营计划、经营措施混同了。战略性研究是在战略的指导下，针对变化的某个方面、某个层次、某个局部，研究指导应对的政策和策略。毛主席说："政策和策略是党的生命"，即是讲政策和策略是否正确，决定了党的纲领方针能否实现，它们具有战略性。目前，大多数企业没有专门研究政策和策略的机构，常常是某方面工作出现失误或不适应变化了，在总经理工作会议上提出某项政策。这种情况一方面反映了企业缺少内在的主动权，常常会制约外在竞争的主动性；另一方面，提出的政策和策略之间易产生抵触。企业的政策和策略研究作为战略性研究必须纳入战略发展部并组织各经营部门参与。

在构建战略管理体系的过程中，企业首先要了解战略管理的建设与实施过程，提升企业的发展态势、提升企业生命力，以适应社会环境、市场环境及其他环境变化。明确战略管理体系的具体职能和战略发展部作为董事会的参谋机构，并承担着战略管理的主要职能。

案例 1-1　德隆：折戟于战略缺失

一、案例介绍

2004 年 4 月 15 日，股市中出现了惊心动魄的景象，德隆系股票一泻千里。历经数月保持阴跌的德隆系三驾马车，史无前例地整体跌停。这个不祥的局面既是德隆系此前危机的体现，也是后期德隆系更大被动的导火索。

此后，全国许多媒体关于德隆失落的评说层出不断。各媒体的评说和德隆董事局主席唐万里对于德隆失落的解释都有可取之处，但都未能说到根本上。德隆失落从表面上说与多元化快速扩张、资金链断裂、信任危机、银行加强监管等有关，从根本上说是它缺少战略管理体系，从而没有科学的发展战略也必然会在激烈的环境波动和竞争中失落。早在事件爆发时德隆董事局主席唐万里对于危机的反思中说："一是集团旗下的研究型企业太多，对于某些行业缺乏实战经验，在实际运作中遇到困难，我们今后对投资领域有所选择，用有限资源做好核心产业。二是以往与银行合作顺利，信用也高，因此贷款相对容易，融资能力强，但从另一方面看，这也造成了抗风险能力偏弱。近期的事件德隆首次遭遇银行贷款资金链断裂，这为我们今后的风险控制提供了借鉴。三是德隆国际化程度高，海归人才多，与跨国公司合作顺利，但相对对中国国情有所疏忽。国内外市场化程度差异极大，比如，国内并购运作环境与手段远不如国外完善。我们的知识分子要更加深入实际，在大风大浪中摔打，包括要与媒体进行更有效的沟通。德隆需要战略调整。产业整合将在主业中进行。对非主业，经过摸索尝试后，可能进入也可能退出，这对缓解资金链的紧张也有好处。将来旗下三家上市公司将成为核心产业的专业公司。我个人的感慨是德隆反危机意识太弱，对舆论的正确引导能力太弱，导致市场谣传太盛。要加强正本清源，我本人也要改变生活态度，加强与外界的沟通。"不幸言中，德隆被自己打倒了，被自己缺少战略管理体系打倒了。

面对2001年就开始传闻的对德隆的质疑，德隆集团只预计了与银行的关系良好，只预计了集团运营正常，产业经营良好，并以此代替了对未来环境深刻变化的预见；只从经营侧面考虑并在一定范围和程度做了应对危机的处理，缺少整体上对防范失败的认识和准备。德隆董事局主席唐万里承认在对宏观政策的把握方面存在不足，太过理想化，面对太多机遇的时候，德隆有点贪多求快，对宏观环境的变化预计不足，等等。正是把预计预测当做战略预见，实际上就使预测失去了导向。在谈到对目前德隆的危机的看法时，唐万里仍然是预计危机很快会过去，对于战略管理体系不能从整体上给出正确的预见，只是在资金缺口和收缩战线的两者平衡关系上考虑，缺少对调整后变化的预见作为导向。

战略防败不是危机管理，也不同于危机管理，它是从整体考虑使企业处于内外和谐，适应环境，立于不败之地，即"先为之不可胜"；它不是根据投资对象的机会和风险来应对、实行危机管理或风险管理，而是根据防败来指导选择投资对象和投资方式，同时，根据战略防败的指导来研究和实施危机管理。由于没有战略管理体系，德隆即使实行危机管理也不可能防止失败。因此，如德隆人坦承：我们面对的诱惑太多了，难免出现扩张过快的现象，在面对太多机遇的时候，德隆有点贪多求快，以至于对宏观环境的变化预计不足。这里，德隆既有不懂得战略预见的问题，也有缺少与战略预见相关的防败体系问题，因此不是难免而是必然贪多求快。

德隆集团在上海举行的全体干部会议的一致意见，也反映出德隆集团缺少战略管理体系，即不能对危机出现从战略防败层面上做出深刻的分析，提出有科学指导价值的意见，仍然局限于数年前三九集团发生危机时的认识和应对水平。从战略防败上看，德隆的危机不是操作上的失控或节奏把握欠佳，而是长期的战略方向不清和价值取向不明造成的根本问题。在这个根本的方面，联想集团也让人担忧，即不懂得企业发展不仅要遵循产业发展规律和技术发展规律，更要有战略方向，不懂得企业的战略方向不是主业，而主业只是战略方向的载体等这些战略统筹管理的基本原理。同样，三九集团拟向境外战略投资者转让61%的三九制药股权，也会因缺少战略防败而产生麻烦。

（资料来源：余来文：《管理竞争力：基于战略、管理与能力的整合》，东方出版社2006年版）

二、案例分析

企业战略管理体系的首要职能是战略预见，即预见未来形势和环境的变化。没有战略预见，就不能有战略规划和部署，没有正确的战略预见就不会有正确的战略规划和部署。同样，战略预见不是经营预测，二者的目的、性质、对象、方法、结果等都不同。但是，大多数企业把经营预测当做战略预见，把优势、劣势、机会、风险等经营预测方法当做战略预见工具，这就难免在大的环境变化中失误。德隆集团同样缺少战略预见，而以经营预测代替了战略预见的功能，失落是必然的。

战略管理体系的一个重要职能是防败，正如孙子兵法中所说："先为之不可胜，再为之可胜。"唐万里对今后的进一步调整的愿望，也反映出他把防败局限于严格地控制投资规模和企业内部的现金流等有形的方面，而并不懂得在整体上防败要用战略成本控制。这一点联想集团也如出一辙，杨元庆表示：自己对多元化业务的拓展和管理能力还显得相当稚嫩，也反映出完全不知道何为战略成本控制。

作为战略家融雄心壮志和忧患意识于一身，才能建立和领导战略管理体系。中国企业决策者多有雄心壮志，而且常常体现在要做五百强或业绩翻数番上，但少有忧患意识，这使得企业难以建立战略管理体系，或者把它当做经营工具。日本从明治维新以来就以忧患意识指导治国，在国民中忧患意识普遍强于其他国家，所以其发展长期有效。中国民众中长期风行"难得糊涂"，不去正视问题、缺少忧患意识，甚至把讲问题多看作怕困难、无政绩。在企业中重眼前困难，轻忧患未来。

总之，从缺少战略预见、缺少防败、缺少忧患意识三点来说明，德隆的失落在于缺少战略管理体系，而且也不可能建立战略管理体系。同样，中国企业缺少战略管理体系的普遍情况，必然使其总是处于非常危险的境地，同时也会使中国政府不断保护中国企业，避免经济形势的恶化。

三、思考·讨论·分析

1. 德隆的战略体系缺失在哪里？
2. 如何理解孙子兵法中所说"先为之不可胜，再为之可胜"？
3. 怎样理解"企业战略管理体系既要充分体现决策者的雄心壮志，又要积极反映决策者的忧患意识"这句话？

案例1-2　澳柯玛失利引起的战略思考

一、案例介绍

2006年4月10日，G澳柯玛公告称：澳柯玛集团以及下属关联企业累计占用上市公司资金19.47亿元，公司2005年度净利润同比下降幅度将超过50%；公司的主营业务之一空调接近停产。经研究，4月13日青岛市有关部门终于做出决定：由国资系统下的青岛市企业发展投资公司向澳柯玛伸出援手，同时免去鲁群生的澳柯玛集团董事局主席职务。澳柯玛成为又一个企业盲目多元化经营遭遇惨败的例子。

20世纪90年代初，澳柯玛还是一家濒临破产的冰柜厂，在鲁群生的主动请缨和领导下，到1994年已发展成为冰柜产销量占到全国第一。从1995年开始，它在家电领域迅速扩张——空调、彩电、饮水机、电热水器、电冰箱等项目纷纷上马。同年，澳柯玛被第50届世界统计大会、国家技术进步评价中心认定为"中国电冰柜大王"；1997年，"澳柯玛"被国家工商行政管理总局授予"中国驰名商标"；2002年，澳柯玛被国家质量检验检疫总局评为"中国名牌产品"生产企业。2005年，澳柯玛电风扇、饮水机、电饭锅、电暖器和浴霸五大类小家电产品的市场销量跃居全国同行业前五名，跻身"小家电行业销量领先品牌"行列。

到2000年，其主营业务销售收入已达到30亿元，集团控股的G澳柯玛在上交所上市，募集资金7.84亿元。在确立了冷柜行业的霸主地位后，2002年，澳柯玛开始向其他行业进军，投资领域令人眼花缭乱，主要经营冷柜系列、冷冻冷藏箱系列、制冰机系列、饮水机系列、自动售货机系列、锂离子电池系列的制造、销售、技术开发、技术咨询、技术服务。拥有150万台冰柜、60万台冰箱、30万台展示柜、20万台电热水器、300万台小家电、6万台酒柜的生产能力。

澳柯玛期望介入新的领域，尽快摆脱家电行业技术趋同、产品趋同、市场趋同和战略趋同的状态。但是，事与愿违，在这些行业投入大量资金后，带来的不是新的盈利增长点，而是部分项目变成了澳柯玛的负担。尽管企业把发展高科技产业定位于未来主要发展方向，但所有人都不明白澳柯玛到底要干什么。

（资料来源：王礼：《澳柯玛盛衰记》，《南方周末》2006年4月27日）

二、案例分析

有这样一个小故事说：孔子跟师襄子学习弹琴，一连十天，没有再学新的内容。襄子说："可以学习新的内容啦。"

孔子回答："我虽然练习这支曲子，但是它的技巧还没有掌握。"

过了一段时间，襄子说道："它的技巧你已经掌握了，可以学习新的内容了。"

孔子回答说："我还没有领悟出它的主旨呢。"

又过了一段时间，襄子说道："现在乐曲的主旨你已经领悟到了，可以学习新的内容了。"

孔子回答说："我还没有体察到作曲者的境界呢。"又过了一段时间，在弹奏中，孔子由于受到乐曲的感染，有时进入深沉的境界，有时感到心旷神怡，胸襟开阔。于是说道："我体察到作曲者的境界了。他的肤色黝黑而身材魁梧，眼光明亮而高瞻远瞩，好像有统治天下的帝王气魄"。除了周文王，谁还能创作出这样的乐曲呢。襄子听了，立刻从坐席上起来，向孔子施礼道："我的老师曾经告诉过我，这正是文王谱写的《文王操》啊！"孔子不愧是一代圣人，他在几千年前就告诉了我们目标专一的重要性。

在企业发展过程中，当行业的发展前景日益堪忧、竞争日益激烈的时候，企业的战略转折和战略重新定位问题至关重要。我国许多企业在发展初期，整个研发、制造、采购等都是以客户关系为轴心展开的，随着业绩的增长，规模和范围的迅速扩大，原有管理模式无法支撑新的公司战略的调整。这时，企业领导如果没有采取行之有效的措施，没有对新管理方式进行探索，将很难立足现在，展望未来。我们尝试把多个业务的产品开发联系起来，努力使得销售队伍跨业务销售，这很难行得通，也会使企业的整体发展陷入刚性僵化和混乱无序的局面。

在这种情况下，如何拓展新业务，成为企业发展道路上必须解决的关键问题。于是大量企业在多元化和专业化、相关多元化和非相关多元化的选择上游移不定。企业在寻找新的增长机会时，应立足核心业务，充分考虑潜在的风险，并且确保核心业务的健康发展，不能天真地、简单地认为把两种业务活动组合在一起就能创造奇迹。术业有专攻，无论什么时候，一定要死抱住自己的专业不放松，这才是一个人乃至企业安身立命的本钱。你尽可以花精力时间去掌握本专业的新发展，对其他领域，顾得过来的情况下，开阔一下眼界和思路足矣。

三、思考·讨论·分析

1. 澳柯玛遭遇惨败的主要原因是什么？
2. 澳柯玛未来将如何定位？您有何建议？

案例 1-3　长虹集团的战略管理

一、案例介绍

十几年前，长虹集团还是我国家电行业中的一个名不见经传的小企业，经过这些年的艰苦奋斗和发展，如今的长虹，一举一动，甚至一次呼吸的深浅，都会影响到我国家电市场的潮涨潮落。长虹随着我国市场经济的发展，不断改革，创新经营，一步步成长起来，已成为我国家电行业的龙头老大。一些著名经济学家曾聚集起来，探讨和研究"长虹现象"，长虹为什么能保持十几年的高速发展，为什么能成为中国的"彩电大王"，这其中一定有什么奥秘。

长虹集团之所以在十几年的时间里能够迅速发展壮大起来，除了企业有倪润峰这样的好带头人外，还有一大批为企业做出奉献的领导和员工群体。其中，最重要的是，他们为企业制定了明确的经营方针，正是这个经营管理的指导思想贯穿于整个企业的生产及经营活动之中，激励着企业全体员工，目标一致，团结奋进。

20世纪80年代，在中国家电市场的创业初期，有许多电视机生产厂家都比长虹的实力强数倍。要搞好一个企业，首先要确定其战略经营的大政方针或大目标，"不能这山望着那山高"，一会儿想这样做，一会儿又想那样做，无目的乱放箭，形不成集中优势兵力展开市场作战的强大力量。

长虹集团总裁倪润峰认为，企业的发展应有一个准确的经营思路，并把这一经营思路普及到其他的企业管理者和全体成员之中，让全体企业员工认识和理解，达成共识。当时的家电市场，录音机、音响、空调等都比彩电需求大，如果投资这些领域，挣起钱来快得多。因此，不少人认为，应该上一些来钱快的产品项目，不应该在彩电一棵树上吊死。上级领导也批评长虹的胆子小，步子慢，跟不上其他厂家那种针对沿海、面向世界的发展思路与速度。倪总便规劝其高中层干部和员工不要性急，坐下来慢慢地读一读《三国演义》。倪总喜欢阅读《三国演义》，并认真思考其中的战略与经营管理之间的关系，从中颇受启发。在这样的战略思考中，他们确立了长虹的经营方针与目标：面对市场，展开企业的生产经营，立足四川，占领西南，挺进全国，走向世界。这样一个战略谋划与方针也颇有点像诸葛亮献给刘备的"隆中对"。长虹企业的地理位置在四川，长虹战略与三国战略是否是历史的机缘或巧合？

长虹集团根据这样的指导思想，自筹资金从日本引进一条具有先进技术装备的彩色电视生产线，形成了年产10万台彩电的生产能力。这就使长虹具有了一定的生产规模和技术装备，不但提高了产品的质量，也具备了一定的市场竞争力。倪总认为，在当时长虹的财力是有限的，不可能同时生养几个"孩子"，只能走"独生子女"、"优生优育"的发展道路。按照这样的发展路子和思想，先把电视做好，养育好自己的"独生子女"，为公司的未来基业打下一个良好的基础。

天有契机，事有巧缘。当时，咸阳彩色显像管厂正在初期的筹建之中，严重缺乏资金。长虹集团在自己缺少资金的情况下，向咸阳彩色显像管厂一次性预付4000万元，支持其彩管厂的建设。倪总这样做，一是下决心把"独生子女"养好，二是看到了彩电市场的未来需求。后来，当全国彩管市场紧缺时，长虹却拥有稳定的货源，为长虹的生产和发展提供了可靠的原料保障。同时，这种优秀的管理才能、战略家的眼光和果断的战略决策使得长虹人为自己立足四川、占领西南、挺进全国市场完成了战略性的大转变。

在对内外部的管理工作上,长虹集团首先从领导班子抓起,从组织上给以保障。公司的几位副总经理,每人各负责一摊生产经营方面的业务工作。全体中层和低层管理者,各司其职,一丝不苟。企业全体员工都围绕着长虹的"生产与销售"这一中心展开工作。

1995年,国家批准长虹进口18万支彩色显像管的计划。倪润峰及其他管理者从北京到省城来回跑,向有关部门申请外汇额度,最终要到了能满足8万支彩管的外汇资金,还需一多半资金怎么办?一筹莫展的管理层想到了市场,终于在市场上筹集到了10万支彩管的款项。长虹从这样的实践中更加认识到:只有市场,企业才有出路,只有市场,产品才有销路。企业的管理者应该全身心地投入到跑市场、抓管理上,只有这样,才能实现企业的飞跃。长虹集团下属几十个分厂、分公司,约2万多名员工。无论其公司的哪个机构、哪个分公司和哪个员工都应该围绕着生产和销售这个中心定位自己的工作。春节是中华民族的传统节日,也是全国人民、各机构团体停工放假和休养生息的喜庆时机。然而,对于长虹人来说,春节却成为他们全力奋斗的又一次机会。高中层管理者都不例外,无论岗位在哪里,是做什么工作的,都得到销售一线搞促销、抓市场或者调研,并在调查市场中发现问题,提出解决问题的设想,最后还要以书面的形式写出调查报告上交公司。1994年秋,上级决定让倪总随全国电子行业考察团到美国学习参观,但是,出乎人们预料的是,他竟跑到中国东北调研市场去了。因为从有关信息得知,东北的大豆与玉米获得大丰收,农民手里肯定有了钱。如果事实确实如此,那么丰收的范围多大,收入有多高,如何进军东北农村市场成为长虹亟待解决的问题。市场机遇转瞬即逝,不会等人的。因此,他在东北的半个月里,跑遍了20多个县市,调查了近100家商场,勾画出了进军东北农村市场的战略方案。当出国考察团迈着轻盈的步伐,兴致勃勃地从国外回来时,长虹的第一批彩电开始运往东北农村,满足了农村消费者的现实需求。

以发展中国彩电行业和光大民族产业为己任的长虹人,1998年8月,在全国做出了降价的决策,每台彩电降价达250元,全面让利消费者。这次降价不但在全国家电行业和消费者当中激起了强烈反响,提高了长虹的市场份额,也加速了资金的回笼,使长虹在市场与经营面前变得更加成熟起来。还是在1996年,外国的"洋货"、"水货"兵临城下,再加上国内各商家之间竞争十分激烈,使得国内市场更趋复杂。当时,外国品牌彩电在北京、上海和广州等大城市的市场占有份额超过了50%,在有的地方高达90%以上。有的外国彩电品牌曾扬言要"三年超过长虹,五年挤垮长虹"。面对这样的市场,任何人都会感到肩上担子的沉重。为了争夺市场，面对竞争，为了争取先机，长虹人率先打出"保卫长虹，保卫民族产业"的旗帜，打响了民族产业的自卫战。长虹彩电在全国全面降价，幅度达16%，使得长虹产品市场份额从22%上升到27%，当年就提高了5个百分点。"红太阳一族"照亮了千家万户，占领了全国市场，完成了长虹人保卫民族产业的雄心壮志，为民族产业的兴起和发展立下了汗马功劳。

（资料来源：宁建新：《企业战略管理策划与案例》，青岛海洋大学出版社2000年版）

二、案例分析

为了理解战略管理的含义，让我们先从一个笑话开始：从前，有两个相互竞争的企业老板通过野炊休闲的方式商讨两家公司是否应当合并的问题。讨论中，两个老板各不相让，都坚信可以在竞争中战胜对手。突然，森林中跑出了一个大黑熊。一位老板急忙打开背包拿出一双运动鞋穿在脚上。另一位老板不解地问："难道你穿上运动鞋就能够跑过大黑熊吗？"这位老板回答说："我不用跑过大黑熊，我只要跑过你就行了。"这是一个很流行的笑话，它道出了战略管理的基本含义。首先，战略管理包含企业对环境的反应（来了一只大黑熊）；其次，战略管理包含一系列的重要决策（坐以待毙，赶快离开，还是与大黑熊搏斗）；再次，战略管理包括行动（穿运动鞋，快跑）；最后，战略管理是为了达到一定的目的（比竞争者跑得更快）。

在《三国演义·隆中对》中，孔明根据对曹、刘、孙三方以及刘表等势力的政治、军事、经济、地理诸种条件的精辟分析，为刘备的生存与发展制定了"联孙抗曹"的总战略。为了实现这一战略计划，诸葛亮提出首先要向薄弱方向发展，夺取荆、益二州以建立稳固基地，安抚西南各族，联合孙权，整顿内政，加强实力；其后，待条件成熟时，从荆、益两路北伐曹操，夺取中原，统一中国。显然，这是一个比较符合客观实际的既稳健而又有进取精神的战略构想。刘备后来虽因条件所限而未能实现统一中国的计划，但他恰是依据诸葛亮"联孙抗曹"的战略谋划，而建立了蜀汉政权，成为鼎立三足者之一。

倪润峰的战略构想就像孔明的战略构想令人钦佩，案例中他运用价格、市场与资源三张王牌战略展开企业管理和市场竞争。长虹电视机的多次降价，不仅仅使国内消费者受益，而且也使得国内企业摆脱了洋品牌的垄断与压制，提高了产业的技术与规模化程度，同时也形成了行业未来的可持续发展优势。除了运用这三张王牌战略以外，长虹集团还重视技术的提高和工商关系的改善。长虹所具有的实力和资源更加强了他们技术水平的发展与创新能力。作为企业管理者就应该有自己的战略构想。长虹集团因为有了正确的经营思想，有了现代化的技术与管理能力，有了实现这些资源配置与应用的长虹人，长虹以"产业报国为己任"的思想就能够得到不断的升华，以致完成其民族产业腾飞之大任。在当今社会，随着跨国企业的进入，为了使企业有一席之地，企业管理者必须全力制定和执行自己的管理战略，为自己赢得一个立足之地。

三、思考·讨论·分析

1. 长虹集团经营方针的定位是什么？
2. 长虹集团战略管理的核心是什么？
3. 面对"洋货"，长虹是如何巩固自己的市场地位的？

案例1-4　盛田昭夫：奇妙的"U"形线

一、案例介绍

1956年2月，日本索尼公司的副总裁盛田昭夫又踏上美国的土地。这是他第100次横跨太平洋，寻找产品的销路。纽约的初春，寒风刺骨，蒙蒙细雨中夹着朵朵雪花，大街上的行人十分稀少。

身材矮小的盛田昭夫带着小型晶体管收音机，顶着凛冽的寒风，穿街走巷，登门拜访那些可能与索尼公司合作的零售商。

然而，当那些零售商们见到这小小的收音机时，既感到十分有趣，又感到迷惘不解。他们说："你们为什么要生产这种小玩意儿？我们美国人的住房特点是房子大、房间多，他们需要的是造型美、音响好，可以做房间摆设的大收音机。这小玩意儿恐怕不会有多少人想要的。"

盛田并不因此气馁，他坚信这种耗费了无数心血而研究制成的小型晶体管收音机，一定会让美国人所接受。

事情总是这样，多余的解释往往不如试用中发现的道理。小巧玲珑，携带方便，选台自由，不打扰人，正是小型晶体管收音机的优点。不久，这种"小宝贝"已为美国人所接受。小型晶体管收音机的销路迅速地打开了。有一家叫宝路华的公司表示愿意经销，一下子就订了10万台，但附有一个条件，就是把索尼更换为宝路华牌子。盛田昭夫拒绝了这桩大生意，他认为，绝不能因有大钱可赚而埋没索尼的牌子。

宝路华的经理对此大惑不解："没有听过你们的名字，而我们公司是50

年的著名牌号，为什么不借用我们的优势？"

盛田昭夫理直气壮的告诉他："50年前，你们的名字一直和今天的我们一样名不见经传。我向你保证，50年后我的公司一定会像你们公司今天一样著名！"

不久，盛田昭夫又遇上了一位经销商，这个拥有151个联号商店的买主说，他非常喜欢这个晶体管收音机，他让盛田给他一份数量从5000、1万、3万、5万~10万台收音机的报价单。

这是一桩多么诱人的买卖啊！盛田昭夫不由地心花怒放，他告诉对方，请允许给他一天的时间考虑。

回到旅馆后，盛田昭夫刚才的兴奋逐渐被谨慎的思考取代了，他开始感到事情并非这么简单。

一般来说，订单数额越大当然就越有钱可赚，所以，价格就要依次下降。可是，眼前索尼公司的月生产能力只有1000台，接受10万台的订单靠现有的老设备来完成，难于上青天！这样就非得新建厂房，扩充设备，雇用和培训更多的工人不可，这意味着要进行大量的投资，也是一笔危险的赌注。因为万一来年得不到同样数额的订货，引进的设备就会闲置，还要解雇大量的人员，将会使公司陷入困境，甚至可能破产。

夜深了，盛田昭夫仍在继续苦思良策，他反复设想着接受这笔订货可能产生的后果，测算着价格和订货量之间的关系。他要在天亮之前想出一个既不失去这桩生意，又不使公司冒险的两全其美的妙计。

他在纸上不停地计算着、比划着，忽然他随手画出一条"U"字形曲线。望着这条曲线，他的脑海里如闪电般出现了灵感——如果以5000台的订货量作为起点，那么1万台将在曲线最低点，此时价格随着曲线的下滑而降低，过最低点，也就是超过1万台，价格将顺着曲线的上升而回升。5万台的单价超过5000台的单价，10万台那就不用说了，差价显然是更大了。按照这个规律，他飞快地拟出一份报价单。

第二天，盛田昭夫早早地来到那家经销公司，将报价单交给了经销商，并笑着说："我们公司在于与众不同，我们的价格先是随订数而降低，然后它又随订数而上涨。就是说，给你们的优惠折扣，1万台内订数越高，折扣越大，超过1万台，折扣将随着数量的增加而越来越少。"

经销商看着手中的报价单，听着他怪异的言论，眨巴着眼。他感到莫名其妙，他觉得似乎被这位日本人所玩弄，他竭力控制住自己的情绪说："盛田先生，我做了快30年的经销商，从没有见过像你这样的人，我买的数量越大，价格越高。这太不合理了。"

盛田昭夫耐心地向客商解释他制订这份报价单的理由,客商听着、听着,终于明白了。

他会心地笑了笑,很快地和盛田昭夫签署了一份1万台小型晶体管收音机的订购合同。这个数字对双方来说,无疑都是最合适的。就这样,盛田昭夫用一条妙计就使索尼公司摆脱了一场危险的赌博。

(资料来源:吴岩:《会当凌绝顶——成功领导典范》,www.china-pub.com.2003年)

二、案例分析

一个企业的领导者,可以称他为战略家,也可以称他为战略决策者或战略领导者。所谓领导,是指一种重要管理职能,是一个人对其他人施加影响,激励并指导他们朝着组织目标方向发展的过程。索尼老总盛田昭夫就是一个非常卓越的战略家,案例中引用盛田昭夫早期拓展市场的经历,充分说明了他有着非常精明的头脑;面对风险敢于积极面对;面对新的变化能够做出快速、准确的反应;面对新的战略机会敢于大胆追求,且善于抓住机会。总结许多日本企业家的经营作风,那就是:多谋善断。

引用众多管理精英的宣言:

"我是不会选择去做一个普通的人。如果我能够做到的话,我有权成为一个不寻常的人。我寻找机会,但我不寻求安宁。我不希望在国家的照顾下成为一名有保障的市民,那将被人瞧不起而使我痛苦不堪。

我要做有意义的冒险。我要梦想,我要创造,我要失败,我更要成功。

我绝不用人格来换取施舍;我宁愿向生活挑战,而不是过有保证的生活;宁愿要达到目标时的激动,而不愿要乌托邦式毫无生气的平静。我不会拿我的自由去与慈善作交易,也不会拿我的尊严去与发给乞丐的食物作交易。我绝不会在任何一位大师的面前发抖,也不会为任何恐吓所屈服。

我的天性是挺胸直立,骄傲而无所畏惧,勇敢地面对这个世界。所有的这一切都是一位企业家所必备的"。

多么富有寓意和联想、让人振奋的宣言,让人敬佩万分。所以一个企业的灵魂就是这个战略家所做的每一个正确决策,领导他的组织依托战略走向成功。他需要掌握领导科学,也需要具备领导艺术,这样才能在模式化的战略领导过程中表现出一种非模式化的、富有创造性的才能与技巧,从而灵活应对复杂的战略环境,实现组织的战略目标。

三、思考·讨论·分析

1. 盛田昭夫作为战略家具有哪些特征？
2. 假如你在经营过程中遇到类似情形，你会做到"多谋善断"吗？谈谈你的感想。
3. 盛田昭夫如何看待企业品牌？

案例1-5 新希望集团的发展轨迹

一、案例介绍

我国改革开放中涌现出一批发展良好的民营企业，1996年，刘永好组建的新希望集团就是一个缩影。

刘永好及其三兄弟得益于改革开放的大好政策，在踏踏实实的奋进中静候商机，以变应变，适应市场需求，加速扩张。凭着良好的创业底蕴和敏锐的洞察力，捕捉了三次机会，取得了三次飞跃。抓住改革开放的大机会，下海经商走出了创业第一步；抓住邓小平南方谈话发表的机会，实现了企业的低成本扩张；抓住十五大的机会，进行资产重组，走现代化企业之路。

早在20世纪80年代初，党的十一届三中全会使我国进入了改革开放的新时代。1982年8月，刘永好及其三位在省、市、县任公职的兄弟商议：丢掉"铁饭碗"，下海经营。我国是农业大国，农业人口众多，新希望发展之初把主要的精力放在农村和农民身上，饲料工业是农业发展的重要环节。从创业之初的养鸡、养鹌鹑到猪、鱼、鸭饲料到生产经营，刘氏四兄弟掀开了创业史上的第一页。1992年，春天的故事将我国从计划经济的轨道转入了市场经济的快车道，党的十四大召开将我国经济带入了一个高速增长的时期。面对私营经济政策的放宽的历史性机遇，刘氏兄弟不失时机地把握了这个企业发展的大契机，他们提出了"做大蛋糕，求大发展"的战略框架，推行了三大战略性政策：一是组建全国性的民营企业——希望集团；二是立足成都，走出四川，在外省建立子公司，面向全国发展；三是实施"独自发展与兼并收购相结合，走低成本扩张的发展模式"，奠定了集团高速发展的基础。党的十五大后，在希望集团生产力高速发展、社会化程度日益增强的条件下，家族式管理的问题日益出现，刘氏兄弟果断地决定对企业的内部组织进行调整完善，使集团从家族制羁绊中摆脱出来，把企业集团建立在"产权明晰、管理科学、目标明确"

的基础上，走现代化企业之路。1996年，刘永好组建新希望集团，其主要战略目标是：巩固和壮大在中国饲料业的地位，在未来十年内建立100多个饲料厂；加大科技投入，缩小中国和工业化国家之间在饲料业中的差距；实施适度多元化的发展战略，再形成1~2个利润中心，年总产值达到20亿美元。继承传统，充分发挥其各项优势，将集团发展成为一个集技术、工业、贸易、金融于一体的大型企业集团。

1996年，刘永好创建新希望集团。该集团后来在深圳证交所上市。

刘永好曾在八届一次全国政协会议上，做了《私营企业有希望》的大会发言，提出了"国有加民营，优势互补，共同发展"的新思路，按照这样的思路去运作，集团收购、兼并了30多家国有企业，这些企业按照新机制运行后，显示了较强的生机与活力。

刘永好作为富裕起来的私营企业家，致富不忘国家，致富不忘人民。他联合另外9位私营经济人士，发出实施"光彩事业"的倡议，旨在响应中央政府提出的"八七扶贫攻坚计划"。"光彩事业"实施以来，直接投资已超过40亿元人民币，项目达到2800多个。刘永好和他的企业在中国西部和西南部，包括广大的少数民族地区，投资近2亿元人民币，兴建10多家扶贫工厂，为这些地区经济的发展和人民生活的改善做出了贡献。

刘永好说，我不太赞成希望"分家"这一说法。"分家"一说容易引起一些误解。对希望集团内部发生的情况，我认为还是用"明晰产权"的观念比较准确。这是我们抛弃纯粹家族模式迈出的第一步。

刘永好有一段独特的"人才高速公路"理论：按照高速公路快、中、慢三条道，为最优秀的员工冲上"快车道"充分发展提供机会。

当前的市场竞争根本就是人才的竞争。作为全国最大私营企业的老总，刘永好对人力资源的管理应用有较为全面的诠释。

刘永好深知，万事万物人为本，好的战略规划必须通过优秀的人才得以实施。新希望集团要求新员工要成长为合格的"新希望人"，必须过"三关"：第一关是解放思想、更新观念；第二关是摆正位置、进入角色，要注重尽快适应环境；第三关是必须有强烈的效益感、责任感和危机感，要有自信心、事业心，要有压力，有动力。刘永好对人才有两条标准，首先是"德"，其次是"才"，德才兼备可谓真正人才。对于如何招贤纳才和留住人才，刘永好说他有"三招"：第一招是靠"新希望"。美好的发展前景，"当企业充满希望，人才自然会飞进凤巢里"；第二招是感情招。刘永好特别注重与企业人才的交流，尊重他们、信任他们，给他们充分的发展空间；第三招才是优厚的福利待遇。有了这三招,"新希望"才能人才济济。刘永好也强调人才的适当流动,1998年,新希望还调整了一下集团的人才方阵,"不流动就会成一潭死水"。但是,他反对当前一些人才过于清高、自傲,追求跳跃式发展,"这对企业和个人都是不利的"。现在社会上一种流行的看法是,把目前中国私营企业面临的危机主要归罪于家族模式的经营管理,刘永好不赞同这种看法。刘永好认为,私营企业家族式经营并不一定都不好,而现代股份制也并非十全十美。他说:"我考察过很多国外成功的企业,发现不仅在东南亚,在欧美也有许多企业仍是家族模式,他们照样经营得很好。也有很多所谓现代化的企业是失败的,不能笼统地讲什么好什么不好。"刘永好认为,在家族创业之初,所有权与经营权相结合,决策与执行相统一,大家协调一致,共同努力很容易适应企业发展的需要,在创业过程中发挥很大的作用。但当企业发展到相当规模时,其弊病就日渐明显,家庭观念反而阻碍企业的进一步发展。事实上,新希望的兄弟们很早就意识到这一点。集团内1992年和1995年两次产权明晰实际上是他们在摒弃家庭式管理方面迈出的首要步伐。1998年2月,新希望集团的部分企业进行股份化改造,是刘永好探索资产社会化的有益尝试,它标志着一个传统的私营企业将由此步入规范化运作的新轨道。刘永好探索私营企业上市后,不但在资本营运和企业扩张方面产生了推动力,同时在经营的规范化和创造良好业绩回报投资方面也面临更高的要求。"新希望"上市不仅募集了相当的发展资金,同时也大幅度提升了无形资产,为刘永好"百年老字号"提供了有形和无形的双重支持。现在,在集团总部,除了一个老司机和一个管理人员与刘永好有亲缘关系外,其他员工与他没有任何亲属关系,有的甚至一两年前根本就不认识。刘永好说:"并不是我的亲属不能干,我是怕给别人造成坏的影响,所以我干脆来个'矫枉过正'。亲戚有困难我可以帮忙,但我宁愿给他一笔钱也不会让他在我集团内供职。"可见,刘永好抛弃家族模式的决心。

(资料来源:高红岩:《战略管理学》,清华大学出版社、北京交通大学出版社2007年版;王建中:《资本复兴:中国个体私营经济20年速写》,山东人民出版社2000年版)

二、案例分析

作为企业家(战略家),刘永好是十分具有魄力的。从创业之初到对企业内部组织进行调整改善,充分体现了他那坚韧不拔的毅力和执著的追求。

哈佛大学一位管理学教授曾经做过一个形象的比喻:一个企业如果没有战略,那么它就会像一个流浪汉一样无家可归。放眼国内的企业,我们可以发现,其中具有这种"流浪倾向"的并不在少数。由于缺乏明确的企业战略,企业家就像溜冰场上的新手，走到哪里算哪里。世界级管理大师彼得·德鲁克认为，使企业遭受挫折的最主要原因，恐怕就是人们很少充分地思考企业的任务是什么。我们不妨设想一下，如果新希望集团缺乏明确的经营战略和明确的发展方向，那么在竞争激烈的市场中，它会处于一种怎样的境地？如果说流浪汉仅仅是拿自己的命运当赌注的话，一个企业没有战略所影响的就不仅仅是一两个人的命运了。

作为家族式企业，新希望集团发展至今，它的成功是多方面的：下海较早，抓住了市场机会；凭借对中国农村市场的了解，确立了成本优势；谨慎多元化，稳健地进行了低成本扩张。它为我们提供的经验是丰富而深刻的。作为民营企业，它起初的创业历程和后来的以变应变的管理策略是值得我们学习的。它的发展历程尤其是其从家族制羁绊中摆脱出来更值得我们研究和借鉴。

三、思考·讨论·分析

1. 希望集团兴起的主要原因是什么？
2. 影响新希望集团战略变化的驱动力量有哪些？
3. 家族式企业发展的优势和弊端是什么？

案例 1-6　"今天你雅虎了吗？"

一、案例介绍

　　YAHOO！是英文"农夫"、"粗汉"的意思。不过，YAHOO！公司的中文名称"雅虎"却很可爱，就像"小虎队"中的"乖乖虎"。在首批于互联网络上崛起的公司中，YAHOO！是一家白手起家的公司，是20世纪90年代的"车库传奇"，再现了20多年前苹果公司乔布斯创业时的精彩一幕。不过，YAHOO！幸运得多，不到一年，便筹集到9亿多美元的发展资金。

　　杨致远，一位20多岁的中国台湾地区移民，在美国斯坦福大学攻读博士研究生时，与同窗 David Filo（29岁的美国青年）——两位互联网上老手——合作，为方便上网查找资料，编出一个专门用于整理互联网上各个节点资料的程序，并于1994年4月正式在互联网上推出。1995年4月12日，YAHOO！正式在华尔街上市，上市第一天的股票总价达到5亿美元，而YAHOO！（雅虎）1995年的营业额不过130万美元，实际亏损63万美元，直到1996年底，才赚了区区9万美元。

YAHOO！没有微软庞大的财力，也没有太阳（SUN）那样成熟的经验和技术资本。甚至网景公司，克拉克与安迪森这对"梦幻组合"，创业时还有克拉克带来的400万美元。YAHOO！两位创始人几乎是从零开始的，当时他们还只是两名穷学生。

　　YAHOO！的成功在全美以及中国台湾地区刮起了一股创业旋风，大学生们不再追求进入待遇优厚的公司或者攻读什么MBA，他们两三个自成一伙，杀入互联网络，像当年开拓西部荒野的牛仔，义无反顾。他们中有很多是华人青年，像目前全球最热门的中文站台"华渊"，便是几位中国台湾地区青年学生联手开办的。如果不是克拉克与安迪森绝妙的营销手段，网络"金童"的光环很有可能会落到YAHOO！两位创始人的头上。

　　事实上，YAHOO！股票上市首日便上涨154％，而网景公司上市的第一天，才上涨102％，其他一般公司不过百分之几。这家刚上市公司的股票引得各界人士争先购买，致使股价疯狂上涨。一夜之间，一位华裔青年名垂青史，步入亿万富翁之列。这无疑为美国这个崇尚个人成功的国度，再次树起青年一代的偶像。创造这个神话的就是杨致远和他的公司YAHOO！的确，今天，YAHOO！已成为很多网上居民首选的查询工具。

　　1997年1月，《今日美国》为全国信息网的网络族筛选"内容最丰富、最具娱乐价值、画面最吸引人且最容易使用的网络站台"，结果发现"雅虎（YAHOO！）"连续数周在内容最优良、实用性最高、最容易使用等项目上夺魁。相信每一位新入门的网络用户，好不容易获得上网成功的喜悦后，接下来面临的便是——我要到哪里去参观——这个现实的问题。经过一阵子的摸索后，你便能体会到为何搜寻引擎会那么炙手可热的原因了。对于网络生手来说，搜寻引擎就像是一位亲切的导航解说员，如果你想查询资料，它就像一位称职的图书馆管理员。YAHOO！公司可以提供世界性互联网导航服务，它是在网上使用最广泛的一种信息和显现指南。两位创始人也因开发YAHOO！所做出的轰动性贡献，被国际电脑界誉为"非凡的创造性劳动"。因此，有报纸称：YAHOO！和18世纪植物学家Linnaeus一样，重新组织了世界。YAHOO！在用户数量、信息量、广告客户数量、品牌知名度等方面已成为业界领先者。

　　随着网络环境的多元化与其他公司的竞争，YAHOO！也一直不断地推陈出新，希望仍能成为网友们在网络上来来去去的中心站台。在网络上的信息日益多元化与丰富之际，专业化与地域化已是必然趋势。YAHOO！公司推出了一项称为"本地连线"（GET LOCAL）的新服务，提供全美3万个以上城市的地域性线上资源导览服务。使用者可直接连上地区站台，或是在YAHOO！的主站台上以浏览或输入区域号码的方式查询有兴趣城市的资料。"本地连线"将自动创造出一个专属于该地区的首页，其中包括地方新闻、当地体育运动比赛结果、气象资料及其他各种当地信息。

（资料来源：管理营销资源中心，http://www.mmrc.net）

二、案例分析

　　YAHOO！的成功证明，眼光等于一半的成功。很久以来，互联网络聚积了大量有用的文献和软件，然而，令人遗憾的是，这些财富虽然丰富，但却没人管理，散布在全球各地。以往，我们为了寻找一套软件，可能得先查美国的主机，再看看日本，说不定还要绕到欧洲，用户要想找出和某一项目有关的文件、档案可能要花上大半天。仿佛一位进入宝山的年轻人，望着不远处、满布四周、闪闪发亮的宝石，却不知如何拾取。对于新手而言，那些把资料集中在一处的网络搜索站台则是他们的救星，这些搜索站台让他们不至于迷失在互联网内的信息汪洋大海之中。YAHOO！的眼光便在于此。YAHOO！，正像一幅寻宝图，人们只要告诉它想要什么，它就会自动指出前进的方向。"任何人都可以在网上建立自己感兴趣的专用数据库，但有多少人知道它的存在？我们所做的，就是为人们提供一把进入这些神奇世界的钥匙"，YAHOO！的创始人，以这种通俗的语言来形容他们所做的卓有成效的工作。华人企业家李嘉诚先生曾经说过："你去找生意做，生意很难做；生意来找你，生意就很好做。"YA-HOO！靠的不是什么营销经验，事实上，他不是IBM营销专家的对手。但他们确实有眼光，你也可以说他们运气好，占住了网络上一块最有利的黄金宝地。

　　在这里用"眼光"来进一步诠释战略在企业中的作用，说明战略在企业的发展过程中，对企业经营的成败、制定计划、工作效率乃至创新意识的增强都起着至关重要的作用。杨致远独特的"眼光"创立了YAHOO！公司并正确地确定了YAHOO！的发展方向，辅之以稳定的经营计划和政策，提高了YA-HOO！的各项工作效率，把总体战略目标和局部的战术目标统一起来，调动了各方面的积极性，同时利用企业的各项资源并提高协同效果，在淘汰陈旧过时的创新意识中不断地在新起点进行连续性的探索。这也是一个企业实施战略管理过程的有效步骤。

三、思考·讨论·分析

1. 从YAHOO！的案例中你发现战略管理有何重要性？

2. 对于YAHOO！的"眼光"，请谈谈你的感想及你对创业的感悟。

3. YAHOO！是如何创新的？你认为我们可以借鉴哪些环节？

案例1-7 施振荣的宏碁之道

一、案例介绍

宏碁，一个在几乎没有品牌的环境中成长起来的世界名牌；一个世界上股权最分散的上市公司；一个像卖汉堡包一样卖电脑的IT名门；一个像小公司一样迅捷抓住互联网的大企业。

施振荣，一个从卖鸭蛋中悟出经营之道的中国台湾人；一个提倡下级面试上司的主管；一个自视为"伙计"的老板；一个从宽容与分享中收获的中国企业家。

同为岛屿之地，日本拥有许多在世界上如雷贯耳的品牌，从日立、松下，到东芝、丰田。而中国台湾地区却以加工大本营著称，默默无闻的工人大量生产零部件乃至整机，最终却顶着别人的牌子出售。如果为台湾地区的制造能力打分，大约可得70~95分；研究开发能力次之，介于30~70分；营销能力也许只有5~30分。因此，大量生产的产品没有有效营销，只能靠杀价竞争，更无法摆脱低品质形象。在国际上甚至有中国"台湾制造"代表杀价三成的"惯例"。

台湾地区现在有了一个响彻全球的著名品牌，它就是宏碁电脑（Acer）。《亚洲商业周刊》发表亚洲企业评价报告，评选宏碁为最受推崇的亚洲籍高科技公司，超越索尼、东芝与松下。Acer集团目前是台湾地区第一大资讯公司和最大的自创品牌厂商，同时也是全球第三大PC制造厂商。1999年，宏碁的营业额达到85亿美元，利润是75亿台币。2000年，宏碁集团将向年收入100亿美元的里程碑迈进。

推动这一切的是现年56岁的施振荣，宏碁的创始人，一个信奉挑战哲学的企业首脑。《财富》称他"集优秀的工程师、传统的中国生意人、先锋派经理与国际企业家于一身，有远大的志向和宽阔的视野"。

像许多领袖人物一样，施振荣的少年时代充满坎坷。父亲在他3岁时就因病去世，留下他和母亲相依为命。为了谋生，母亲卖鸭蛋、文具、织毛衣，甚至一度摆起槟榔摊。施振荣成功后，不止一次提到他童年时卖鸭蛋的经验。

他曾经帮着妈妈在店里同时卖鸭蛋和文具。鸭蛋3元1斤，只能赚3角，差不多是 10% 的利润，而且容易变质，没有及时卖出就会坏掉，造成经济上的损失。文具的利润高，做 10 元的生意至少可以赚 4 元，利润超过 40%，而且文具摆着不会坏。看起来卖文具比卖鸭蛋好。但其实，施振荣讲述经验说，卖鸭蛋远比卖文具赚得多。鸭蛋利润薄，但最多两天就周转一次；文具利润高，但有时半年一年都卖不掉，不但积压成本，利润更早被利息吃光了。鸭蛋利薄，但是多销，所以利润远远大于周转慢的文具。

施振荣后来将卖鸭蛋的经验运用到宏碁，建立了"薄利多销模式"，即产品售价定得比同行低，虽然利润低，但客户量增加，资金周转快，库存少，经营成本大为降低，实际获利大于同业。帮妈妈做生意的另一点收获是提高了施振荣的计算能力。他的理科成绩一直很好，1964 年考取了台湾地区交通大学电子工程系，并在 1971 年获得硕士学位。毕业后他先后在两家电子公司工作，取得多方面的经营历练。

在创立宏碁之前，施振荣已是一名优秀的技术人员，他发明了台湾地区第一台桌上型电子计算器、第一台掌上型电子计算器以及世界上第一支电子表笔。

1976 年，施振荣与一些朋友以 35000 美元起家创办了宏碁公司。公司最初投资在微处理芯片上。施振荣是最早看出微处理器发展潜力的技术人员之一。他也果真在一场新的产业革命中扮演了重要角色。

"Acer"取自英文单词尖锐（acute）和锋利（sharp）的拉丁词根，有"积极、有活力"之意，还隐含着"王牌"的意思，代表"优秀和杰出"，而且不重名，在法律上能够得到保障。事实印证了他的远见。"Acer"出来后一炮打响，很快走红市场，并连续多年蝉联国际知名度最高的台湾品牌电脑。

根据美国某评估公司的数据，宏碁在 1994 年的品牌价值已达 1.8 亿美元，是当时台湾地区价值最高的品牌。然而，在辉煌的背后，施振荣也曾带领宏碁走过一段艰难的岁月。

1988 年 11 月，宏碁在台湾地区上市。但此后，由于成长过快，国际化的步伐太大，连续两个会计年度的运营表现不佳，1991 年出现创业以来首次财务赤字，亏损 6 亿元。施振荣明白，如果不对宏碁实施改造工程，公司的前途堪忧。他分析，导致宏碁体质弱化的病因有五种：资金太多引起的"大头症"；组织大而无当造成的"肥胖症"；缺乏忧患意识的"安乐症"；反应迟钝的"恐龙症"；责权不分的"大锅饭心态"。必须寻找这些病症的解决办法。

这时，美国《哈佛商业评论》的一篇重要文章吸引了施振荣的注意，对他正在进行中的改革产生了重要影响。这是一篇评论世界个人电脑产业发展趋势的文章，指出，由于科技和交通的发达，未来能继续保持竞争力、主宰市场的将是不制造电脑的电脑公司和不制造半导体的半导体公司。这个看似荒谬的预言，实际上预示着产销分工、海外组装的方向。

施振荣看到：采用台湾地区主板的兼容电脑厂商，全世界到处林立，但厂商品质参差，没有品牌形象可言，就好像遍布全球的中国餐馆，虽然经济实惠，但却缺乏企业化经营一样。而麦当劳却以简单的菜单、统一的品牌、企业化经营雄霸一方。麦当劳在世界各地贩卖的汉堡包和其他食物并不是从美国总公司出货，而是在各地采购原料，由当地员工依照麦当劳严格规定的食谱烹调而成。它这种"当地组装"的做法，并没有影响规定的口味，反而因为食物新鲜而大受欢迎。"宏碁为什么不能贩卖'新鲜'的电脑？"施振荣想。

他提出"快餐店产销模式"。"很简单，我们就是要像麦当劳一样，在当地采购，在当地组装，让消费者买到功能新鲜、品质一致的宏碁电脑。"在此理念下，宏碁由系统发展模式转为零件发展模式。从1992年下半年起，宏碁已极少出口全系统的产品，除了电脑外壳海运外，显示器、键盘等可能从宏碁在海外的工厂出货，软硬驱动器由供应商从世界各地工厂就近支援宏碁分散世界各地的34个组装据点，主机板等附加价值较高的零件则依订单的规格随时从台湾地区空运到据点。

施振荣说："以前宏碁什么都做，现在宏碁什么都卖。什么都做，小量多样，经营效率陷入恶性循环；什么都卖，让自己跟自己竞争，经营效率走上良性循环。快餐店经营模式让宏碁脱胎换骨，从以前赚劳力钱为主，改为现在赚脑力钱为主。宏碁现在赚的主要是大量生产、营销和形象的附加价值。"

施振荣最引人注目的地方是他的想象力。他的目标是建立一种全新的跨国公司，这一目标将通过"三大赢"的策略来实现，即用以改造流程的"快餐店模式"、用以改造组织的"主从架构"和在新的经营学下产生的"全球品牌，结合地缘"。"主从架构"策略是从电脑网络的观念引申而来的。进入20世纪90年代，电脑的发展趋势已由大型主机、小型机转变为个人电脑，客户服务器模式开始出现。1993年，施振荣借用这个新兴的电脑架构，着手建筑宏碁的新型组织。简单地说，主从架构是指许多可以独立作业的"主"（Client）和功能更强的"从"（Server）密切结合的网络系统。用于宏碁的运营上，施振荣把分散的关系企业和子公司全都当成主从架构中的"主"，要求它们自行决策，独立经营；企业总部则扮演"从"的角色，退居第二线，不再对子公司和关系企业发号施令，只在它们有所求时，出面发挥协调功能。与此并行不悖的第三项策略全球品牌，"结合地缘"国际化模式是1992年施振荣投资墨西哥时首次提出的,核心是"当地股权过半",即海外子公司把大部分股权分配给当地人,并由当地人经营。

1994年,《世界经理人文摘》首先大篇幅报道这一模式,指出宏碁已替亚洲企业开辟出有别于日本、美国和欧洲厂商的第四种国际化模式。同年,哈佛大学把施振荣改造宏碁的经验编成教材,评宏碁为"企业国际化管理的杰出个案"。

(资料来源:《施振荣的宏碁之道》,管理营销资源中心,http://www.mmrc.net)

二、案例分析

施振荣的成功之道在于他的自创品牌战略和作为企业家学习和把握"趋势"、"动向"的能力及丰富的想象力。

施振荣把儿时卖鸭蛋的"薄利多销"经验运用到宏碁,建立了"薄利多销模式",即产品售价定得比同行低,虽然利润低,但客户量增加,资金周转快,库存少,经营成本大为降低,实际获利大于同业。与此同时,建立了公司自己的品牌。事实证明,这个由英文单词尖锐(Acute)和锋利(Sharp)的拉丁词根组成的"Acer",为宏碁创造了巨大的财富。也为他今后的发展奠定了基础。

施振荣是这样看待他的自创品牌战略的:"宏碁刚成立时,我就有自创品牌的计划。很多人认为,自创品牌是大公司的专利,但我认为,自创品牌的成败与公司规模并无太大关联。微软、苹果电脑等国际级企业,都是还在创业阶段就自创品牌。因此,若有心自创品牌,最好从小规模开始。自创品牌是一条艰难的路,路程远,回收慢,但却是打通行销'瓶颈'的关键。曾有人贴切地比喻,自创品牌就像在许多座山头间跳跃前进,如果不能一跃而上就会掉落山谷,投资也等于白费。因此,企业必须准备充分,一举过关,再就地培养实力,准备下回的跳跃。我认为,自创品牌有几个要件:订立阶段性目标,看得远,出发得早,小步快跑,体力不济立刻稍作休息,最最重要的是,绝对不要放弃。"

实际上,有成就的老板都很注意学习,尤其是关于"趋势"、"动向"性的文章和报道。麦当劳的经营方式给了施振荣很大的启发。在"快餐店产销模式"影响下,宏碁由系统发展模式转为零件发展模式。施振荣的想象力也是非常引人注目的,它的目标是建立全新的跨国公司。即用以改造流程的"快餐店模式"、用以改造组织的"主从架构"和在新的经营学下产生的"全球品牌,结合地缘"来实现他的目标。

三、思考·讨论·分析

1. 谈谈你对宏碁发展之道的理解。
2. 宏碁的"自创品牌"给你什么样的启发？
3. "想象力"为战略家们带来哪些实战指导？

案例 1-8 沃尔玛的中国战略

一、案例介绍

全球第一大零售商沃尔玛，已连续多年被《财富》评为世界 500 强企业第一名。2005 年，它的零售额达到 2879.89 亿美元。之前，沃尔玛的大多数的国际投资都在邻近美国的墨西哥和加拿大。可是，最近它已经转移到了阿根廷、巴西、印尼和中国等国家。沃尔玛的目标是向所有的消费者而不只是美国人提供低价商品。

沃尔玛的发展战略体现出有理有节的稳健特征。在业态上，它选择了折扣店的形式，有利于早期扩张。在产品和价格决策上，沃尔玛以低价销售全国性知名品牌，从而赢得了顾客的青睐。在物流管理上，沃尔玛采用配送中心扩张领先于分店扩张的策略，并极其慎重地选择营业区域内的最合适地点建立配送中心。在空间扩张上，沃尔玛采用垄断当地市场后再向下一个邻近地区进攻的基本原则和在配送中心周围布下大约 150 个左右的分店的策略。在数量上，沃尔玛更是始终保持极其理智的控制，不是一味追求数量的增加，而是重视销售额的优势和行业领导地位。在跨国业务上，沃尔玛也相当有节制，海外投资相当稳健，在条件较为成熟时才逐渐涉足南美、亚洲和欧洲国家。

与其他一些进入中国的零售业"巨人"相比，沃尔玛犹如一位棋风稳健的围棋高手，谨慎布子，稳扎稳打。为了进入中国，沃尔玛曾经做了长达 6 年的准备工作。1992 年 7 月，沃尔玛获得了我国国务院的批准，在香港地区设立办事处，专门从事中国市场调查工作，包括我国的经济政策、官方支持、城市经济、国民收入、零售市场、消费水平、消费习惯等，这些都为沃尔玛的发展奠定了坚实的基础。

沃尔玛最早把我国华东地区的上海作为主要目标市场，在与合作者谈判失败后，沃尔玛就将中国总部转移到深圳。1996 年，沃尔玛在深圳开设了第一家购物广场和山姆会员店。沃尔玛进军中国采用深圳单点进入，然后在全国铺开的方式，虽然发展速度较慢，但风险低。在深圳，沃尔玛在对外宣传上保持一贯的低调和谨慎。进入国内后，它把主要精力投入在考察市场和培训管理人员上。就这样，沃尔玛悄悄地编织起撒向全国的巨网，深圳之后又分别进入了东莞、昆明、大连、福州和汕头。

经过几年的时间，沃尔玛已经基本完成了全国分片区设点的战略意图，为我国加入世界贸易组织后的发展做好了准备。进入中国这些年，沃尔玛似乎一直没有扑向它的核心猎物，而是悄悄地迂回在中国的海岸线上，静待时机。2001年，沃尔玛在中国福州、昆明、大连、沈阳就开了4家店。通过沃尔玛的中国店址选择，可以发现：华南以深圳为中心，西南以昆明为中心，华北以北京为中心，东北以大连为中心的区域格局已初具雏形。随着各区域中心店址的开业，沃尔玛在中国的战略已经铺开。从2001年开始，沃尔玛在中国的发展速度开始加快。

沃尔玛在深圳开店，其最初的目的不是在盈利，而是将其作为挺进中国的一个哨所。在这期间，凡是广东省的一些商贸交易会、展会，都能看到沃尔玛采购人员忙碌的身影。深圳的高交会和世博会、顺德的国际家用电器博览会，都是沃尔玛采购人员光顾的场所。在这些会上，采购人员每次都签下了大量的订单。仅2000年，沃尔玛就从中国采购了100亿美元的商品，一般零售企业的纯利在8%左右，以此计算，沃尔玛通过采购商品一年就从中国赚走人民币近70亿元，保证了采购中国商品能够获得巨额利润。

虽然进入我国市场时间不长，但沃尔玛在竞争中的优势和特点已凸显出来。首先，管理高度规范化和经营理念科学化是其最大的特点。沃尔玛所有管理均通过信息技术完成，无论总部管理人员还是商场营业员都是按计算机的指令工作行事。可以说，沃尔玛在价格上对国内企业的杀伤力远不及其先进的管理理念和科学化的管理。

沃尔玛在卖场布置和商品促销方面非常有特色。它并不是全靠牺牲供应商和自己的利益来促销，总体上来说，它的促销活动讲究技巧，能很好地迎合消费心理。沃尔玛谨慎地维护公司的品牌形象，确保每家店都能维护公司的形象，能给消费者很好的服务，给股东很好的回报。

（资料来源：《零售之王沃尔玛——世界第一大零售商经营案例》，国研网，2002年5月13日）

二、案例分析

沃尔玛在上海的失败，总部转移至深圳。从战略上看，沃尔玛失去了中国最大的城市市场,因为从区位上看上海是最有利于进行"中路突破(长江走廊),两翼齐飞(南下北上)"的商业战略要地。同时,南方地区多为规模较小的供应商,在理念上和实力上很难配合沃尔玛进行全国市场的布局。但是,深圳是个新兴的移民城市,人才充足,经济发达,地理位置优越,政策环境非常有利。所以,起初的谈判失利并不影响沃尔玛的发展战略。

企业在制定战略目标时,一般把盈利能力、生产效率、市场竞争地位、研究开发和技术水平作为主要构成要素。沃尔玛在这些方面做得就非常好。尤其是在信息技术方面,可谓是投资不遗余力,聘用专门的软件工程师设计和研发。这非常值得我们学习和借鉴。因为,当它的规模成倍增加时,它可以通过这现成的各种系统,实现信息共享,和供应商一道增进业务的发展。这种理念,使得更多的供应商支持和拥护沃尔玛的发展战略。沃尔玛在确定进入中国市场后,尤其是我国加入世界贸易组织前保持了低调扩张,这与国内零售商企业的竞争异常激烈形成鲜明的对比,加大力度进行采购中国商品不失为上策。

从案例中可以看出,企业发展的第一步就是要确立战略方向,明确战略方向包括企业的使命、愿景和目标的制定。一旦明确了发展方向,企业就会有目的地进行机遇的把握及优势的培养,通过合适的战略选择,向既定的方向发展。

总之,确定战略目标的过程需要经历条件分析、拟定目标、评价选择和目标确定四个步骤。这个过程不仅是一个科学理性的过程,而且还受到企业高层领导的价值观和企业权力结构等因素的影响。

三、思考·讨论·分析

1. 分析沃尔玛中国战略的使命和愿景。
2. 沃尔玛进军中国市场的战略意图是什么?
3. 沃尔玛在战略方向选择上能给我国零售企业哪些启示?

案例 1-9　将幸运留给老天的"任天堂"

一、案例介绍

(一)顺时应势,善变使美梦成真

曾任社长 40 多年的山内博志,从接班始创新,当时以手工制作纸牌。1953 年,制作塑料扑克使营业额上升;1955 年,与美国迪斯尼公司签订合同,大量生产米老鼠、唐老鸭、白雪公主等人物扑克;1959年,日本电视台举行皇太子娱典节目,山内博志投资巨额,冒险播放15分钟针对儿童好奇心理的"扑克魔术"节目,此节目引起轰动,使销售额上升;不久,又推出"魔手"、"超级机器"等玩具获得成功。但好景不长,塑料扑克不符合欧洲、美国一次性使用习惯,造成积压。1969年,任天堂向家用电脑玩具发起总攻。当时,日本、美国几家公司也推出这种电脑玩具,售价为2万~6万日元,销量不大。任天堂公司推出成本低、功能比美国好的家用电脑的大型集成电路,几乎一夜间,压倒所有对手。

现在每个美国家庭,就有一台任天堂公司的娱乐系统。难怪美国的杂志上说:"美国的孩子,没有任天堂,就会像没有棒球手套一样遗憾。"

美国任天堂子公司的经理荒川发现:美国的父母担心孩子们迷上任天堂的产品后,减少体育活动,于是任天堂迅速推出一种叫"动力台"的游戏机,孩子们在玩时,必须用跑、跳、蹦等方式控制荧光屏上的人物。如此挖空心思,使任天堂生意红火。通常,任天堂日本总公司的产品一经设计完成,就会立即把它寄到在美国的分部,而早已等候在那里的办公室人员收到快递后,立即开箱检查审视,看美国的市场能否接受这种产品。所有的文字、图画都要被仔细审查,等到确信没有问题后才正式投放美国市场。

由于国情不同,玩具产品很容易引起"水土不服",甚至民族矛盾。比如,有一次在日本开发出来的一套电视游乐系统中的人物形象就经过了更改才推向美国市场的。因为其中扮演坏蛋的那个角色一看就是印第安人;还有一套"赌博"游乐系统,唯一的贼是一位黑人,为了避免种族歧视问题,有关人员就把"印第安人"的面孔改变,把黑人的肤色淡化一番,等等。可见,如果放任有问题的产品推出,后果不堪设想。

产品设计不仅要符合目标市场的政治文化环境的需要,而且要符合目标市场的审美观念和传统习俗的特点。比如,"富翁"电玩,在日本版本中是吃了寿司而增强体力的,而到了美国,这个版本就将寿司改变为热狗;相应的,主角的眯眯黑眼也变成浓眉大眼,这样才容易被美国消费者接受。

(二)沟通无限,独具永恒的魅力

在现代企业竞争中,很重要的一点是运用战略管理,处理好"专制与合作"关系,任天堂公司可以算是一个成功的典型。

玩具业被任天堂控制了,因此它可以不顾玩具业前辈代代相传的规矩,也不参加任何玩具制造商所组成的联盟,就连别的玩具商举办的商展,它也懒得参加,只搞自己的展示会,真是唯我独尊。因此,人们称它缺乏团队精神。

任天堂虽然是玩具界的老大，可也需要合作伙伴。如果谁想与之合作，必须同意其总裁山内博志所定出的严格规矩与限制。所以，许多厂商在一看到合约内容时无不胆寒，而任天堂却稳如泰山，无论对方如何提议修改、讨价还价都置之不理。如果逼急了山内博志，他甚至会说："又没有人强迫你来和我签约，不要就拉倒。"真是财大气粗啊！

事实上，有合作意愿的公司最终都会签约的，因为聪明人只要稍加盘算，就能看出于人于己都有利，真可谓诱人的市场利润可以令人忍受一些折磨。

平心而论，任天堂对合作伙伴的态度苛求了些，但实际上这也是为了事业发展。因为产品质量好坏、营销渠道的畅通与否、营销业绩显著与否，都直接关系着合作双方的利益。因此，任天堂的"专制"实属不得已而为之，并且也可以看作是任天堂的成功之处。

1985年，与任天堂签约的仅有17家厂商，第二年突然增加到30家，1988年年底，已经变成50家了，1990年，上升至70家。至今，任天堂始终控制生产作业，合作者只能经销。原因之一是为了保证质量，之二是为了垄断玩具行业。

现在，任天堂是全世界获利能力最高的公司之一。1991年，成为全日本最具竞争力以及最有成长潜力的公司，甚至超过了独领风骚的丰田汽车公司。1992年，全年税后净利超过5亿美元，就连比它更有名气的IBM、微软、苹果等公司也都位于其后，而且超过影视广播界各业者全年的总和。1993年，任天堂光在美国投资就达60亿～70亿美元。任天堂娱乐系统Nintendo Entertainment System即NES，还大举占领美国玩具市场，同时也向其他国家进入。根据由尼尔森媒体研究中心所做的调查显示，美国第一代"任天堂儿童"是属于1989～1990年的儿童或未成年人。在美国，每一个年龄段的儿童每天花在玩任天堂游戏机上的时间要比他们在学校或家里与同学、朋友及父母聊天的时间多得多，即使这些孩子在不玩任天堂游戏机的时候，也依然受着"任天堂"文化的影响。那些卡通片中的主角，像"超级玛利兄弟"、"忍者神龟"、"辛浦森家族"等活跃在任天堂的比赛中，不仅生产出了任天堂主题曲录音带，而且像以"超级玛利"为主角的电影大映特映，任天堂的杂志、笔记本、麦片粥、T恤、拼图玩具、洋娃娃、壁纸以及床头贴纸数不胜数，任天堂的形象无处不在。1992年，"超级任天堂娱乐系统"以每分钟12套的速度销售出去，即平均每5秒钟便有一套新系统被消费者买去，结果这一年，公司营业额仅在美国就达47亿美元。

"任天堂"三个字的意思是"将幸运留给老天"或者是"集中一切心思做

我们该做的事"，通俗地说就是"谋事在人，成事在天"。

1984年，宫本设计的电视游戏机系统取名"超级玛利兄弟"，并很快成为走红主角。人们认为它之所以吸引人，是因为有数不清的新世界或困难需要你去克服，而且每一个难关要比前一个更复杂、更紧张、更扣人心弦。有飞行的飞机、鱼、龙，还有会喷火的雏菊，以及玛利兄弟可以骑上去的天使翅膀，等等。游戏系统充满了惊险、幽默的场景，设计师宫本的想法千奇百怪，引导着手握游戏手柄的游戏者不断地深入到内心世界与画面中的新奇世界里。行家们无不夸张地说，是宫本操纵着全世界的游戏者。不仅是孩子，而且无数成年人也痴迷地爱上了玛利兄弟。设计家的巧妙构想，让成年人摆脱工作的困扰，使其心底重新涌出童年时光的美好情感。

正如宫本自己说的："有许多被现实生活压得喘不过气来的成年人，也找到了发泄自己以前纯真一面的渠道，说穿了，成年人不过是个较有勇气而且饱经世故的大孩子罢了，当我还是个孩子时，脑子里充满了创意，那时才是创造这些游戏灵感的最佳时刻。如今，我已不是在创造这些游戏，而是我本人已身处于这些游戏之中了。所以，这套游戏系统不仅是为孩子们创造的，而且是为我自己以及成千上万那些依然保持有童稚与纯真的大孩子们所创造出来的。"

（三）文化融合，积淀起厚实底蕴

文化融合是一个在不知不觉中进行的东西。比如，美国人最初无法融合日本文化，后来情况大变。回想当初，日本本田公司的第一部轻便摩托车被美国同行们视为"玩具"，索尼公司的第一部小型电视机也没有得到好的评价，被鄙夷为"玩物"。而现在，美国人已经了解到"游戏结束"。现在每三个美国家庭的起居室就有一个被日本著名公司所攻占，而许多美国的儿童们甚至是成年人，更是拜倒在日本产品面前。特别像任天堂的电子娱乐系统。

资料显示，1990年全美国儿童最熟悉的人物竟然不是米老鼠、唐老鸭，而是任天堂的"超级玛利兄弟"，至于其他公众人物乃至政治明星、电影明星、歌坛巨星更上不了榜了。

"超级玛利"1985年首次面世时，没有引起想象中的轰动，这是由于人们对其特殊之处没有了解。所谓特殊之处，是人们以前不常见到的机智、幽默等特点融入了电脑节目。如果你问现在的孩子，"英雄"的形象是什么？回答一定是千奇百怪的，不是前两代父母给孩子教育的那样，是拿破仑、是巴顿将军、是叱咤风云的战争人物。现在的孩子，只要是他崇拜的偶像，他感兴趣的人物形象，大概就是"英雄"，对这种"英雄"概念的新理解，任天堂是了如指掌的。因为"玛利"这个一点也不像英雄的形象，被孩子们视为超级"英雄"了。玛利是一位铝管工人,他聪明地选择如何避开敌人,也可以选择如何与敌人面对面作战。在他的奇异世界里,蘑菇赐给人们天生的神力,如果吃掉红色或绿色蘑菇的话,就可以使玛利变得高大而强壮。还有专投炸弹的老鼠、跳华尔兹的仙人掌以及可爱的乌龟们利用它们的盔甲来抵挡火箭。游戏的人随时会面临各种潜伏的危机。因为富有挑战性,人们爱上了这些角色,也迷上了这种游戏,不论输赢,游戏的人都会受到"巴伐洛夫式"的奖惩,而且随着你逐一破解关卡,游戏的难度相应增加,这种激励你勇往直前的挑战,正是超级玛利俘虏人心的关键所在。超级玛利第二代问世,敌人变成了拿着南瓜、大头菜和胡萝卜与你决战,全副武装的游戏可以到海图上未标明位置的水域中进行,靠你的忍耐、克制、运气的临场反应去赢得胜利。

超级玛利第一代、第二代的比赛,都是在敌我双方条件均等下进行的,你可以得到一串的力量,但不可以失去机会,因为那些力量在别处是找不到的;当你犯了错误,不要灰心,把握下一个机会是重要的。

与学校和家庭教育相比较,这种游戏里倡导的思想与老师和家长的谆谆教诲大不一样,孩子们为所欲为,还不会被大人指指点点。

还在超级玛利第三代未面世之前,舆论就传开了,"那个穿着浣熊皮的玛利能一飞冲天哩!"孩子们谈话的内容都是超级玛利,家长们深深领教了玛利的威力。在其推出的短短期间里,创下销售史上的纪录:在日本销售400万套,在美国销售700万套,这个辉煌纪录,只有麦克·杰克逊的唱片能与之相比。

不久,任天堂又推出了"俄罗斯方块"的掌上游戏机。果不出其然,掌上游戏机与"俄罗斯方块"一经结合,顿时倾倒众生,魅力无穷,掀起了一股抢购风潮。不久,从欧美到亚洲,从大人到小孩,从教室到列车车厢里,但见人人都在着迷地打着"俄罗斯方块"。

至此,任天堂不仅巩固了它的已有领地,更确立了其在世界电子游戏业中不可动摇的盟主地位。它就像一头威猛的雄狮,准备扑向任何一个敢于挑战它的对手。它正昂首阔步地向前迈进,谁也无法阻止它!

(资料来源:黄雁芳:《新世纪高校经济学管理学核心课教辅用书》,《管理学教程案例集》,上海财经大学出版社2001年版)

二、案例分析

西方企业战略管理中比较强调两点:一是"善窥形式,因应变化";二是"好比种树,不能轻易挪动"。靠纸牌起家的日本玩具商任天堂公司,比较典型地体现了这种经营之道。

根据产品关系，硬件和软件之间属于关联产品，离开了其中一个，另一个就失去了存在的意义。降低硬件的价格，会使其需求量上升，从而带动软件的开发与销售。反过来，软件开发成功，也会使硬件的销售不断增加。任天堂有效地利用了这一规则，取得了成功。

任天堂在几十年的发展中，逐渐壮大规模，控制了全世界电子游戏市场的绝大多数份额，许多小厂家均唯其马首是瞻。依靠其独到的"安全芯片"技术，任天堂制定了整个电玩业的行业规则，其他厂家要想生存，就必须接受任天堂的苛刻条件。对于胆敢违抗其旨意的厂家，不惜动用一切手段加以遏制，甚至阻止其产品上市。慑于它的霸道，许多厂商不得不对它唯命是从。但是，如此诱人的利益必然使无数人眼红，为了维护其统治地位，任天堂在"霸道"的同时，还得不断推出新的软、硬件产品，不断更新换代，这样才能巩固住自己的宝贵资源——亿万忠实的"任天堂迷"。所以，一个企业要想垄断整个市场，必须具有以下几个特征：拥有专有的技术，使其他厂家无法独立生产类似产品；能够控制营销渠道，随时可将竞争者排除在市场之外；不断创新，始终保持技术领先优势。

任天堂开始时依靠其独特的硬件系统垄断市场，为其销售游戏软件铺平了道路，进而赚取了超额利润。但随着游戏机日益普及，它的软件开发就显得严重滞后，已满足不了广大顾客的需要。好在任天堂及时发现了自己的弱点，充分利用其他游戏厂商的优势，借他山之石，攻自己"难攻之玉"，才使得该公司渡过难关，得到进一步的发展。因此，对于一个成长中的公司，要格外注重认清自我，在牢牢把握自己核心技术的同时，充分整合社会一切优势资源，借助外力、外脑，实现公司跳跃式的发展！

三、思考·讨论·分析

1. 用企业战略理论分析任天堂的成功之处。
2. 以任天堂的文化融合策略为例，说明其对企业管理的作用。

第二章　战略环境分析

知人者，智也；自知者，明也。

胜人者，有力也；自胜者，强也。

知足者，富也；强行者，有志也。

不失其所者，久也；死不忘者，寿也。

——老子：《德道经》

孙子曰："知己知彼，百战不殆；不知彼而知己，一胜一负；不知彼不知己，每战必殆。"这说明战争的胜败与对内外环境的认识密切相关。在影响企业战略的因素中，既有来自企业外部环境的因素，也有来自企业的资源、能力、组织结构等因素构成的内部环境因素，也称微观环境。环境分析框架如图2-1所示。

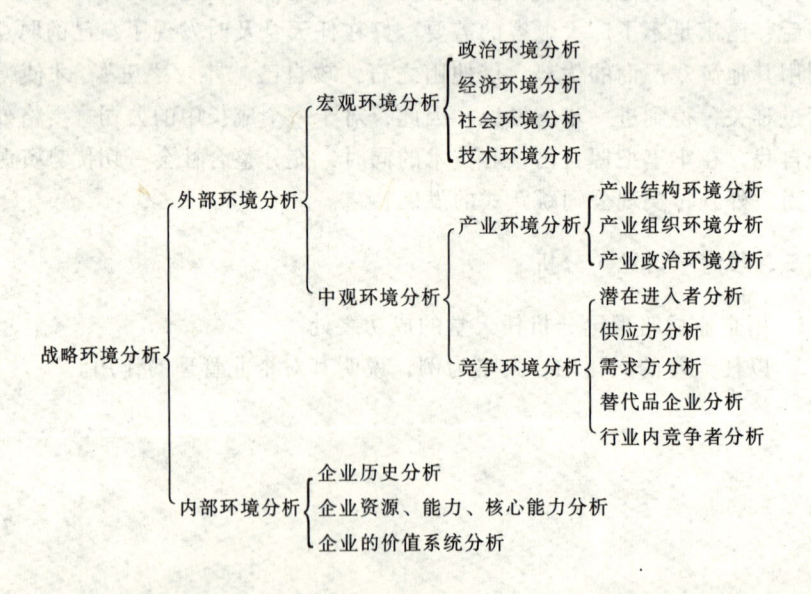

```
                            ┌─ 政治环境分析
                 ┌─ 宏观环境分析 ┤  经济环境分析
                 │             │  社会环境分析
                 │             └─ 技术环境分析
                 │                         ┌─ 产业结构环境分析
       ┌─ 外部环境分析 ┤            ┌─ 产业环境分析 ┤  产业组织环境分析
       │         │             │            └─ 产业政治环境分析
       │         └─ 中观环境分析 ┤            ┌─ 潜在进入者分析
战略环境分析 ┤                   │            │  供应方分析
       │                       └─ 竞争环境分析 ┤  需求方分析
       │                                    │  替代品企业分析
       │                                    └─ 行业内竞争者分析
       │         ┌─ 企业历史分析
       └─ 内部环境分析 ┤  企业资源、能力、核心能力分析
                 └─ 企业的价值系统分析
```

图 2-1

外部环境，是指存在于企业周围、影响企业战略选择及经营活动的各种客观因素的总体。外部环境是企业生存发展的土壤，它既为企业的生产经营活动提供必要的条件，同时也对其生产经营活动起着制约作用。企业生产经营所需的各种资源都需要从属于外部环境的原料市场、能源市场、资金市场和人力资源市场等去获取。离开这些市场，企业经营就会成为无源之水、无本之木。与此同时，企业利用上述资源经过自身的转换产出产品和劳务，也要在外部市场上进行销售。没有外部市场的存在，企业就无法进行交换，无法从出售的产品换回销售收入，以补偿生产经营中的各种消耗，企业也就无法生存下去，就更谈不上发展。任何企业，无论生产什么产品或提供什么服务，它们都要根据外部环境能够提供的资源种类、数量和质量来决定其生产经营活动的具体内容和方向。既然企业的产品要通过外部环境中的市场才能实现，那么，在生产之前和生产过程中，企业就必须考虑这些产品能否被用户所接受，是否受市场欢迎。因此，外部环境在为企业提供了经营条件的同时，也限制了企业的经营活动。

外部环境分析一般包括宏观环境分析和中观环境分析。

宏观环境也就是企业活动所处的大环境，主要由政治环境（Political）、经济环境（Economic）、社会环境（Social）和技术环境（Technological）等因素构成，对宏观环境的分析亦称 PEST 分析（见表 2-1）。

表 2-1　　　　　　　　　环境影响的 PEST 分析

环境 \ 因素	（1）哪些因素正在影响企业 （2）在当前哪几种因素的影响最重要，未来几年呢
政治	政治制度、体制、各种法律法规、政府的稳定性
经济	经济周期、GDP 总值及趋势、货币供给、利率、人均收入、失业率、通胀率、投资与储蓄、资源与成本
社会	人口统计、文化习俗、价值观念、社会结构稳定性、教育水平、消费水平
技术	国家科技政策、投入经费、企业研究开发、技术创新体制、奖励、知识产权保护

政治环境泛指一个国家的社会制度，执政党的性质，政府的方针、政策，以及国家制定的有关法律、法规等。不同的国家有着不同的社会制度，不同的社会制度对企业生产经营活动有着不同的限制和要求。即使在社会制度没有发

生变化的同一个国家，政府在不同时期的基本路线、方针、政策也是在不断变化的。对于这些，企业必须进行分析研究。另外，随着社会法律体系的建立和完善，企业必须了解与其活动相关的法制系统及其运行状态。如反托拉斯法、税法、产业调整、劳动培训法等。通过对政治环境的研究，企业可以明确其所在的国家和政府目前禁止企业干什么，允许企业干什么以及鼓励企业干什么，以便使企业活动符合社会利益并受到有关方面的保护和支持。

经济环境对于企业来说，是诸多影响因素中最关键、最基本的因素。经济环境主要指构成企业生存和发展的社会经济状况及国家的经济政策，包括社会经济结构、经济体制、宏观经济发展水平、宏观经济政策等要素。其中影响最大的是宏观经济的发展状况和政府所采取的宏观经济政策。衡量宏观经济发展的指标有国民收入、国民生产总值及其变化情况，以及通过这些指标能够反映的国民经济发展水平和发展速度。

社会环境包含的内容十分广泛，如人口数量、结构及地理分布、教育文化水平、信仰和价值观念、行为规范、生活方式、文化传统、风俗习惯等。每个社会都有一些核心价值观，它们通常具有高度的持续性。我国人民历来勤劳、忍耐，有牺牲精神，重视家庭，有民族归属感。这些价值观与文化传统是历史的积淀，通过家庭的繁衍与社会的教育来延续，因此比较稳定，难以改变。不同的国家有着不同的文化传统，也有着不同的亚文化群及不同的社会习俗和道德观念。社会阶层通常是指在一个社会中存在着的相对持久的和类似的人的组合。同属一个阶层的个人和家庭具有大致相同的价值观、生活方式、兴趣和行为规范。

技术环境是指与企业生产经营活动相关的科学技术要素的总和，它既包括导致社会巨大发展的、革命性的行业技术进步，也包括与企业生产直接相关的新技术、新工艺、新材料的发明应用程度和发展趋势，还包括国家和社会的科技体制、科技政策和科技水平。所以，在企业的发展过程中，技术动因是一种不可忽视的因素。对于我国企业而言，在开发利用技术方面存在两个缺陷：一是投入经费过低；二是技术或产品开发成功运用到商业化的比例很低，技术转化为生产力的效率很低。技术开发同时也是一个战略问题，是当代企业最主要的职能之一，它在一定程度上影响着企业战略的方向和生存能力。

企业宏观环境是错综复杂的，又是变幻莫测的。企业在进行宏观环境分析时，首先应抓住战略环境与一般环境的特征。与一般环境相比，战略环境对于企业的影响具有全局性、未来导向性和动态性三大特征。企业应该有目的、有重点地抓住关键战略环境因素，科学地预测关键战略的发展趋势，发现环境中蕴涵的机遇和挑战。

中观环境分析包括产业环境分析和市场竞争环境分析。

不同的企业都属于不同的产业（行业、部门）。与宏观经济运行一样，产业环境也是变化的。自从波特将产业组织理论引入企业战略理论进行研究，提出了著名的竞争战略以来，产业环境动态战略分析取得很大进展。到20世纪90年代，已经有人提出创造未来产业、培育核心竞争力或改变现有产业结构的战略设想。至此，产业环境动态战略分析快速发展起来，并受到越来越多的战略决策者和战略理论家的重视。企业所处的产业环境通常包括产业结构环境、产业组织环境和产业政策环境三个主要因素。

产业结构是各产业在其形成与发展过程中的技术经济联系以及由此表现出来的比例或结构关系。这种关系包括社会再生产的比例关系、产业间的需求结构关系、产业投资结构关系、就业结构关系、技术结构关系、产业的区域配置结构关系以及投入产出关系等。产业结构分析涉及两大领域：产业结构领域和产业关联领域。

对产业结构领域的研究形成了产业结构理论，其源头可追溯到经济学家对产业分类的研究。产业分类的方法很多，要素集约分类法对企业战略产业环境的动态分析极有帮助。所谓要素集约分类法，就是根据不同产业在生产过程中对要素需求的种类和依赖程度的不同，把国民经济中各产业分为劳动集约、资本集约和技术集约三种产业类型。劳动集约型产业是指生产过程中对劳动力需求依赖度较大的产业，其范围可用该产业的就业系数来界定。在该产业中消耗的主要是活劳动，故其资本有机构成较低。如第三产业中的传统服务业（零售商业、餐饮业等），第二产业中的纺织业、建筑业等以及我国目前绝大部分第一产业都属劳动集约型产业。资本集约型产业是指生产过程中对资本需求依赖度较大的产业，其范围可用该产业的资本系数来界定。在该产业中需要消耗大量的物化劳动，故其资本有机构成较高。如第三产业中的流通业、金融业、房地产业等，第二产业中的钢铁制造业、石化工业等，第一产业中的现代化农业、养殖业等都属于资本集约型产业。技术集约型产业也称知识集约型产业，它是指生产过程中对技术和知识需求依赖度较大的产业。其范围可用该产业的技术系数来界定。在该产业中主要消耗的是智力劳动，其产品具有物耗小而附加值高的特点。一些新兴产业，如计算机软硬件制造业、生物技术工业、现代咨询业、信息服务业等都属于技术集约型产业。

产业关联主要有前向关联、后向关联和环向关联三种关系类型。前向关联关系，就是通过供给联系与其他产业部门发生的关系。例如，当产业X在经济活动过程中需吸收产业 Y 的产出时,对于产业 Y 来说,它与产业 X 的关系便是前向关联关系。如对钢铁业来说,它与汽车制造业的关系就是前向关联关系。后向关联关系,就是通过需求联系与其他产业部门发生的关系。例如,当产业 Z 在经济活动过程中向产业 Y 提供产品时,对于产业 Y 来说,它与产业 Z 的关系便是后向关联关系。如钢铁业与采掘业的关系就是后向关联关系。环向关联关系,就是通过供需联系各产业之间按前、后向的关联而形成的产业链关系。如"采掘业→钢铁业→采掘设备制造业→采掘业"。

产业组织理论研究的是同一产业内部各企业间资源配置问题,特别是从竞争状态的观点(即从市场竞争或垄断)来说明产业内各企业之间的资源配置是否合理。产业组织的核心问题是被后人称之为"马歇尔冲突"问题,即大规模生产能为企业带来规模经济性,使这些企业或产品的单位成本不断下降,市场占有率不断提高,而其结果必然导致市场结构中的垄断因素不断增加。

在哈佛学派创立的 SCP 分析框架中,产业组织分析的基本程序是按市场结构(Structure)→市场行为(Conduct)→市场绩效(Performance)的逻辑展开的。市场结构(Structure)可以看做是对市场竞争程度及价格形成等产生战略性影响的市场组织问题,其主要决定因素是市场集中度、产品差别化和进入壁垒。市场行为(Conduct)可以看做是企业在根据市场供求条件,并充分考虑与其他企业关系的基础上采取的各种决策行为。其主要涉及企业的价格策略、产品策略和排挤竞争对手策略等内容。市场绩效(Performance)可以看做是在一定的市场结构下,由一定的市场行为形成的价格、产量、成本、利润、品种、质量以及在技术进步等方面的最终经济成果。评价市场绩效的好坏,主要有五个标准:一是资源配置效率。即上述的市场结构、市场行为能否有效地配置各种稀缺资源,使社会经济资源能得到优化组合。二是产业技术进步。即市场结构处于何种状态,市场行为做何种决策时,产业技术进步才能高速发展。三是生产相对效率。即为了更好地分析资源利用效率来判断企业规模经济的实现情况及生产能力的利用情况。四是广告费的比重。即通过各产业广告费的国际比较判断产业内企业广告活动的有效性和合理性。五是对市场绩效的综合评价。

产业政策按其体系的内容可以分为产业结构政策、产业组织政策、产业技术政策、产业布局政策、产业可持续发展政策和产业国际竞争力政策。产业结构政策,就是以产业结构理论为指导,由政府在一定时期内按本国经济或产业演进规律所制定的,旨在促进产业结构合理化、高级化,进而推动经济增长的一种产业政策。它主要包括主导产业的选择政策、支柱产业振兴政策、"瓶

"颈"产业优先政策、幼稚产业保护政策及衰退产业调整政策等政策子系统。产业组织政策是政府根据产业组织理论,通过影响市场结构、市场行为,获得市场绩效,达到某种经济目的的一种产业政策。当然,产业组织政策究竟以何种产业组织理论为依据,应该视不同的国情和产业发展阶段而定;或采用鼓励竞争,反对垄断政策;或采用限制竞争,促进集中政策。具体包括反垄断政策、直接规制政策、中小企业政策、企业兼并政策等。产业技术政策,即政府根据有关技术进步和创新理论,引导和促进产业技术进步,拉动经济增长的一种产业政策。其具体内容包括研究与开发援助政策、高新技术鼓励政策、先进技术引进政策、知识产权保护政策、创业风险投资政策以及在教育和职业培训方面的公共政策。产业布局政策,是政府根据区域经济理论,部署、调整,实现不同产业的各种生产要素在不同地域空间的配置和组织的产业政策。它主要通过战略布局计划及相关政策措施,引导和促进产业整体布局、局部布局和个体布局保持相对平衡,实现国民经济增长、社会稳定和生态平衡三大目标。具体包括宏观总体布局政策、中观局部布局政策和微观个体布局政策。产业可持续发展政策,就是政府根据可持续发展理论,在产业发展中引导和促进企业清洁生产、保护环境和生态平衡的一种环境指向的产业政策。该政策内容包括两大方面:一是有关产业可持续发展的制度安排;二是有关环境保护产业发展的扶持政策。产业国际竞争力政策,是指一国政府为提高本国全球性、竞争性产业在一体化市场上的地位及其与其他国家同类产业相抗衡的能力,而制定的旨在取得比较生产力优势,开拓和渗透国际市场并持续盈利的一种产业政策。具体包括自由贸易政策、产业扶植政策、出口鼓励政策等。

企业生存和发展的具体行业环境,就某特定企业而言,在决策是否进入某一产业领域参与竞争时,必须对一系列更直接的外部因素进行考察,以便更有效地确定企业自身在某一产业中的竞争地位和竞争能力,这就是市场竞争环境分析。美国哈佛大学商学院的波特教授认为,分析外部竞争环境可以采用比较直观的"五要素"结构来进行,即通常所说的五种基本竞争力量,如图2-2所示。

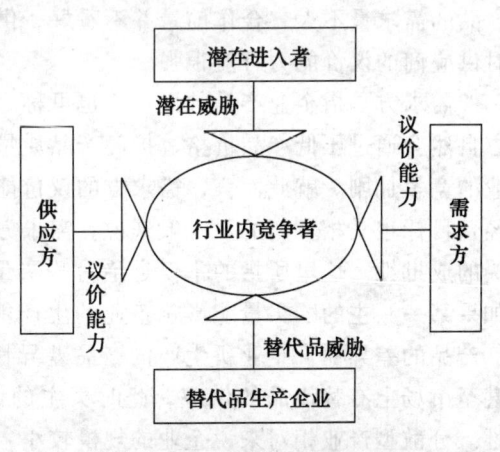

图2-2 五种基本竞争力量

潜在进入者欲加入某一行业，根本原因是看好行业的利润。包括行业内新建企业或收购兼并行业内企业两种情况。由于各个行业的性质不同，外部企业进入行业的困难程度不尽相同，我们将进入一个行业的困难性称之进入壁垒（或障碍）。对于一个企业而言，潜在进入者的威胁大小取决于行业的进入壁垒及行业内现有企业对新进入者的反击程度两个因素。行业进入壁垒大小主要取决于专卖产品的差别、商标专有性、转换成本、分销渠道、资本需求、绝对成本优势（低成本的产品设计）、政府政策、预期的反击等因素。

供应方是指产业竞争圈内向各企业提供各种生产要素的企业、组织等。在市场经济的社会里，供应商也是逐利者，必然会通过提高生产要素的价格或降低单位价值的质量等方法来提高其收益权利。就此而言，供应商的议价能力与产业竞争圈内需求方企业的目标、愿望是相悖的。一般来说，供应商的议价能力取决于以下因素：①供方产业的集中度。供应商只有少数几家，并且其市场地位相对稳定，产品买主多，很少受市场竞争的干扰，此类供应商议价能力较强；反之则弱。②需求方对产品的依赖度。供应商的产品对企业经营的影响较大，至关重要。并且，需求方企业从一个供应商转到另一个供应商的"转换成本"过高，那么，供应商的议价能力较强；反之则较弱。③产业内对供应商产品的品牌忠诚度。供应商所提供产品的品牌、质量、信誉、服务包括包装等对产业圈内的影响比较大，那么该产品的供应商的议价能力就比较强。④供应商的团结度。如果某一产品的供应商有可能为达到自身产业的利润目标而团结一致，建立某种性质的联盟，垄断该产品的生产或销售，则该供应商的议价能力就很强。如"石油输出国组织"。⑤供应商对用户的重视度。如果企业对产品的需求量不大，合作前景并不看好，供应商并不重视这些一般性业务，此时供应商的议价能力可能很强。

需求方是指企业产品的用户，也可称之为买主。在市场经济条件下，需求方自然会通过压低产品价格、提高产品质量或得到更多的服务，促使产业内企业的竞争加剧。就此而言，需求方的议价能力与产业竞争圈内的供应方企业的经营目标也是相背离的。一般来说，需求方的议价能力取决于以下因素：①购买的成批性。这里所指的不仅是绝对购买量的大小，还指相对购买量的大小。如果某一买主的购买量能影响企业的生产能力，则买主的议价能力就非常强。②产品的差异性。企业所生产的产品差异性很小，而且是标准化的、通用的，甚至市场上有替代品的供应，此时买主的议价能力就非常强。③产品的分散性。分散型产业相对来说企业的规模较小，数量较多，因此买主的议价能力相应就强一些。④产品的重塑性。如果产品的部件或原材料占总成本的比例过高,而生产加工过程比较简单,买主就有可能自行组织生产或寻找最佳的供应商,从而加强自身的议价能力。⑤信息的对称性。买方对供需双方的价格、成本,甚至生产工艺流程等信息掌握得比较全面,其议价能力就强。⑥需求方的一致性。如果不接受令人满意的价格或产品提供者,买方可能有反联合的危险。这在日用消费品市场上反映不明显,而在中间环节产业中时有发生。

替代品是指那些与本企业产品具有相同或类似功能的产品。替代品可能来自于同一个产业圈而构成对企业的威胁,例如,家具制造业中的金属家具替代木质家具,多功能组合机柜替代单一功能电视机柜等。也可能来自于不同产业圈,如在日常生活中,人们既可以用煤也可以用电、气等取暖、烧水、煮饭、炒菜。煤炭业、电力业、煤气业或天然气业虽然都属能源产业,但分属不同的产业圈。替代一种产品可能是绝大部分替代,也可能是部分替代或少部分替代。如煤油灯被电灯替代是绝大部分替代或者是完全替代,而电子邮件替代传真、邮政电话则是部分替代,移动通信替代固定电话也是部分替代。一种产品对另一种产品的替代可能是现实的,也可能是潜在的,例如,网络业推出的现代传播服务业务,相对于传统传媒服务业来说,既是现实的又是潜在的,其潜力究竟有多大,还有待视其发展情况而定。但有一点是可以肯定的,即网络传播不可能完全替代传统媒体的传播。替代品既可以是一种产品,也可能是产品中的技术含量,如模拟手机被数字手机替代,半自动洗衣机被全自动洗衣机进而被数控洗衣机替代等,都属技术替代。

行业内竞争者,即行业内的企业,它们并不都是竞争对手。通常情况是既有竞争又有合作。竞争对手之间的竞争手段多种多样,一般围绕价格、质量、产品的性能特征、顾客服务、保证或担保、广告或促销、经销商网络、产品创意等方面展开。竞争程度的强弱主要受以下因素的影响:①竞争者的数量与力量对比;②行业增长速度;③产品统一性和转换成本;④规模经济的要求;⑤不同性质的竞争者。

企业内部环境分析是指分析企业能够加以控制的影响因素。内部战略环境是企业内部与战略有重要关联的因素,是企业经营的基础,是制定战略的出发点、依据和条件,是竞争取胜的根本。其目的是掌握企业历史和目前的状况,明确企业所具有的优势和劣势。它有助于企业制定有针对性的战略,有效地利用自身资源,发挥企业的优势;同时避开企业的劣势,或采取积极的态度改进企业的劣势。其内容包括企业历史分析;企业资源、能力、核心能力分析;企业的价值系统分析。企业历史分析包括行业历史分析、企业财务历史分析、人力资源历史分析、企业产品历史分析、客户历史分析等;企业资源、能力、核心能力分析包括企业资源分析、企业能力分析、企业核心能力分析；企业的价值系统分析包括基本活动分析、支持性活动分析、价值链构造等。

企业战略环境分析的方法主要是SWOT分析法。分析的主要内容详见表2-2。它是一种对企业的优势（Strength）、劣势（Weakness）、机会（Opportunity）和威胁（Threat）的分析。SWOT分析法通过将特定的外部因素和内部因素进行匹配组合，形成了4种战略组合：SO（优势，机会）战略、ST（优势，威胁）战略、WO（劣势，机会）战略和WT（劣势，威胁）战略。详见图2-3 SWOT分析矩阵。

表2-2　　　　　　　　　SWOT分析的主要内容

优势	劣势	机会	威胁
☐ 有力的战略	☐ 战略方向模糊	☐ 拓展产品线	☐ 新加入的竞争者威胁
☐ 雄厚的财务条件	☐ 过时的设备	☐ 收购对手	☐ 市场增长缓慢
☐ 良好的品牌形象或商誉	☐ 财务状况恶化	☐ 延伸品牌的机会	☐ 买方需求的变化
☐ 专有性技术	☐ 成本过高	☐ 从对手处获得市场份额的机会	☐ 人口统计的变化
☐ 成本优势	☐ 利润水平低	☐ 占有新技术的机会	☐ 替代品抢占市场份额
☐ 营销能力强	☐ 研发不足	☐ 服务于更多的消费群体	☐ 新法规增加了经营成本
☐ 产品创新技能	☐ 产品线狭窄		
☐ 良好的顾客服务	☐ 营销能力不足		
☐ 良好的产品质量			

```
                    机会(Opportunity)
                         │
                         │
       Ⅱ.扭转型战略(WO)   │   Ⅰ.增长型战略(SO)
                         │
 劣势(Weakness)──────────┼──────────优势(Strength)
                         │
       Ⅲ.防御型战略(WT)   │   Ⅳ.多经营战略(ST)
                         │
                         │
                     威胁(Threat)
```

图2-3　SWOT分析矩阵

案例 2-1 长春电影制片厂的新生

一、案例介绍

提起长春电影制片厂（以下简称"长影"），很多人脑海中一下子会想起像《英雄儿女》、《平原游击队》、《五朵金花》、《白毛女》、《开国大典》等一大批脍炙人口的影片，长影也因此被形象地称为新中国电影的摇篮。

创造过中国电影无数辉煌的长春电影制片厂，从 20 世纪 90 年代开始，曾一度陷入了发展低谷。这时，许多国有电影制片厂及整个中国电影都陷入了严重的滑坡状态。

1997 年，赵国光上任长影厂长时，面临着一系列的严峻问题。首先，亏损严重，缺乏资金。计划经济体制下的企业办社会使长影背上了沉重的包袱，长影有自己的托儿所、派出所、卫生队、车队、学校甚至消防队，构成主业发展的包袱，拍电影也是赔的多赚的少，亏损总额达到 3000 万元。其次，冗员问题严重，职工 3000 人，其中已办理退休的达 1000 多人。再次，种种制片设备老化严重，无法满足影片生产的需求。

长影改革面临与其他国有企业改革同样的问题，即如何筹措发展资金，如何进行人员分流。对于长影的改革，吉林省委给予了巨大的支持。1998 年，省委主要领导一连三次到长影开座谈会，确定长影改革的基本思路：赔钱的片子不拍；处理好大奖与大众的关系，要拍票房好的片子；长影必须从事业单位走集团化、公司化、产业化的道路。省委领导还当场拍板——长影全员参加社会保险；下岗分流 1000 人；给长影在电视台开设一个电影频道；三年内税费全免；给予长影三年 3000 万元的贴息贷款。

有了政府和相关政策的支持，以赵国光为代表的长影领导阶层加快了改革的步伐。1998 年 7 月，长影彻底打破了旧有的体制，组建了长影集团有限责任公司，实现了由事业向企业的转变。集团在全国率先实施"出资人制度"，对旗下各部门进行多元投资主体的公司制改革，设立了 16 家下属子公司，使原来的总厂和各车间的行政隶属关系变为母子公司的出资关系。不到一年的时间，集团公司所属的 16 个子公司全部摘掉了亏损的帽子，长影集团由此开始实现了扭亏为盈。

2003 年，长影被列为全国文化体制改革试点单位。在 2005 年的用工制度改革中，最关键的是人员分流问题这个"雷区"。长影采取了内部退养、艺创作人员实行分类管理、重新定岗定员等一系列改革措施。一是对距法定退休年龄不足5年和工龄满30年的员工实行内部退养。二是对艺术创作人员实行分类管理，符合内部退养条件的按退养条件办理；自愿保留劳动关系的，重新签订劳动合同，享受集团公司员工的待遇；解除劳动合同的领取经济补偿金，并在自愿基础上成为长影签约艺术人员。三是重新定岗定员，竞争上岗。到2004年末，除陆续调走人员，在岗人员中长影所有人员都得到了妥善安置；1300名离退休人员进入社会保险，1300名在岗人员中，内退580人，解除劳动合同418人；在集团公司和各子公司上岗的人员302人，身份全部转为企业用工、聘任制。长影过去直接供养3000人，现在按政策各得其所，直接在集团公司开支的仅100人。

为了解决发展资金不足的问题，长影决定卖掉老厂区来盘活资产，同时提出了"一厂三区"计划，就是通过卖掉长影老厂土地在长春郊外建造一个大型旅游娱乐项目——长影世纪城，再以此融资，回笼资金，建造长影新厂和一个旅游景区，将残留的老厂建成电影艺术馆。

早在20世纪90年代末期，老长影的残破状况就引起了很多人的关注。1999年，长春市副市长祝业精曾专门带长影的副厂长刘丽娟到长春经济开发区找地，决定以优惠的价格支持长影建设一个东方好莱坞式的新长影。这个设想得到了吉林省的支持。长影拿出位于市区黄金地段28公顷土地中的21公顷交给长春市土地局，由土地局招标出售。长影售地所得3亿元，再贷款3亿元，用这6亿元在净月潭风景区换回100公顷土地并投资兴建长影世纪城和制作基地等，而且还得到了200公顷的预留土地用于将来建设外景地。世纪城与横店等影视基地不同，是一个模仿好莱坞环球影城的大型电影娱乐项目。

长影要生存和发展，必须实施战略性的结构调整，培育新的增长点，实现产业化。厂领导在正确认识优势和劣势的基础上，经过广泛论证，提出了开发五大支柱产业的发展战略。这五大支柱产业是：影视制作产业、旅游产业、影视教育产业、电视产业、利用现有资源开发房地产业。

为了解决制片设备的老化问题，长影厂在吉林省委的大力支持下，本着"世界先进、国内一流"的原则，从国外引进成套的录音、剪辑、洗印、摄影和照明等设备。硬环境的改善有力地促进了软环境的发展，吸引了大量来长影投资拍片的客商。

长影还成立了以副厂长韩志君和宋江波牵头的两个影视公司，担负生产电影的任务。两个影视公司，长影都是相对控股，即最多只占40%的股份。在老体制下，导演是花别人的钱拍别人的片子，结果是高成本低回报，拍一部赔一部。与民营或外资合作，并采取相对控股，民营或外资充分根据市场确定投资，才能保证回报。例如，电影《任长霞》，导演宋江波来自长影，演员来自全国各地，编剧来自北京，发行来自上海。该片在上海上映第一周票房就超过了美国大片。

长影还积极探索股份制合作拍片的道路，该厂不仅吸纳社会法人拍片，还要吸纳厂内自然人合作拍片，为探索这条道路，厂领导班子带头实行股份制拍片，自组剧本，自行投资，自负盈亏，拍出让观众喜闻乐见的影片。

通过改革，长影集团已经走上了一条立足电影主业、发展电影副业，最后以副业反哺主业的电影产业化之路。各子公司实行独立经营、自负盈亏，员工利益与所在公司命运紧密相连，企业的活力和员工积极性大大增加。更为重要的是，向电视领域发展的长影频道，向旅游业进军的长影世纪城，重组的长影发行院线，使长影改变了单一制片的局面，构建了制片为龙头，向电视业、旅游业、发行放映业拓展和延伸的"大电影"产业链。

展望未来，长影集团董事长赵国光说："改革已经基本完成，今后领导班子的主要精力放到创作上。长影不仅要拍主旋律影片，我们也要拍能回收高票房的商业大片；同时，做好多元化产业，收回资金投入电影生产。到2010年，长影应该成为中国电影重要的制片中心，重要的旅游基地，东北最大的电影产业园区。"

（资料来源：高红岩：《战略管理学》，清华大学出版社、北方交通大学出版社2007年版）

二、案例分析

危机常在，而巧渡危机的智慧并不是每个企业和经营者都具有的。作为一个优秀的企业或企业家不但要善于应对危机，化险为夷，还要能在危机中寻求商机，趁"危"夺"机"。古今中外，把危机变成商机的事例也不在少数。长影厂就是趁"危"夺"机"的典型范例。

南宋绍兴十年七月的一天，杭州城最繁华的街市失火，火势迅猛蔓延，数以万计的房屋商铺置于汪洋火海之中，顷刻之间化为废墟。有一位裴姓的富商，苦心经营了大半生的几间当铺和珠宝店，也恰在那条闹市中。火势越来越猛，他大半辈子的心血眼看将毁于一旦，但是，他并没有让伙计和奴仆冲进火海，舍命抢救珠宝财物，而是不慌不忙地指挥他们迅速撤离，一副听天由命的神态，令众人大惑不解。然后他不动声色地派人从长江沿岸平价购回大量木材、毛竹、砖瓦、石灰等建筑用材。当这些材料像小山一样堆起来的时候，他又归于沉寂，整天品茶饮酒，逍遥自在，好像失火压根儿与他毫无关系。大火烧了数十日之后被扑灭了，但是，曾经车水马龙的杭州，大半个城已是墙倒房塌一片狼藉。不几日朝廷颁旨：重建杭州城，凡经营销售建筑用材者一律免税。于是杭州城内一时大兴土木，建筑用材供不应求，价格陡涨。裴姓商人趁机抛售建材，获利巨大，其数额远远大于被火灾焚毁的财产。这是一个久远的特例，但蕴涵其中的经营智慧却亘古不变。长影厂在取得了政府的支持后，大胆实施战略性调整，使企业实现扭亏为盈。

爱立信（中国）公司执行副总裁苏德瑞面对媒体坦言："我们的手机在全球市场是亏损的，亏损数字是160亿瑞典克朗（约合18亿美元）。"据他分析，爱立信手机之所以亏损，首先是主要供货商供货出现了问题；其次是在产品组合方面有不足的地方，比如，价格低、功能简单的低档产品种类欠缺。就像长影厂面临的问题一样。所以，"正视亏损，才能扭亏"。

"以退为进，才是英雄。"谁也不希望面对危机、遭遇危机，但灾难的降临是不可避免的。回避不足取，唯一的办法是像上述例子中的"智"商者一样，想办法渡危机、捕商机，理性客观分析环境，正确面对亏损，培育新的增长点，实现产业化，寻找变化之道。只有这样，我们的企业才能做强、做大，达到永续经营。

三、思考·讨论·分析

1. 对于我国电影市场出现的滑坡问题，你认为是由哪些原因造成的？
2. 长影具有哪些优势和不足？你认为长影应该如何发挥优势、弥补不足？
3. 长影改革面临哪些机遇和威胁？它是如何抓住机遇、规避威胁的？
4. 对于长影未来的发展，你是否还有其他建议？

案例2-2 传媒产业——民营企业经济的新舞台

一、案例介绍

一如民营企业成长的早期，不为人知也没人看好，民营文化企业的发展近十年来虽然轰轰烈烈，但在很多地区却也一直未进入官方视野。然而最近一两年，各地进军传媒产业的民营企业突然呈"爆发"之势，其中不少企业手笔之巨大、影响之深远，让一直占据垄断优势的国有文化企业都自叹弗如。

2004年年底，浙江著名民营企业广厦集团牵手浙江最有实力的国有传媒机构浙江广电集团，合资组建了浙江影视（集团）有限公司，迈开了全面进军影视制作产业的步伐。在这家兼具产业优势和机制优势的企业发展计划中，除了影视剧创作生产这一主业外，还将进行影视衍生产业的开发，经营影视娱乐和培训，从事市场化节目的生产和广告经营，建设影视高科技后期制作基地，开辟电影院线和电视连锁频道等，努力做大做强影视产业。

主营建筑和地产的广厦集团，十多年前就已开始涉足影视领域，它旗下的华新、春秋、亚视等影视公司是民营影视产业的主力军，所创作的《绍兴师爷》、《尚方宝剑》、《杨门虎将》等影视剧以准确的市场定位和灵活的营销策略，赢得了可观的市场份额。目前，它旗下的新影视公司已进入影视业全国5强；2003年成立的广厦文化传媒集团，注册资金5000万元，总资产2.5亿元。

几乎就在广厦和浙江广电合资组建浙江影视（集团）有限公司的同一时间，同样总资产超百亿的浙江民营企业横店集团则请来了国家广电总局的领导，为其即将开工的"中国影视名人荟萃园"、"中华历代皇帝大观园"和"中华历代美人观赏园"奠基。横店集团计划在这3个园中集中展示中国影视100年来走过的辉煌历程和谱写这一历史的影视名人的生平及其塑造的荧屏形象。此外，这3个园也将充实到横店已有的13个外景影视拍摄基地之中，继续保持其全球第一的影视产业基地建设规模。

横店投资传媒产业的领域并非仅仅限于建设拍摄基地。2004年上半年，国家广电总局批准在此建立了中国第一个国家级影视产业实验区，并鼓励其率先探索建立中国影视产业从剧本创作、演员培训、作品拍摄、后期冲印到发行放映的完整产业链。

2004年下半年，随着中国放开外资公司在中国内地的电影和广播电视节目制作、发行，该企业又在第一时间与美国著名电影娱乐公司——时代华纳及中国最大的国有电影公司——中影集团正式签约，组建了中国第一个中外合资电影娱乐公司。

民营经济活跃的浙江，几乎可以成为波及全国的民企投资传媒产业热潮的一个缩影。

据有关部门统计，目前浙江全省民营文化企业4万多家，总收入300亿元以上，从业人员50万余人，涉及影视、印刷、演艺娱乐、艺术品经营、旅游、广告、会展等十多个行业。2003年，全省图书批发行业新吸收民资5000多万，新批企业影视投资超过6000万元。

在一些准入条件低、市场化程度高的传统产业门类，如印刷、发行、影视、广告、演艺娱乐、文化旅游等，民营企业已逐渐站稳脚跟；在网络游戏、动漫等新兴传媒产业方面，民营企业正加紧布局并峥嵘初现。

据统计，截至2004年，浙江全省超过2万家的印刷企业中，98%为民营企业，总产值400亿元。全省9000家书报刊电子出版社发行单位中，民营单位约8000家。全省目前已有广播影视节目制作公司80家，其中七成以上为民营企业，非国有资本投资4亿元。2003年，非国有资本投资4亿元。2003年，非国有影视营业收入达到2.81亿元，比上年增长20%。又如演艺业，全省共有民间剧团400余家，演出收入近亿元，分别占全省剧团总数的83%和总收入的73%。

以开发网络互动娱乐为主业的杭州边锋游戏，目前有注册用户1200万，占据了浙江90%以上的市场及东北三省和四川的大部分市场，已跻身我国网络游戏"三巨头"之列。由温州房地产商孙文华创立的三辰卡通企业集团，以卡通片制作为龙头，已形成"蓝猫"著名品牌和跨越音像出版、文化娱乐及其衍生品开发的产业链，年产动画片1万分钟，占国产动画片年产量70%以上，成为中国最大的动画制作基地。

作为民营企业，在传媒产业的发展不仅受到市场的考验，还要面临政策的约束，它们往往是在这种环境下一步步试探，找到自己的生存空间的。许多民营企业在一开始，都是在完全无意间叩开传媒产业大门的。早期的盲目和无意介入，让民营企业尝到了传媒产业这块大蛋糕的诱人香甜，使越来越多的民营企业开始从被动投资到主动投资，转而直接从事传媒产业投资经营。民营经济的优势在传媒产业领域继续被放大，引入竞争的结果是，越来越多的百姓享受到了丰富而又实惠的精神文化产品。

浙江宋城集团投资5000万元，打造大型歌舞《宋城千古情》，8年来长演不衰，观众超过500万人次，已经成为杭州的一个著名文化品牌。在浙江横店，每年有占全国近1/10的电视剧从这里产出。在台州市，民营企业先后投资30多亿元，创办了6000多家文化企业，建成了大批基层文化设施，从业人员十多万人，对当地文化建设起到了不可替代的作用。

民资在体制内外游走，激活了体制内一些沉寂的资源。更重要的是，深谙市场经济精髓的浙江民资所到之地，带去的不仅是资金，对当前文化体制中存在已久的弊端也产生了巨大的冲击。

浙江省宣传部有关负责人说，从表面上看，民资与国有文化单位的合作，是利用了我们的资源，进入了我们的阵地，好像是在"挖墙脚"。但从另一角度看，国有文化单位在事实上也吸纳和控制了一部分民资为我所用。民营企业在文化产业领域获得发展空间的同时,也把国有单位搞活搞强了。这种"双赢"的做法已得到了国家有关部门的高度肯定。有领导在浙江考察文化体制改革时认为,民营资本进入文化产业,有利于活跃和丰富文化市场,有利于推动经营性国有文化单位转换机制,参与市场竞争。

民营企业投资传媒产业、赞助文化活动,由初期树立企业良好社会形象的目的,逐步变为调整企业经营结构、提升企业层次的需要,一些大型民营企业已将文化产业作为新的战略投资方向。但实际上,传媒产业的特殊性决定了其巨大的前期投入,特别是在一些新兴的和朝阳的传媒产业领域的投入,并不是所有企业都能够承受得起的。截至 2004 年年底,横店集团在传媒产业的投入已累计超过 30 亿元,投入的资金来自集团在磁性材料、高科技农业等领域的收益。尽管投资传媒产业需要承担一定的风险,但一旦在某个领域站稳脚跟,其巨大而稳定的回报却是很多产业所无法比拟的。

中央电视台 2003 年的广告收入为 70 亿元,2004 年年底突破 80 亿元,2005 年超过 86 亿元。中国目前电视剧的生产数量位居全球第一,一年生产 1 万部集,且收视率很高,在华人市场的影响力很大。我国香港、台湾地区及西方国家的华人世界争购国产电视剧,播出一次的版权收益高达 2 万美元。

正因如此,广厦集团董事局主席楼忠福感慨道,做什么都比不上做文化,"文化产业是我们最后的晚餐!"与此同时,中国传媒产业的发展也正在面临前所未有的大好机遇。经济全球化的浪潮已经席卷而来,传媒不应该再被当做纯粹的事业来经营。有学者呼吁,传媒产业是一个充分国际化的产业,只有在对外和对内两个全方位开放的环境中,充分整合社会的参与意愿,动员民营资本和民间力量,实施国有传媒资产重组和扩张,才能迎来文化的繁荣。

2005 年 8 月 8 日,新华社全文播发了《国务院关于非公有资本进入文化产业的若干决定》(以下简称《决定》),对非公有资本进入文化产业分成了鼓励、限制和禁止三种情况。这是国家第一次对投资参股文化产业做出如此详细而全面的规定。

《决定》明确鼓励、支持非公有资本进入文艺表演团体、演出场所、艺术教育与培训、文化艺术中介、电影电视剧制作发行、广播影视技术开发运用等众多文化产业领域,并可在文艺表演团体、演出场所等文化公司中持有控股权。还可以在诸如出版物印刷、发行,新闻出版单位的广告、发行,广播电台和电视台的音乐、科技、体育、娱乐方面的节目制作,电影制作发行放映中持有不超过 49% 的股权。

对民营企业来说,《决定》明确鼓励和支持民营资本进入文化产业,并在股权比例和相关领域方面进一步放宽。《决定》还鼓励和支持民营资本参与一些领域的国有文化单位股份制改造。《决定》还规定，非公有制文化企业在项目审批、资质认定、融资等方面与国有文化企业享受同等待遇。《决定》的出台说明国家肯定了上一阶段对非公有资本开放文化领域的成果，并继续鼓励非公有资本参与到文化产业的发展中来，但同时也发现了现在文化产业发展中存在的一些问题，需要进行规范和引导，加强市场监管，以促使我国文化产业有序、健康地发展。

面对国内政策和媒体环境的新变化，民营企业要抓住向传媒领域进军的战略机遇。民营企业不能仅将眼光盯住国内的市场，还必须面对从本土竞争到国际竞争的战略转型，面对从粗放经营向精细化经营的战略转型。随着国内外环境的日益复杂，民营企业的战略决策正确与否，往往会决定其企业的兴亡。而这一点，恰恰是今后一段时期民营企业家们亟待努力的方向。

（资料来源：高福安：《媒体战略管理》，中国传媒大学出版社2006年版）

二、案例分析

任何事物的发展都有一定的环境，媒体也不例外。"环境"的希腊词源是Perivello，其意义为：四面八方同时来袭。环境不仅是容器，它们还是使内容全然改变的过程。它的特征是：隐而不显，难于察觉。每一个新的发展阶段都成为此前一切阶段的环境。广厦集团牵手浙江最有实力的国有传媒机构浙江广电集团，合资组建的浙江影视（集团）有限公司就是环境造就的一个必然结果。

正确分析环境和把握机遇才能勇往直前。这要求媒体走出"封闭系统"，成为开放性的具有活力的组织，重视战略分析，从而增强其管理的活力。这将使信息变得更符合信息的本质，使传播更具有魅力。当然，在经济效益增长的同时，社会效益也将与日俱增。传媒产业是公认的未来最具爆发力的朝阳产业，是各国都在不惜血本争夺的市场。目前，在世界最发达国家的GDP中，80%以上来源于服务业，其中以知识和信息为基础的传媒产业及相关的服务业扮演了主要角色。善于开拓的浙江人，又一次敏锐而迅速地捕捉到了巨大的商机。

对于进入媒体行业的企业，首先，要确定企业的主营业务，并在主营业务中找出适合媒体能力的有吸引力的经营领域。从中国的现状来看，媒体都没有偏离信息传播这一中心。其次，要分析所具有的优势。比如，广播、电视从模拟技术向数字化发展，高清晰度、高保真、互动多功能型的广播电视已成为未来发展的方向。正是电视的崛起，使人们感觉到了麦克卢汉早就预言的"地球村"的存在。而电脑、网络已被许多学者称为继报纸、广播、电视之后的"第四媒体"，具有综合优势，发展前景看好。但是，传统媒体也在创新和改变。美国麻省理工学院媒体实验室主任尼葛洛庞帝说过一句令世人回味的话："计算不再只和计算机有关，它决定我们的生存。"大众传媒正在向计算机化、自动化、数字化、智能化、全球化方向发展。在这一发展过程中，不同的媒体必须认清自己所独具的优势。任何模棱两可和盲目跟风都会使媒介战略的评价与选择产生偏差。

三、思考·讨论·分析

1. 浙江民营企业是如何根据市场实际环境来设计企业的发展战略的？
2. 民营企业应如何分析自身产业环境，把握机遇，规避风险？
3. 新华社全文播发了《国务院关于非公有资本进入文化产业的若干决定》，给企业带来了哪些机会和威胁？

案例 2-3 亚马逊——拓展网上销售的新疆域

一、案例介绍

1998年10月16日，零售业巨擘沃尔—玛特商场公司起诉互联网图书销售新秀亚马逊（Amazon.com）公司时，人们惊讶不已。沃尔—玛特公司指责亚马逊挖走了它的高级经理人员以此窃取其电脑推销及分销商业机密。有趣的是：沃尔—玛特公司说不起眼的、不断赔钱的亚马逊已给它造成了"经济损失"，而且仍一意孤行。亚马逊首席执行官杰弗里·贝索斯对该指控未加评论，他只是算了这样一笔账："即使我们所有的雇员都来自于沃尔—玛特，这也不到他们员工总数的1%的2/10。"说完此话，他哈哈大笑起来。

显然，沃尔—玛特公司笑不出来，贝索斯呢？他也没有狂笑不已。他立即通过亚马逊网站购买了三本有关沃尔—玛特的书，以便进一步了解该公司是如何运作的。他发现：沃尔—玛特的创始人山姆·沃顿曾评论说，自己在竞争对手那里搜罗人才——这一说法随后在亚马逊的法庭卷宗中得以体现。法律专家说，尽管亚马逊雇用了包括亚马逊现任负责监督该公司核心技术运作的首席信息官在内的几名沃尔—玛特前高级经理，但沃尔—玛特想要获胜，仍路途漫漫。

不管结果如何，这个案子充分地标志着互联网历史上的一个转折点——电脑空间零售商在与"尘世间"公司的较量中开始占上风的时刻到来了。的确，亚马逊正在人们从未涉足的商业领域独辟蹊径，通过率先运用网上销售术，并使其达到几近完美的境界，它正在迫使零售巨擘们仓促效仿。更重要的是，这也使他们翻然醒悟，重新思考它们传统的优势——有形规模、大众媒体品牌宣传以及在商场里购物的感官吸引力——是否足以确保它们在新经济时代立于不败之地。

我们来仔细看一看亚马逊：该公司收有310万个书目，搜索简便——这比地球上任何一家书店都大15倍以上，而且还无须花费数百万美元用于支付店面及书店雇员的有关费用。这为其1600名雇员年均创收37.5万美元铺平了道路。该收益额是最大的房屋式书店巴恩斯—诺贝尔（Barnes & Noble）公司2.7万名雇员年均创收总额的3倍多。

亚马逊占绝对优势的技术也助了它一臂之力，这种技术可以对顾客购买过的东西进行自动分析，然后因人制宜，制定出合适的建议——这种方法使20世纪的大众营销业惊慌失措。只须轻轻按一下鼠标器便可在网站上订货，这使得购物过程变得非常方便，又不会产生摩擦，甚至还很有趣，而整个过程所花的时间比在购物中心找停车位花的时间还要少。

目前，亚马逊公司雄心勃勃的扩张计划已远远超出了图书的范围。1998年11月17日，这位在线商家首次开办了一家影像商店，并扩大了一家礼品店的规模——这已非常明确地表明，贝索斯试图将亚马逊发展成为人们网上购物的首选之地。目前访问这个网站的顾客可以从中找到从Pictionary游戏、"假日芭比"到手表及索尼随身听等所有东西。而且亚马逊并不打算就此止步。

贝索斯于1994年突然辞去了华尔街对冲基金经理这份舒适安逸的工作，后来他跑遍全国并在其西雅图的车库中开办了亚马逊公司。如今，他在做计划时小心谨慎，这不足为奇。但专家们说，他正将目光瞄准了从软件、服装到花卉和旅游全套服务的所有市场——1999年年初，这名新秀就会在这些领域与微软及Nordstrom公司这样颇具实力的大公司一争高低。

贝索斯这位从未有过零售经验的30多岁的电脑天才是否能成功呢？不要打赌断定他不能：截至1997年9月，亚马逊第一个全季度的音乐激光唱片的销售额就高达1440万美元，迅速取代了业已经营两年之久的在线销售领头公司CDnow。Banc Boston Robertson Stephens公司的劳伦·莱维坦说："当你想起网上购物时，你首先想到的便是亚马逊。"

确实，仅仅一眨眼的工夫，亚马逊便成长为电脑空间上最大的消费品供应商。它拥有450万顾客，1998年销售额可望从1997年的1.48亿美元上升到5.4亿美元。投资者对之如醉如痴不足为奇。即使在1998年11月30日互联网股票暴跌之后，亚马逊股票仍以每股209美元成交，这是其1997年5月分割股公开上市价每股9美元的23倍。也就是说，其市场价值已高达111亿美元，或者说是巴恩斯—诺贝尔市场价值的6倍。这就是一个每年损失数百万美元并且至少在2001年前无望盈利的公司的所有实情。

你尽可以说这些投资者都是傻子，但是，他们所做的基本推测却十分准确：电子商务，特别是亚马逊公司，其中蕴藏的潜力如电脑空间般巨大。从事市场调研的国际数据公司预测，蜂拥上网的人会越来越多。维萨美国公司对1000名互联网用户的一次新的调查发现，仅1998年秋季就有近一半的人计划上网购物。Forrester调查公司说，所有这一切表明，1998年人们可望花费78亿美元用于网上购物，2003年这一数目还将猛增至1080亿美元，或者说是在全美零售业花费的6%。

亚马逊尽管取得了上述种种成功，但是，它从中能捞到多少钱，人们还有不少争议。在图书方面，贝索斯显然成了一名赢家：这个市场没有大的在线竞争对手而且没有占主导地位的传统经销家——即使是头号的巴恩斯—诺贝尔公司也仅占美国市场的11%。但随着亚马逊打入了每个新领域，它已不再具有那种至关重要的先入为主的优势。实际上它可能选择打进的每一个角落中，亚马逊都会遭遇地位稳固的、更大的竞争对手。1997年，Forrester公司首席执行官乔治·科洛尼因此宣称：不久在线商家的先锋将是"亚马逊"。

亚马逊甚至无法驱散那些图书销售商——尽管他们开始时步履艰难，但目前却都发疯式地冲向网络。1998年11月，同时拥有蓝登书屋公司等数家出版公司的德国媒体巨擘贝塔斯曼公司出资2亿美元购买了巴恩斯—诺贝尔公司在线分布50%的股份，这为该公司与亚马逊进行拼杀提供了一笔可观的专用基金。1998年11月6日，巴恩斯—诺贝尔公司宣布用6亿美元购买了首屈一指的图书分销商英格拉姆图书集团公司——亚马逊公司图书的60%都是由该公司提供的。这一消息使亚马逊及整个出版界大为震惊。巴恩斯—诺贝尔公司保证不会偏袒哪一方，但为谨慎起见，亚马逊将被迫因进书成本可能会上升而另觅货源。所有这一切将在亚马逊的核心市场中凝聚成一股可怕的力量。巴恩斯—诺贝尔公司副董事长斯蒂芬·瑞吉奥说："最大的一个市场就在我们眼前。"

经验日趋丰富的在线商家们竟然决心要击退亚马逊。1998年11月23日，已经宣布与其竞争对手N2K合并、其销售额由此翻了近一番的CD-ROW又与电影销售商Reel.com、电脑商Cyberian Outpost、eToys以及其他商家联手成立一家称为购物者联络网（Shopper-Connection）的虚拟购物中心。顾客可从一个单独的网址进入这些在线零售商中的任何一家。同样地，诸如雅虎公司及羽翼渐丰的美国在线公司——网景通讯公司联合体等网络门户也正在谋求从电子商务这块大蛋糕中争得更大的份额。像 Buy.com 这样迅速发展起来的商家也是如此。

而且随着贝索斯跨入新的市场，他会与那些开始在网上经营其品牌的传统零售商进行正面较量。波士顿咨询公司一项新的研究发现，消费类电子商务（包括零售网站及在线金融及旅游服务）收入的59%都是由同时还通过传统渠道销售的 Eddie Bauer 和 1-800-FLOWERS 等公司创造的。梅西公司的母公司联合百货商场公司的一位副总裁卡罗尔·桑格说："我们认为，对那些正在寻找传统百货商店商品的顾客来说，梅西的商标比任何一个互联网牌子都更有意义。"

所有的竞争对手似乎并不怎么害怕，亚马逊因此面对了一个更不可知的世界：零售业是一个利润非常微薄的行业，一些分析家们因此不仅要问：该公司究竟有没有盈利？他们的理论根据是：亚马逊公司雄心勃勃的发展计划使它在进入新市场时势必保持高速运行，从而造成成本高扬，收益也因此难以获得。分析家们估计，1999年亚马逊将花2亿美元用于营销，比一年前增加了50%。美林公司分析家乔纳森·科恩说："该公司一直表明，它能够低价销出大量的图书，却又不怎么赚钱。如今，它又表明，自己能够低价售出大量的音乐激光唱片，仍然不怎么赚钱。"他是美林公司内认定亚马逊公司股票为售出股的仅有的两名分析家之一。

不过，如果有一个像科恩这样想法的分析家存在，那么认为亚马逊最终将能够实现投资者似乎过高的期望的分析家就会有7个。它比别人早两年开始开发一种能够处理数百万笔交易并且能将顾客的经历予以个性化的重要软件，这一点鲜为人知。例如，亚马逊是第一个运用所谓的协调过滤技术（Collaborative Filtering Technology）的商业网站。这种技术能分析顾客的购买情况，并能向他们推荐具有类似购买史的人们所购买的其他图书，这也就是目标销售的最终目的。

除了激发人们更多地购买外，这一技术还可为亚马逊带来另外一大笔巨额红利：它能够收集顾客偏好的即时反馈信息，并据此推测他们今后还想买些其他什么东西。事实表明，此类有价值的信息在开发网上新市场时卓有成效。虽然表面看来，亚马逊闯入新的领域似乎是出于无奈，但事实上，亚马逊瞄准的都是它的顾客已经要求它提供服务的那些领域。贝索斯说："我们希望 Amazon.com 能成为你们每个人的最佳商店。如果我们有 450 万名顾客，我们就应该有 450 万家商店。"

并非自 20 世纪 80 年代超级商场及邮购商出现以来，商家们才面临向一种新的经商方式的巨大转折。这很像沃尔—马特过去十年中的做法：它把将产品送达顾客手中（包括从仓库一直到沃尔—马特大门前）的整个过程都改用电脑进行管理，目前，贝索斯正在利用网络技术动摇由来已久的零售交易方式——在赢得数百万顾客的同时，他仍能够提供众多选择以及个性化服务。

但技术只是亚马逊试图重写零售规则所采用的一种方法而已。书店及其他零售连锁店在很大程度上依靠开设新店来增加收益，而亚马逊却完全避免了这项巨大的成本开支。与传统零售商截然相反，亚马逊在诸如电脑系统和编辑人员等方面的初期投入相对较高——这就是该公司目前亏空的部分原因。但与那些必须不断投资开设新店以增加收益的零售商不同，亚马逊公司只需让更多的人前往它那家在线商店便可使销售收入大幅度提高。公司首席财务官乔伊·科维说："我认为，我们不可能在一年之内将一个有形商场的规模扩大 4 倍。"

当然，就目前而言，亚马逊公司不得不花费数百万美元用于促销以吸纳新顾客——1998 年秋季它每获得 1 美元的收益就要投入 24 美分用于促销，而相比之下，传统的零售商只需投入 4 美分。但人们不太明白的地方是，亚马逊公司的低资本成本对于支持这笔开支起到多大的平衡作用。它的具体运作过程如下：有形书店必须存足 160 天的库存量才能供人选购。然而，他们在购书后 45～90 天之内，必须向分销商和出版商付款——因此，平均而言，他们需承担这些书的成本的时间长达 4 个月。与此相对照，亚马逊公司只保持 15 天的库存量，而且能收到用信用卡支付的即时付款。这笔无息资金还能供它用上 1 个月左右。

这笔钱（1998 年总数已超过 2500 万美元）实际上为亚马逊公司提供了供其支付经营开支的一大笔资金。在 1998 年第三季度中，亚马逊公司的经营资金仅为 60 万美元，但其顾客人数却猛增了 37%，达到了 140 万。

即使亚马逊公司离盈利目标还相距甚远，但其基本经济意义表明，这位后起之秀有朝一日会更像是财大气粗的软件公司，而不是那为赚取利润而疲于奔命的零售商。一旦亚马逊公司拥有了足够多的顾客，同时其销售收入又能偿付初期投入的营销及技术投资费用，而且这项技术使劳动力成本下降并产生效益时，追加投入会降至底线。Hummer Winblad 风险合伙公司的一位负责人安·温布兰说："亚马逊公司正在改变零售业的经营模式。"

贝索斯以流量最大的亚马逊河命名其网站绝非偶然。早期投资者及董事会成员汤姆·阿尔贝里说:"他想让亚马逊公司成为一个收入达100亿美元的公司。"与他在硅谷的绝大多数同事不同,贝索斯非常清贫,以至于他的办公桌是用门和四脚架搭成的,而电脑显示器则放在摞在一起的电话号码簿上。当然,职员们会有一个大奖:每一个人都可获得优先认股权,这使得许多亚马逊公司职员成为百万富翁。

在一家白手起家的公司中,其职员的行为方式与硅谷或微软模式不完全相符是非常自然的事。包括贝索斯的金毛狗卡玛拉(以《星际旅行》(Star Track)中的一个小角色命名)以及20多条绿毛狗在内的一大群狗尖叫着,整天在办公室里追逐打闹。顾客服务部代理主任简·斯莱德说:"我们告诉那些临时工招聘中介:'把你们那儿的怪人送到我们这儿来。'"

贝索斯的经理人员队伍可谓是一个杂牌军,从微软的离职人员到大学文科生及摇滚音乐家应有尽有。尽管参差不齐,但他们个个都很出色。负责战略发展的副总裁瑞安·索耶曾在牛津大学学过诗歌,是罗兹奖学金的获得者。曾在Amazon IPO巡回演出部任职的BT Alex Brown公司一位负责人安尼·马丁说:"他们不在乎过去你是干什么的。"

这也包括贝索斯在内。他比绝大多数人更早地领悟到,网络将几乎所有的人与几乎所有的东西相连的能力意味着他能够做在现实世界中不能做的事——例如在一家书店中销售300万册图书。具有讽刺意义的是,在其华盛顿州贝勒维尤郊区的车库中开办公司后,贝索斯是在附近的一家巴恩斯—诺贝尔超级商场中的咖啡屋中会见供货商和求职人员的。1995年7月,贝索斯悄无声息地开设了亚马逊公司网站,迅速开始了他的行动——使顾客网上购书的经历犹如在书店咖啡屋中啜饮咖啡一样惬意。

除了选择范围广以及下载速度极快的简洁网页外,他还试图营造一种在线社区的氛围。他邀请人们将他们自己的书评传来——目前已达80多万份。他将作者请进聊天室:约翰·厄普代克写了一则短故事的开头,有40万人踊跃投稿,欲将其续完。

最重要的是,贝索斯使买书变得非常容易。第一次购书后,顾客的送货及信用卡信息就会被安全地储存起来,因此下一次购书时,只要按一按鼠标,图书就会被送往邮箱。为了向人们保证他们所购买的图书能顺利送达,亚马逊公司会通过电子邮件发送订货确认书——顾客能经常享受免费优先送货的待遇。

竞争对手们随后竞相效仿这种策略,但亚马逊公司继续给顾客们贵宾待遇。1998年12月,该公司开设了礼品点按业务,这项业务允许顾客选择一件礼品,然后输入收货人的E-mail地址——剩下的则由亚马逊公司去做了。结果是：订单中64%的人是老主顾，而且这一数字还在稳步上升。对很多人来说，亚马逊公司是走向文学的一条重要的交通线。马西娅·埃利斯是一位在香港工作的美国律师，过去，当她回美国时总是拖回家一个装满书籍的大箱子。目前她每月在网上购买两本书。她说："我们在这里认识的绝大多数人都通过亚马逊公司买书。"

贝索斯也是首批独辟蹊径、利用网络传播亚马逊公司品牌的商人之一。早些时候，他通过链接为其他网站提供销售与其网站访问者兴趣相投的书籍的机会。亚马逊公司给他们的回报是图书销售额的15%。连巴恩斯—诺贝尔的在线分部都因亚马逊公司的逼人攻势而处境日窘。虽然到目前为止，在这一"联合项目"中，亚马逊公司与14万个其他网站相链接。

虽然这个在125年前就开设了其第一家书店的头号图书销售商是个精明的商家，但它网上业务的情况却不容乐观。首先，它在开发网上业务上已是迟到一步，而且其只受过书店经营培训的经理要比亚马逊公司那些满脑子都是网络的职员花更多的时间去掌握电子商务的新规则。

即使在巴恩斯—诺贝尔上网后，它在利用网络为每一位顾客提供其满意服务的方面，仍行动迟缓。这使得亚马逊公司能够以其顾客引人入胜的经历来替自己做宣传，这比传统广告更有说服力。但巴恩斯—诺贝尔怎样呢？根据Intelliquest信息公司的调查，尽管它的知名度高而且有声势浩大的网上促销活动，只有37%的互联网用户在没有提示的情况下想起了这个品牌，而有50%的人知道亚马逊公司。

结果是：在巴恩斯—诺贝尔上网18个月后，Amazon.com在1998年第三季度的销售额高达1.536亿美元，比一年前上升306%，仍然以11倍的优势压倒了这位图书巨擘的网上销售。巴恩斯—诺贝尔的在线顾客数上升了29%，达到93万人——仍然不及亚马逊公司的1/4。

不管怎样，亚马逊公司必须做到让顾客更多地购买。的确，随着激烈的价格战的最终到来，让每位顾客额外多花点钱可能是生死攸关的大事。下一步是要跨出消闲娱乐的媒介拓展新领域，但具体如何运作尚不明朗。比如，目前尚不清楚亚马逊公司的品牌是否会扩展到诸如玩具或家用电器领域。为Benchmark资本公司向在互联网上新开办的公司投资的风险资本家罗伯特·卡格尔说："他们又卖书，又卖唱片和录像带，我不知道他们的品牌还会延伸多远。"

即使这个品牌顺利地进军到其他领域，有一点几乎可以保证，那就是其他产品将不会很有利可图。以激光唱片为例：它们比图书的利润还要低。录像带也是如此。玩具则有其劣势：不像图书及激光唱片，它尚未有自己的分销网络。因此，亚马逊公司将不得不自己存更多的货，这增加了成本，减少了利润。

已站稳脚跟的竞争对手已经在迫使它这么做。Real. com 说它所有的 2 万种不同的录像带中，96% 是在存货目录上的。这些录像带构成了销售的绝大部分——到目前为止，这也是最盈利的部分。Real. com 的首席执行官朱莉·温赖特说："如果亚马逊公司想要在一个合理的时间内发货，他们必须有存货。"轿车、不动产或者办公用品等产品太笨重或者太昂贵以致很难运送；而软件则要求太多的售后支持——这使得软件对亚马逊公司来说是一个不太好销售的产品。

这就是为什么贝索斯将可能拓展零售以外业务的原因。1998 年 8 月，他花了 2.7 亿美元收购了两家公司，这使得亚马逊公司更坚定地朝着一家购物服务公司而不仅仅是一家零售商的方向发展。其中的一家公司——Junglee 公司——有一种使在网上搜寻产品及对比产品的价格或其他特点变得简单易行的技术。贝索斯说："我们甚至不必非得去销售所有的这些东西，我们只是帮人们找出网上还有什么地方在销售这种产品。"如果 Amazon 的顾客去购买其他零售商的产品，它可能会向其他零售商收取一定比例的销售额作为报酬。Peppers & Rogers 咨询公司的一位合伙人、营销学教授罗杰斯说："他们下一项任务将是成为一家服务代理商。"

这是一项微妙的任务。为什么？很难保证顾客购物的整个经历能像亚马逊公司预想的那样顺利。任何一个小差错都可能迅速损坏整个公司苦心经营的品牌。CDnow 的首席执行官贾森·奥林说："在今后三四年中，他们将以'大'而著称，声势浩大。"

最后，亚马逊公司的成败将取决于其是否能使所有新顾客体验愉快的经历。事实是，获得满意的亚马逊公司顾客对亚马逊公司的帮助远远超过绝大多数人的认识：分析家说，股票价格居高不下的一个关键原因是，投资者能够通过亲身经历，获得对亚马逊公司股票前景的切身感受——这种事情绝大多数技术公司难以做到。高高在上的股票价格为亚马逊公司获得更多随之而来的机会提供了支持。在线网络 CNET 公司的首席执行官哈尔西·迈纳说："它的最大优势就是很多买它股票的人会买它的书。"

但贝索斯知道，这个优势并不强。他说："摔跟头或像 Visi Calc 一样被人遗忘的机会多得很。" Visi Calc 是早期的一种电子表格，现已被扔进历史的故纸堆。贝索斯非常了解亚马逊公司在历史中的位置。尽管看起来它不大可能被忘却，但贝索斯总带着一架照相机，每天拍一张照片，为从现在开始起每年中所发生的一切留下记录。

（资料来源：许晓明：《企业战略管理教学案例精选》，复旦大学出版社2003年版）

二、案例分析

战略环境研究涉及两方面的内容：首先是战略家在混沌、不确定、无研究指向性的环境中，寻找和发现企业的生存机会，以此建立未来企业和未来环境的关系。亚马逊公司正是在人们从未涉足的商业领域独辟蹊径，亚马逊公司是1995年7月成立的，其创建人杰弗里·贝索斯是在一台笔记本计算机上开始构思自己的业务计划的。他的思路是将互联网作为一种新的流通渠道来为消费者提供适合这种渠道的消费品，其优势在于为消费者提供每年365天、每天24小时家庭购物的便利性和更高效率的销售方式，并有效地降低销售成本。杰弗里·贝索斯的目标是在零售领域与大量消费者迅速建立一种对双方都有利的销售关系。通过率先运用网上销售术，并使其达到几近完美的境界，它正在迫使零售巨擘们仓促效仿。其次是根据企业目前的现状，制定出过渡或发展到未来企业的战略，并进行相应的管理。很明显，这是在一个有研究指向性的、具有比较明确研究内容的未来环境中进行。亚马逊公司创造了独特的网上购物体验，像传统零售中超市的出现和发展得益于使顾客感到方便和独特的购物体验一样，亚马逊公司的网上零售方式也旨在满足顾客对方便，以及赏心悦目的购物体验的需求。

战略环境分析的目的在于协调未来目标与未来环境和内部结构的平衡关系。通过对环境的研究，它偏重于寻求、发现企业在未来的生存机会，以及威胁当前继续发展的未来的因素。通过对"机会"和"威胁"的分析评价，再在观念中或在规划中建立未来的企业系统，然后据此再分析、设计企业同外部环境的关系，并充分估计企业的未来目标同未来环境、未来内部结构的平衡关系。虚拟商店（亚马逊公司网上销售）在与传统商店的竞争中，其中一个致命的弱点就是虚拟商店商业信誉的建立要比面对面传统商店的商业信誉的建立难得多。但亚马逊公司在建立商业信誉方面付出了很大的努力，同时也获得了极大的成功。亚马逊公司非常注重品牌塑造。品牌已成为网络信息服务企业最重要的无形资产。亚马逊公司就是通过品牌来平衡自身未来目标与未来环境和内部结构的关系。在国际市场上，网络信息服务企业和产品的品牌将占据越来越重要的地位，具有高附加值的名牌信息产品将具有更大的优势。而品牌的建立取决于该企业是否能够在短时期内创造全新的信息服务产品和机制，并且迅速地占领市场。而网上信息产品除了要在质量和数量上占有优势以外，还应该在产品的特性上具有不可替代性。对于网上用户来说,对最新的服务往往情有独钟,一旦接受信息服务,特别是好的信息服务,不会轻易放弃。强大的品牌效应可以提高公司的可信度。品牌的最主要价值在于,长期以来消费者对产品和服务的评价。这种评价在消费者中具有广泛的影响力,也是增加品牌可信度的关键。案例中的数据足以证明这一点。

三、思考·讨论·分析

1. 试分析在当代网络日新月异的条件下,亚马逊公司所处的特殊环境对其参与市场竞争有何利弊。

2. 为了更好地与其他企业竞争,亚马逊公司应如何利用现有的环境和条件。

3. 亚马逊公司的出现对图书市场有什么影响?给消费者带来的价值是什么?

4. 亚马逊公司在网络时代是如何进行战略性思考的?以及它的战略依据和重点是什么?

案例 2-4 非常可乐的非常选择

一、案例介绍

中国改革开放的大门打开后,诱人的市场吸引了不少国际知名的跨国公司和大型集团。在外国名牌经过不懈努力取得垄断地位的"地盘"里中国的企业还能拥有属于自己的天空吗?

这是摆在众多中国企业面前的一个难题;

这是国人关注令老百姓拭目的一个课题;

这是让成百上千的企业家回答的热门话题。

回答这个话题需要非凡的勇气,解开这个难题需要非常的实力。

在国外"巨人"称雄的中国饮料市场,我们看到了中国企业家的志气,看到了中国企业的勇气。中国民族饮料的第一巨头杭州娃哈哈集团推出中国人自己的可乐——非常可乐,向可乐巨人可口可乐、百事可乐叫板!

非常可乐,非常选择。

在可乐王国里,有一对老"冤家":可口可乐(COCA - COLA)和百事可乐(PEPSI - COLA)。它们的竞争越惨烈,知名度就越高,从消费者中得到的好处也就越多。

在经过多年的恩恩怨怨后,它们不仅成了可乐舞台上令人敬而远之的主角,而且几乎已成为可乐王国的代名词。

但在现在,格局正在悄悄地发生变化。一位"不速之客"闯入了可乐王国,令人惊愕地在这个被认为最没有土洋大战土壤的地方点起了硝烟。

它,就是非常可乐(FUTURE-COLA)。

"非常可乐"在可乐王国的亮相,是急风暴雨式的。在杭州娃哈哈集团一遍又一遍响亮地宣告推出"中国人自己的可乐"后,"非常可乐"迅速地占领了可乐舞台的一角。

喝一口非常可乐,滋润在口快乐在心头。终于有一个中国企业向可口可乐这样的"巨无霸"吹起了竞争的号角!但人们在为"娃哈哈"那昂扬的民族精神击节的同时,又发出一个个疑问,中国人自己的可乐,行吗?

可口可乐是一个有着110年悠久历史的巨人,而娃哈哈到今年的创业史才11个年头。虽说娃哈哈已是国内食品饮料界的"龙头老大",但搞碳酸饮料毕竟是头一回,而且中国人在可乐的征程上,留下的除了失败还是失败。

十多年来,中国人曾经有过一个个自己的可乐,虽然它们曾各领风骚便殊途同归的里程上留下了一样的结局:伤感和无奈。

重庆的"天府可乐"一度名扬大江南北,它挑战洋品牌可乐的豪情,最后淡化在百事可乐控股后的辛酸中;北京的"昌平可乐",曾经成为街头巷尾的谈资:雇人身披宣传绶带,骑着自行车驮着"自己的可乐"出没在大街小巷,如今,早没了踪影;河南的"少林可乐",借着"少林寺"旋风,一度曾颇具知名度,但少林依旧引人追逐,可乐却早已成追忆。

在"非常可乐"的老家杭州,也曾有过自己的可乐,而且名字就是响当当的"中国可乐"!当年的创业者除了骄傲地说声:"通过国家卫生部批准的,'中国可乐'是第一家"外,更多的则是"往事不要再提"的悲伤。

当年的可乐市场上,还曾有过"天天可乐"、"天然可乐"、"崂山可乐"……迄今为止,这些可乐大多是昙花一现,少见踪影。而外国人的可乐却越卖越红火,这几年中独领风骚。于是,有人并非杞人忧天地感叹:但愿"非常可乐"的"揭竿而起",不是堂·吉诃德与风车作战。

在清华大学经济管理学院的课堂上,管理工程系的一名教授在讲了可口可乐和百事可乐市场竞争的案例后,介绍了娃哈哈集团的"非常可乐"。对此了解甚少但极为关注的教授认为,娃哈哈的挺身而出,演绎了中国可乐挑战可口可乐巨人的壮举,虽然"擂台"摆在中国,但全球关注。这位教授在课堂上给学生留下了这样一道思考题：非常可乐如能在可乐市场三分天下有其一，那是极大的成功；如能在中国市场上非常可乐占有率超过可口可乐，那是巨大的成功；如能在打出牌子，与可口可乐持久作战达10~15年，也是成功。出了思考题后，教授心中没底，他太清楚娃哈哈面临的对手有多强大，于是急匆匆赶赴杭州来了解答案。

一个个中国可乐品牌倒下来，洋品牌可口可乐和百事可乐站起来，残酷的现实使我们得到的最大收获是懂得什么叫真正的竞争！当我们的可乐厂家在交学费的同时，可口可乐占据了国内可乐市场57.6%的份额，紧随其后的百事可乐也达到了21.3%。可口可乐年销售量超过3.2亿箱，在我国已经有29年的丰富的经营经历，建立了20多个分装厂。

可口可乐初入国门之时，无一个国内品牌能与之抗衡，如今可口可乐、百事可乐在中国大地已根深叶茂了，还有谁能与之争锋？可口可乐中国公司副总裁日前说，今年中国已成为这家公司在全世界的第六大销售市场。可口可乐公司在中国的销售量为他们在全球1000多亿美元销售总额的3%，在亚洲仅次于日本。可口可乐公司重新进入中国市场是中国改革开放的产物。中美建交的同时，可口可乐公司也与中国有关部门达成了重返中国的协议。

1979年，可口可乐重新开始在中国销售。随着中国改革开放的深入，可口可乐公司自1985年获准在珠海经济特区设立第一个合资企业以来，已在中国的21个省份设立合资企业23个。

最初在中国设立合资企业时，可口可乐只能占少量股份，不能出任公司董事长。后来逐步发展，外方所占股份不再受到严格限制，出任职务也由所持股份决定。可口可乐公司在中国的投资规模，已由最初的几百万美元上升到目前总投资超过8亿美元。

为进一步扩大在中国的销售，可口可乐日前在广州启用了一座新的厂房。这座新厂房耗资3500万美元，产量是原来广州可口可乐工厂的3倍，成为可口可乐在中国内地最大的装瓶厂。可口可乐公司设在广州的装瓶厂今年的销量比去年增长了50%。

可口可乐中国有限公司总裁方瑞俊表示：扩建新厂房是为了配合业务发展的需要，回应市场对可口可乐产品不断增长的需求。

太古饮料全资拥有的太古可口可乐香港有限公司是可口可乐在香港的授权装瓶厂。太古饮料主席康利贝说：随着新厂房的落成，我们将集中发展最佳的销售及营运系统，以满足消费者及顾客的需要，预计广东太古可口可乐的销量将于一年内超越我们在香港及台湾地区的业务。

中国1978年的饮料产量只有28万吨,1997年达到了1000万吨以上,20年间增长40多倍。饮料行业的变迁是中国经济快速发展、巨大市场潜力逐步显现的一个缩影。

有识之士认为,改革开放之初,我们以让出部分市场为代价,寻求国际合作,以促进技术和设备的提高。经过十多年的发展,我们一部分民族工业已经走过了市场换技术的初级阶段,完成了经济增长方式由粗放型向集约型的根本转变,从而进入了形象和品牌的竞争年代。因此,非常可乐在这一时期问世,是竞争与发展的必然,是中国企业在世纪之交的果敢选择。"非常可乐"今夏亮相,被人们称为是"非常时期"入市的"非常可乐"。"娃哈哈"却义无反顾地推出"非常可乐"。在杭州娃哈哈集团公司总部,总经理宗庆后谈吐从容:"推出'非常可乐',既不是一时的冲动,也不纯粹是为了'扛旗帜'。我们看到的是它广阔的市场和美好的前景。"在这位中国经营大师的眼里,"非常可乐"有着广阔的驰骋空间:全球碳酸饮料销量中,有一半是可乐,而国内每年生产的136万吨可乐,只占了碳酸饮料销量的27%,如此低的比例,再加上国内每年的清凉饮料产量至少超过1000万吨,足以说明可乐还有相当大的市场空间。

宗庆后的自信,还在于他心目中的对手"可口可乐"和"百事可乐"令人瞠目的发展速度。1997年,在众多企业发展缓慢之时,这两家生产可乐的厂家,发展速度却是惊人的30%左右,这样的发展速度,不正是最大的诱惑吗?如果说"非常可乐"勇猛地冲出,其立足点仅在于广阔的市场和诱人的前景,那就错了。娃哈哈推出"非常可乐"这样的非常选择,打的是有准备之战!

宗庆后在接受记者采访时,慢条斯理而又坚定地说,我在战略上藐视一切对手,在战术上重视一切对手。开发非常可乐,是因为有三条优势:第一,娃哈哈已成为中国人心目中的名牌,短短十年的时间,靠14万元借款起步,他们先创起"小学校里的经济奇迹",又是"小鱼吃大鱼",兼并了杭州罐头厂,如今已成为总资产28亿元,年销售额30亿元的知名企业,"娃哈哈"商标已成为中国最有价值的品牌之一,无形资产经评估已达30亿元。第二,经过十年的经营,在全国已有稳定而庞大的销售网络,能保证"非常可乐"的产品与广告同步,推向全国市场,密如蛛网的销售渠道和对娃哈哈感情笃深的经销商可以将产品销往城乡的角角落落。第三,娃哈哈为推出"非常可乐",已准备了两年,公司投资1亿多美元,从德国、日本、意大利等国引进了目前全球最先进的制瓶和罐装生产线,设备不亚于可口可乐和百事可乐;原浆配方是与国外几家著名公司合作,根据国人的口味,进行了几千次改进,中试就进行了几百次。"非常可乐"的实力和"可口可乐"在中国的任何一个罐装厂比都不差,甚至要强过它,因为娃哈哈引进的设备是全球最先进的。

娃哈哈推出非常可乐,并不是为了冒险。宗庆后可谓知己知彼:可口可乐虽然是个巨人,但它在我国的23个合作伙伴,每一家都比娃哈哈规模小,况且他们每家都有自己的利益,不能形成合力,会相互形成冲击,价格难以控制,容易产生矛盾。可口可乐在中国的罐装分厂,并没有进多少先进的设备,而且瓶子、盖子都需从人家那里买来,成本比非常可乐要高得多。在广告投入上,可口可乐分公司归属于不同的集团,无集中力量做广告,而娃哈哈在中国从中央到地方、从报纸到广播电视都享有盛誉,他们登门做非常可乐的广告,媒体格外关照。每一个有疑惑的人,在宗庆后自信的神情中,都相信"非常可乐"会将"?"拉成"!"。

"非常可乐"的名称,是娃哈哈集团公司的职工起的。意思是"非常好"、"非常特别"。喝起来比"可口可乐"略甜的"非常可乐",与可口可乐的糖度是一样的,他们已在市场上初尝甜头,自6月初全面上市以来,"非常可乐"的销售额已超过2亿元;在全国市场,目前"非常可乐"每天销售20万箱。像"娃哈哈"推出的果奶、矿泉水一样,"非常可乐"成了市场的又一个"宠儿"。与可口可乐相比,娃哈哈尽管在国内堪称实力雄厚,但与可口可乐相比尚不可同日而语。可口可乐在全球饮料制造行业位列榜首,年营业收入大约185亿美元,是娃哈哈的132倍。但娃哈哈在中国市场上的成功运作,其价值和能量是可口可乐不能小看的,其11年的发展路程,令国外同行敬佩。

可乐的土洋大战充分说明了娃哈哈的能量。娃哈哈的非常可乐在中央电视台频频亮相,其密度之高是罕见的,用一个成语来形容非常可乐的广告再贴切不过了,那就是:铺天盖地!可以说在广告战上,非常可乐胜出一筹。尤其令人称道的是,为非常可乐推出的广告却是"软硬兼施":一则是穿着"红装",衬着民族味很浓的背景和音乐,脆生生地把那句"中国人自己的可乐"入你耳入你脑;一则是请当红歌星毛宁和陈明演绎旋律优美的《心中只有你》,让非常可乐伴随音乐之声舒舒服服地飘进你的心田。这两则广告,都让人记住了娃哈哈的非常可乐。令人可友的是,《心中只有你》成了中国各大城市的上榜歌曲,相信听众们都会想起非常可乐的芳香。前不久,非常可乐又有新的面孔,广告上的非常可乐留给人们的是富有豪气的声音:自强、自尊、自信的中国人。

有权威人士这样分析,"非常可乐"的面市,引起的冲击波和关注程度是超乎寻常的，娃哈哈集团在前几年就曾宣告：要在自己的土地上与"可口可乐"抗衡，因为国际市场的竞争已经在家门口摆开。尽管如此，当娃哈哈直接推出"可乐"与可口可乐面对面叫板，还是大大出乎人们意料，看来，娃哈哈与"可口可乐"、"百事可乐"同台较劲已经无法回避。

面对"非常可乐"的冲击，可口可乐已经明显地觉察了。但可口可乐并未表示担心，北京可口可乐公司发言人说，虽然非常可乐的包装和我们很相似，但还是有些不同，消费者不至于弄混。何况两者味道也不同，消费者还是比较习惯我们的口味。与此同时，有些地方的可口可乐却在降价销售。显然，在非常可乐非常凌厉的攻势面前，可口可乐不仅引起高度重视，而且采取了"反攻"。许多可口可乐的经销商被告知不许销售娃哈哈的非常可乐，否则年终的返利就要取消；可口可乐的冰柜不许放非常可乐，以此限制分销商。据说，可口可乐的决策层曾经发话，只要有新的可乐出来，他们会采取厉害的一招：把新冒出的产品买下来，有多少买多少，将它扔进大海里。

对此，"非常可乐"并不示弱。宗庆后说："中国人喜欢有变化。这几年来，娃哈哈的产品口味经常在变，常变常新的才销得好。中国人喝了那么多年的'可乐'味道也要变一变了。"他认为，"非常可乐"的味道比其他可乐柔和，可能更适合中国人的口味。至于对可口可乐的反应，宗庆后不慌不忙，他认为非常可乐的出现引起可口可乐的重视是意料之中的事，因为娃哈哈集团不仅在国内名声很响，在国外也颇具知名度，娃哈哈仅用短短 11 年的时间，就在竞争激烈的中国市场上如此大有作为，在中国市场闯荡多年的可口可乐心中肯定有数，这场激战在所难免，他们当然不会袖手旁观，看着善打"游击战"的中国人扩大市场，采取相应对策是肯定的。至于可口可乐是否有"买断新的可乐产品扔进大海"这一说，宗庆后并不在乎，因为娃哈哈推出非常可乐，就是有充分的信心又做了最困难的准备，如果可口可乐真的"统统买断"，那我们就源源不断地供货，最终的结果绝不会是非常可乐被冲垮，而是它最终买不完，让我们健康地发展起来。

细心人早已发现，非常可乐和可口可乐的营销战在没有硝烟的状态下展开。可口可乐占得先机，在中国的大中城市随处可见，而娃哈哈则在众多城市全面铺开的同时，有选择地开拓农村市场，在广大的中国农村先入为主，赢得可观的市场份额。有趣的是，可口可乐也把开拓农村市场当成发展方向。

非常可乐在短短的 6 个月里，在消费者心目中走过了这样的思维过程：兴奋（在初看广告之后）—疑虑（她会是可口可乐的对手吗？）—好奇（面对强大对手，有这样的志气不容易）—试试看（口味会是怎么样）—比较（与可口可乐有什么异同）—选择（尽管选择可口可乐的还远远超过非常可乐，但选择非常可乐的队伍明显在壮大）。在杭州的诸多饮料店前，问非常可乐的越来越多。三五个人买饮料，往往其中有一人会选择非常可乐。

非常可乐问世以来，娃哈哈集团每天都收到很多来信，多的时候达百封。这些信中，帮助非常可乐出谋划策、提升非常可乐与可口可乐竞争能力的来信最多，其"助战"之情溢于信间；不少来信提出非常可乐与可口可乐相比有哪些不足之处，鼓励他们迎头赶上；也有来信表示尝了非常可乐以后，越来越爱喝了；还有的表示，非常可乐与可口可乐在揭去标签的情况下不受牌子的影响，居然发现非常可乐口味比可口可乐还好。在众多的反馈中，可知对非常可乐感情笃深的多为中老年和少年，他们认为中国人要喝"中国人自己的可乐"。青岛有位老干部在得知娃哈哈推出非常可乐以后，非常激动，非常兴奋，为娃哈哈的举动感到自豪，拿出多年积蓄的6000元钱，跑到青岛电视台，要自费为非常可乐做广告，当听说做一次广告要很多钱后才悻悻而归，但这位老干部意犹未尽，给娃哈哈董事长宗庆后先生写了一封热情洋溢的信，给非常可乐鼓劲加油。

非常可乐已打响了民族工业收复失地的清脆的"枪声"。面对即将来临的更为激烈的竞争，宗庆后充满必胜的信心，他一再对记者说，非常可乐在这场竞争中，已经显示出了中国企业的能力和优势，非常可乐不仅可以在这场竞争中站稳脚跟，而且可以有更大的作为。他透露，非常可乐在市场上深受消费者的关注和偏爱，经销商也表示有很大的信心来销售非常可乐，娃哈哈在引进了两条先进的生产线后，还要引进先进设备，加快发展步伐。

中国加快对外开放的步伐，已经融入全球经济的竞争大潮。我们的企业没有了上级主管安排的"避风港"，企业家得不到遮风挡雨的"保护伞"，国际知名的跨国公司凭着先进的技术、设备、管理经验、营销手段来到已为它们开放的中国市场，一场场既越来越残酷而又越来越趋向公平的竞争，在我们的家门口展开。往后退，显然没有出路；想冲上去又左盼右顾，将毫无胜机；仅凭勇气，将会在这场鸡蛋碰石头的较量中输得一败涂地；只有知己知彼、有勇有谋才有可能在竞争中站稳脚跟。

在竞争中提高，在竞争中发展，在竞争中壮大，是中国企业的必然选择。

在碳酸饮料的市场竞争中，中国企业面临的是最强大的对手和最小的空间，但非常可乐仍突破重围，站住了脚跟，且谋求更广阔的空间。非常可乐的非常自信、非常勇气和非常策略，将获得非凡的未来。她给众多身处竞争大潮中的企业以信心和启迪：面对再强大的对手，我们都有属于自己的空间！

（资料来源：许晓明：《企业战略管理教学案例精选》，复旦大学出版社2003年版）

二、案例分析

面对可口可乐等洋品牌软饮料进入国内市场，它们先进的管理技术和成熟的产品性能，一路上势如破竹，在国内市场上占据了较大的市场份额。面对这种环境，非常可乐在以下几方面做得非常好，值得我们学习和借鉴。

娃哈哈是中国驰名商标，在占人口约70%的中国农村，娃哈哈的知名度明显高于可口可乐，特别是对农村的儿童而言，娃哈哈几乎是饮料的代名词，非常可乐打出"娃哈哈"的品牌旗帜，顺理成章，易为娃哈哈消费群所接受。非常可乐营销传播以"中国人自己的可乐"为核心，特有号召力、亲和力，很快培养出一批品牌忠诚者。可口可乐虽是世界驰名品牌，但消费心理日趋成熟的中国民众，已经渡过了"盲目从洋"期，洋品牌吸引力大不如前。特别是可口可乐多年来"统治"国内饮料市场，一定程度上被视为民族工业的遗憾。非常可乐以振兴民族工业为号召，顺应了社会心理，因而对于许多有民族情结的中国人而言，对于中国中小城市及农村喝着娃哈哈长大的儿童而言，可口可乐都失去了在发达国家的眩目光环。

经过十年苦心经营，娃哈哈在全国各地拥有上千家实力强大的经销商。娃哈哈纯净水、果奶、AD钙奶在中小城市及农村市场的平均销货率达80%以上。非常可乐正可利用水、奶的销售渠道，实现销售网络资源共享，顺利进入千家万户，并且成功地避开了可口可乐城市中的直销体系。可口可乐的销售直营体系著称于世，在城市集中度高的发达国家威力无穷，同样也牢牢控制着中国的大城市市场。但是，农村及中小城市市场，由于交通、购买力的双重限制，可口可乐的直销体系难以建立，从而大大削弱了可口可乐的整体网络优势。

由此可见，较之于非常可乐，可口可乐作为世界著名的大公司，饮料行业霸主必然有其无可超越的优势：①口味优势。百年前那神秘、诱人的碳酸水至今仍那么神秘，其独特醇厚、浓郁的口味几乎成了可乐类口味的象征。②管理优势。百年来积累起来的管理优势是可口可乐巨大的无形财富，年轻的娃哈哈公司尚有较大差距。③人才优势。"可口可乐"与"宝洁"并称为中国白领的"黄埔军校"。中国许多优秀的人才都向往可口可乐公司，而可口可乐公司也通过严格的培训、选拔、任用体系，造就了许多有用的人才。这一点校办工厂出身的娃哈哈公司目前难与其争锋。④品牌优势。虽然在中国农村市场，这一优势并不明显，但可口可乐毕竟是全球公认的世界级品牌，非常可乐想拉走上亿忠诚于可口可乐的城市青年，并不现实。

三、思考·讨论·分析

1. 娃哈哈集团与行业内几家大型跨国公司相比，有哪些优势与不足？
2. 非常可乐向百事可乐和可口可乐"叫板"，请问：你认为非常可乐竞争的优势在哪儿？劣势在哪儿？胜算几何？
3. 为什么可口可乐和百事可乐在中国越卖越红火，而国内一些可乐品牌却逐渐销声匿迹了？请讨论分析其原因。
4. 结合对竞争环境的分析，简单评述娃哈哈集团推出"非常可乐"这一战略行为。

案例 2-5 福特汽车的外部环境分析

一、案例介绍

（一）福特汽车公司所属行业竞争的主要力量

在竞争对手、新加入者的威胁、供应商和顾客的讨价还价能力及替代品的威胁之中，这些控制行业竞争的主要力量在于争取有利位置。

1. 在竞争对手中争取有利位置。下列几家公司构成了行业的主要竞争对手：三家主要的美国大公司——福特（Ford）、通用汽车公司（GM）、克莱斯勒公司（Chrysler）和三家主要的日本公司——本田（Honda）、丰田（Toyota）、尼桑（Nissan）。

在 20 世纪 80 年代后期和 90 年代初期，汽车工业增长较为缓慢，人们采用折扣和其他优惠政策以刺激消费增长。日本公司以更加质优价廉的产品吸引了许多美国顾客。

与美国三大汽车公司相比较而言，日本的汽车公司使用了高技术从而控制了成本。然而，美国三大汽车公司却在生产系统的现代化方面进行了大量投资，并与外国公司合作以使公司变得更有效率。例如，福特与马自达合资生产 Probe；克莱斯勒与法国雷诺公司合资生产微型车；克莱斯勒与现代公司将生产一种新型的中型车。

美国公司正采取措施，收购以国外为基地的小公司，以使产品线更加多样化，并且利用小公司的独立精神和创造力。

日本公司正在大量投资美国工厂以避开进口限制；欧洲的公司也在做类似

的事情，来避开在1992年欧共体形成一个真正的共同市场后那些新的严厉的贸易制度。

2. 新加入者的威胁。此时，规模经济限制了任何主要竞争者加入汽车工业。汽车生产的资金要求极大地增长，使得新进入市场的可能性越来越小。机器人和其他自动化技术的发展有望控制成本。然而，开发和实施这些自动化技术需要巨大的先期项目成本、研究开发成本以及高精尖的技术人才。

政府对尾气排放及油耗的政策将进一步限制新加入者进入市场的威胁，1990年美国车的平均经济油耗为27.5英里/加仑。

3. 供应商的讨价还价能力。单一供货来源和制造系统中用户与供应商的合作关系保持着增强趋势。日本、美国和欧洲的主要汽车零部件供应商纷纷开始在其他国家建厂。

与供应商订立长期合同变得越来越普遍。通用汽车公司和它的两家主要的资本设备供应商签订了无限期的长期协议。克莱斯勒公司和几家主要的工具生产公司已经订立了5年的合同。

4. 客户的讨价还价能力。下列趋势要归因于激烈的竞争、滞销和随之而来的较高存货水平：一是，为了吸引客户，各厂商竞相降价并给予折扣。二是，客户在相当程度上可以对售价、担保及其他服务项目进行讨价还价。三是，公司管理者逐渐采用服务等级来衡量销售绩效，这些等级常常用来决定经销授权的机会、获得广告基金和其他经济优惠的标准。

5. 替代产品或服务的威胁。主要的大公司不能像小的专业汽车公司那样提供一个合适的细分市场。大城市居民面对日益增长的购车、保险、停车和维修费用等，纷纷转向使用公共交通工具。

近十年来，汽车工业竞争越来越激烈，日本公司打入美国市场促使美国三大汽车公司重新评价它们的营销策略，以及在行业中的地位。结果，美国和日本公司都努力使得在工艺上更具竞争力，这种竞争力将使产品低成本、高质量。美国三大公司与主要外国竞争者以物美价廉的产品争夺市场份额的竞争中将继续使消费者受益。

（二）福特汽车公司竞争对手的竞争反应概况

根据表2-3中的数据，表2-4汇总了福特、丰田、本田和尼桑六大汽车公司的竞争反应情况。

（三）福特汽车公司的环境监测与预测

1. 经济环境。影响汽车工业和福特汽车公司成长的几个经济因素有利率、汽油价格的上涨、美元的价值和美国总体的经济大环境。

表 2-3　　　　　　　　　　几大汽车公司的销售额

公司/财政年年度末	汽车销售额（百万美元）
通用/1989 年 12 月	110228.5
福特/1989 年 12 月	82193
克莱斯勒/1988 年 12 月	30850
丰田/1988 年 6 月	39080
尼桑/1989 年 6 月	29717
本田/1989 年 3 月	18527

表 2-4　　　　　　　　　六大汽车制造商的竞争反应总览

公司	过去和现在的目标	目前的战略	对当前的满意程度	可能的变动或战略改变
福特	继续改进产品以满足客户需要，给股东以合理的回报	保留汽车生产为主营业务，并在电子、玻璃、自动化替换部件、空间技术、卫星通信、国防、土地开发、设备租赁、汽车出租及金融服务等方面进行多样化探索	在以美国为基地的汽车制造商中，汽车海外销量第一，同时关注由于日本继续增加占有市场份额而使福特的市场份额降低	(1) 通过质量和价值以及与海外公司形成伙伴关系（如与马自达及尼桑的合资企业）寻求增长 (2) 引进责任中心制例如，在全球基础上通过公司最佳分配任务的活动开发专用车辆生产线或部件
通用	提供消费者认为超值的产品和服务，员工和企业合作者共享成果，股东会获得持续的超值回报	(1) 生产各种顾客需要的高质量、高价值的产品 (2) 在相关行业中保持重要力量的地位，如机器人、数据处理、通信、计算机控制设计及处理等	满意于现有市场份额并与预测相一致；具有最大的销售量	(1) 使生产的产品要在质量上、性能上、款式上、安全性与价值方面创造行业标准 (2) 把旧的、低效的生产设施换成新的、现代化的工厂或设备
通用	提供消费者认为超值的产品和服务，员工和企业合作者共享成果，股东会获得持续的超值回报	(3) 以具有 21 世纪的创造性、革新性的高技术含量的企业形象扩展自己的能力 (4) 对市场反应的敏捷性和灵活性	满意于现有市场份额并与预测相一致；具有最大的销售量	(3) 为达到更高水平的生产率和提高对市场反应的灵活性，要开发出新的生产系统，包括加强与员工良好的伙伴关系和更大程度的管理参与 (4) 降低成本，包括确定最具竞争力的零部件来源，放弃那些阻碍目标实现的纵向一体化战略

第二章　战略环境分析

续表

公司	过去和现在的目标	目前的战略	对当前的满意程度	可能的变动或战略改变
克莱斯勒	生产与销售高价值、同级别，质量最高的产品，而且要安全可靠，以出众的设计和性能而出名	（1）建立更广泛的小汽车、卡车的生产线（2）广泛的质量保证，达到质量标准（3）在新产品、设施、最好的生产工艺上投资	满意。虽然有改进的余地，但达到了综合的三个目标，并且在美国汽车零售业中销售增长率最高——市场份额增长0.5%	先进的生产工艺、员工的再培训，保持质量提高、价格下降
丰田	让世界上任何消费者满意，以合理的价格提供最高效率的产品的方式，保持国际视野	（1）生产各种顾客需要的高质量、高价值的产品（2）看板系统：防止产品过量及存货过量，设计自动化，自动缺陷预防系统，准时生产	对行业中的地位不满意，计划提高综合地位（例如市场份额和销售量）	使生产的产品要在质量上、性能上、款式上、安全性与价值方面创造把豪华轿车推向国际市场的战略市场——欧洲市场；灵活的工作安排，精益存货，最少的缺陷
本田	通过使全世界消费者的满意，以合理的价格提供最高效率的产品的方式，保持国际视野	集体责任感代替个人责任感；海外建厂；国际化和当地社区关系	满意，但想进一步提高在国内外市场份额及盈利水平	海外建厂；寻找新的消费市场和需求；建设附属公司生产大部分的机械零部件
尼桑		在生产、价格、促销、货物配送地点上竞争	满意，在世界汽车销售量下降之时，以10%的速度增长；尽管卡车市场并不如意，但还是收回了1986~1988年失去的市场份额	开发生产与本田、丰田以及其他日本厂商不同的产品，同时为主要的客户提供基本运输；与其他汽车公司合资经营

资料来源：邱国栋：《公司发展战略：企业的资源与范围》，人民出版社2005年版；胡军：《富豪密码》，地震出版社2006年版；陈明星：《世界顶级企业18条竞争法则》，中国纺织出版社2005年版。www.3722.cn台商信息网，2005年11月18日。

为了预测经济的变化，福特公司的经济学家和其他经济分析人士分析了许多经济变量或"主要的指标"，其中一些指标包括批发和消费价格指数、耐用品订货量、消费者负债量、GNP 增长、利率。通常这些变量在复杂的经济预测模型中总是以因变量来模拟经济以及准确地预测经济趋势。

福特公司主要的几个经济学家预测 1990 年经济以 1.5% 的速度缓慢增长，头半年的状况是通货膨胀和失业率上升，利率下降，美元相对疲软。从长期看，汽油价格预计将持续上涨，生产费用将用于保证安全性、控制污染和油耗上。

在北美装配的日本轿车的数量将很快达到每年 200 万辆，将会出现供大于求，这可能威胁美国汽车市场的价格结构，并且给美国市场上各商家的收益带来负面影响。

尽管多数经济学家认为美国经济将有下降的趋势，但对经济的衰退前景以及何时可能发生衰退意见不一。美国商业部预言新车的销售量在 1990 年将下降 1.3%，但此后将逐年增长，直到 1994 年。

2. 政治环境。对汽车制造商们来说，20 世纪 90 年代将标志着一个日益增加的政府管制制度和环境上的压力的新纪元，促使他们提高燃料效率、安全标准和污染控制水平。净化空气的要求、全球变暖及新油耗标准的出台都将给福特公司的新产品计划蒙上阴影。所以一些分析家曾预言，到 2000 年时油耗标准会达到 40～50 英里/加仑。

然而，全球还将会有更大的变化发生，如人们所期望的 1992 年欧洲经济统一、东欧剧变、前苏联经济的发展及中国市场经济的巨大潜力。在欧洲和澳大利亚，福特公司有着巨大的市场潜力，销售网遍布大陆，并且在英国、德国、比利时和西班牙都有组装厂。为准备在欧洲 1992 年以后的发展，公司在 20 世纪 90 年代初收购了英国的美洲豹股份有限公司，并有意在瑞典的萨博（Saab）汽车公司中获得一部分股份。

福特公司还拥有日本马自达汽车公司 25% 的股份，随着汽车工业变成真正的国际行业，福特公司还将在国外寻求合资伙伴。

东欧政治上的变化可能打开了一个巨大的、未开发的汽车市场，劳动力市场也很有利，贸易、投资和销售的机会将会改进。然而仍有极少一部分人认为事情不会发展那么快，因为政治局势还不稳定，而且基础设施不完善和缺少通货也是问题。但美国、欧洲和日本的公司已在筹划与东欧及前苏联的官员谈判，意图分享市场份额。

在中国，汽车工业发展的前景不是很明朗，福特公司在中国这种情况下并未采取任何明显的行动。通用汽车公司放弃了其在中国与富士汽车公司建立合资企业的计划。多数分析家始终认为中国市场中很多行业是有利可图的，但由于中国经济还不够发达，所以汽车工业的获利可能会更慢些。

3. 社会环境。20世纪90年代的社会和经济趋势研究表明，汽车工业总会有大量的购买者，他们有购买的倾向，并有购买新车的财力，其中三种人群对汽车工业来说具有特殊的意义，他们分别是人口快速增长时期出生的人群、妇女和老人。

第一类群体会有更多的自由收入来购买汽车，而且有相当一部分人会购买豪华车或跑车。他们和老人对娱乐型车的需求也将有所增加，而对货车和微型货车的需求有所减少，因为他们的家庭已经成熟。然而，第一类群体中的蓝领阶层细分市场更喜爱美国车和国产的微型货车。

将有越来越多的妇女购买新车，并有望在汽车市场上表现出与男人相同的购买力。20世纪90年代汽车市场的成功将在于向这类妇女做广告。

最后一个显著的群体是55岁以上的老年人，他们构成了新车消费者的25%，并且这个比例还将升高。老年购买者倾向于驾驶的安全和方便，包括警告欲睡司机的电子系统、不刺眼的表盘和简化的电子控制设备。

4. 技术环境。未来的汽车将变得更加容易操作，并装有智能系统。即：快速敏捷的计算机会使发动机和传送系统的运转更加高效；电子悬浮系统、雷达障碍扫描系统会帮助司机避免车祸；导向系统在荧屏上显示各种可供选择的路线，以帮助司机避免交通堵塞。自动变色玻璃和红外系统可提高夜间的可视度，刹车防抱死系统、安全气囊和牵引控制将会标准化。

塑料的使用将会增加，因为其重量轻，相对钢材价格便宜，并且不会腐蚀。通过运用计算机来设计模型和样车，将会成为未来的趋势，并且在未来5年内，将会有1万辆电动车在南加利福尼亚投入使用。

在生产中，机器人技术的使用将会更加广泛。20世纪90年代的汽车生产商将会开发出使用替代燃料的汽车。

（四）福特汽车公司的SWOT矩阵分析

在福特公司的外部环境分析的基础上，可以得出以下的SWOT矩阵分析：

1. 优势：①福特是世界上第二大小汽车和卡车的生产商。②1988年，福特公司收益达到历史最高水平（53亿美元，即每股10.96美元），也是所有汽车公司中最高的。③福特的大规模生产能力使其达到了规模经济。④福特公司的业务组织平衡得很好，其金融服务及产品生产的多样化能使其承受汽车销售的任何下降趋势。⑤福特公司实施纵向一体化战略，集团中如福特玻璃公司生产了福特在北美的小汽车和卡车所用的全部玻璃；福特信贷公司在1988年为160万辆车提供资金并为分销商和大众消费者提供信贷。⑥福特公司成功地与外国公司合资经营使产品多样化，更新厂商技术并提高了产品质量。⑦通过与马自达和尼桑公司的合作，福特公司降低了成本并提高了质量。⑧多数福特公司的产品设计与生产都借助了计算机辅助设计（CAD）和计算机辅助制造（CAM）。

2. 劣势：①与日本竞争者相比，福特公司更多地把收益花费在了养老金、补偿救济金等方面。②福特并没有在生产中全部采用机器人和其他高精尖技术。③福特不得不出口产品以达到政府的规定：技术上还没有达到每加仑27.5英里的燃油效率标准。在法律上，汽车的国产化低于75%被认为是进口产品。

3. 机会：①在日本有一生产厂。②在汽车的生产和分销方面有降低成本的办法，称为阿尔发工程。③为符合净化空气的提议而生产替代燃料的汽车。④在重新建立的产品质量控制方面获益，"质量第一"。⑤借助技术和整体的努力而使合资企业达到质量最佳。⑥欧洲经济统一使全球市场潜力增大。

4. 威胁：①进口车占有了很大的市场份额。②汽车行业销售缓慢。③日元与美元的汇率。④日本的厂商打入豪华车市场。⑤日益增加的政府限制。

（资料来源：邱国栋：《公司发展战略：企业的资源与范围》，人民出版社2005年版；胡军：《富豪密码》，地震出版社2006年版；陈明星：《世界顶级企业18条竞争法则》，中国纺织出版社2005年版；www.3722.cn台商信息网，2005年11月18日）

二、案例分析

此案例展示了福特汽车公司的外部环境分析，包括竞争分析和环境的监测与预测。首先，从总体上说明汽车工业的竞争状况，然后说明汽车工业中六家主要公司对竞争的反应；在外部条件的基础上，得出福特公司的优势（Strengths）、劣势（Weakness）、机会（Opportunity）和威胁（Threats）（SWOT）的分析。案例根据福特汽车公司的实际状况，通过分析得出的环境分析的具体结果，对我们进行企业环境分析具有指导性意义。

所谓企业的外部环境，是指存在于企业之外、对企业的生存和发展产生决定性影响的各种因素的总和。企业可以通过对外部环境的分析，寻找自己发展的机遇和空间，从而确定自己的发展战略。

企业对宏观环境的分析，不能离开经济全球一体化这个大背景。经济全球一体化的突出表现有：①经济资源日益跨越国界，在全球范围内流动，这种流动显得更加自由，即弱化国家界限的障碍，实行经济自由化。②经济资源在全球范围内流动是日益全面的，即包括商品、劳务、技术、人才、资金等各个方面。③世界各国经济日益相互开放和融合。④世界各国经济的发展与整个世界经济的发展日益相互影响和制约。一方面一个国家的经济发展深受外部世界经济发展的影响和制约；另一方面一个国家的经济发展也对整个世界经济发展产生影响和制约。⑤经济全球一体化进程会进一步推进国际间的分工，这是企业必须面对的事实。

在经济全球一体化的大背景下，我国企业应十分关注全球范围内的环境机会和威胁的战略分析。我国企业应正确确定自己在经济全球一体化进程中的位置，以此为前提，制定企业的战略。我国企业应抓住我国加入世界贸易组织的契机，努力提高自身的竞争力，积极参与国际市场的竞争，力争获得较大的市场份额。要充分认识国际跨国集团大举进入我国市场的形势，准确估计对中国企业的威胁；努力做到准确定位，充分发挥自己的优势和克服自己的劣势，在与跨国集团的竞争和合作中，不断提升竞争力，维持自己的生存和争取更好的发展。

另外，为了进行环境分析，企业必须收集大量的环境信息，涉及宏观环境和微观环境各个方面。企业需要指派专人监视各种信息来源，诸如各种期刊、报纸、行业协会出版物等，定期对信息进行汇总并向营销经理提交报告。

总之，我们在进行企业战略环境分析时，企业应该有目的、有重点地抓住关键战略环境因素，科学的预测关键战略的发展趋势，发现环境中蕴涵的机遇和挑战。

三、思考·讨论·分析

1. 福特汽车公司的外部环境分析包括哪些内容？它的行业竞争的决定性力量是什么？

2. 相对于其他行业，你认为汽车行业的壁垒是什么？影响汽车行业壁垒高低的主要因素包括哪些？

3. 根据案例竞争反应概况，你认为全世界汽车行业现有竞争者的抗衡最具实力者是谁？为什么？

4. 福特汽车公司监测和预测的环境主要针对哪个方面？根据福特汽车公司的SWOT矩阵分析，你认为福特汽车公司给我国企业带来哪些启示？

案例 2-6　华凌的环保冰箱

一、案例介绍

华凌是我国电冰箱行业中的老企业，被誉为国内无霜冰箱的先驱。1999年，华凌将其 200 升以下冰箱生产线全面转产环保冰箱，期盼环保冰箱给企业带来好的效益。不料，华凌环保冰箱上市后，由于新产品在性能、价格、维修等方面不如传统氟利昂冰箱成熟并未被消费者看好，企业由此陷入了窘境。

华凌冰箱是国信华凌集团下属子公司中国雪柜实业有限公司的产品，该公司成立于 1985 年，1988 年 10 月 28 日，第一台"华凌"牌电冰箱问世，公司的生产能力为年产 50 万台。然而，华凌冰箱投产不久即遇上市场疲软，但华凌凭借其雄厚的实力在市场上站稳了脚跟。1990 年，华凌扭亏为盈，获纯利数百万元，从此奠定发展基础。从 1992 年起，华凌连续多年获全国质量效益型企业称号，并跻身全国 10 强行列。1993 年，华凌的产值达到了 7.9 亿元，在全国电冰箱行业中人均创利税居全国前茅。同年，华凌股票在香港上市，成为国内第一家在港上市的家电企业。这既使华凌开辟了一条国际市场融资渠道，又使企业建立了与国际化管理体制接轨的内部财务管理体系，从而为企业的下一步发展界定了规范的成长轨迹。第二年，华凌集团运用上市筹集的资金发展新项目，引进新技术，开发新产品。华凌空调，华凌消毒柜等企业建成投产，实现了产品多元化，1995 年，电冰箱第三期工程上马，竣工后生产能力将达标 100 万台。目前雪柜公司总资产达 9.8 亿元，1998 年，冰箱总产量为 34 万台，其中出口 11 万台，利税额 1.3 亿元，1998 年，华凌 150 升以上冰箱出口量位居全国第一。

中国雪柜实业有限公司建厂之初就树立了"我就是用户"的企业理念，把消费者的需求作为企业经营的指南针，奉行"科技兴厂、以质取胜"的宗旨，贯彻"高档次、高质量、严管理"的办厂方针，在决定引进何种技术之前，企业考察了意、美、日世界三大冰箱流派的生产技术以及对我国家庭的适用程度，全面了解世界冰箱发展的最新潮流。1987 年，与日本三菱电机签署设备买卖合同和技术合作合同，以数倍于直冷冰箱的投资引进了世界最先进的三菱电机无霜制冷技术，成为全国唯一两家采用卧式旋转式压缩机之无氟冰箱生产商之一，被国内冰箱行业誉为"中国著名无霜冰箱生产基地"。同时华凌还在其产品中融入实用主义和高度人性化设计的概念，使产品具有高效、省电、安全、耐用的特点，并超越了普通冰箱不能卧倒运输和倾斜上楼的局限，使华凌冰箱诞生之日起就具备了高品质的形象。十多年来，华凌冰箱先后进行了三次大规模的技术改造和革新。1988年，进行第一期技术改造，同年进行无氟替代试验，1997年，无氟冰箱全面上市；1996年，实行第二期技术改造工程，生产工质冰箱；1998年，第三期技术改造竣工投产，推出直冷式冰箱。目前，"华凌"拥有50升到320升的十多个系列产品，远销到亚洲、欧洲、非洲、北美洲等十几个国家和地区。华凌公司还将以往单一"被动拿来"的技术引进办法转为"度身订造"。所谓"被动拿来"即向三菱电机引进现成的机型，而"度身订造"则由三菱电机根据中国市场为中国家庭而设计，后者更能满足中国消费者的需求。华凌人认为，虽然三菱电机是"世界制冷权威"，但中国和日本毕竟国情不同，消费者的生活习惯和需求也不尽相同。因此，应该设计出更适合中国人的产品。1991年，华凌冰箱为广东省家电行业中夺得第一枚国优金奖。1995年，华凌冰箱被列为国家级重点新产品。多年来，"华凌"冰箱凭借过硬的质量和良好的售后服务，先后通过了CCEE、CE、UL、环保和能耗等多项认证，1995年，获得英国标准学会（BSI）、中国香港品质保证局及广东质量体系认证中心的ISO9002质量体系的认证。1995年，以优异的成绩通过了香港、英国、内地认证机构的ISO9002认证。

　　华凌冰箱的产品中有90%是在国内销售的，其中2/3多在广东地区销售，而仅有不到1/3的部分销往外省。华凌只在广东建立了完善的销售网络，到1997年才开始制定拓展北方市场的战略。根据统计，在广州市，188万家庭中有80多万户使用华凌冰箱，而且这个数字还在以每年5万户的速度递增，预计5年华凌冰箱在广州的用户将达到60%～70%。另外广州市统计局就居民家庭四种普及率较高的耐用品（彩电、冰箱、空调、洗衣机）进行了一次万户调查。对冰箱的调查结果显示，在根据名牌认可率进行排序时，华凌、容声和万宝名列三甲，认可率基本上集中于这三个品牌，集中份额高达85.68%，其中华凌被57.05%的广州居民家庭认作心目中的名牌冰箱，容声、万宝认可率均为一成多。而在根据销售额对广东省的企业进行排序时，得出的结果却是容声、华凌、万宝分列一、二、三位。

　　环保冰箱又称为绿色冰箱，通常被称为无氟冰箱，是传统冰箱的替代产品。环保冰箱与传统冰箱的主要差别在于制冷剂和发泡剂是否含氯：环保冰箱的不含氯而传统冰箱的则含氯。传统冰箱采用CFC12（即R12，学名二氯二氟甲烷）做制冷剂，其保温材料所用的发泡剂为CFC11（即R11，学名三氯一氟甲烷）。CFC12、CFC11同属卤代烃（烷）类，即氟氯烃，国际制冷业通常把这一类化学物质统称为氟利昂（Freon）。环保冰箱采用的制冷剂目前世界上认为比较成熟的技术品种有三种：以美国杜邦公司为代表开发的HFC134，以德国绿色和平组织为代表开发的丙烷（CH3CH2CH3）、异丁烷［CH3CH（CH3）CH3］系列碳氢化合物及混合物，以中国西安交通大学为代表研制的HFC152a及HFC152a/HFCC22混合物；CFC11替代物目前主要有：欧洲主要倾向于环戊烷，美、日则倾向采用HCFC141b。

20世纪20年代，第一批氟利昂在美国发明，被作为制冷剂使用。到了50年代，氟利昂以其稳定、无毒、无腐蚀性等特性使它在发达国家中的消费量猛增；80年代的一份调查材料显示，全球使用氟氯烃的行业中制冷业约占使用总量的50%。然而，科学家们在70年代发现，含氯和溴的人工合成化学物质，可以通过光化学作用耗损大气层中的臭氧，据测定，一个氯原子可以消耗10万个臭氧分子。1985年5月，英国南极考察队在南极发现臭氧空洞，后经美国气象卫星观测，这个空洞大如美国、深似珠穆朗玛峰，且还在继续扩展。1990年，美国宇航局宣布在北极上空发现臭氧空洞，那里的臭氧已减少了15%。根据联合国气象组织的报告，地球表面25～30公里的大气平流层的臭氧空洞已达1000万平方公里以上。臭氧空洞的出现和臭氧层的变薄使地球吸收过多的紫外线，从而带来严重的后果：破坏人体免疫系统；导致皮肤癌和白内障患者增多；农作物减产；影响海洋浮游生物的生长进而破坏海洋生物的食物链；地球变暖。

臭氧层的破坏引起了国际社会的密切关注和重视。1985年3月22日，为保护环境免受臭氧层的破坏所引起的不利影响，国际社会签订了《保护臭氧层维也纳公约》，首次以法律的形式引起了人们的高度重视。1987年，世界各国又签订了《关于消耗臭氧层物质的蒙特利尔议定书》，要求发达国家在生产中淘汰CFCS的时间为1996年，发展中国家为2010年。今后冰箱要使用HFC类物质或碳氢类物质做制冷剂和发泡剂；同时还建立了保护臭氧层物质蒙特利尔多国基金，用于资助发展中国家淘汰破坏臭氧层以及引起温室效应的物质。1996年11月19～27日，来自160个国家的政府部长、国际组织和非政府组织的800多名代表，在哥斯达黎加首都圣何塞举行的《蒙特利尔议定书》第八次会议、《维也纳公约》第四次会议认为，世界每个国家，不论大小，都有权利和义务保护环境。并提出：缔约国应联合采取行动，加强控制消耗臭氧层的物质，以避免臭氧层进一步受到损害。

我国于1989年加入《维也纳公约》；1991年加入《蒙特利尔议定书》；1992年制定《中国消耗臭氧层物质逐步淘汰的国家方案》；同年成立了由17

个部委（局）组成的国家保护臭氧层领导小组，负责组织实施《公约》和《议定书》。1993年，我国编制了《中国逐步淘汰消耗臭氧层物质国家方案》，目前已制定并实施了20多项有关保护臭氧层工作的政策，其中包括：对氟氯碳化学品实行生产配额制度；禁止新建生产和使用消耗臭氧层物质的生产设施；禁止在气雾剂产品生产中使用氟氯碳类物质；2001年后，禁止在新车中使用氟氯碳空调器；实行消耗臭氧层物质的生产和使用申报登记制度等。1994年制定《中国家用制冷工业氟氯烃逐步淘汰战略研究》，我国已经向世界承诺将于2005年在制冷工业淘汰氟氯烃，作为发展中国家提前了5年。家用电器节能和无CFC（氟氯烃类）技术还被列入《"九五"国家重点技术开发指南》，是轻工业的7项重点之一，同时也是国家经贸委确定的家用电器行业参与国际市场竞争赶超国际先进水平的重点项目。海南、湖北等省在1999年发出《关于建立无氟省级区域的决定》，规定从2000年1月1日起，所有家用冰箱、冰柜、空调和汽车空调，工业及商业用制冷设备的维修点、店、厂，在更换电气设备制冷剂时，必须使用非氟利昂制冷剂；从2001年1月1日起，全省全面禁用含氟利昂制冷剂。

国内冰箱生产企业在20世纪80年代末开始环保冰箱的研制工作。1995年便出现了环保冰箱开发与生产的第一个热潮。当时，各地冰箱企业纷纷改造生产技术、采用新材料，推出新的无氟环保冰箱。一种片面的消费观也导致了环保冰箱备受市场吹捧：消费者普遍认为，氟利昂是有毒、有害物质，对人体健康构成直接的威胁。在这种情况下，环保冰箱一度卖得很"火"，并在1996、1997年形成冰箱市场的热门商品，有的企业甚至全面转产环保冰箱。1996年，我国生产的928.22万台电冰箱中，已有640万台实现了CFC替代，占69%，其中13%为完全替代，即"零ODP"；1997年上半年，我国又有400万台电冰箱实现了替代，占全国556.38万台电冰箱的74%，其中15%为完全替代。伴随人们对氟利昂的深入了解以及环保冰箱在技术性能上尚不够完善、价格较高等原因，自1998年环保冰箱市场趋于冷淡，一些冰箱企业相继削减环保冰箱产量。毕竟氟利昂冰箱已经经过五六十年的发展，技术上相当成熟，而环保冰箱由于采用新材料，生产设备投入增加，生产过程中工艺复杂，技术设计的要求高，这也导致了环保冰箱在技术上不够成熟、产品性能与氟利昂冰箱存在一定差距，成本也比传统冰箱平均高出10%。

但是，环保冰箱作为冰箱的发展趋势，使得一些老牌的冰箱企业在这10年期间纷纷进行冰箱的无氟改造，以期在21世纪的冰箱市场上占得先机。新飞、长岭、科龙（容声）、海尔等从20世纪80年代末就开始了环保冰箱的研制工作,成为国内环保冰箱的先驱。1995年3月,我国首批海尔、华意品牌的"无氟冰箱"获得"中国环境标志";1996年4月公布的第二批品牌有容声、日电、双鹿、辽河、吉诺尔、新飞、长岭冰箱。

华凌早在1988年公司刚建成不久的时候就开始了对无氟冰箱的研究,1996年,我国冰箱市场形成"环保"(俗称无氟)概念,华凌认为,我国冰箱市场将很快进入环保冰箱时代,当年向联合国蒙特利尔多边组织(UNIDO)投标并于1997签订了协议,根据协议华凌得到UNIDO 88万美元的赠款,它包括20多万美元的设备和60多万美元的运行费用,华凌履行的义务则是从1999年7月1日起,将其200升以下冰箱生产线全面转产环保冰箱。利用这88万美元和华凌自己投入的670多万元,华凌对冰箱的生产线进行了改造。1997年,华凌推出了自己的环保冰箱,其主导产品为"无氟"、"无霜"、"无臭"的三无冰箱。华凌"三无"冰箱所采用的旋转式压缩机,采用HFC–134a和HCFC–141b分别替代原有的制冷剂CFC–12和发泡剂CFC–11。华凌"三无"冰箱采用风冷型技术,箱内无霜。而有霜冰箱在除霜时却要搬开食物,铲除霜层,甚是麻烦。如果有霜不除,就会降低制冷效果,增加电耗。停电时温度上升,霜层融化,这时必须及时清理,不然化霜的污水使食品变味甚至变质。目前国内的冰箱中60%为直冷式的有霜冰箱。华凌"三无"冰箱的新型触媒除臭装置,对冰箱内异味分子进行吸附和分解,同时能抑制细菌繁殖,不残留臭氧,贮存的食品之间不会串味,并可延长食品的保鲜期。采用新一代旋转压缩机的华凌"三无"冰箱,比一般冰箱所用的往复式压缩机节电20%以上,采用新一代发泡剂和制冷剂及制冷油,使华凌"三无"冰箱更节电。此外,冰箱的门封条也采用节电的多气室设计,使冰箱密封好,隔热性能好,从而也节约用电。耗电低的另一因素是,冰箱发泡层的隔热效果好,导热系数低,使箱体外的热量向箱内传递慢。因此,综合多项节电因素,华凌"三无"冰箱比一般冰箱节电25%左右。

(资料来源:汤定娜、万后芬:《中国企业营销案例》,高等教育出版社2001年版)

二、案例分析

企业战略的相关环境总是处于不断地变化发展状态中。本案例讲述了一个冰箱企业如何受到社会环境、自然环境和科学技术环境的影响。在一定的时间内,经营成功的企业,一般都是能够适应相关环境变化的企业。企业得以生存的关键在于它因环境变化需要采取新的经营行为时所拥有的自我调节能力。适应性强的企业总是随时注视环境的发展变化,通过事先制定的计划来控制变化，以保证现行战略对环境变化的适应。

一个企业所处的环境基本上有两种发展趋势：一是环境威胁，二是市场机会。环境威胁是指环境中不利于企业的发展趋势，对企业形成挑战，对企业的市场地位构成威胁。这种挑战可能来自于很多方面。如国内外对环境保护要求的提高，某些国家实施"绿色壁垒"，对某些生产不完全符合环保要求的产品的企业，无疑也是一种严峻的挑战。所以，企业在制定战略时，消费者需求和购买的研究尤显更为重要。分析消费者购买行为，首先我们要知道消费者是有一定需要的，外部刺激会进一步激发其需要与欲望，他要在思想中识别和确认他所面临的需要与欲望，搜集可以满足其需要与欲望的所有标的及相关信息，并在各种方案之中进行比较、评估，最后做出购买决策和采取的购买行动。在使用和消费购买的标的后，他会与自己的期望相比较，确认购买的价值，在心理上会产生满意或不满意，这又会影响他购买以后的行为。满意将鼓励他今后重复购买或向别人推荐该产品。如果不满意，其反应会有许多不同的做法，有的可能要求退货、换货，有的可能诉诸法律，有的可能弃之不用，有的则会四处抱怨以发泄心中的不满。显然，不满意的消费者对企业的影响要比满意的影响大。如果处理得不好，企业将会受到损失。为此，重视顾客满意度，很多企业都建立起专门接待顾客投诉抱怨的机构与相应的制度。

华凌是我国电冰箱行业中的老企业，被誉为国内无霜冰箱的先驱。1999年，华凌将其200升以下冰箱生产线全面转产环保冰箱，期盼环保冰箱给企业带来好的效益。不料，华凌环保冰箱上市后，由于新产品在性能、价格、维修等方面不如传统氟利昂冰箱成熟而未被消费者看好，企业由此陷入了窘境。企业的发展离不开竞争对手，面对日趋激烈的市场环境，企业必须制定相应的发展战略，其核心在于保证企业长远健康地发展。这个案例说明企业在营销活动中要正确把握技术、市场和社会环境状况。

三、思考·讨论·分析

1. 华凌转产环保冰箱是否明智？为什么？
2. 试分析消费者对环保冰箱的需求与国际社会保护环境对冰箱的需求，两者是否一致？能否一致？对企业的战略有何影响？
3. 华凌曾用"被动拿来"和"度身订造"两种方式引进技术，这两种方式的优劣各是什么？
4. 如果你是华凌冰箱的老总，面对企业目前的状况，是否调整战略？若需要调整的话，近期和远期如何安排？

案例 2-7 TCL集团的发展及战略管理

一、案例介绍

1999年3月7日,虽然窗外阳光明媚,朝气蓬勃,但坐在会议室里的李东生却丝毫没有感受到这已经来临的春意。四周的窗帘布紧紧地遮掩住了窗外的世界,明亮的日光灯照在办公桌一沓沓厚厚的文件上。李东生静静地坐在办公椅上,手指轻轻地、有节奏地敲打着桌子,心里还在沉思着TCL集团的过去、现在以及将来。身为TCL集团的总裁,李东生对集团的发展担负着非常重大的责任。目前,TCL正处在一个新的发展起点上。几年前,TCL提出进入中国电子5强的目标,去年就已实现。李东生的信心备受鼓舞,对TCL的发展也寄予了更高的期望:TCL应该站在世界的高度确立自己的使命。TCL作为民族工业的代表,李东生对它的目标不仅仅是世界电子500强,还有更宏大的使命。TCL自去年进军IT,准备了5亿元的投资计划,现已投资了2亿元,在IT领域已全面铺开,并且制定了"3553"计划,即创业3年(到2001年),信息产品市场占有率进入国内IT 5强,5年(到2003年)进入3强。TCL在IT方面的战略举措将告一段落,李东生觉得很有必要在高层领导内部开个战略会。下午,集团和各公司的高层领导都将聚集在这个会议室里,重点讨论TCL的IT战略及整个集团的发展模式。李东生一早就来到了会议室,准备再翻阅一下堆在面前的文件,理一理自己的思路。

(一)TCL集团的发展

TCL集团总部位于广东惠州,是由5000元贷款起家发展起来的大型国有跨国企业集团。1998年TCL集团资产总额58亿元,净资产18.7亿元,在1999年信息产业部颁布的全国电子百强企业中排名第五。

TCL集团的早期雏形是1980年的惠阳地区电子工业公司。1981年,惠阳地区电子工业公司与港商一起创办了全国最早12家合资企业之一的"TTK家庭电器有限公司",生产录音磁带,四年后又兴办了中港合资的"TCL通讯设备有限公司",次年开发出我国最早的扬声免提按键式电话机,通过了生产定型鉴定并创立了"TCL"品牌。三年之后,TCL电话机产销量雄居全国同行业第一。TCL电话机的成功为TCL集团积累了大量资金。

1992年,TCL在电话机上获利三四千万元,投资两千万元进军彩电行业。彩电行业当时的背景是供过于求,全国100多条生产线,几十个品牌,国家不再批准设立新的彩电厂。而原来在20世纪80年代建立的生产线绝大部分只能生产21英寸以下的中小屏幕彩电，部分能生产25英寸、28英寸以上的，大屏幕彩电进口品牌占80%多的市场份额。当时进口品牌在国内没办厂，走私货居多，价格很贵。1992年，大屏幕彩电市场增长率超过25%，而普通彩电只有10%~15%。TCL抓住大屏幕彩电的机会，通过这个增长很快的分支，很快形成了局部优势。TCL品牌成功地延伸到了彩电行业。但在开始的几年里，TCL彩电并没有自己的生产基地，而是通过OEM方式来完成的。TCL首先是与国内的熊猫电子合作，当时，一家著名的跨国公司主动提出与TCL电子集团合资意向，但条件是必须由其控制和使用其商标，该公司雄厚的资金和知名的品牌的确十分诱人。当时身为TCL集团总裁的李东生为了开创自己的品牌，婉言谢绝。1995年4月，TCL电子集团为把品牌牢牢掌握在自己手中，经过协商，与香港长城集团各投资50%，组建了惠州王牌视听电子股份有限公司。长城是香港一家上市公司，且在惠州建有长城工业村，拥有现代化彩电生产线，有多年生产彩电、音响等家电产品的经验和一定的海外市场。长城主要为海外客户做来料加工，彩电产品没有自己的品牌，但渴望进入中国市场，却又缺乏独立的开拓能力。TCL电子集团正好利用长城的资金、技术和设备，发挥自己TCL的品牌效应和在国内市场已有的营销网络优势，迅速打出自己的"王牌"。同年，TCL王牌彩电跃居全国同行第六位，大屏幕彩电销量全国第一。然而到了1996年3月，长城电子集团控股权由于竞购者高价收购，使TCL面临"无米之炊"的尴尬局面，不得不另外寻找合作伙伴。6月，TCL与香港陆氏公司达成协议，TCL出资1.5亿港币，兼并陆氏公司的彩电项目，从此走上了资本经营的道路。1997年，TCL与河南新乡美乐彩电因为谈加工的事，双方的老总坐到了一起。当时美乐彩电正寻找厂家联合，TCL与它一拍即合，注资6000万元，成立了河南TCL—美乐电子有限公司。这两次兼并使TCL的彩电生产能力迅速增加2倍，达到年产300万台的生产能力。目前，家电已是TCL集团有限公司下属最大的产业，主要生产各种家用电器产品，其中TCL王牌彩电是目前集团公司利润的主要来源。

（二）TCL与IT

1998年年初，TCL人认为随着数字化技术、网络应用的普及，电视、电话、电脑三网合一的趋势不可阻挡。3C产业的融合给TCL带来了发展的机遇。

TCL产品的用户大都是家庭和个人，换言之即是不同形态的面向家庭的信息终端产品。TCL在通信、家电这两块都已有不俗成绩，而惟有电脑这一块却尚无良好建树。时至 1998 年，中国 IT 产业经过十余年的高速发展，日趋成熟。1994 年，中国计算机市场销售额为 407.4 亿元，1997 年达到 1300 亿元。三年时间 IT 市场规模增长了三倍多，每年的增长率均在 40% 以上，其中，硬件、软件、信息服务均以较高速度增长。

IT 行业在中国处于高速增长阶段，其市场容量发展的潜力是巨大的，大市场孕育着大机会。TCL 主导产业家电市场竞争激烈，而且发展空间有限。TCL 为开拓未来新型的家电产业——家庭信息终端产业作全方位的准备，认为必须在 IT 行业有一立足之地。IT 产业将是 TCL 集团未来三大轴心产业之一，也是 TCL 集团未来新的增长点。基于这样的认识，TCL 决定进入 IT 行业。但 IT 行业有硬件、软件、信息服务等领域。硬件又可分为 PC、外设等。TCL 要进入 IT 产业，具体如何切入，如何结合自己的优势，这两个问题都要得到解决。

TCL 最终选择了家用 PC 作为进入 IT 行业的切入点。PC1997 年全国销售 350 万台，增长率为 66.7%，其中台式 PC 机占 92% 份额。台式 PC 机中家用电脑仅占 26.2% 份额，但以 91.2% 速度增长。在家用 PC 这一块，只有联想以 15% 左右的份额高居榜首，其他厂商则远远落后于联想。TCL 认为，切入家用电脑这一块，可以运用 TCL 品牌的延伸及家电销售渠道，将是一个很大的优势。当时，海信、海尔等几家家电厂商也就正是通过家用电脑切入 IT 行业，并取得了一定的成功。

不过，TCL 集团内部也有人认为网络产品应是 TCL 进入 IT 的一个切入点。TCL 通信是 TCL 集团有限公司的主导产业之一，主要从事通信设备和移动通信设备的开发、生产和销售，现已成为中国乃至亚洲最大的电话机生产企业，年产量达 900 多万部，被国务院有关单位授予"中国电话大王"的称号。在 TCL 电话机稳步增长的同时，TCL 集团还致力于其他高新技术产品项目的投资发展。在通信部门里，TCL 已积累了相当的人才和经验，另外 TCL 通信是一家上市公司，资金来源可以从股市中获得。1998 年，网络产品的市场非常迅速，在中国，随着国民经济信息化建设的推进，互联网的快速发展，网络市场将成为中国计算机市场增长速度最快的产品领域。

1998 年 5 月，TCL 与台湾地区 GVC 公司各注资 5000 万元创立了 TCL 致福电脑公司，进入家用 PC 领域。GVC 创立于中国台湾，主要是通过 OEM 方式生产、销售 Modem、主板、显示器、笔记本电脑等。GVC 从事个人电脑制造有多年经验，曾为 HP、Packard Bell 等国际著名的电脑公司以 OEM 方式加工产品。在该合作中，TCL 负责采购零配件并交由 GVC 组装，组装完成后的电脑贴上 TCL 王牌商标，再经由 TCL—GVC 的销售渠道售给客户。同时，TCL 致福电脑公司将服务产业化作为长远发展目标，申请注册了国内第一个服务品牌——"星光使者"，目前主要精力放在建立服务网点，规章制度和管理体系，培养客服工程师和客服管理人员，规范服务内容和服务标准，推出有吸引力的特色服务，树立服务口碑，全力促进 TCL 电脑销售。

TCL 兼并开思与东通，并不是特别成功。为了吸引更加优秀的 IT 企业加入到 TCL 集团的旗舰下，TCL 改变以往一贯采取的控股兼并的原则，而改用参股投资。1999 年，TCL 向中国十大系统集成商之一的金科集团注资 1 亿元人民币，占金科 50% 股份。金科集团公司创建于 1992 年，总注册资金为 5168 万元，是一家以网络系统集成为核心，致力于发展中国信息产业的高新技术产业集团。公司市场总部位于北京，技术基地设于福州，进出口基地设于香港地区，并在全国大中城市设立了分公司及办事处。TCL 虽然占 50% 股份，但不参与金科具体的经营管理。

同时，TCL 在 IT 行业中又出一重拳。TCL 与广州南华西实业股份有限公司、北京翰林汇科技有限公司达成协议，共同组建"翰林汇软件产业有限公司"，注册资本 5500 万元。投资方案为：

翰林汇股东 5 人：共 2300 万元，其中 1300 万元为无形资产，占 41.8% 股份；

TCL：共 2200 万元，占 40% 股份；

广州南华西：共 100 万元，占 18.2% 股份。

翰林汇成立于 1993 年，是一家集体所有制公司，主要从事笔记本电脑代理销售和大众软件产品开发与经营业务的高科技公司。旗下有 6 家全资子公司，1 家合资公司（51% 股权），24 家合作分公司，总部设在北京，采用事业部组织形式管理。新成立的翰林汇软件产业有限公司的经营管理仍由原管理层负责。

TCL 在 IT 领域一连串的动作，已经基本上构成了 TCL 的信息产业群。

然而，TCL 进入 IT 的道路并非是一条坦途，其间充满了许许多多的机会和陷阱。原先预料到的，以及没有预料到的问题接踵而来。

虽然有诸多问题，李东生还是完全有信心克服。TCL 的成长本身就是一个不断地发现问题与解决问题的过程，李东生已是久经沙场的领军之帅。他所领导的班子非常团结，有进取心，而且朝气蓬勃，对事业也特别的投入。李东生对他们非常满意。然而，TCL 发展到今天的规模，李东生又一次感觉到管理课题的挑战。特别是觉得自己这个班子在战略管理观念感觉上应有一个质的提高。这让李东生很兴奋：有压力才有动力，有动力才能超越自我。下午的这个IT战略会议，就是要让大家统一认识，确定发展战略。李东生对这个会议期望挺高，希望能解决目前困扰他的三个问题：

1. 战略重点。目前TCL已基本形成了3C的战略框架。下一步必须明确的是：以PC还是以信息家电为龙头的问题。李东生也意识到高层领导的战略认识很不一致：有人认为TCL的战略应该是中心式的多元化，即3C的融合点是发展方向，所以应以信息家电为龙头；有人认为1999年中国IT市场环境的变化孕育着无穷的机会，况且信息家电还未形成规模，所以应重点放在PC的发展上，以PC为龙头，带动其他行业发展。

2. IT战略。目前TCL在IT行业里已全面铺开，从PC到软件、系统集成等各领域都有所涉及，它的战略格局跟目前联想的格局基本上是一样的，只是比联想少做了代理而已。对目前TCL的IT战略格局也有人表示不同的意见，认为TCL在IT行业中采取全面跟进的战略风险太大，他建议TCL及时收缩战线，尽全力做好家用PC，创出品牌，建好渠道，单兵突出，形成局部优势，有足够能力后，再往其他部分发展。他认为这种逐步进入的战略的风险较小，所需资源较少，易于管理；而全面进入IT，短时期内能形成一个比较规模的产业群，但风险较大。

3. 组织构架。目前TCL拟成立TCL信息产业有限公司，该公司与其他TCL的IT企业到底该如何理顺关系，建立什么样的组织结构，TCL的IT企业的股权结构与经营班子的关系如何处理，都需认真考虑。组织构架的设计还要考虑到管理的问题：TCL如何控制被自己购买的企业，作为IT新军如何管理老资格的IT企业和老资格的IT人。

这些问题与意见李东生都非常地关注。目前的局面虽然比较复杂，但他依然充满信心。对于他的几位得力干将，他心里急切地想知道他们这几个月来，又做了什么样的思考……

（资料来源：侯铁珊：《市场营销学案例与练习》，大连理工大学出版社2002年版，有删改）

二、案例分析

过往十多年，TCL已成为中国大陆成长最快、最具竞争力的大型企业集团之一，创造了优良的经营业绩。从前几年的中国电子百强的年报中可以看到，销售收入、利润的排名均处在第三位。在中国市场的多个领域取得了领先优势，如彩电、手机、电话机、平面开关插座等；在电脑、家电、低压电器、照明等领域也在迅速崛起；TCL 也是中国企业开展国际化经营最早，并已取得初步成效的企业，TCL 的海外营业收入在中国电子百强中名列第一；同时 TCL 已经成为国际电子产业界最受关注的企业之一。这些荣誉来之不易，也说明了企业发展的艰辛，扬长避短、善于发现把握机遇才是上上策。

在 TCL 的产业竞争中，一个比较有效的竞争手段："速度、效率、成本控制。"这三条既有关系又相互独立。同时，在中国大陆市场建立品牌优势。在彩电、手机产业的成功，其重要原因就在于市场、品牌推广的成功。以此 TCL 建立了比较优秀的企业文化，TCL 的团队引以为豪的是工作非常有激情并且富有奉献精神。1996 年提出"为顾客创造价值、为员工创造机会、为社会创造效益"，后来集团整体上市，TCL 又改为"为顾客创造价值、为员工创造机会、为股东及社会创造效益"。这个理念是其企业文化的核心价值观，也是比较符合中国企业发展现状，又能比较好地体现企业未来发展要求的。

TCL 要成为世界级企业，还有一些差距。这些差距主要体现在中西方企业文化的差异及其应对上。①文化、哲学观上的差异。中国传统文化以伦理价值为核心，认识论处于从属地位，由此产生的管理思想以人治为根基。西方文化则不同，本体论和认识论是西方哲学体系的核心，由此产生的管理思想强调以法治为基础，它非常注重流程、规范和制度。②思想观念和行为习惯的差异。这个差异性主要体现在东方文化比较强调权威，强调群体利益至上。③管理文化的差异。中国历史上真正创新的东西包括思想观念创新的东西并不多。而在西方不但在科学技术上，而且在社会、人文科学上都有很多创新的理念，西方的文化一开始就比较崇尚平等、自由，尊重个性创造和自我价值，鼓励创新和挑战行为。

三星电子在适应市场和顾客需求的创新上是非常领先的。在核心技术方面，三星电子并无明显优势，但在应用技术创新方面却非常领先。而日本企业在适应消费者需求的应用创新就比较少。大家都记得日本企业在家电处于领先地位的时候，其空调外观、颜色差不多 10 年不变。但是韩国企业介入之后，整个游戏规则都变了，现在你再卖那种大块头的产品，就是质量再好也没人要。这一点值得 TCL 借鉴。TCL 要加大技术创新投入力度、要完善技术管理机制。

TCL 为什么能造就今天的辉煌？根本就是不断学习、不断创新、追求卓越，只有这样才能有更加辉煌的 TCL。

三、思考·讨论·分析

1. TCL 进入 IT 产业有哪些优势和劣势？
2. TCL 以 PC 为切入点进入 IT 产业是否正确？为什么？IT 行业与家电行业有哪些差别？TCL 在这方面的经验和不足之处是什么？
3. TCL 进入信息家电的时机是否成熟？若成熟，应该如何进入？
4. TCL 在 IT 产业中全线发展和专注于某一领域各有什么利弊？你认为哪种战略更好？

案例 2-8　格兰仕微波炉的战略

一、案例介绍

格兰仕原是一家乡镇企业，最初从事纺织、印染、服装和羽绒制品生产，1991 年产销过亿元，进入全国乡镇企业百强。1993 年开始进入微波炉行业，当年产量 1 万台，2001 年已实现销量约 1200 万台，销售收入 68 亿元，在全国市场占有率高达 70%，全球市场占有率近 35%，2000 年出口达到 1.5 亿美元。2001 年突破 2 亿美元。2000 年初，企业无形资产已高达 101 亿元，格兰仕发展成为全球最大的专业化微波炉制造商。

经过激烈的市场竞争，格兰仕攻占国内市场 60% 以上的份额，成为中国微波炉市场的代名词。在国家质量检测部门历次全国质量抽查中，格兰仕几乎是唯一全部合格的品牌，与众多洋品牌频频在抽检中不合格被曝光形成鲜明对比。去年，格兰仕投入上亿元技术开发费用，获得了几十项国家专利和专有技术；今年，将继续加大投入，使技术水平始终保持世界前列。

由于格兰仕的价格挤压，近几年微波炉的利润空间降到了低谷。今年春节前夕，甚至出现个别韩国品牌售价低于 300 元的情况，堪称世界微波炉最低价格。国内品牌的主要竞争对手一直是韩国产品，它们由于起步早曾经一度占据先机。在近几年的竞争中，韩国品牌落在了下风。韩国公司在我国的微波炉生产企业，屡次在一些重要指标上被查出不合标准，并且屡遭投诉，这在注重质量管理的韩国公司是不多见的。业内人士认为，200 多元的价格水平不正常，是一种明显的倾销行为。它有两种可能：一是韩国受金融危机影响，急需扩大出口，向外转嫁经济危机；二是抛库套现，做退出前的准备。

面对洋品牌可能的大退却，格兰仕不是进攻而是选择了暂时退却。日前，格兰仕总部发出指令，有秩序地减少东北地区的市场宣传，巩固和发展其他市场。这一决策直接导致了春节前后一批中小企业进军东北，争夺沈阳及天津市场。

这些地区已经平息的微波炉大战，有重新开始的趋势。格兰仕经理层在解释这种战略性退让时指出，其目的在于让出部分市场，培养民族品牌，使它们能够利用目前韩国个别品牌由于质量问题引起信誉危机的有利时机，在某一区域获得跟洋品牌直接对抗的实力，形成相对的针对洋品牌的统一战线，消除那些搞不正当竞争的进口品牌。

从长远看，格兰仕保持一些竞争对手，也是对自己今后的鼓励和鞭策。格兰仕的目标是打出国门。1998年，格兰仕微波炉出口额5000万美元，比上年增长两倍，在国内家电行业名列前茅，其国际市场价格平均高于韩国同类产品的25%。前不久，在世界最高水平的德国科隆家电展中，第二次参展的格兰仕不仅获得大批订单，而且赢得了世界微波炉经销商的广泛关注。今年格兰仕的出口目标是再翻一番。

为继续扩大规模，格兰仕将有选择地在国内微波炉企业中展开收购工作。1998年收购安宝路未果后，公司总结了经验教训，今年将重点联合政府部门实现新的目标。鉴于亚洲金融危机的影响短期内可能不会消除，格兰仕表示，并购工作对海外品牌企业一视同仁。

（资料来源：吴健安：《市场营销学》，高等教育出版社2005年版）

二、案例分析

微波炉属家电业的后起之秀，而格兰仕微波炉更是其中的代表者。中国家电业发展经历了从无到有、从小到大、从引进到自立的过程，格兰仕微波炉也就是在这一过程中，通过不断加大技术投入，高起点进入市场，以质量取胜。面对众多的洋品牌，如LG、惠尔浦、松下和国内其他品牌，格兰仕迅速在国内市场崛起，进而成为我国最大的微波炉生产企业，产销量居全国第一。

同时，微波炉市场的竞争也进入了白热化的程度，微波炉价格战爆发，价格从上千元降到300元左右，可谓激烈悲壮。格兰仕的市场声誉就是"价格屠夫"，即通过不间断的、残酷的价格战，将竞争者挤出微波炉市场，同时对潜在的进入者形成足够的威慑，使其不会贸然进入。过剩的产能和规模优势是格兰仕实施价格战的基础。从开始至今格兰仕一直在打价格战，即使现在的市场占有率占到七八成的时候依然如故。格兰仕的总经理俞尧昌的观点是，打价格战的目的就是要摧毁竞争对手的投资者心态。从生产的角度来看，我们都知道降价的最底线即是生产成本，超越成本就只有两种可能：一是以低价挤垮对手,两败俱伤;二是以次充好,低价低质。某一企业的利润取决于它与竞争对手的相对成本。如果这一企业能够提高其竞争对手的成本,那么在其他条件相同的情况下,该企业在竞争中必须处于优势地位,从而可以提高自己在市场上的支配地位,有利于阻止潜在竞争者的进入。面对过分的降价,格兰仕选择了退却战略,这既避免了过分降价引起的企业亏损,也保证了企业形象,更在于这种退却把竞争留给别人,自己寻找、开发新的市场。从战略上讲这更有利于格兰仕的发展,通过暂时退却,使其产品出口和技术创新都得到了极大的发展。

企业的发展离不开竞争对手,面对日趋激烈的市场竞争环境,企业必须制定相应的发展战略,其核心在于保证企业长远健康地发展。

三、思考·讨论·分析

1. 试分析格兰仕微波炉面临的战略环境,并评价格兰仕所采取的应对策略。
2. 评价格兰仕微波炉的一般性竞争战略及其特点?
3. 格兰仕成功的秘诀是什么?

案例 2-9 乐凯胶片在市场竞争中生存

一、案例介绍

近十多年来,伴随着欧美和日本的社会娱乐活动和旅游事业的迅速发展,世界彩色照相市场的发展日新月异。1995年,彩色胶卷的全球销售量达到23亿卷,美国成为世界彩色胶卷最大市场,其次是欧洲和日本。

20世纪70年代后期,彩色胶卷开始进入中国市场。据统计,1991年,美国人均年消费胶卷3.5个,伊朗人均消费胶卷0.282个,而中国人均年消费只有0.053个。然而,随着国民经济的高速发展,人民生活水平的迅速提高,中国人在文化娱乐上的消费显著增加,中国彩色照相市场增长迅速。1995年,中国城镇居民照相机拥有率为30%,比1990年增加了50%。1993年,国内彩色胶卷销量4000万卷,1994年上升为1亿卷,而1995年已达到1.25亿卷。1996年,中国已是世界上第六大彩色胶卷消费市场。

1987年,中国化工部第一胶片厂、第二胶片厂和感光化工研究院组建了乐华集团;1993年,在此基础上组建了中国乐凯胶片集团,建立了中国最大的感光材料与磁记录材料科研生产基地，主要生产感光材料、磁记录材料和照相有机物等产品；到1999年年底，集团已发展成为中国感光材料行业中技术力量最强、产量最大、品种最多、销售网络最广的集科、工、贸于一体的大型企业集团，生产的感光材料、磁记录材料和照相有机物等产品种类达到12大类170多种。乐凯也成为国务院批准的首批57家股份制改革试点的大型企业集团之一。

(一) 中国乐凯胶片集团公司概况

中国乐凯胶片集团公司是中国乐凯胶片集团的母公司，位于河北省保定市，其主导产品为彩色胶卷和相纸。公司拥有总资产21亿元，年销售收入12.6亿元，职工4000余人，其中各类专业技术人员1300余人，包括中国工程院院士1人、教授级高工14人、高级专业技术及管理人员100余人、中级专业技术人员500余人。

乐凯公司设有感光材料研究所、化工设计研究院和磁记录材料研究室。多年来，乐凯不断进行新产品的研制与开发，其中彩色胶卷从Ⅱ型、BR100型到GBR100型，仅仅用8年时间就实现了3次更新换代，10年完成了发达国家30年所走的历程。乐凯公司的主要产品质量居国内领先地位，有的接近或达到国际同类产品水平，有26个品种远销欧、亚、美、非等国家和地区。根据国家检测中心的对比数据，新一代GBR100型彩色胶卷实拍画面效果达到了柯达至尊金奖100的水平。1995年，乐凯彩色胶卷被第五十届世界统计大会组委会、国家统计局和中国技术进步评价中心授予"中国胶卷之王"。GBR200、GBR400等型号彩色胶卷也相继开发成功，实现了彩色胶卷的系列化。SA-1型无水洗加工彩色相纸，通过化工部技术鉴定，达到国际20世纪90年代同类产品先进水平，填补了国内空白。

20世纪80年代中期，乐凯公司在全国30多个大城市建立了乐凯彩色扩印服务部，初步形成了覆盖全国的营销服务网络。但这种格局一直保持到90年代末没有大的进展。彩色胶卷国内市场占有率，各地区有很大差别，在兰州、西安、郑州等中西部城市市场份额达30%以上；天津、北京、济南、武汉等大城市为10%左右；而在广州、上海、南京、大连等沿海或发达城市其市场占有率不足5%。除1996年外，历年来彩卷销售量基本呈上升趋势，但市场份额却在迅速下降。这是因为乐凯面临着富士、柯达等国外胶卷强有力的竞争。

(二) 乐凯的竞争对手

在中国彩卷市场上，日本富士公司是乐凯最强有力的竞争者。20世纪70

年代末期，富士彩色胶卷率先进入中国市场。20多年来，富士充分利用自己先入为主的优势，依靠代理商，采取灵活有效的促销措施（如赞助体育活动等），占据了中国彩卷市场的40%。近些年，富士公司为抵御柯达公司的猛烈进攻，大量发展松散富士专卖店（FCC），在中国境内专卖店的数目已达到3000多家。富士公司在北京、上海、广州和成都设有办事处，在苏州新加坡工业园区独资兴办的工厂也开始投产。

美国柯达公司是乐凯公司的第二大竞争者。该公司建于19世纪末期，是世界最大的感光材料生产企业。它之所以在中国市场屈居第二位，主要是因为对中国彩色胶卷市场判断失误，被富士公司抢先进入而错失良机。20世纪80年代初期，柯达认识到这个问题，开始进入中国彩色胶卷市场，先后在北京、沈阳、长春、上海、青岛、武汉、成都和广州设立了办事处。十几年来，柯达依靠自己的资金实力大力促销，与富士的市场份额差距逐步缩小，其高品质形象也逐渐在中国消费者心目中形成。1994年，柯达在江苏徐州开设了中国第一家快速冲扩店，到1996年年底，柯达在中国的冲扩店已发展到1700多家。1997年年初，柯达又控股合资了厦门富达公司和汕头公元公司，开始在中国境内生产柯达彩卷，从而降低成本，增强竞争能力。目前柯达彩卷在中国市场的份额已接近30%。

日本柯尼卡公司于20世纪80年代后期开始进入中国彩卷市场，目前的市场份额不足10%，运作模式与柯达相似，即办事处负责拓展市场，中国总代理负责销售，柯尼卡快速冲扩店业已遍及全国，但地区差异很大，南方多于北方。

德国爱可法（Agfa）公司进入中国彩卷市场较晚，其品牌对中国消费者来说还很陌生，其在彩卷市场的份额微不足道。1995年，爱可法在无锡建立了合资公司，进行大轴彩色胶卷和相纸的分切包装。同时，又与国内外多家企业进行多方面合作，力图全方位开拓中国感光材料市场，以至于在中国境内拥有300家冲扩连锁店。

更为可怕的是，感光材料非法走私活动日益猖獗和泛滥。以胶卷为例，国内市场洋品牌的彩卷极为杂乱。有的洋胶卷内外包装标识全是英文、印尼文、越南文、韩文或阿拉伯文等外国文字。有的虽然外包装是中文，但内包装却是外文。最严重的时候，国内市场的进口彩卷，走私比例高达90%。猖獗的感光材料走私活动，不仅严重扰乱了市场竞争秩序，而且影响了中国相关企业的健康发展，乐凯产品因此受到的冲击就相当大。

面对如此激烈的市场竞争和严峻的市场形势，1996年初，乐凯公司调整了领导班子，提出走创新之路。公司副总经理任守用表示，作为一家高科技企业，不断创新才是企业的生命所在。乐凯一定要坚持"生产一代、研制一代、预研一代，不断推出更新的产品"的科研政策，积极参与市场竞争，与广大消费者一道、共同分享创新成果。2000年，乐凯推出了乐凯彩神100彩色胶卷、乐凯超金彩色胶卷、乐凯SA-2型彩色相纸、KX350型医用氦氖激光胶片、乐凯染料型黑白胶卷等高科技含量的产品。

在销售上，公司总经理杜昌焘着重强调，乐凯要发挥自己的强项，寻求更大的发展。2000年3月乐凯公司建立了规范的分销体系，将销售渠道的管理延伸到A级经销商，通过明确的合作契约建立真正的合作伙伴关系，要求乐凯A级经销商严格执行公司的价格和分销政策，积极进行产品的市场推销工作，并制定了多种激励政策，使A级经销商获得更大的发展，达到双赢的目的。

2000年6月6日，中国乐凯胶片公司在京宣布：中国彩扩行业第一家中央洗印工厂——北京乐凯彩扩中心正式投入运营。彩扩中心通过建立庞大的专业配送网络，推出上门收取胶卷，集中加工洗印，快速投送照片的服务项目。顾客只需在家拨打乐凯服务热线，乐凯的专业投递队伍"红鸽"就会在约定时间内"飞到"顾客家门口，进行服务"到家"的专业服务。彩扩中心通过集中加工，统一配制冲印药液，统一技术标准，独立产品质量检验，保证顾客拿到满意的照片。

同时，乐凯加大了广告宣传，电视频道中出现了充满温馨和家庭氛围的乐凯彩卷广告。同时，乐凯还积极参与社会活动，例如，在旅游旺季，乐凯公司与国旅、中青旅强强联手开展"买乐凯胶卷得幸运旅游机会"的活动，为广大消费者送上一份春天的惊喜。乐凯还联合中国摄影家协会、中国艺术摄影家协会、《中国摄影报》、《大众摄影》、《人像摄影》、《中国摄影家》共同举办乐凯黑白摄影艺术大奖赛，鼓励摄影家、摄影工作者、业余摄影爱好者用国产乐凯黑白胶卷、黑白相纸，来全面展示中国黑白摄影艺术精品。

在乐凯人的努力下，近几年乐凯黑白产品在国内一直保持销量第一的市场地位。乐凯的经济效益连年攀升，呈现出日益强劲的发展势头。2000年，乐凯的销售收入、利润、出口创汇额分别较上年同期增长了25%、50.25%、16.18%。

2000年9月6日，胡锦涛来到河北省保定市中国乐凯胶片公司进行考察。在谈到乐凯的发展时，胡锦涛语重心长地说：乐凯原来是第一胶片厂，作为中国"第一"，乐凯就要牢固树立"第一"的精神，要有一种"第一"的精神状态。他指出，把乐凯搞上去要靠体制创新、科技创新两个轮子。通过体制创新，建立现代企业制度，完善法人治理结构，调动广大职工特别是科技人员的积极性把企业办好；依靠科技创新，就是要加大科研开发力度，跟上迅猛发展的形势，必须下更大的工夫。他希望乐凯在新的世纪里，在第三次创业中争取更大的辉煌，真正实现为国争光，为民族争光。

国家领导人的视察，无疑给中国乐凯胶片公司带来了动力，同时也对乐凯公司的经营管理工作提出了更高的要求。面对"洋胶卷"的咄咄逼人之势，一些国内胶卷生产企业或倒闭或被吞并。作为民族感光工业最后一面旗帜的乐凯公司，如何尽快找到自己的竞争优势和发展机遇，摆脱不利局面，扩大市场份额，从而在竞争中求得生存和发展，事关重大。

（资料来源：林钰：《发展经济学案例集》，中国社会科学出版社 2005 年版）

二、案例分析

提及乐凯，相信中国的老百姓并不陌生。因为在中国的彩色胶卷市场，20 世纪 90 年代后，就存在着黄（柯达）、绿（富士）、红（乐凯）的鼎足之势。而作为中国胶卷硕果仅存的乐凯集团，一直是民族的骄傲。公司依靠自己的技术力量，不断开发新产品，大力进行技术改造和技术引进。公司所属的感光研究所是国内规模最大的感光材料开发研究机构，有以中国工程院邹竞院士为代表的一大批国内第一流的专家和优良的装备，目前公司生产的 100 多种产品都是该部门的研究开发成果。步入新的世纪，知识经济与信息时代正向我们走来，经济全球化的趋势日益加强，国际市场竞争愈加激烈，国内经济迅猛发展，加入世界贸易组织的梦想已经实现，在这样新的国际国内环境中，乐凯如何得以生存并发展下去，展现民族的辉煌呢？

企业战略分析的关键在于帮助企业如何根据行业分析的结果，正确选择企业的竞争战略，使企业保持持久竞争优势和高盈利能力。面对愈演愈烈的竞争环境，乐凯的劣势体现在：在产品的宣传和销售上受连锁经营制约。如今彩照已走进千家万户，精明的外商转换策略，通过承担店家的店面装潢费用，吸引国内个体悬挂柯达、富士的招牌，做品牌宣传。而乐凯缺少自己的彩扩公司和销售网络，直接影响消费服务的质量和效率。而乐凯的优势体现在：两年一度的覆盖全国的乐凯摄影艺术大赛至今已举办了七届，每届都收到来自全国各地的、不同阶层的摄影爱好者的大量照片。这说明，作为国人骄傲的民族工业精品——乐凯胶卷越来越贴近于大众摄影爱好者，通过他们，使乐凯逐渐被普通消费者所接受和使用。乐凯胶卷经过四次技术更新，已达到国际先进水平，乐凯彩卷的多项技术指标与柯达和富士难分伯仲。国家技术监督局对北京、上海、广州、西安、沈阳五大城市的彩卷质量抽查也证明了这一点。同时，以彩卷为代表的银盐感光材料技术已比较成熟，国外品牌不可能靠技术优势在市场中领先。乐凯的外部威胁体现在：走私使乐凯遭受到难以显现的巨额损失。外部机会体现在：我国加入世界贸易组织平均关税降低，正常进口产品增加，走私的利益驱动在一定程度下减少，为企业营造了公平竞争环境。

概括地讲，经典战略理论为企业战略的制定提供了一套基本的思路和程序：首先，分析企业相对竞争对手的实力和弱点，做到知己知彼；其次，分析外部环境提供的发展机会及可能带来的威胁；再次，结合前面的分析确定企业的战略目标，确保既要抓住可利用的发展机会，又要规避可能出现的风险；最后是制定实现战略目标的战略步骤，架起目标和现实之间的桥梁。

三、思考·讨论·分析

1. 乐凯是如何利用企业自身的资源来开拓市场、参与竞争的？
2. 面对新的竞争形势乐凯应如何调整自己的战略？
3. 如何看待全球化给一国民族工业带来的冲击？在外来冲击下，中国民族工业应该如何分析自身所处环境并取得发展？

第三章 基本战略的选择

将欲取天下而为之，吾见其弗得已。
天下神器也，非可为者也。
为者败之，执者失之。
物或行或随，或吹或炅，或强或碰，或坏或椭。
是以圣人去甚，去大，去褚。

——老子：《德道经》

战略的核心在于选择，没有哪家企业能够发展所有行业，也不是所有行业都具有发展的潜力，因此必须选择企业战略。企业战略方案选择是企业的一项重大战略决策，这是企业战略决策者通过若干种战略方案进行比较和优选，从中选择一种较满意的战略方案的过程，是企业领导人的专业知识、工作能力、业务水平、实际经验、领导作风和领导艺术的集中体现。一般来说，战略选择的原则有择优原则、民主协商原则和综合平衡原则三种，这三个原则是战略方案要付出的代价、所能取得的效益和实施方案的风险度综合平衡的结果。理想的战略方案当然是代价最小、效益最高、风险最小的。所以，战略制定是一个理性的过程，可以用大量的数字来说明问题，而战略选择则更多的是一个感性的过程，是一种曲折、复杂、微妙、具有特性的智力活动过程。战略选择要受到很多因素的影响，是一个动态循环的决策过程，而非一个例行公式化的或很容易的决策活动。制定并选择一个适合企业发展需要并能付诸实践的战略，不仅需要科学的分析和前瞻的眼光，更需要决策者的胆量和勇气。

企业不仅需要正确地确定企业使命和战略目标，而且还必须依据使命和目标的要求，制定出多种可供选择的总体战略方案，这是战略制胜的关键。企业总体战略，也称公司战略，它是企业战略中最高层次的战略，它要解决的问题是确定经营范围和公司资源在不同经营单位之间的分配事项，它决定着企业总的发展方向、较长时期内的奋斗目标、资源的配置以及经营业务间的支持和协调，它也是制定企业业务层面战略的依据。一般来说，公司战略可以归纳为发展型战略、稳定型战略、紧缩型战略和复合型战略四种基本战略。

发展型战略有以下几种基本类型,如图 3-1 所示。

$$\text{发展型战略}\begin{cases}\text{产品—市场战略}\\\text{一体化战略}\\\text{多元化战略}\\\text{企业并购战略}\\\text{战略联盟}\\\text{跨国经营战备}\end{cases}$$

图 3-1

产品—市场战略是企业最基本的发展型战略,其他发展战略都是在此基础上发展而来的。该战略最早由美国加利福尼亚州国际大学的战略管理教授安索夫提出来的。详见表 3-1。

表 3-1　　　　　　　　　　产品—市场战略

市场＼产品	原有产品	相关产品	全新产品
原有市场	市场渗透战略	产品开发战略	产品革新战略
相关市场	市场开发战略	多元化经营战略	产品发明战略
全新市场	市场转移战略	市场创新战略	全方位创新战略

市场渗透战略是由企业现有产品和现有市场组合而产生的战略。在这种组合下,一个企业要提高销售量主要取决于其产品的使用数量和使用率两个因素。

市场开发战略是由现有产品和相关市场组合产生的战略。它是发展现有产品的顾客或新的地域市场从而扩大产品销售的战略。实行这种战略一般有三种方法:市场开发,即将本企业产品打入别的市场上去;在市场中寻找新的潜在用户;增加新的销售渠道。

产品开发战略是由企业原有市场和其他企业已经开发的,本企业正准备投入生产的新产品组合而产生的战略,即企业在其现有市场上投放新产品或利用新技术增加产品的种类,以扩大其市场占有率和增加其销售量的企业发展战略。

产品革新战略是一种企业在原有目标市场上推出新一代产品的战略,这种战略比传统的产品开发战略向前迈进了一步。

产品发明战略要求企业发明别的企业从未生产过的新产品,并进入别的企业已经开发成熟的市场,因而它具有创新开拓精神。这种战略体现了创新开拓型战略高风险、高收益的特征。

市场转移战略是指企业将现有产品投入别的企业尚未进入而刚刚开始形成的新兴市场,这种战略尤其适用于经济不发达国家或地区。这一战略同样适应于区域市场的转移。

市场创新战略是指企业在新兴市场行投放别的企业已经在成熟市场上经营的产品。企业虽然要生产新产品,但因别的企业已经生产这种产品,该企业也就不必再从头开始新的技术开发,可以直接通过购买许可证,与别的企业联营或通过兼并的方法获得生产该产品的权利。

全方位创新战略是市场创造战略和产品发明战略的组合,当市场变化非常快时,企业只有运用这一战略才能立于不败之地。这种战略是企业向一个新兴市场推出别的企业从未生产过的全新产品。

多元化经营战略,也被称为多样化经营或多角化经营,是指企业同时生产或提供两种以上基本用途不同的产品或劳务的一种经营战略。根据现有业务领域和新业务领域之间的关联程度,企业多元化战略的类型可分为相关多元化战略和不相关多元化战略。根据现有业务和新业务之间关联内容的不同,相关多元化战略又可分为同心多元化战略和水平多元化战略。同心多元化战略即企业利用原有的技术、特长、经验等开发新产品,增加产品种类,从同一圆心向外扩大业务经营范围。水平多元化战略指企业利用原有市场,采用不同的技术来开发新产品。不相关多元化战略也称为集团多元化战略,这种战略是实力雄厚的大企业集团采用的一种经营战略。

一体化战略就是企业利用自己生产、技术、市场等方面的优势,沿着业务经营链条的纵向或横向水平方向,不断地扩大其业务经营的深度和广度来扩大经营规模、提高其收入和利润水平,使企业得到发展壮大。一体化可以是全线一体化(参与行业价值链的所有阶段),也可以是部分一体化(进入整个行业价值链的某些阶段)。一个公司进行一体化的方式可以是在行业活动价值链中的某个阶段自己独立创办有关的经营业务,也可以是购并一家已经开展某些活动的公司。加强公司的竞争地位,这是公司动用自己的资源进行一体化经营的一个唯一的绝好理由。如果一体化所产生的成本节约足以保证额外的投资或者足以产生以差别化为基础的竞争优势,那么无论是从利润的角度来讲,还是从战略角度来讲,一体化都会带来真正的回报。

"一体化"的原意是指将独立的若干部分加在一起或者结合在一起成为一个整体。一体化战略是企业的一个非常重要的成长战略,它有利于深化专业分工协作，提高资源的利用深度和综合利用效率。一体化战略分为纵向一体化战略和横向一体化战略。纵向一体化战略也称垂直一体化战略，是指生产或经营过程相互衔接、紧密联系的企业之间实现一体化的战略形式。它包括前向一体化和后向一体化。

前向一体化是指生产企业与用户企业之间的联合，目的是促进和控制产品的需求，搞好产品营销。如家电企业与中间商合作就是一种前向一体化。前向一体化是以企业初始生产经营的产品（业务）项目为基准，企业生产经营范围的扩展沿着生产经营链条向前延伸，使企业的业务活动更加接近最终用户，即发展原有产品的深加工业务，提高产品的附加值后再出售；或者直接涉足最终产品的分销和零售环节。在很多行业，独立的销售代理商、批发商、零售商，都与同类产品的相互竞争的品牌打交道。独立的销售及分销渠道可能导致公司的库存成本高昂，使公司经常处于生产能力利用不足的状态，这样就削弱了稳定的接近生产能力水平的产品生产所带来的经济效果。在这种情况下，制造商将会发现：公司经营前向整合进入批发或零售环节以获取能够完全经营自己产品的渠道在竞争中就会很有优势。在能够提高生产能力利用率或者加强品牌形象的情况下，制造商有时可以自己投资建立下列一些销售机构而获取更大的利益：公司自己拥有的分销机构、特许特约经销商网络和零售连锁店。同时，在有些情况下，进行前向整合，直接进入最终用户的销售活动中去，可以去掉很多批发零售渠道，从而可以带来明显的成本节约，降低产品的销售价格。对于一家原材料生产商来说，前向整合进入产品的生产和制造可以提高产品的差别化，可以为厂商提供一条阳光大道逃离以价格竞争为导向的市场竞争。前向一体化战略实现的方式通常包括自建、收购、合并和特许经营等。

后向一体化是指生产企业与供应企业之间的联合，目的是为了确保产品或服务所需的全部或部分原材料的供应，加强对所需原材料的质量控制。后向一体化是以企业初始生产经营的产品（业务）项目为基准，企业生产经营范围的扩展沿其生产经营链条向后延伸，发展企业原来生产经营业务的配套供应项目，即发展企业原有业务生产经营所需的原料、配件、能源及包装服务业务的生产经营。如服装生产企业发展纺织面料的生产经营业务，金属冶炼企业自办电厂等均属此项。后向一体化战略的实现方式通常包括自建、收购、合并等。

横向一体化也称为水平一体化，是指与处于相同行业、生产同类产品或工艺相近的企业实现联合。横向一体化战略一般是企业在竞争比较激烈的情况下进行的一种战略选择。这种选择既可能发生在产业成熟化的过程中，成为增加竞争实力的重要手段；也可能发生在产业成熟之后，成为避免过度竞争和提高效率的手段。

企业并购战略是企业实行兼并和收购行为的战略，并购是两者的统称，泛指在市场机制作用下企业为获得对其他企业控制权而进行的产权交易活动。它具有以下特点：合并各方的资产所有权在合并后并没有消失，只是以合并后企业的所有权形式出现。合并各方法人所有权的转让是无偿的，并连带将各自企业资产的使用权、支配权、收益权等一并转让给新设企业。合并的目的在于避免同行业公司间的互相竞争，加强公司间协作关系，增强市场垄断等。总体来说，实行并购战略的目的是：更好地利用现有生产力；更好地利用现有的销售力量；减少管理人员；获取规模经济效益；平滑销售波动；利用新的供应商、销售商、用户、产品及债权人；得到新技术；减少纳税义务。并购战略的优点是：强强合并可以扩大企业规模，增加产品品种，提高竞争力，实现垄断。强弱合并则强者可以利用弱者的生产线、设备、人员、销售渠道，实现低成本扩张；弱者可以使现有资源得到合理利用，尽快摆脱困境。缺点是：合并双方会发生利益、心理、文化的冲突；若选择对象不当，强者会背上沉重包袱。企业并购战略从行业角度划分，包括横向并购、纵向并购和混合并购。从支付角度划分，包括现金并购、股票并购和综合证券并购。

战略联盟现已成为现代企业加强竞争能力的又一方式。战略联盟的形式有研究开发协议、定牌生产、特许经营和相互持股四种方式。

跨国经营战略的使命是其经营意图的总体写照，规定着它为什么存在，为什么在某些行业、市场、区域和国家而不是在另一些行业、市场、区域和国家开展业务与竞争。跨国经营战略有全球竞争战略（全球竞争战略有全球高份额竞争战略和全球一席之地竞争战略）、国别竞争战略和战略经营单位战略。

稳定型战略是指限于经营环境和内部条件，企业在战略期所期望达到的经营状况基本保持在战略起点的范围和水平上的战略。稳定型战略按战略起点的程度，划分无增战略和微增战略；按采取的防御态势，划分阻击式防御战略和反应式防御战略。

紧缩型战略是指企业从目前的战略经营领域和基础水平收缩和撤退，且偏离战略起点较大的一种战略。与发展型战略和稳定型战略相比，紧缩型战略是一种消极的发展战略。

复合型战略，就是发展型战略、稳定型战略、紧缩型战略的战略组合。为了实现不同的战略目标，企业可以选择前面所属的一种战略单独使用，也可以将几种战略组合起来使用。复合型战略能否成功，既取决于理解和满足顾客的需求的能力，同时也取决于企业是否有允许保持低价格的成本基础，并且其很难被模仿。复合型战略常作为进入已存在竞争者的市场的战略。这是日本许多公司在全球范围内开创新市场的一种战略方法，它们在竞争者的业务组合中寻找"松动的砖"——也许是在世界范围内某个经营很差的地区，它们会以更好的产品打进那个市场，如果必要，价格也会定得很低。其目的是为了获取市场份额，转移竞争者的注意力，为它们将来进一步占领市场打好基础。

在市场经济条件下，竞争被认为是企业发展之母，企业间的竞争能够促进企业发展，而且通过优胜劣汰，推动了产业的发展。竞争战略，又称业务战略，是企业参与市场竞争的策略和方法。四种竞争战略在实施方面对于企业的组织、资源、技术及目标市场等方面有着不同的要求，如表3-2所示。

表3-2　　　　　　　　实施四种基本竞争战略的比较

战略类型 实施难度	成本领先战略	差别化战略	目标集中战略	最佳成本战略
目标市场	全行业市场	全行业市场	特定细分市场	期望物超所值的顾客市场
竞争的重点	低于竞争对手的成本	不同于竞争对手的质量、特点和性能	细分市场的低成本或细分市场的差异化	产品的物超所值
生产开发重点	在保证质量的前提下不断寻求成本降低	不断寻求能被顾客所认同的产品差异	开发细分市场中顾客的特殊需求	找到差异化的开发与降低生产成本的最佳结合点
产品特点	特色不多的质量有保证的产品	产品型号多，选择余地大，强调产品差异化特色	按照目标顾客的特殊需求提供产品或服务	产品质量好，特色也很多
市场营销重点	尽量能够获取低成本的特色营销	建立顾客愿意支付的特色营销，收取高价来补偿因寻求差异化而承担的高额成本	传播本企业有哪些能够满足购买者特殊需求的能力	比竞争对手品牌产品的价格要低，同时提供可比的特色
战略的维持途径	以获取成本优势为目的，不断挖掘降低成本的潜力	不断改善和革新产品的差异性，走在模仿的竞争对手的前面	比竞争对手更好地为特定细分市场提供低成本的产品或者差异化的产品	降低成本的同时提高产品或服务的质量，并保持这种独特能力

成本领先战略，就是通过对成本控制的不懈努力，使本企业的产品成本成为同行业中最低者。从行业分析模型来看，尽管行业内存在着激烈的竞争，但具有低成本的企业却可以获得高于行业平均水平的收益。它的低成本地位使其能够抗衡来自竞争对手的攻击，因为当其对手通过削价同它竞争时，它仍然能在较低的价格水平上获利，直到将对手逼至边际利润为零或为负数。当敌人弹粮殆尽之时，它就可以吹响全面横扫的冲锋号了。低成本就像一堵高墙，使潜在的加入者望而生畏，为之却步。同样，低成本可以强有力地抵御买方和供应方力量的威胁。买方和供应方的讨价还价能力使得行业内企业的利润减少，正如低成本企业可以抵御竞争对手的威胁一样，当由于行业内利润下降使得其他竞争对手都无利可图时，低成本企业仍然可以有相当的利润维持生存和发展。最后，低成本也可以抵御来自替代品的威胁。人们购买替代品无非是看好替代品的性能或价格。替代品若是革命性的，那么整个行业被替代都在所难免，但若不是这样，而只是从价格上考虑，那么总成本领先的企业就可以在行业中蜗居到最后一个，而且他还可以同替代品展开成本和价格上的竞争。

提高竞争力的另一种思想，是设法向顾客提供具有独特性的东西（包括产品、服务和企业形象），并且同其他竞争对手区分开来，这种战略称之为差别化战略。差别化的核心是向顾客提供独特价值，而这些独特价值的来源则存在于企业价值链的构成之中。然而，要提高差别化优势也要付出成本，因此权衡差别化所得与成本所失就成了差别化战略中的重要问题。此外，如何选择差别化战略，如何警惕差别化的误区，也是制定差别化战略应当注意的问题。总之，研究顾客心目中的价值，看看他们关心什么、看重什么，以及是如何评判这些价值的，这些都是建立差别化战略的钥匙。建立差别化的途径：①降低顾客成本。如果企业的某种做法可以降低顾客的总成本，那么这种做法就是差别化的潜在基础，降低顾客成本，而这部分成本又占顾客总成本相当大的部分，这样的行动就包含了差别化的最大机会。降低顾客成本，可以从很多方面着手。例如，在我国钢材出口过程中，外商反映，这些产品的性能质量都很好，但切割尺寸和包装却不令人满意，这两个问题直接影响到买方进货的后勤成本。有的企业认识到这个问题的重要，投巨资研究切割的精确性问题，配置了激光测量仪和先进的包装机，提高了尺寸的精确性和包装质量，深受国外顾客的好评。②提高买方效益。降低用户成本可以为用户实行总成本领先战略提供条件，提高买方效益可以为用户实行差别化战略奠定基础，因此，企业必须理解用户的需要并应采用与用户相同的价值分析方法。③通过促销提高价值。用户对影响价值的知识的不完备性，为企业提供了差别化的机会。为了使用户能够增加对实际价值的有关知识的了解,以促销(广告、推销、产品介绍、包装、公关)为主要手段的沟通就非常重要。通过促销活动,不仅可以提高用户对实际价值的认识,而且可以提高用户的期望价值,即用户对产品价值的主观判断。期望价值越高、购买欲望越强,企业就可以得到较高的溢价。在这里充分显示了促销对企业活动,特别是对奉行差别化战略的企业的重要性,但是也应当注意,期望价值不能高于实际价值太多,否则在顾客购买之后就会产生巨大反差,而有上当受骗的感觉。

目标集中战略,就是在细分市场的基础上,选择恰当的目标市场,倾其所能为目标市场服务。集中战略的核心是集中资源于目标市场,取得在局部区域上的竞争优势。至于目标市场的大小、范围,既取决于企业的资源,也取决于目标市场中各个方面内在联系的紧密程度。如产品的接近性、顾客的接近性、销售渠道的接近性和地理位置的接近性。

案例 3-1 贝塔斯曼(中国)发展战略

一、案例介绍

创建于 1835 年的贝塔斯曼从一个家族式的印刷企业挺进世界传媒领域,变成叱咤风云的世界著名的四大传媒巨头之一,也是世界 500 强企业之一。目前贝塔斯曼集团包括 6 个子集团:在全球拥有 5500 万会员的贝塔斯曼直接集团(成为全球客户和订户购买传媒和娱乐产品的首选);欧洲最大的电视广播集团——RTL 集团(旗下拥有 23 家电视台、17 家广播电台、大量节目内容和美国以外的最大独立电视销售商等);全球最大的图书出版集团蓝登书屋(旗下在全球拥有 150 多家报纸出版社);欧洲最大、世界第二杂志出版集团——古纳亚尔(旗下拥有 100 多家报刊杂志和专业网站);世界音乐和行业信息市场领袖、美国排名第一的单曲唱片发行——贝塔斯曼音乐集团(BMG)(旗下在全球拥有 200 多家唱片公司);欧洲最大的传媒服务供应商——欧唯特服务集团(旗下拥有包括世界第二大 CD 生产商和欧洲第一大 CD-ROM 生产商、在欧洲处于领导地位的印刷公司、呼叫公司、数据管理、客户管理等)。

贝塔斯曼集团能获得今日的辉煌,一个重要的原因,是能够敏锐地捕捉具有战略意义的发展机遇,及时采取具有前瞻性和战略性的对策。20 世纪 50 年代,贝塔斯曼公司从战后第一次法兰克福国际图书博览会上得到启发,开始建立以书友会为主要形式的图书直销模式。后来,这种模式得到迅猛发展,成为其图书销售的主要渠道。它在发展过程中认识到：建立一个全球性的传媒集团，不打入并占领美国市场是不可能的。因此，它一直虎视眈眈地关注美国市场的变化，终于抓住了几个难得的机遇，收购美国几大出版公司，在此基础上成立了一个大型出版集团和贝塔斯曼音乐集团，在美国的传媒及娱乐市场确立了稳固的地位。

2001年，世界网络经济陷入困窘状态，贝塔斯曼乘机对全球媒体传播市场成功地进行了重组。2002年，集团又确定了新的发展战略，将多媒体产业和娱乐业，包括电影、电视、广播电台和音乐作为今后发展的重点，让科技与经济、产业和文化更好地结合。同时，积极开展在东欧和亚洲的业务。

早在1993年德国总理科尔首次访华时，贝塔斯曼公司的代表就作为访华团成员来到中国。1995年，贝塔斯曼与上海中国科技图书公司合资建立了上海贝塔斯曼文化实业有限公司，并与中国科技图书公司合作成立了贝塔斯曼书友会。书友会举办各种研讨会、征文比赛、系列讲座、书友征文和笔会等，为读者提供更多、更新的权威图书信息，免费赠送杂志等，推出了轻松便捷的订购方式和一系列周到的服务。1996年，贝塔斯曼音乐集团（BMG）在北京设立办事处。与此同时，贝塔斯曼文化实业有限公司在上海投资200万美元，开始第二期工程建设。1998年，为了提高在中国的知名度和日后营销获利，推出"书友会在线"，下属的音乐集团BMG在北京正式注册成立贝塔斯曼中国投资公司。1999年，它在中国的书友会会员达50万人；到2000年12月，贝塔斯曼全额投资成立上海贝塔斯曼商业服务有限公司，开通中国在线，其固有的"网上书店直邮和会员书店互动连锁"的销售模式开始在中国应用，"书友会"成员已超过120万人，创下了在华销售1.4亿元人民币的佳绩。目前，贝塔斯曼书友会已发展成为国内最大的中外合资图书俱乐部，通过目录邮购和网站向全国会员传递最新的、精选的产品信息，包括图书、CD、VCD、DVD和电脑游戏等。

2000年年底，贝塔斯曼在线（BOLChina）进入中国后，它在付款、配送、发货和客户服务方面可以提供较完美的服务。同年，上海贝塔斯曼咨询公司成立，按总裁米德尔霍夫的说法，尽管公司在亚洲的销售额当时只占公司总销售额的0.1%，但公司计划在未来12年中将这个比例提高到10%～15%。从长远来看，中国将是公司最重要的市场之一。贝塔斯曼咨询（上海）有限公司和贝塔斯曼亚洲出版公司则致力于加强与国内出版社的联系，并提高贝塔斯曼书友会的产品竞争力。贝塔斯曼直接集团整合了媒体产品直销业务，是贝塔斯曼集团除媒体内容和企业服务之外的第三大业务支柱。特别是2005年5月24日，辽宁出版集团与贝塔斯曼合资组建的辽宁贝塔斯曼图书发行有限公司在北京宣告成立。辽宁贝塔斯曼图书发行有限公司是贝塔斯曼所属的贝塔斯曼直接集团取得的进入中国图书分销市场的批发许可证，也是我国加入世界贸易组织后，第一家完全由国有资本与外资共同组建的图书发行公司。此次作为首批申请图书批发业务的外资公司，贝塔斯曼直接集团以合资形式开始参与中国图书分销市场的批发业务。这是贝塔斯曼集团在中国业务拓展的最新举措，也标志着他们已经从邮购、网上销售到连锁零售、再到批发，全面进入了中国出版物分销市场。

目前，贝塔斯曼直接集团代表了贝塔斯曼集团在中国的主营业务。贝塔斯曼对于中国的图书零售业，就像沃尔玛、家乐福对于中国的零售业，不同的是，贝塔斯曼在中国的发展因为种种政策限制，还不可能完全大施拳脚。以贝塔斯曼的规模而言，在中国的十余年，发展速度相对比较缓慢。也许因为要染指的是政策限制比较多的传媒业，贝塔斯曼一直小心谨慎，不过，这并不影响它觊觎出版、电视等行业的野心。

贝塔斯曼直接集团在中国的使命是："我们以独特的多渠道方式，向目标群体提供信息（Infomation）、教育（Education）、娱乐（Entertainment）产品。我们致力于提供高品质服务，创造独家内容和建立长久的客户关系。"

贝塔斯曼直接集团中国的远景目标是："直接集团中国努力确保愉快的工作环境和健康的个人发展，以成功完成业务目标。我们竭尽所能，向飞速发展的中国市场提供高品质的信息、教育和娱乐产品及服务。我们以社会进步为己任！"

（资料来源：高福安：《媒体战略管理》，中国传媒大学出版社 2006 年版）

二、案例分析

从贝塔斯曼集团进军中国的历程来看，它在美国市场开拓与中国市场的战略有明显不同。"谋定而后动"和"蓄势待发"是贝塔斯曼集团的最大特点，它总是在把一个战略的优点研究清楚之后，再采取行动。而在事先，它能耐心等待，采用低调的"一点点蚕食"的方式，寻找东西方文化的结合点。它不仅向中国出口传媒产品，还与中国伙伴合作制造适合中国市场的传媒产品，并通过各种文化和公益活动提升自己的形象，这是一种经营本土化的战略。

贝塔斯曼集团在中国的投资都是从战略投资的角度考虑，着眼于长期的战略目标，不会计较短期的利润。不急于盈利，主要是发展市场，形成规模。但是他们不会只埋头耕耘，不问结果，每年贝塔斯曼都会对这些项目进行严格的评估，以保证所有的经营性及战略性的决策都是建立在资本的有效配置基础之上。

协作基础上的分权经营是指贝塔斯曼集团各个业务经营单位在最大限度内享有自主权，作为传媒企业的主人，他们能充分发挥聪明才智，开发市场的资源，树立并实现经营目标。传媒集团要在复杂多变、竞争激烈的市场中立于不败之地，就一定要有分权经营带来的灵活性、责任感和高效率；而协作能确保整个集团的利益，同时顾及合作伙伴的利益。

核心竞争力是一个企业或公司取胜市场的关键所在。贝塔斯曼直接集团的核心竞争力在于拥有已经发展成熟的离线（书友会）和在线（BOL）并进的零售平台，并有完善的基础设施和物流体系，包括有中国本地特色的客户关系管理系统、库存管理、配送和支付系统对运营的强大支持。在服务领域，贝塔斯曼的"客户关系管理"和"信息系统管理"都有强势的国际客户背景，几十年积累的专业知识和经验增强了他们在中国的竞争力。

正如贝塔斯曼集团总裁君特·迪伦所说，每一个下属企业的负责人在其企业内的人事、投资、产品等所有事务中最大限度地享有自主决策权。总裁以及行业总负责人只进行大方向的监控，绝不过分干涉下属企业的具体经营事务。比如，贝塔斯曼集团在中国的图书直销业务正迅速扩张，负责这个业务的负责人全权开拓中国图书市场业务。下属企业负责人享有最大限度的自主决策权力，可以迅速地对市场做出反应。又因为他们了解当地情况，做出的决定最符合发展的实际，因此也最符合整个企业的利益。

三、思考·讨论·分析

1. 贝塔斯曼如何成功地进入我国市场？
2. 贝塔斯曼的核心竞争力是什么？
3. 如何理解战略管理中的"分工协作"？

案例 3-2　可乐双雄的战略选择

一、案例介绍

世界上第一瓶可口可乐于1886年诞生于美国，距今已有121年的历史。这种神奇的饮料以它不可抗拒的魅力征服了全世界数以亿计的消费者，成为"世界饮料之王"，甚至享有"饮料日不落帝国"的赞誉。但是，就在可口可乐如日中天之时，竟然有另外一家同样高举"可乐"大旗，敢于向其挑战的企业，宣称要成为"全世界顾客最喜欢的公司"，并且在与可口可乐的交锋中越战越强，最终形成分庭抗礼之势，这就是百事可乐公司。

世界上第一瓶百事可乐同样诞生于美国，那是在1898年，比可口可乐的问世晚了12年。当时，一个名叫凯莱布·布拉伯汉的人将一种叫做"布拉德"用来治疗消化不良的药剂，配出的药清爽可口，不久他将这种消化药改成饮料。由于它的味道同配方绝密的可口可乐相近，于是便借可口可乐之势取名为百事可乐。

由于可口可乐早在十多年前就已经开始大力开拓市场，到百事可乐问世时可口可乐早已声名远扬，控制了绝大部分碳酸饮料市场，在人们心目中形成了定式，一提起可乐，就非可口可乐莫属。百事可乐在第二次世界大战以前一直不见起色，曾两度处于破产边缘，饮料市场仍然是可口可乐一统天下。但此时的可口可乐也曾犯过一个战略性的错误：可口可乐本来可以有多次机会吃掉百事可乐，但因蔑视弱小竞争者而未采取这一战略举措，到后来形成了双雄对峙的局面。

第一次世界大战结束后，可口可乐和百事可乐都在大量购买砂糖贮存这个问题上失算，损失都不少。但是，实力雄厚的可口可乐并未伤元气，而利薄本小的百事可乐却支撑不住了。百般无奈的布拉伯汉恳求可口可乐买下百事可乐公司。可口可乐总裁伍德拉夫根本不把奄奄一息的企业放在眼里，他傲慢地说："我们可口可乐是世界上最优秀的饮料，我们懒得理会任何别的液体。"

百事可乐公司又苦苦撑了几个月，布拉伯汉把公司卖给了梅伽戈。然而，梅伽戈也无力回天。几年之后，他步布拉伯汉的后尘，再次希望可口可乐买下百事可乐，可口可乐仍然不屑一顾，反而问道："咦，你怎么会产生我会对可口可乐之外的饮料感兴趣的想法？"百事可乐于是第二次破产。后来，一家糖果公司的总裁古斯买下了百事可乐的商标，同样的一幕又出现了，古斯开出5万美元的价格想将百事可乐卖给可口可乐，然而可口可乐的当权者们却说："5万元？百事可乐怎么可能值5万元？想敲诈我们吗？别开玩笑了。"

可是，可口可乐公司的领导者怎么也没有想到，他们不屑一顾的百事可乐，目前已成为一代饮料巨人，可口可乐不得不集中精力与之竞争。早知如此，何必当初傲慢，若早早买下百事可乐，就不会有后来的龙虎斗了。为此，可口可乐悔不当初。

在第二次世界大战以前，可口可乐一直处于绝对优势，百事可乐是无力与之抗衡的。尽管1929年开始的大危机和第二次世界大战期间，百事可乐为了生存，不惜将价格降至5美分/磅，是可口可乐价格的一半，以至于差不多每个美国人都知道"5分镍币可以多买1倍的百事可乐"的口头禅,但百事可乐仍然未能摆脱困境。直到第二次世界大战以后,百事可乐才逐渐强大起来,绞尽脑汁侵占了可口可乐的一部分市场份额,但在多数国家或地区的饮料市场中,可口可乐仍占据明显优势。因此,在可口可乐和百事可乐的市场竞争中,可口可乐是市场领导者,百事可乐是市场追随者(挑战者)。

可口可乐作为可乐市场龙头,百余年的兴盛,得益于其科学的战略管理。以下是可口可乐公司20世纪90年代的战略目标的摘要:

我们面临的挑战使我们目前极为成功的主要事业以及可能从事的新事业的利润不断增长,使利润率大大高于通货膨胀率,让股东们获得超过平均水平的投资总收益。要把继续维持和提高本公司产品举世无双的地位,作为我们的基本目标。

百事可乐作为市场追随者,有两种战略可供选择:向市场领导者发起攻击以夺取更多的市场份额;或者是参与竞争,但不让市场份额发生重大改变。显然,经过近半个世纪的实践,百事可乐公司发现,后一种选择连公司的生存都不能保障,是行不通的。于是,百事可乐开始采取前一种战略,向可口可乐发出强有力的挑战,这正是第二次世界大战以后斯蒂尔、肯特、卡拉维等"百事英才"所做的。

(资料来源:李剑锋、王珺之:《战略管理十大误区》,中国经济出版社2004年版)

二、案例分析

美国未来学家托夫勒说:"对于没有战略的企业来说,就像是在险恶的气候中飞行的飞机,始终在气流中颠簸,在暴雨中穿行,最后很可能迷失方向。即使飞机不坠毁,也不无耗尽燃料之虞。如果对于将来没有一个长期明确的方向,对本企业的未来形式没有一个实在的指导方针,不管企业的规模多大,地位多稳定,都将在新的革命性的技术和经济的大变革中失去其生存条件。"可以说,没有一个企业能够在没有战略的指引下获得持续发展。在市场需求千变万化、国内外竞争日趋激烈的情况下,每个企业都需要制定正确的经营战略。正如罗斯和康敏在他们论述美国许多大公司缺乏卓越成就时所说:"没有战略的组织就像一条没有舵手的船打圈航行一样,它无处可去。"

可乐双雄的战略选择告诉我们:在战略的意义上,企业就像你手中握住的小鸟,是死是活全在于你对它的未来的判断与选择。一个企业的战略,未必要多么详细周密,但一定是对企业经营管理的所有方面都具有权威的、全面的指导意义。回头看中国二十几年的经济发展史,几经潮起潮落的结果是:每当潮起时，大批新企业诞生；伴随着潮落，大批有不同缺陷的企业偃旗息鼓，其中不乏一些基础较好、管理上有一定优势甚至是在行业中居于领先地位的企业。原因何在？忽视了战略研究。

新版《龟兔赛跑》中，一开始兔子就超过乌龟一溜烟儿跑没影了。乌龟一路跑过来，没看见兔子。大家都觉得奇怪，兔子没睡觉，怎么会跑不过乌龟呢？后来兔子垂头丧气地回来了，大家问它怎么回事。原来兔子以为自己只要不中途睡觉，就不会跑不过乌龟，于是低头猛跑，结果跑错了方向。兔子本来是强者，但由于认不清方向仍然输给了作为弱者的乌龟。

在我国，许多管理者只是把战略作为一种时髦的标语口号，也不清楚战略管理的真正内涵和作用。我国很多企业在制定战略目标时不按战略管理的方法去做，他们只研究自己，不研究别人，不研究市场，就像上文提到的兔子，根据自己的想法和行业的趋势杜撰企业的战略目标，这种做法是不能称其为战略的。而战略管理的真正内涵应是打造企业的核心竞争力，培育企业持续的竞争优势。

总之，一个正确的战略只有在正确地被实施的前提下，才可能达到预期的效果。战略实施是对战略思想的贯彻和执行，要具体落实战略方案，还要具体制定实施计划，包括对企业总目标、总任务在时间上的分解，在各事业部和职能部门等空间上分配战略及其措施的落实，关键的战略成功要素和重点指标的取舍，以及资源配置的优先顺序等。此时要深入考虑影响战略实施的领导风格、组织结构调整、企业文化、资源满足程度、管理变革等因素，以确保战略实施效果。

三、思考·讨论·分析

1. 可乐双雄战略选择的差别是什么？
2. 从可乐双雄的案例中，我国企业如何选择适合自身发展的战略？
3. 饮料类企业如何制定自己的发展战略？

案例 3-3 联想集团的战略发展

一、案例介绍

1984年11月1日，联想集团公司的前身——中国科学院（以下简称："中科院"）计算所公司正式创立，中科院"一院两制"正式实施，计算所曾茂朝所长提出"两个拳头出击"的口号。公司成立前，被誉为"开明所长"

的曾茂朝约见王树和、柳传志、张祖祥三人，并向即将上任的公司总经理和副总经理们说，所里能给的钱不多，只能投资 20 万元，但能交给你们三件"宝"：一是下放人事、财政和经营自主权；二是保证所里上千名科技人员作公司的后盾；三是给一块"中科院计算所"的金字招牌，以据此开拓一条新路。我们研究所办公司的目的是把公司作为研究所联系社会的桥梁，作为我们为经济建设服务的窗口，把研究所的科技成果迅速地转化为产品和商品。

现联想集团公司总裁柳传志时常感念这位"开明婆婆"。他常说，有个"开明的婆婆"比没有"婆婆"还强。为什么呢？有个"恶婆婆"你不仅挨打受骂还没有饭吃，要是有个开明的"好婆婆"，她会分给你几把钥匙，通情达理地给你带孩子，还不时指派小叔子、小姑子帮你忙家务。我们所和院领导，确确实实是"开明的婆婆"。在公司小的时候，他们帮助我们出主意、想办法；公司大了以后，他们放手让我们工作。总经理拥有经营决策权、人事调动权、经济支配权。总经理可以从所里任意选人到公司工作，可以挑最能干的。公司认为不合适的人可以退回所里，而且所长绝不给公司硬性派人。研究所对公司的管理以服务为主。由于有了"开明婆婆"，我们拥有了"三权"，有了灵活的运行机制，因而有了活力。今天看来，这"三权"比 20 万、200 万，甚至 2000 万元的资金更为重要。企业有了"三权"，才可能参与市场竞争，才能获得高速度、高效益的发展。

（一）从"提篮小卖"到"一叶小舟"

"提篮小卖"。公司刚成立时，除了 20 万元的投资，20 平方米的房子，11 个人之外，几乎是一无所有。11 个人挤在两间原是传达室的平房里，没有招牌，没有门市部，也无须门市部，因为他们事实上也没有产品可供销售。

由于缺乏资本，他们想到了政治经济学的术语——资本原始积累。他们积累资本的办法是，为人家维修机器、讲课、帮人家攻克技术难题、做销售维修代理等。为了积累资本，有人累得晕晕乎乎，下班时撞到电线杆子上；有人低血糖，工作中当场昏倒；有人累得哇哇吐血；还有人在风雨中迎接客户而掉进了一人多深的泄水井……可他们却从中找到了自我。

几个月过去了，他们居然赚了 70 万元人民币和 6 万美元，他们笑了。这是他们资本积累的第一大战果。通常的原始积累是疯狂榨取别人，而他们这些书生则是疯狂地榨取自己。这 70 万元为他们开发拳头产品提供了必要的资金。后来，柳传志把创业初期的这一段拼搏形象地戏称为"提篮小卖"。

"一叶小舟"。联想自成立起，始终坚持一个宗旨："以科研成果为国民经济做贡献。"当时，我国进口了几十万台 PC 微型机，由于文字障碍和懂得计算机科学的人员有限，大批微机闲置或只顶一台打字机用，原因就在于计算机"汉化"这个国际关注的难题上。公司领导敏锐地看到了微机汉化与祖国各项事业的紧密关系，只要能使计算机网络彻底汉化，就能赢得用户，打开市场，为社会做出贡献。于是，他们五六个人挤在一间小房子里，废寝忘食，通宵达旦地干起来。1985年11月，"联想式汉卡"正式通过了中国科学院的鉴定。国外学者认为，"中科院计算机的汉字信息处理技术居世界首位"，是"对中文发展的一大贡献"。

联想集团公司最先由开发联想汉卡开始，公司也由此而得名。

经过几年奋斗，联想已开发出156项计算技术实用产品，有明显经济效益的27项，公司自制产品和二次开发的产品占总营业额的80%以上。公司开发生产的高技术产品广泛应用于各行各业，全国各地，有些还远销国际市场。同时，公司的资产、人员、营业额、税利等也在迅速增长。但是，公司总裁柳传志却认为，联想"还只是一叶飘零的小舟，经不得大风大浪的冲击"。他明确提出："争取在几年内创办成全国第一流的外向型计算机企业，为国民经济做出更多的贡献。"为实现这一战略目标，1988年公司便制定并实施了一个海外发展战略，探索进军海外市场的途径。

(二) 进军海外市场

创建外向型高科技企业是联想的目标。为实现这个战略目标，联想制定了一个海外发展战略。这个战略主要包括"三部曲"和"三个发展策略"。

三部曲。第一步，在海外建立一个贸易公司，进入国际流通领域。目的是了解海外市场行情，摸索商业规律，积累资金，特别是寻找开发外向型产品的突破口。1998年4月，联想电脑有限公司在香港成立，开业时仅投资90万港币，3个月就收回全部投资，第一年营业额高达1.2亿港币。第二步，建立一个有研究开发中心，有生产基地，有国际经销网点的跨国集团公司。这是整个外向型事业的重心所在，是关键的一步。1989年11月14日，北京联想计算机集团公司正式宣告成立，是实现这一步的重要标志。第三步，在海外股票市场上市，形成规模经济，努力跻身于发达国家计算机产业之中，这"三部"曲于1993年实现。

三个发展策略。在海外事业探索中，联想形成了一套独具特色的海外发展策略，即三个发展策略。

"瞎子背瘸子"的产业发展策略。所谓"瞎子背瘸子"，即取其优势互补之意。香港联想公司是由3家各有优势的公司合资而成。其中，香港导远公司熟悉当地和欧美市场，有长期海外贸易经验；另一家中国技术转让公司能提供可靠的法律保证和坚实的贷款来源；北京联想公司的优势在于技术和人才实力，在香港无与伦比。在海内外产业结构上，联想也运用了互补原理。香港是国际贸易窗口，信息灵敏，渠道畅通，适合于搞开发和贸易；而生产基地则需要建在内地，因香港地皮、劳力昂贵。同时，香港移民倾向严重，缺少高技术人才。基于这种情况，公司决定派一批高技术人员在香港成立研究开发中心，而把生产基地主要放在大陆。

"田忌赛马"的研究开发策略。战国时代，齐国有个田忌与齐威王赛马，以上马对中马，以中马对下马，最后三局两胜。现在联想的做法是，摸准市场需求，选准突破点，集中优势兵力，断其一指。当时286微机在欧美有极广阔的市场，而充斥这个市场的主要是台湾地区和韩国的产品，联想完全可以与它们较量。从技术上说，在国际市场上286属于中马、下马的范围，联想决定拿出上马来和他们对阵。于是，公司投入较为充裕的资金，调动一流技术人才，在认真分析了国际上各种类型的286之后，运用先进的设计思想，选用国际通用的、集成度最高的、最新生产的元器件，使设计出来的机器成为上乘产品，性能远远优胜于台湾地区、韩国和香港当地的产品。

"茅台酒卖二锅头价"的产品经营策略。公司领导几次去欧美计算机展览会，几乎没有看到中国的产品。由此他们认识到，要想挤进国际市场就必须优质低价。由于公司技术和人才实力强，国内劳动力便宜，生产成本低，完全可以做到这一点。联想286可以说达到了"茅台酒"的质量，但卖的却是"二锅头"的价格。这就使联想产品挤进了国际市场。

经过几年进军海外市场的实践，联想亲身体验到开创海外事业的艰难。海外产品更新换代的突发性，海外用户对产品要求的苛刻程度，价格竞争之激烈，企业间倾轧之残酷等，都远远超出国内科技人员的想象。海外计算机市场之战，说到底是技术的较量、智慧的较量、意志的较量，真正的"刺刀见红"的拼杀。联想研制286微机几乎投进去一半家产，整个过程也是几起几落。经过几个回合的较量，总算初步站稳了脚跟。但是，以柳传志为首的公司决策层清醒地知道，海外市场就像是一片汪洋大海，随时都会掀起惊涛骇浪。在这样的汪洋大海中，企业之"船"要想稳稳当当地到达胜利的彼岸，依靠短桨轻划的飘零"小舟"是绝对不行的，必须铸造能抗惊涛骇浪的"大船"。

(三) 大船结构

1. "大船结构"。这种模式的主要特点是"集中指挥，分工协作"。具体包括五层意思。

(1) 集中指挥，统一协调。公司以开发、生产、经营三大系统为主体，围绕这三大主体，公司设置了一个决策系统，一套服务系统，一个供货渠道，一个财务部门，实行人员统一调动，资金统一管理。根据市场竞争规律，企业内部实行目标管理和指令性工作方式，统一思想，统一号令，接近于半军事化管理。

（2）各"船舱"实行经济承包合同制。1988年起，公司按工作性质划分了各专业部，比如，业务部下设汉卡、微机、网络、小型机、CAD工控、软件、资料等专业部，实行"船舱式"管理，任务明确，流水作业，有利于提高工作质量和效率，有利于实现按劳分配，调动职工积极性，体现企业主人翁地位。

（3）逐步实现制度化管理。从1998年起，公司开始完善各种企业管理制度。比如，财务制度、职工培训制度、干部聘任制度、库房管理制度等。着意进行规范化企业管理，为创建大规模外向型企业做准备。实行制度管理，使各"船舱"衔接起来，既有分工又有协作；既要提高各自的工作效率，又要顾全整体目标和利益。制度化管理使企业不但有了强大的动力机制，同时也建立起一套企业自我约束机制，以保证企业高速正常运转。

（4）实行集体领导，董事会下设总经理（裁）室。总经理室的四名成员，两个在香港，两个在国内，实行海内外统一指挥。公司高度重视领导班子的团结和表率作用。由于领导班子成员有共同的理想，共同的思想基础，又配合默契，使总经理一班人成为公司的坚强核心，在职工面前具有很强的号召力，并保证了企业决策的正确性，不在竞争中产生失误和失利。

（5）思想政治工作与奖罚严明的组织纪律相结合。公司实行总经理室与职工对话制度，与职工及时沟通思想，交流感情；公司高度重视人的观念转变，重视思想认识上的统一，将思想政治工作渗透到科研、生产、经营、管理等各项工作中去，甚至将思想工作做到海外；公司关心职工思想成长与切身利益，对各类职工一视同仁，积极解决各种福利待遇，解决各种实际困难和问题；公司有意识地培养一支骨干队伍，注意发挥党组织的战斗堡垒作用；公司致力于青年人才的培养，对青年人不仅为其发挥特长而搭台子，而且倾注心血去帮助、引导和鼓励，并辅之以严格的纪律约束，促使其迅速成长为德才兼备的新型科技企业人才。

公司有严格的纪律，包括：不许谋求第二职业，不许吃回扣，不许收"红包"，不许利用工作关系谋取私利，等等。公司对表现优秀做出贡献的职工给予提高奖金，提升职务、职称，出国学习、工作等方式的奖励；对犯错误或违反纪律的职工给予批评，扣奖金，退交人事部甚至开除等处罚。由于公司的正确引导和纪律约束，锻炼和造就了一支老中青结合、纪律严明、队容整肃、团结协作、朝气蓬勃的职工队伍。

通过实践，他们充分体会到"大船结构"的优越性，集中表现在：企业一旦形成坚强有力的整体，就能产生"1+1＞2"的总体效益。由于他们的"大船结构"，公司在社会上产生了良好的影响和声誉，赢得了广大用户的信任，争得了国家各部门的支持。"大船结构"使他们有能力开发出一系列高技术拳头产品，使他们形成技、工、贸、信息、服务五位一体的产业，使他们有能力广泛地开拓市场，增强了企业的竞争能力和抗风险能力，有利于大型科技企业管理人才的培养。

2. "大船文化"。"大船文化"是联想在改革开放的历史条件下，在创建新兴科技企业的过程中提炼升华而成的。大致包括6个方面的内容。

（1）灌输全新的价值观。一是提出"讲功劳不讲苦劳"的价值观，即对科技人员的评价不是以学历、资历和成果鉴定会评价为依据，而是以实际贡献为依据，要求科技人员发挥实际作用，创造经济效益；二是提倡"研究员站柜台"，要求开发人员跟踪市场，完善产品，直到产生效益；三是要求开发人员强化市场观念、用户观念、时间观念、效益观念。另外，公司对职工的要求是德才兼备，综合评价，既忠诚，又精明；公司任人唯贤，量才用人，亲仇不避，不计较个人恩怨。

（2）树立事业上的共同理想。"创办计算机企业，跻身国际市场"，是联想人的共同理想。共同的理想，宏伟的目标，是联想集团凝聚力的根源所在。

（3）铸造集团公司的整体意识。"同舟共济"、"协同作战"、全局意识、合作意识、补台思想，等等，是联想集团的主导思想。公司极力反对内部分裂，反对小山头、小摊贩、小作坊和部门所有，倡导透明的人际关系，强调内部凝聚力，引发向心力，视团结如生命。

（4）塑造高科技企业的社会形象。联想集团把产品质量、公司信誉和售后服务视为企业生存的三大基础。公司投入2/3的人力和相当大的财力用于保证产品质量和产品服务，并提出"用户是我们的上帝"，"信誉比金子还宝贵"，产品开发、生产、经销"全过程质量控制"等口号，并认真实施，坚决落实。

（5）弘扬拼搏创业的公司精神。联想集团有句著名的口号：把"5%的希望变成100%的现实"。公司制定目标、计划的时候，慎重小心，稳扎稳打。一旦目标确立，就要发扬轮番拼杀的精神，不达目的，绝不罢休。公司号召大家既然上了"大船"，就要断绝退路，拼命向前！

（6）培养以企业为家，以集团为荣的自豪感，倡导亲密和谐的内部关系。公司引导职工把个人的前途与企业的发展紧密联系在一起，使职工与企业产生理想共鸣，价值共振。公司培养职工的主人翁感和归宿感，鼓励并吸引职工长期甚至终身为企业服务。

（四）面向未来

为把联想办成一个长久的、有规模的高科技企业，最终成为具有世界级水平的高科技产业集团，联想制定了企业发展的近期、中期和远期目标。远期目标是在2010年之前以一个高技术企业的形象进入世界500家最大企业之中；中期目标是到2005年左右，完成100亿美元的经营额，逐步逼近世界500强的入选范围；最近的目标是到2000年完成经营额30亿美元，利润1亿美元，进入世界计算机行业百强60名以内。

在制定战略之前，联想集团对世界计算机行业和中国高科技企业的发展进行了深入的研究和分析。根据这些分析，联想集团选择下列四个方面作为其实现近期目标的途径。

第一个方面是国内微机市场。由于IBM、康柏这些世界级的公司受WIN-TEL模式的限制，其他公司在主要技术性能上已无法有大的发挥，而在次要的技术性能上，联想凭借其对中国用户特殊要求的掌握和在成本、服务网络上的优势，市场优势是十分明确的。

第二个方面是国内系统集成领域。由于中国的特殊环境，使得在应用软件开发和服务网络的建设方面，国内比国外公司具有优势。又由于这是个技术性很强的领域，长期做下去会使这种优势扩大和难以动摇。

第三个方面是代理销售领域。在今后很长的时间内，外国公司的各种先进设备是会要源源不断地进入中国市场，代理这个行业将长期存在下去。

第四个方面是面向国际市场开发生产销售PC机的主机板。这部分市场过去被认为是"鸡肋"，美国、日本由于人工成本较高都放弃了。实际上在芯片（CPU）发展到奔腾（586）以后，主机板的频率越来越高，每个元器件都成了一个小小的发射源，设计难度增加了，对生产设备的要求提高了，毛利也随之大幅度增加。联想集团看准了这个机会，通过控制成本提高净利，以此为保底市场，以期进入芯片研发生产领域。这部分业务是联想集团凭借研发力量进入世界市场的试点。

这四个方面的业务是联想集团实现2000年30亿美元经营收入的最重要的途径。除此之外，精明的联想人还准备了两支"伏兵"，用来保证既定战略的顺利实施。第一是新开发的工业项目，如CD – ROM、可换盘组硬磁盘、大屏幕显示器等，在海外合资建厂并销售；第二是在广东惠阳建立了一个联想科技园，逐渐形成规模，在2000年前后计划发展成两平方公里的规模。这两方面被联想人笑称为"锅里的饭"和电脑、系统集成、代理分销以及板卡制造四个"碗里的饭",共同形成了联想集团决胜2000年的巨大优势。

制定了完美的战略,还必须把战略分解成具体的战术步骤去实现。任何一种战略构想的最关键的部分都是:用什么方法,走什么道路去实现近期的目标?在联想2000年的蓝图中,明确的道路只有一条,那就是管理。

搭班子、定战略、带队伍是联想的"管理三要素"。这三个管理要素是有机联系的。带队伍的内容包括企业在不同时期应该有什么样的组织结构,才能使运作效率最高;应该有什么样的企业文化,才能使员工和企业的目标一致,最大限度地加强凝聚力;应该有什么样的管理模式,才能使员工有令能行有禁则止;应该有什么样的激励方式,才能使现代中国年轻的知识分子发挥最大的创造力,成为出色的领军人物。

与定战略、带队伍相比,三要素中最重要的还是搭班子。如何坚决杜绝一切可能产生宗派的因素?第一把手应该具备什么样的条件,应该如何提高自身修养?班子的成员如何发挥作用?对这些问题,联想集团举行过高级干部培训班进行培训。他们认为,没有一个意志统一的、有战斗力的班子,任何战略构想都是无法完成的。

柳传志总裁在《决胜2000年》一文的结尾说:"有人说21世纪是华人的世纪,也有人说未来经济的主导力量是高新技术产业。不管怎样,大力发展信息产业是中国经济前景中的重要组成部分。……中国民族高科技企业完全有能力凭借自身的比较优势,扬己之长,攻彼之短,在国家产业政策的宏观调控下,将自己塑造成为具有世界级水平的高科技产业集团。"

(资料来源:许晓明:《企业战略管理教学案例精选》,复旦大学出版社2003年版)

二、案例分析

企业的发展离不开资本集中,市场竞争离不开战略,这是因为我们面对的现代经济是大生产的经济,而绝不是各自为政、封闭保守的小生产的经济。

柳传志的战略思想独具匠心。"瞎子背瘸子"(一个瞎子和一个瘸子同一群正常的人去赶考,两人因生理痼疾都走得很慢,远远落在正常人后面。忽然瞎子心生一计,提议让自己背起瘸子,由瘸子指路,很快跟上了正常人)的产业发展战略,可以扬长避短、优势互补。"田忌赛马"的研究开发战略,将"联想"最优秀的人才集中到板卡的研制上,用"联想"的上马对付台湾地区与韩国的中马,可以避实就虚。"茅台酒卖二锅头价"的产品经营战略,即"以茅台酒的质量卖二锅头的价钱",可以迅速打开了国际市场。联想集团的这三大战略十分成功。

企业是人员、资金及设备的集合体,由人员运用资金及设备来达成企业目标。一个企业如果要持续不断地获得成功,就必须具有整体观,有效发挥全体员工的力量,基于企业及社会的整体利益,以一贯性、整体性的做法来经营。联想的决策者认识到,没有一支组织严密、战斗力很强的队伍,企业就成不了气候,也就无从谈起进军海外市场。在这样的背景下,联想集团提出了"大船结构"管理模式。企业就像一条大船,只有船内各部位良好工作了才能保证大船稳妥地前进。联想的"大船结构"是一种整体观。整体观可以使人总揽全局运用自如。

企业需要创新精神,如果总是墨守成规,那它必将被淘汰。作为一个成功的企业家,柳传志一直十分注重培养企业的创新精神。具体来说,联想的技术创新,能够发现技术的市场潜力及进行针对性的改进,能够真正理解中国用户需求,从而达到了事半功倍的效果;联想的管理创新,旨在提高资源组合效率,更多地涉及人与人之间的关系和机制,正中传统做法、体制、观念和缺陷之要害;联想的制度创新,集中在建立基本体制构架,如市场制度和企业制度,从体制上为技术创新和管理创新提供了行为规范。柳传志非常推崇"求实创新",他将这四个字写在联想集团的大门上,也将它贯穿于公司的管理和日常工作中,他说,没有创新不行但没有求实精神,不知道用什么方法、通过怎样的步骤进行创新同样不行。

联想的成功表明,国内企业管理创新的实现过程同时是健全现代公司经营体系和实现管理正规化的过程,是专业管理人员成长和形成的过程。

三、思考·讨论·分析

1. 联想集团所进行的战略发展对企业有何意义?
2. 简述联想集团一系列战略的过程和作用。
3. 请结合本案例的内容讨论制定、实施企业战略对企业发展有何重大意义?

案例3-4 从纸张到手机的故事

一、案例介绍

还是在19世纪的1865年,在北欧芬兰南部诞生了一家普普通通的造纸厂，它以当地的一条河流的名字命名，叫"诺基亚"。

100年后，诺基亚仍稳稳当当地经营着，并在1967年组建成了为芬兰人提供包括纸尿布、高统皮套靴、轮胎、电话电缆等多元化产品的集团公司。

进入20世纪80年代，随着世界电子时代的到来，诺基亚集团也开始大量投资电信。由于它适应了芬兰国家地势崎岖，人烟稀少，架线不便，无线通信业出现很早的客观情形，把简陋的步话机发展成了一种成熟的移动通信系统。与此同时，诺基亚也有了家用电器、计算机、传呼机等系列产品。

诺基亚原本是芬兰的一个名不见经传的企业，而且在20世纪90年代曾一度陷入几乎濒临倒闭的绝境。但是如今的诺基亚不仅成为世界手机生产的巨人而执行业之牛耳，而且在同行业中的爱立信、摩托罗拉等均处于逆境之时，它的发展仍锐势不减。2000年，诺基亚的手机出厂数量高达12637万部，比上年增长65.5%，并以30.6%的市场份额遥遥领先于第二名的摩托罗拉（14.6%）和第三名的爱立信（10.0%）。经营利润达到58亿欧元；销售额增长54%，达到304亿欧元；红利0.28亿欧元，增长40%；每股收益（基本）红利0.84欧元。日本《日经产业新闻》评论"移动电话最大生产厂家——芬兰诺基亚公司一枝独秀"，它于1月30日公布的2000年决算显示，移动电话事业的销售额和利润都开创了历史最高纪录，呈现出即将垄断这一领域的趋势。而英国《经济学家》周刊对于诺基亚起死回生，在手机行业中站稳脚跟并后来居上，干脆称做是"一个芬兰神话"。

回首诺基亚走过的近一个半世纪的历程，大致经历了这样几个阶段。

第一阶段，大约从19世纪中建厂之时起而止于20世纪上半叶。这一时期，诺基亚经历了一个从木材厂向多元化的综合集团化公司缓慢发展的过程。起初生产木材和纸浆等，后来进入生产橡胶制品和电缆制造行业，并逐渐发展成为一个包括造纸、化工、橡胶、电缆等行业在内的综合体。

第二阶段，大约从20世纪60年代起而到90年代初期前后止。诺基亚于60年代成为法国公司通讯产品的代理商；70年代开始进入无线电话设备制造领域；而从70年代末期起，诺基亚已开始将传统经营创得的利润用于购买技术和电子企业——主要生产电脑和电视。在当时尚无移动电话的情况下，1980年，爱立信为利用美国贝尔电话实验所开发的一项技术以建立早期的移动电话网时，便选中了诺基亚，因为它当时在无线电话领域已小有名气。就这样爱立信给了诺基亚提供生产移动电话的机会。在整个80年代，诺基亚的日子一直过得不错。在1990年改革前，诺基亚按产品和业务建立了6个事业部，每个事业部管理若干个工厂，负责对产品的开发、生产、销售和服务工作。

(1) 家用电子部：家用电子部主要产品是彩色电视机、卫星接收装置、VCRs 和音响设备。家用电子部占诺基亚销售额的 27%。

(2) 信息系统部：信息系统部主要产品有工业信息系统，银行、保险、旅游、商店、办公自动化管理系统，国际管理系统，控制仪表及元件、电路板。信息系统部占诺基亚销售额的 21%。

(3) 移动电话部：移动电话部近几年发展迅速，现已成为世界上该产品的第二大生产厂商。主要产品有移动通信设备及系统、移动电话和基础站。移动电话部占诺基亚销售额的 10%。

(4) 电信部：电信部主要提供用于国际专用通信网络的通信设备和系统、新的数字移动电话系统、用于公司管理方面的专用网络和 GSM 设备。电信部占诺基亚销售额的 10%。

(5) 电缆机械部：电缆机械部是电缆和电工技术联合组成的综合部门。主要产品有电力电缆、电线附件、电容器、铝制品、电缆导线、电缆生产设备和照明系统、建筑金属配件、薄金属板加工设备、计算机外围设备、精密铸造机械、电力设备的高精度机械部件。电缆机械部占诺基亚销售额的 24%。

(6) 基础工业部：基础工业部的主要产品是轮胎、化学制品、橡胶制品和纸制品等。基础工业部占诺基亚销售额的 8%。

当时的首席执行官凯拉莫是第一个引导诺基亚真正转向技术领域的人，他在 20 世纪 70 年代就看到了技术是诺基亚的未来出路。他将传统工业的利润投入到开发和购买新的业务上，移动电话就是其中一个。当时诺基亚的管理层精通于造纸、橡胶和电缆业务，对这些新的行业却不知如何下手，所以凯拉莫从外面吸收了大量年轻的、具有国际经验的"新鲜血液"，为诺基亚将来的转型储备了技术人才和管理人才。然而从其行业分布来看，当时移动电话所占份额仅为 10%，远称不上公司的支柱产业。当时诺基亚的指导思想是多种经营可以防止经济波动的影响，分散经营风险。然而，这么多的业务领域也给诺基亚带来很大的难题，公司受到资源的限制，难以建立起各领域中的竞争优势，产品没有特色，在美国和日本的竞争对手的冲击下，诺基亚的效益大幅度滑坡，特别是一些传统制造业领域，产业的平均回报越来越无法让人满意。

第三阶段，为诺基亚摆脱困境及再生的辉煌阶段，其时间大致从奥利拉 1992 年担任该企业首席执行官至今，历时 10 年左右，来自外部的压力，置诺基亚于死地，而奥利拉则凭借自己推行的一套行之有效的战略，不仅使诺基亚获得新生，又在世界移动电话业中独占鳌头。现诺基亚仍继续处于这一阶段中。

在现任总裁奥利拉之前，诺基亚一直以多元化经营为指导思想，从橡胶、卫生纸到电缆、电视机、电脑等无一不生产。但是，多元化经营不仅没有分散企业的经营风险，还大大限制了企业的资源，使诺基亚的产品在各个领域内都难以建立竞争优势。1992年，奥利拉临危受命出任诺基亚的首席执行官，他十分看好诺基亚当时的一个极有被人们注意的，为GSM标准开发相应系统设备和终端设备的项目。当时，GSM还远远不是一个成熟的数字化手机通信标准，但奥利拉认为它很可能成为继模拟方式之后的第二代手机标准。为了能集中所有资源，背水一战，他做出了改变诺基亚命运的战略决定，即诺基亚今后将只以手机和移动通信网络系统设备为发展方向，其中以GSM手机为重点，全力以赴，做全球市场，做增值产品，做增值服务，诺基亚的传统产品将一个不留。最先是造纸和橡胶制品被扫地出门，然后是电线电缆停产。至于牵涉重大的电视机和电脑产品，虽不能立即停产，但已不再作为发展方向，而是逐步淡出。数年以后，诺基亚果然完全与电视机及电脑生产脱钩。应该说果断地甩掉传统业务的包袱，为诺基亚推进GSM通信标准手机的研发和生产，集聚了最大的能量。正如奥利拉所说："诺基亚的规模虽然比摩托罗拉、爱立信等电信巨人小得多，但是它对移动电话市场的专注和投入却是其他企业所无法相比的。"

其实，诺基亚向技术领域的转型并不如人们想像中的顺利。今天世界上几乎没有人知道，芬兰的诺基亚曾经生产过电视机、计算机、传呼机或其他电器产品。但在当年这些产品炙手可热之时，诺基亚确实将股东的钱大把大把地投资于这些行业中。但是，正如上文所谈到那样，诺基亚在这些行业中无一例外地遭到了当时领先者的打击。日本索尼、荷兰菲利浦、美国IBM等竞争对手是那么强大，诺基亚节节败退。更糟糕的是，美国无线通信巨人摩托罗拉只花了很短的时间，就在手机生产技术上后来居上，研制出了第一代模拟式手机的批量生产方法，使唯一能给诺基亚带来盈利的手机产品在市场上也处处碰壁，公司开始亏损。转型失败的压力使凯拉莫在1988年自杀身亡，诺基亚彻底跌入深渊。1991年，其最大的股东———一家投资银行，甚至乞求爱立信廉价收购诺基亚，遭到爱立信的拒绝。

在诺基亚的转型过程中，由于该行业的发展还很不成熟，它的竞争对手们对移动通信技术未来的发展方向判断失误。20世纪90年代初诺基亚把命运整个压在GSM标准上，当时也冒着很大的风险，因为那时，已成形的下一代手机通信新标准很多，到底应采用哪一种作为全球通用标准，各国为了自己的切身利益都坚持不下，且各行其是。正是这种混乱的局面使领导世界无线通信潮流的摩托罗拉也没有看清发展方向。而且，当时传统的模拟手机通信标准在美国正大行其道，摩托罗拉由于自己在这方面已取得的优势，对新的手机通信标准十分抵触。再加上它对自己的研发能力过于自信，准备静观其变，再次扮演后来居上的角色。所以，摩托罗拉仍然把主要力量投入在开发新的模拟手机技术上，比如怎样把模拟手机做得更小巧、功能更多、外表更靓。上述原因导致摩托罗拉极大地贻误了战机，等同于不战而退，把数字化手机的领导者地位拱手送给了诺基亚。诺基亚抓住天赐良机，集中全部力量推动 GSM 手机和手机通信系统设备的研发，为即将出现的市场需求剧变做好了充分准备。

1993 年年底，局面渐渐明朗，欧洲各国先后开始采用 GSM 数字手机通信标准为新的统一标准。恰当其时，诺基亚把它精心准备的突破性产品——2100 系列手机推向市场。这种手机采用了新潮的数字通信标准，音质清晰而稳定，同时吸取了摩托罗拉模拟手机小巧玲珑的特点。而与 GSM 技术标准同样重要的是，它设计上有两点突破性创新：一是借鉴了电视机的外形设计，首次采用了大比例显示屏面，显得豪华而气派；二是巧取了电脑上的用户界面设计思路，首次采用可翻滚文字菜单，使原本复杂的操作变得简单。全球用户们对诺基亚这款新手机赞不绝口，实现了消费心理学上所说的"用户首次认同"。诺基亚原定 2100 机型的销售目标是 4 万只，没想到一下子就卖出了 2000 万只！巨大的成功使诺基亚一举扭亏为盈，声名大振。其后，爱立信和摩托罗拉也赶紧投入巨资搞 GSM 手机的研发，欲与诺基亚一决雌雄。但是市场讲究先入为主，正是用户对诺基亚 GSM 新型手机的首次认同，使得人们对奋起力追的摩托罗拉和爱立信推出的 GSM 手机的青睐程度始终不如诺基亚。

从天时、地利、人和来讲，诺基亚的市场无疑主要在欧盟国家，但诺基亚在海外发展也非常迅速，包括中国市场，进一步确立了它在世界的领先地位。诺基亚的全球化始于 18 年前，也就是在同一年，它在中国设立了第一个办事处。这可能和芬兰是一个只有 500 万人口的小国不无关系。中国手机市场奇大，2001 年已突破 1 亿用户，成为世界上手机用户最多的国家，但是国内企业的生产能力极其有限，2000 年估计中国手机用户增加 2800 万，同年上半年国产手机仅为 140 万部，巨大的供给缺口给诺基亚等外国厂商提供了机会。诺基亚尤其重视中国市场，用奥利拉的战略动机即"欲决胜世界，先逐鹿中国"。而当 1992 年奥利拉上任后带领诺基亚向移动通信转型时，他们也从未忽视过全球化的重要性。在转型之初诺基亚就定下了以下长期战略：开发的产品要具有全球竞争力很强的吸引力；产品要快速占领国际市场；寻求一种与密切关注用户需求紧密联系的方法，而不是仅仅依靠技术。

奥利拉在公司总部保留了芬兰人占主导的企业文化。他将芬兰人的民族观念融入到企业文化中，使员工紧密地团结在一起。当公司遭遇危机时，他不会像典型的美国公司那样解雇十几个经理人员，用大换血的方式解决问题，而是和部下一道寻找症结所在，以"芬兰式的温和管理"进行革新，排除危机。

但同时诺基亚也很注重树立员工的危机意识，把经理们从舒适轻松的位子上赶走，进行工作轮换，就是公司激发员工工作积极性的有效方式。因为一个人如果长期从事一项工作难免会感到厌烦，而且易于陷入定式，换一个全新的工作则会调动积极性，利于其创造性的发挥，从而形成整个企业奋发向上的精神。

作为一个跨国公司，诺基亚还很看重它与当地文化的融合，尊重当地员工原有的价值观念，使其成为子公司文化中的一部分，同时汲取这些不同的思想中的精华，实现不断的自我完善。

（资料来源：黄凯：《战略管理——竞争与创新》，石油工业出版社2004年版）

二、案例分析

诺基亚，是当今世界高科技领域成功企业的缩影。它启示着人们，科技与文化，越来越成为企业叱咤沙场的两把利剑，而文化这把剑更具有钢的柔韧性。

多元化经营是企业的一种经营战略，主要是充分利用企业的资源，扩大生产经营领域和范围，跨行业生产经营，以提高资本经营的效益。由于市场变化无常，采取多元化经营战略，把"鸡蛋"放入几个"篮子"中以规避风险、扩大收益，这是一般企业惯用的手段，似乎成了企业经营的大势所趋。其实，多元经营就像"双刃剑"，虽可分散风险，但也会带来很大风险，其风险就在于"多元"。"元"太多，又没很好地把握投资方向，盲目涉足自己不很熟悉、没有竞争优势的领域，实际上是在加大风险，而不是分散风险。这是一种辩证的关系，将"鸡蛋"放入几个"破篮子"中，还不如将"鸡蛋"都放入一个"好篮子"中安全。因此，重要的不是把"鸡蛋"放入多少个"篮子"，而是要把每个"篮子"选好、看护好，否则的话，"篮子"越多，"鸡蛋"破得越快。

诺基亚公司原本是一个多元化经营的公司，有着众多行业的业务，限于资源原因，没有一个行业能做大、做强。在奥利拉的大力推进下，诺基亚公司逆势而动，不搞"多元"搞"专业"，在认准了方向之后，充分发挥资源集中的优势，反倒取得了巨大的成功。这点在与爱立信公司的比较中就看得出来：爱立信公司在数字电话领域比诺基亚公司规模要大出很多，经营也较为多元化，背负着原有盈利不高的业务部门的沉重负担，近三年来数字电话的收入连年下降，与诺基亚的节节上升形成鲜明对比。这一悬殊差异体现了奥利拉实行的产业单一战略的优势，那就是集中优势资源发展主导产业，将主导产业做强，增强市场竞争力。这就是诺基亚从一个不知名的厂家迅速成长为国际三大电信巨头之首的首要秘诀。诺基亚虽然一直拥有领先科技的优势，但它更重视科技的实际应用，不断地将各种新技术延伸到应用领域，与消费者的现实需求及潜在需求相结合，为消费者带来更多价值，开发了需求、满足了需求、引导了需求，最终形成了市场对诺基亚产品的巨大需求，这就是诺基亚公司和奥利拉的高明之处！

诺基亚的企业价值观，诺基亚特有的做事方式，促成了诺基亚所追求的伙伴关系：公司对员工的期望，也正是公司所给予员工的；员工与公司共同成长，相互满意，由此达到最佳平衡。这样的团队协作，打开了每一位员工聪明智慧的脑袋。他们追求创新，他们有条件创新；他们追求自我价值的实现，同时他们更追求企业价值的实现。

诺基亚的核心价值观，有助于全体员工建立起第一流的行为准则；它对于在诺基亚一起工作的员工来说，无疑构成了一个共同的契约，使大家有了共同的语言，形成了一种共享哲学。

三、思考·讨论·分析

1. 通过竞争定位分析与企业内部自我分析的过程，诺基亚公司的核心竞争能力是什么？
2. 自行收集资料，通过同样的方式，摩托罗拉公司的核心竞争能力是什么？
3. 自行收集资料，通过同样的方式，（新）索尼爱立信公司的核心竞争能力是什么？
4. 诺基亚转型成功的原因有哪些？
5. 企业转型会遇到哪些困难？
6. 企业成功转型要必备哪些自身条件以及产业的外部条件？
7. 诺基亚成功转型的启示？
8. 结合中国国情，谈谈中国企业要进行转型必须注意哪些问题。

案例 3-5　华西集团的发展战略

一、案例介绍

近几年来，江苏华西集团公司坚持以经济建设为中心，提出了经济发展的最终目的是使全体居民实现"发展、幸福、长寿"。同时着力提高经济运行质量，在面临宏观和微观较多困难的情况下，使经济保持了持续快速增长。1997年，完成工业销售收入21.8亿元，利税总额2.6亿元，分别比上年增长15%和21%。这家集团得益于20世纪90年代以后实施新的发展战略。

（一）实施名牌发展战略，进一步提高市场竞争能力

他们充分发挥华西的名村、名厂、名人优势，用好这一宝贵的无形资产，大力实施名牌战略，不断优化产品结构，提高产品的知名度和市场覆盖率。在创建名牌方面，重点抓好"五个三"：①增强"三感"：教育职工增强创建名牌产品的光荣感、责任感、事业感，使创建名牌工作成为大家的自觉行为；②讲求"三真"：推销产品说真话、售真货、定真价，通过实实在在的工作，使产品得到专家、用户、主管部门的公认；③坚持"三守"：生产经营坚持守法、守信、守约；④做到"三包"：销售产品做到包质量、包优惠、包退货；⑤建立"三专"：建立华西产品专卖柜、专卖店、专卖厅，完善和增设2000个销售网点。通过实施名牌战略，华西的"名品家族"不断扩大，市场竞争力不断提高。目前，"华西村"牌和"仁宝"牌系列名牌产品已发展到西服、羊毛衫、衬衫、袜子、牛仔裤等十多个系列。

（二）实施规模经济战略，进一步提高集约经营水平

近年来，华西充分发挥经济实力优势，进一步壮大规模经济，促进经济向规模化、集约化和国际化方向发展。主要做法是"完善五厂"，即办好现有的线材厂、型钢厂和毛纺厂，新办合资经营的造纸厂和炼钢厂。对现有的三个大厂，通过技术改造、新品开发和强化管理，建成全国村级最大的线材、型材和毛纺产品生产基地。其中与香港启祥公司合资的造纸厂总投资1824万美元，与台商合资的50万吨炼钢厂已正式启动，总投资8439.6万美元。办好这五家工厂，可新增产出50亿元，增加固定资产十多亿美元，每年增加经济效益超过4亿元。

（三）实施科技兴企战略，进一步提高经济增长水平

在近几年的经济发展中，华西适时调整思路，选上了一批投资规模大、科

技含量高、与国际接轨的项目,提高了产品档次和技术装备水平。精毛纺厂先后投资1000多万美元进行技术改造,从国外引进了织造、染整、西服生产流水线等关键性设备,建成了拥有国际先进设备,集洗、纺、织、染、整、服于一体的全能型精毛纺企业。造纸厂不仅从国外引进先进的生产设备、环保设备和活动厂房,而且引进了技术软件和高级管理人才。炼钢厂立足高起点从意大利引进了20世纪90年代国际一流的80吨交流电炉和连铸连轧生产线,正常生产后用工不超过450人。在加大科技投入的同时,他们采取多种形式,不断提高企业家和职工队伍的素质。通过招聘,引进各类中高级技术人才300多名,其中从国外引进了十多名高级技术人才和管理人才。

（四）实施协调发展战略,进一步促进第一、二、三产业发展

第一产业方面,华西投入200多万元,建设200亩省级高产农业示范区;同时结合帮带扶贫,跨省市开发宜农荒地2万多亩,建设大型商品粮生产基地,积极发展养殖业和食品加工业,实现种养加一条龙、农工贸一体化。第三产业方面,他们主要以办好华西旅行社为龙头,大力发展旅游业。目前,华西的旅游事业已初具规模,拥有华西金塔、农民公园、世界公园、体育培训中心等大小旅游景点80多处,生活设施完备,有各种档次的床位3000多张,可一次就餐2500人,初步建成了具有华西特色的江南农村田园风光旅游中心。

（资料来源：林广瑞、李沛强：《企业战略管理》,浙江大学出版社2006年版）

二、案例分析

企业采用发展型战略的主要原因在于：追求发展、环境因素的影响和企业领导人的价值观。因为,无论怎么说,在战略层次上领导者的个人作用还是第一位的。所以,企业可以通过发展扩大自身存在的价值,这种价值既可以成为企业职工的荣誉,又可以成为企业进一步发展的动力。企业可以通过发展来获得过去不能获得的崭新机会,避免企业组织的老化,使企业总是充满生机与活力,也可以通过发展获得好的经济效益及社会效益。

企业在选择发展战略时,必须考虑战略维度与战略方式的选择。在战略维度选择上,像通用电气和诺基亚一样,企业可以考虑两种维度：一是产业维度；二是空间维度。在产业维度上,企业主要考虑经营的业务范围和宽窄,或者集中发展一种业务,或者向更多的业务领域拓展,因此,形成专业化和多元化两种主要的产业发展战略；在空间维度上,企业主要考虑涉足的空间范围的大小,或者在一个地区范围内发展,或者向全国或国外发展,因此形成国内战略和国际化战略等空间发展战略。华西集团在产业维度上就是多元化发展战

略，多元化发展战略是企业追求发展的重要战略选择。比如说企业现有产品线的生命周期趋于衰退，市场份额的减少、利润的萎缩危及到企业的生存安全，这时的企业就会去寻找契机开展新的扩张战略。在空间维度上则是国内发展战略。

对华西所走过的道路，如果做一个概括的话，那就是华西人一切从村情出发，坚持集体经济，以共同富裕为目标，以市场经济为先导，夯实农业基础，用来自农村内部的积累，启动了农村工业化与城市化。以规模经济为导向，实施改革驱动，外向带动等战略，走出了一条有中国特色的农业现代化、农村工业化与城市化和村级经济社会快速发展，全面进步的成功道路。

三、思考·讨论·分析

1. 华西集团选择的上述4个发展战略之间的联系是什么？
2. 你认为华西村最基本的发展战略是哪个？为什么？
3. 实现上述4个发展战略的主要宏观背景是什么？

案例3-6 李嘉诚父子的胜利

一、案例介绍

亚洲的一些经济评论家认为，香港以李嘉诚为代表的那些靠地产、航运、港口致富的传统型富豪，将很快被知识经济时代所淘汰。但是，李氏家族却以他们不凡的业绩打破了这样的预言。

（一）世纪之交的三大神话

第一大神话，一只"橙子"值千亿。1996年，李嘉诚控股的和记黄埔在英国投资，组建了电讯公司ORANGE（橙子）并上市，总投资84亿港元。在此之前，ORANGE经营一直亏损，1998财政年度的亏损为98万英镑，但电讯业务渐入轨道，客户基础不断扩大，成为英国排名第三的移动电话经营商。在此基础上，和记黄埔决定分拆上市，赚回41亿港元特殊收益，将以前投资收回过半。1999年，又以1130亿港元为代价，出售ORANGE四成多的股份给德国电讯财团，并与该财团进行换股，成功地入主德国电讯财团，成为单一持股的最大股东。在这笔交易中，李嘉诚的成本几乎是零，而回报是1000多亿港元的现金和大笔的股权。

第二大神话，盈动演出"蛇吞象"。1999年5月3日，李嘉诚的小儿子李泽楷旗下的盈科拓展集团收购了原来市值不足 1 亿港元的壳股"得信佳",将其改名为盈科数码动力,复牌后,股价由 6.8 港元一路飙升,直至 28.5 港元,在短短的 10 个月内,市值升至 2200 亿港元,居全港第 6 位。其后,盈动在资本市场上动作频频,颇有呼风唤雨之势,不久前盈动终于亮出大手笔,斥巨资收购香港电讯——香港电讯是一家上市公司,目前市值为 3140 亿港元,而盈动仅为 2063 亿港元,购并后的新公司市值将近 5400 亿港元,成为香港第三大互联网公司。

第三大神话,"汤姆"出世万人空巷。眼前父亲和弟弟成为了新的"网络英雄",李家传统产业的接班人李泽钜也坐不住了,李泽钜早就想通过长江实业、和记黄埔投资 10 亿美元搞一个综合性门户网络。1999 年 12 月 7 日,他花了 2000 万港元终于从美国 VORTEXX 那里买到了他想要的域名:www.Tom.com。12 月 16 日正式推出,其注册用户短短两个月里就超过了 4 万人,新生的汤姆备受关爱,香港创业板为它预留了 8001 的号码,联交所先后豁免了对该公司经营超过两年,上市申请满 25 个交易日等例行要求,将其公众股以最快的速度推向市场。2 月 23 日,汤姆出售 4.28 亿新股,香港上演了万人空巷认购汤姆的场面,认购人数超过 40 万人,超额认购约为 1500 倍,超过了两年前疯狂抢购"北京控股"的水平,1.78 港元的招股价,被"一级半"市场狂炒到 10 港元,上市首日终盘价飙升了 335.4%,创下了创业板上市首日涨幅的纪录。

(二) 为什么要购并香港电讯

李泽楷曾表示,香港电讯的现有人才是吸引他并购香港电讯的原因,这个说法应该不会是言不由衷,但是,它恐怕不是最主要的原因。

在了解了盈动的发家过程之后,我们才能分析它为什么要花大价钱与别人抢购香港电讯。

最乐观的估计是,盈动目前每股净资产不超过 0.7 港元。"数码港"本身是个地产项目,一次性开发完了后就基本上没有多少油水了,而且,该项目的效益得等到数年后才能看到,所以,盈动很可能在 2000 年还是亏损的,如果是盈利了,其市盈率将要高达数千倍。

对一个传统企业来说,这样的经营状况根本不足以支持那么高的股价。要维持高股价,对盈动来说,只有两条路:其一,继续高高地扛着互联网新经济的大旗,维持一个"高科技"的形象;其二,迅速地产生一定的利润,维持"高成长"的形象。

在这一条路上,盈动可以说几乎发展到极致了。好在香港人炒股唯美国人之马首是瞻,美国的互联网企业既有亏损的,也有高达数千倍市盈率的,这给盈动帮了不少忙。

入主得信佳之后,盈动不断地和世界著名高科技企业换股,不断地并购和发起成立互联网公司,一次又一次地强化了自己"高科技"的形象。

未来的盈动也许会类似于一个大型风险投资基金,不断地投资和并购高科技企业,在条件成熟的时候,再把某些公司推到资本市场上去,就像SOFT-BANK投资雅虎一样。

除了"高科技"的形象外,盈动现有的另外一笔宝贵财富是它聚集了一大批优秀人才,其中包括前香港联交所行政总裁、现在盈动任副主席的袁天凡,原香港电讯管理局总监、现任盈动总经理的艾维朗,此外,还有从数码通挖过来的伍清华等。

但是,这一切说得再好也都是"概念"的成分多一些,对偏好实在的人来说,显得不是那么有吸引力,这也是大东电报局为什么不大愿意接受盈动股票的原因。

所以,对盈动来说,迅速提高业绩就显得非常重要。要提高业绩,最现成的办法就是并购盈利能力比较强的企业。

香港电讯显然是一个比较合适的并购对象,首先因为电信与互联网的联系本来就比较紧密,并购这样一个企业并不会对盈动"高科技"的形象有很大的负面影响;其次,香港电讯的盈利能力很强,如果能把其一部分业绩注入盈动,至少在账面上看来,盈动的业绩得到了迅速的改善。

一个20多倍市盈率的企业(香港电讯股价20多港元,每股盈利1港元左右)和一个数千倍市盈率企业的结合(如果盈动不再亏损,并因此而有了所谓的市盈率的话),势必会大大改善后者的财务报表。这恐怕是盈动并购香港电讯的根本动因。

(三) 走向多元开放的家族资本

李氏家族的成功,主要并不是由于其家庭制的管理,恰恰相反,正是跳出家庭管理的公司制,才是不断提高产业层次、扩大产业规模、实现跳跃式发展的重要因素。李氏家庭的长江实业从开始募股,进而上市,成为社会公众性公司已有数十年之久。现在李氏控股8家上市公司,在经营管理方面,发生了以下三大变化:

1. 由传统的资产所有权和经营权同一的家庭管理,向两权分离的公司制管理转变。董事会集体决策,总经理负责日常管理,已形成制度。作为董事长,李嘉诚本人除从长江实业公司领取不到5000港元的薪金之外,从不到其他上市公司领薪。当然,作为股东,碰上好年景,他一年从这些公司分到的红利,就达 1.6 亿美元。

2. 高薪聘请高级管理人才。包括上市公司总经理、非出资人担任的独立董事,以提高公司的经营决策水平和管理效益。李氏资产庞大,经营项目林林总总,如果不是旗下不乏业务专才和管理专家,单凭其父子三人,是怎么也管不过来的,一个人纵然浑身是铁又能打多少钉?更何况从传统的产业层次转向以高科技为主的新型产业,更加离不开学有专才的科技精英。舍得出高薪借用外脑,是李嘉诚家庭资本得以蓬勃发展的要诀。

3. 积极谋求向社会资本开放。这是李嘉诚家庭资本迅速扩张的重要途径,也是近期连续成功创造网络神话的关键因素。过去,一些华人家庭企业不愿意与人合资,更不愿意上市融资,主要是怕别人会来分享企业利润,肥水流向外人田。李嘉诚家庭不是这样。拿李泽楷来说,他的盈科数码动力借壳上市和购并香港电讯,无异于空中着陆,靠的是资本市场的支持。盈动的前身市值不足 1 亿港元,并没有任何实质性业务。自盈动推出发展数码港计划,并成功借壳上市之后,短短数月间,盈动概念成为香港股市一颗耀眼的明星,市值上升到 2000 多亿港元。尤其是此次盈动以小搏大,成为香港电讯最大的单一股东,取得了企业的控股权,更是商业领域中成功的蛇吞象个案。所以,与其说上帝使李嘉诚家庭靠网络火了起来,还不如说资本市场的魔棒使他们得以成功地演绎收购兼并的神话。

(资料来源:王德清、陈金凤:《现代管理案例精析》,重庆大学出版社 2004 年版)

二、案例分析

李氏家族在网络产业上的崛起,除了重大的战略意义以外,其社会意义是多方面的。

首先,就家庭企业而言,李氏家族资本不仅是同社会资本的广泛融合方面,而且在不放弃有利于自己实行有效管理的控股管理的基础上灵活地运用现代资本运作方式的方面,有许多内容是值得国内那些开始在资本经营管理上产生矛盾或暴露不足的家庭企业审视借鉴和深刻反思的。

其次,从网络产业来说,李嘉诚父子作为富有经验的实业家,毕竟与初出茅庐之辈不可同日而语,无论是"橙子"还是盈动、汤姆,他们更注重的是虚拟概念向实质经济的转变和升华。

最后,李氏家族作为昔日传统产业的代表,以自己的成功实践提供了由旧经济向新经济转型的典范。具体体现在:一是审时度势,抓住机遇,与时俱进，果断转移战略方向与重心。二是注重管理制度的革新。

综上所述，李氏家族企业的胜利与他们战略经营的胜利是密不可分的。一是由家族式管理向公司制管理转变，实现资产所有权与经营权的分离；二是重用高级管理人才，舍得出高薪借用外脑，网罗学有专长的科技精英，适应了从传统产业层次向以高科技为主的新型产业转移的需要；三是向社会资本开放，借助资本市场的力量迅速壮大自己的资本实力，这也是李氏家族成功的关键因素。

三、思考·讨论·分析

1. 成功战略管理应遵循哪些原则？
2. 如何看待现代战略管理在现代管理中的价值？
3. 并购香港电讯为李氏集团带来哪些利益？
4. 如何看待家族资本的多元经营？

案例3-7 伊莱克斯中国战略转型

一、案例介绍

2003年注定是伊莱克斯中国公司的战略调整年，仅上半年一幕幕大戏即轮番上演。1月，中国区总裁刘小明突然被总部解职，随后多名高层管理者挂职而去；4月，在昆明召开的全国经销商会议上，刚刚履新的伊莱克斯亚太区兼中国区首席执行官白桦志宣布，从6月份起伊莱克斯产品实行全国统一零售价，且上调10%，欲重回高端；5月，伊莱克斯中国公司突然又宣布，由澳大利亚人唐佳敦接替白桦志任伊莱克斯中国区首席执行官一职；7月，伊莱克斯断然解除与南京伯乐三年的"婚约"，将其在南京的冰箱和洗衣机生产线移师长沙。这一系列的调整，被业界认为是伊莱克斯中国公司战略大调整的前奏，同时更表明刘小明时代的伊莱克斯彻底终结。那么，伊莱克斯中国战略到底出现了什么问题呢？伊莱克斯中国战略转型能否成功，以及它的出路何在呢？

（一）扩张拖累伊莱克斯

伊莱克斯作为世界家电业大鳄，其多品牌的经营战略和市场影响力是毋庸置疑的，除中国市场之外在全球每一个角落的扩张几乎都是所向披靡，唯独在中国是一个"怪胎"。追溯伊莱克斯在中国的7年历程，所走的每一步几乎都是跟跟跄跄。1997年，伊莱克斯兼并长沙中意电冰箱厂，开始进入中国冰箱市场，产品锁定高端消费群，随后把其在欧美国家做得非常成功的吸尘器项目也推向中国市场。然而天不遂人愿，伊莱克斯中国3年亏损高达6000万元之巨，期间即使频繁走马换帅业绩仍不见起色。无奈之下，伊莱克斯瑞典总部正准备撤出中国市场之时，刘小明及时出现。刘小明上任后进行了大刀阔斧的革新，尤其在营销策略上推行亲情化营销和向经销商提供高扣点政策，至今被业界传为佳话。至2000年，伊莱克斯公司宣布中国业务扭亏为盈。

当伊莱克斯开始"容颜转换"的时候，它已经不再满足于在华的单一经营策略，开始大举进行扩张。2001年，伊莱克斯借兼并杭州东宝空调杀入空调行业。几乎同时，伊莱克斯在南京又购买了一条生产线，进入洗衣机行业。而为了应对频繁的价格战，同年又在南京兼并了伯乐电冰箱厂。此后，通过OEM方式，伊莱克斯宣布正式进入厨具行业，加之先期经营的吸尘器等小家电，伊莱克斯在中国全面进入扩张经营时代。低成本的扩张对伊莱克斯的影响是很大的，同时也可以对伊莱克斯这7年的中国之旅有一个大致的轮廓。1999年之前，虽然伊莱克斯静音系列冰箱在媒体投放下了很大的赌注却效果平平，市场份额始终在1%～2%之间徘徊，但在2000年其冰箱市场份额骤然升至6.5%左右，2001年更是高达8.9%之多，在部分城市，伊莱克斯冰箱已取代"四大家族"的禁锢，跃居行业三甲之列，但这些是伊莱克斯以价格平均下降20%的代价所取得的。伊莱克斯小家电项目自诞生之日起就形同"鸡肋"，至于空调、洗衣机、厨具等项目除在个别城市有一定认知外，一直是不温不火，就从来没有进入行业前10名。除冰箱外，由于其他项目销量一直得不到突破，其协约式的生产买断方式开始经受考验，营销总部与生产商摩擦频频发生，坊间的口碑传播更使得其声名狼藉。更为严重的是，由于其利润逐年下降，在媒体上的曝光率逐步减少，伊莱克斯的品牌认知率和忠诚度日益下降，战略扩张拖累了伊莱克斯。

相关链接一：不用洗衣粉的洗衣机遭质疑

2002年初，伊莱克斯召开推介会，并推出"不用洗衣粉的洗衣机"，但令伊莱克斯没有想到的是，却激起了众怒，批评和质疑声音不绝于耳。据说这次发布会本来计划在2月份召开，在得知西门子1月16日开会之后，就临时决定赶在西门子之前召开，并且在同一地点只超前对手一天。

伊莱克斯在新闻稿中这样说，不用洗衣粉就能实现洗衣洁净的离子洗衣机，开创性地通过对水的活化处理达到洁净目的，从而结束近百年来人们使用化学剂清洁衣物的历史，在节能、环保方面走在世界的最前沿。

随后，世界第一家推出"不用洗涤剂"的洗衣机厂家——日本三洋公司，国内洗衣机生产厂商西门子、海尔、小天鹅、荣事达公司，洗衣粉生产厂商宝洁、联合利华公司，中国家用电器协会及北京、广州等地的主要媒体均公开表态，对伊莱克斯推出这种洗衣机的质疑和对市场炒作这种洗衣机的批评。

（二）定位策略的迷失

与大多数欧美品牌逐鹿中国的市场策略一样，伊莱克斯中国战略起初是剑指高端，而且通过其系列的整合传播以及产品的独特卖点提炼，也确实给中国消费者带来耳目一新的感觉。但后来伊莱克斯在中国市场定位的频繁转换和一系列市场行为使其与企业理念"全球信赖备受人爱"大相径庭，虽然其声称这一系列变化的依据是根据中国市场的实际做出的，但显然与其一贯坚持的高端定位形象发生了错位，也使其在消费者心目中原本清晰的形象模糊起来。

1. 产品"瓶颈"无法突破。理论上，对于产品的高、中、低三阶定位，无所谓优劣，而且具体到一个企业的产品线而言，这三者是可以并存的，因此，问题的关键是要看你的品牌抢占消费者的心智资源是什么样子？西门子产品定位于高端，其目标消费群就是特定的高阶消费群，因此其产品设计、功能、价格定位、售后、广告，甚至卖场设计都会迎合这类消费者，因此颇受这类消费者的认同。同为国际品牌的LG、三星则又与西门子迥异，其在中国市场之所以能够迅速崛起，就在于其坚持一贯的低价策略，让消费者迅速接受和认同，而且它会通过各种手段不断强化刺激这种低价高质的印象。故而伊莱克斯将产品定位在高端还是中低端市场本身并无对错，只是其转型的速度过快过频，没有达到与之相对应的传播告知，使得消费者原有的心智资源受到了粗暴践踏。尤为重要的是，伊莱克斯这种产品定位的转型要有相应的产品力支撑，而这些又是伊莱克斯的软肋。伊莱克斯虽然号称世界上最大的白色家电专业制造商，但在中国，其对产品的研发和生产线的投入都显得很吝啬，其生产基地基本上都是盘存原有的生产设备，让其自给自足。因此就出现了伊莱克斯的产品在价格上竞争不过国产和韩日品牌，而产品造型、工艺、质量等又远不如西门子、惠尔浦等品牌，这样的高不成低不就，让人搞不清楚其目标消费群体到底是哪类人群的尴尬境地，这样模糊的产品定位实际上也更容易引起众怒，树敌太多，以至于在售点上成了众矢之的。笔者有一次买电冰箱，在各家电柜台转悠，各品牌厂家在做产品功能比较时，均把伊莱克斯作为靶子，可见各厂家对其颇多怨恨。这么多年我们虽然从伊莱克斯的宣传上知道其有很多创新性的名词，如OZ冰箱、网络冰箱、斜桶洗衣机、免洗衣粉的洗衣机等，但更多的是画饼充饥，在售点上很难看到有产品出样，而对其寄予厚望的自选冰箱，也是炒作大于其真正的使用价值，对消费者来说根本就是"聋子的耳朵"——

中看不中用。倒是每一次家电业的价格战跟进最快，与其只打"技术战"不打"价格战"的宣称背道而驰。

2. 价格战的拖累。价格战并非中国特色，世界皆然，但若论价格战的频率和幅度，中国家电业在这方面可能是各项纪录的保持者。伊莱克斯在刘小明时代的营销上一个显著特点是规模成本取胜，这也是彼时国内家电企业普遍采用的一个策略，但刘小明显然低估了中国家电业由于市场经济不充分所具有的"耐力"，跟进的结果使得欲罢不能，几败俱伤。伊莱克斯是以营销公司买断各生产基地产品的经营方式而存在的，为了参与价格竞争，其营销公司势必压低产品的买入价，生产厂家受利益驱动，又势必压低下游供应商的价格，这样整个产业链条都处于利润微薄状态，其结果就是技术研发、产品更新皆后劲乏力，品牌宣传投入也是捉襟见肘。而在中国这个市场，消费者心智尚不成熟的社会里，品牌长时间的销声匿迹意味着会被渐渐淡忘，对于跨国公司而言，这是尤其不能容忍的。当然，刘小明也有苦衷，即瑞典总部的老东家是只收银子不投入，全部都需要他一个人忙活。

3. 渠道转型的困惑。20世纪90年代末，伊莱克斯切入冰箱市场时，是国产品牌"一统江湖"的时代，区域大批发代理制（大户制）在此时的中国还非常盛行，伊莱克斯自建或逐一开拓渠道显然推进速度太慢，也不现实。但那些资金雄厚，有分销网络的大户基本上都被海尔、容声、新飞、美菱"四大家族"承包了，加之伊莱克斯当时还是一个陌生的品牌，所以很难进入主流渠道，网点有限，自然销量和影响力也会受到限制。

进入刘小明时代，由于国家当时采取的是紧缩银根的金融政策和财政政策，再加上那些大户自身的"不检点"，传统的大户制几乎是一夜之间分崩离析，对主导品牌也是沉重的打击。刘小明抓住时机，以高扣点的销售政策加大量广告宣传为承诺，并把产品价格下调，因此很快成为新兴区域代理商的新宠，其销量一路攀升。时间推进到2001年，苏宁、国美等家电连锁客户纷纷揭竿而起，在各中心城市布局网点，并开始冲击传统的家电零售网点，其所倡导的"低价制胜"策略，被业界称为价格杀手。伊莱克斯可能碍于颜面或市场判断，迟迟没有入内，同时当时传统家居百货等家电势力尚还硬朗，经过利益权衡之后，伊莱克斯只是选择投石问路的策略。但家电连锁随后势如破竹，所到之处，横扫传统家电零售业态，至2003年，在一些中心城市，国美、苏宁和各地方的家电连锁业态的销售额几乎占当地家电总销售额的50%左右，让任何家电厂家均不敢小觑。由于伊莱克斯进入较晚，其相对刚性的销售策略也让家电连锁很不感冒，因此两者之间摩擦不断，同时也在一定程度上制约了自身销量的突破。

4. 公共传播的混乱与吝啬。伊莱克斯"全球信赖备受人爱"的广告语确实有宏大、亲和的感召力，并且在其以静音为主诉求的产品广告中，欧化的场景设置、低回的音乐、唯美的画面以及典型的欧洲人的幽默诙谐都给中国的消费者耳目一新的感觉，也恰如其分地体现了其产品的不同凡响。但伊莱克斯较之于西门子与惠尔浦等欧美品牌，在消费者心中仍然还是稍显陌生了些，在品牌培育阶段，伊莱克斯原本应该能承受亏损的预期压力，但事实却不是这样。

刘小明上任后，针对中国的市场现实，对伊莱克斯的原有产品定位进行了重新测评，即所谓入乡随俗，调低整体产品价格。在传播上，放弃了其国际化品牌一脉相承的科技化形象策略，而加强亲情的成分，其所谓亲情化营销的代表作首推"家电保养师"计划，现在看来其炒作的意义大于其现实的运作影响力。所谓"家电保养师"其实与别的家电厂家服务并无特殊之处，在及时性和专业性方面也很一般。作为一家跨国公司，其 VI 标识也非常混乱，体现在售点建设上，从最初的蓝色到橘红再到橘黄，相比较同为欧洲品牌的西门子一贯的绿灰色而言，伊莱克斯在 VI 方面显然很不严肃，与其品牌内涵不符。在公共传播方面伊莱克斯也显得比欧美同行吝啬，进入中国数年，而且其营销策略号称为亲情化路线，但伊莱克斯却很少参与中国的公益事业建设和其他项目赞助活动，这方面倒要学习一下西门子，西门子不但参加一些体育、教育方面的赞助活动，而且其把所有的在华投入收益皆用在扩大更新再生产上，加上西门子在中国的其他项目因品质优秀而受到广泛推崇，因此西门子在华的品牌美誉度、人气指数节节攀升，伊莱克斯错失了与西门子并肩而立的机会。

相关链接二：数字背后的故事

市场占有率长期以来一直被家电企业看做是其企业运作成功与否的标志。伊莱克斯在中国市场上的成功自然也要用数字说话。刘小明引用赛诺市场研究公司 2001 年 4 月对全国 35 个城市的调查表明，进入中国市场仅 5 年的伊莱克斯，它的零售量及占有率在全部 20 个品牌名列第二，紧跟排名第一的海尔之后。

熟知家电行业的人都知道这数字背后的故事，区区数百家的调查数据怎能代表中国冰箱行业真正的竞争态势和实际情况？

伊莱克斯的营销渠道也只是一些大中城市，而上述的这些调查数字本身就来自于一些中心城市。但这些大城市的销量仅仅占中国冰箱市场中细分市场的一小部分。因为像行业内的海尔、容声、科龙、美菱、新飞等企业，它们的营销渠道已经细化到了二、三级市场，甚至三、四级市场。所以这些调查零售市场的占有率本身就存在很多值得质疑的地方。

目前国内冰箱行业海尔、容声（科龙）产销量每年都是 200 万台以上，美菱和新飞的产销量也在 120 万台以上。但 2002 年 7 月初，瑞典伊莱克斯新上任的首席执行官汉斯·斯特伯格来华的一个重要工作就是在华出售第 166 万台冰箱，这就是说伊莱克斯进入中国后总共才销了 166 万台冰箱。

进入中国 6 年多了，总共才销售了 166 万台冰箱就排名中国市场的第二？岂不令人笑之。

（三）战略转型路漫漫

历经 7 年变革，伊莱克斯复归高端，重新回到始点，这对任何一家公司而言在内心深处都是一种痛。当伊莱克斯又一轮变革之旅开始起程的时候，笔者关注的是这种变革还能不能成功？还需要多少时日？试以其目前自身和市场的现状分析，说其转型之路漫漫，并不为过。

首先，中国家电业品牌塑造的时代业已结束，品牌"再造"之路不但需要系统资源的重新整合，而且更需要巨额的投入，伊莱克斯此前的所作所为，让笔者对其能否坚持"持久战"谨慎乐观。跨国公司在中国的投资策略一般都有一个预亏期，一旦超过这个心理预期，势必图谋思变。如惠尔浦之于水仙，美泰克之于荣事达等，都是前车之鉴，而且伊莱克斯当年自身也曾有过撤退的想法。现在的伊莱克斯不得不面对的一个现实是，恢复品牌定位甚至比重新塑造一个新品牌要困难得多。因为这些年来，特别是刘小明时代，伊莱克斯已经沦落成一个中、低端的品牌形象，与大多数国产品牌为伍，消费者也已经认同、接受了这种定位，现在要对消费者观念进行改变显然是最困难的，即使你舍得投入，有一套科学的品牌塑造计划，也很难改变他的原有心智模式的认知。因为品牌和产品的定位不是存在于外部，而是消费者的心智中，即伊莱克斯在中国的消费者心目中已经形成了既有的地位和形象。伊莱克斯中国的这次整合，其主要标准参照就是伊莱克斯在中国选择进入的每一个行业，都将要成为第一国际品牌，并且是高端品牌。这实际上从某一个角度来说是个"一相情愿"的自言自语，空洞而乏味，是典型的欧洲人的自大象征。其根本就没有综合考虑到中国市场竞争之难度，在 20 世纪 90 年代国内品牌尚显稚嫩，其他外资品牌尚没有发力的时候都不能圆梦，而现在之市场，其难度远胜于当初不知千倍万倍。

其次，目前家电业位居高端定位的品牌中，伊莱克斯并没有明显优势。你在哪个行业竞争不重要，重要的是你在这个行业中的竞争优势如何？目前若以伊莱克斯中国公司的目标市场定位划分，真正能称得上与其竞争品牌的为数不多,外资中西门子、惠尔浦与其有一争,而国产品牌中海尔在高端价位上也并不逊色于任何外资品牌,这样一来,若以洗衣机以每年1200万的销量而论,其高端价位(2500元以上)所占份额约为17%,即总共200万的销量,而目前海尔约占35%左右,西门子约占30%左右,惠尔浦约占8%,伊莱克斯自己能分得几杯羹自己可以掂量,而要想"虎口拔牙"更是难上加难。

虽然伊莱克斯和西门子几乎同时进入中国市场,但两者之间仍然还是有很大差距的,西门子因其卓越的产品工业设计和科技含量给中国消费者留下了很好的印象,一些权威的调查资料显示,西门子甚至就是高端产品的代名词,比如,高端滚筒洗衣机,西门子就是代表,其品牌美誉度和忠诚度甚至远高于中国家电中最知名的品牌海尔。同样在冰箱领域,其微电脑控制冰箱更是高档冰箱中的佼佼者。惠尔浦虽然由于波轮洗衣机而影响了其整体的高档形象,但由于其产品先进的科技含量和标新立异而显得与众不同,最重要的是,两者相对在主业上都很专注,而且非常注意产品的创新和品牌形象塑造。反观伊莱克斯,虽然号称是世界专业家电制造商,但这些年在中国的产品推新方面乏善可陈,偶尔推出的新品也是概念的炒作大于其实际使用的价值,比如哗众取宠的自选冰箱,倾斜桶洗衣机等,给消费者并没有带来什么具体的利益点,其推向市场也是叫好不叫座。

最后,在后世界贸易组织时代,锻造一支文化认同,具有卓越执行能力的团队是成败的关键,而伊莱克斯的人才调整战略显然看不到这个方向。从经验上讲,欧美品牌进入中国,中国的消费者基本上会把其归入高端品牌行列。所以对其品牌的塑造是看你当初占有其心智的资源结构。另外,从竞争的基本法则来分析,产品、技术、营销模式等任何的创新,以跨国公司们所占有的资源而言,都可能在短期内被快速模仿,而建造一支文化认同,具有卓越执行能力的团队却是稀缺资源,特别是在这个信仰泛滥的时代,许多跨国公司在中国出师不利,更多的是人力资源的问题,特别是管理和文化沟通的差异,导致误解、政令不畅、文化认同度出现偏差等。伊莱克斯中国的刘小明时代,虽然在品牌的定位转型方面现在颇多议论,但其历经多年打造的团队无疑是当时伊莱克斯在中国市场成功的主要原因之一。但现在我们看伊莱克斯的人才战略,当年的一帮创业元老们纷纷挂冠离去,而对新聘人员的要求显然更加国际化,作为一个跨国企业,伊莱克斯肯定有着自己深思熟虑的思考。我们想说的是,对于一个企业来说,其国际化并非空降一帮肤色各异的人进来后,就变成真正的国际化的企业了,走国际化高端路线不一定非得摒弃原有的东西,而是要分辨哪些是适合企业的东西,原有的企业即使再糟糕,也有其优秀的东西,特别在中国化的跨国公司中，能把一帮优秀的中国人凝聚在一起的企业文化，肯定有许多值得继承的优秀的因子，虽然不能说其放之四海而皆准，但就创造团队而言，必然有其可取之处。

不可否认的是，对于已经跨入国门的跨国公司而言，中国巨大的市场潜力和战略位置使其绝不会轻言放弃。伊莱克斯也应该深知其中国战略的转型之路将充满凶险，其能做的，就是在未来变幻莫测的市场下亦步亦趋，慎行谨言，转型成功！我们期待着伊莱克斯"三军尽开颜"的时刻！

（资料来源：叶秉喜、庞亚辉：《中国营销传播网》2004年6月8日）

二、案例分析

从这个案例中我们可以看到，伊莱克斯在中国所采取的策略是不断变化的，尝试了不同的策略。任何一项战略的制定都是针对企业的长期经营进行指导的，公司高层的频繁变动必然不利于战略执行的长期性和连续性。当公司自身对所处的市场环境都不明晰的话，传递给经销商和消费者的信息就更为模糊。迈克尔·波特就曾经指出，徘徊在各种战略之间的公司将处于非常糟糕的地位，这样的公司将缺少市场占有率，缺少资本投资。

刘小明时代的伊莱克斯，瑞典总部采取了近乎"放手不管"的做法，经过刘小明多年的经营，伊莱克斯在生产、渠道和人力资源等方面几乎与一家本土企业没有区别。白桦志2003年9月在接受媒体采访时明确表示："本地化已经过时了，我们现在考虑的是如何将合适的人安排在合适的位置上。"但在中国市场上实施营销变革，忽视中国这个特殊的市场特点将不会使这一变革过程变得轻松。所以，伊莱克斯战略的核心问题是对中国市场的模糊，对这个特殊市场的准备不足和理性思考不够。虽然伊莱克斯和许多国际品牌一样一直是处于亏损的状态，但伊莱克斯的全球总裁兼首席执行官汉斯·斯特伯格认为，我们希望到2004年年底不再亏损，但事实总是不遂人愿。增长的问题是困惑许多企业的最痛苦的问题，也是战略变革的主要动因。从案例中可以看出，伊莱克斯换帅至今，其在中国市场失败的根本弊端依然没有得到解决，在中国市场发展的总体战略迟迟不能明确，患得患失，急功近利。在主体战略缺失的条件下，仅仅依靠职能层战略的调整效果微乎其微。

一系列问题，随着国内家电市场竞争格局的快速变化，伊莱克斯在运营中所表现出的，逐步与伊莱克斯作为一个国际化品牌的战略目标、品牌价值相违背。"伊莱克斯如果要想在中国市场取得成功就必须洗心革面，重新做人。"杭州左岸纵横咨询公司专家叶秉喜说。这就意味着，伊莱克斯必须改变过去对中国市场缺乏坚定的信念、没有持续投入的战略计划，真正将中国市场纳入全球的统一体系中。

三、思考·讨论·分析

1. 伊莱克斯在成长过程中形成了怎样的竞争优势？
2. 你认为伊莱克斯最基本的发展战略是什么？为什么？
3. 何为发展型战略？发展型战略主要有哪些类型？如何走发展型战略之路？

案例 3-8　吉列公司的差异化战略

一、案例介绍

美国吉列公司创建于 1901 年，至今已经整整一个世纪了，其主要生产领域是安全剃须刀。到 1917 年，吉列公司在美国的市场占有率已超过 80%，在该领域中处于领先地位。20 世纪 20~30 年代期间，吉列公司将重心放在扩大国内外销售量上，国外市场的销售额几乎占总销售额的一半。60 年代以来，吉列的湿剃须刀销售额一直占美国市场的 60% 以上。

在美国市场上吉列面对着两家最大的竞争者，一个是生产卡式及可丢弃式的舒适公司，另一个是只生产可丢弃式剃须刀的 BIC 公司。舒适公司是吉列公司在美国最大的竞争者。虽然在剃须刀产业中，吉列公司一直遥遥领先于舒适公司，但是，舒适公司靠本身的产品和适用于吉列剃须刀的刀片获得了稳定的利润。1988 年，舒适的卡式剃须刀占全美总销售额的 9%，可丢弃式为 4%，其他刀片为 3%。舒适公司希望依靠投资新产品来进一步扩大自己的市场份额，于 1988 年推出了 Slim Twin 可丢弃式剃须刀，接下来在 1989 年又推出了 Slim Twin 卡式剃须刀。为了配合新产品的推出，舒适 1989 年花了 1200 万美元的广告费用在这些产品上。

BIC 公司是一家股票上市公司。BIC 在可丢弃式市场的占有率以数量计为 45%，以金额计为 22%，使得 BIC 在美国湿剃须刀市场的销售额占有率已增加到 9%。BIC 的剃须刀部门是很赚钱的部门，1988 年的销售额为 5190 万美元，税前盈余 1550 万美元，而且 BIC 的管理阶层认为，湿剃须刀市场中可丢弃式的比例将持续增加。BIC 计划剃须刀部门在美国的广告支出，从 1998 年的 400 万美元增加到 1989 年的 700 万美元。

舒适公司和 BIC 公司采取的都是产品开发和市场渗透战略，都在加大新产品开发力度，也都加大了广告宣传的力度。它们的这些举动都对吉列公司产生着很大的威胁。除了国内的市场，这两家公司也在积极地拓展国外市场。吉列在国外的市场也不是风平浪静的。

由于电动剃须刀的出现，传统剃须刀的市场受到了冲击。一些在国际上很有名的生产电动剃须刀的厂家，也对吉列产生了威胁。比如，荷兰的飞利浦、日本的松下等。它们生产的电动剃须刀比传统的剃须刀更方便使用，而且技术也在不断地改进，受到越来越多消费者的青睐。

在面对着如此激烈的市场竞争条件下，吉列剃须刀仍然取得了令人瞩目的成绩。这都是由于吉列公司一直秉持着"永无止境的创新"这一理念。这一理念使得吉列剃须刀在市场上有着独特的"魅力"吸引着消费者的目光。

吉列剃须刀在市场上取得成功，关键是依靠对传统产品的技术创新。通过这样的方式，吉列不断地淘汰自己现有的产品，推出新产品，获得产品在市场上的独特性和差异性。吉列的独特性，就体现在其产品更新的速度和技术含量。吉列公司长期以来一直以其优势高价产品作为发展战略的重心，因而创新成为它获得竞争优势的保证。公司对于剃须刀的推陈出新尤为重视。吉列在 1971 年推出了双刀片剃须刀 Trac II，这款剃须刀是世界上第一款双刀片的剃须刀，非常轻巧而且容易使用。1972 年 Trac II 开始向海外市场进军，首选的市场是德国。1977 年，Trac 系列上市，这款剃须刀在 Trac II 的基础上增加了刀片的自动调节性。该系列在上市的第一年，就成了市场上卖得最好的剃须刀。1985 年，Atra 推出另一个附加系列，这个系列给剃须刀加入了润滑条，增加了剃须刀在接触皮肤时的舒适度。1989 年，Sensor 上市，1993 年，Sensor Excel 上市。这个系列革命性的设计使得剃须刀能根据人面部的轮廓来改变形状。而且在 Sensor Excel 里还设计了 5 个特别柔软、特别灵活的微型片来保护人的皮肤。2000 年，吉列又制造出了"舒适刀片"，这种刀片在设计上比原来的刀片更薄，在剃须时比传统的刀片要容易很多。在"舒适刀片"制造出后，吉列所有的男式、女式刀架都采用这种刀片。

有人把吉列比喻为"一台永不疲倦的创新机器"，不断地给市场带来震动，也不断地为消费者带来惊喜。1998 年推出的"速锋 3（March3）"系列，是吉列剃须刀系列的又一重大突破。对"速锋 3"的研究过程已经成了关于吉列公司的标志性的话题。1998 年春，在严密的防护措施下，南波士顿市的吉列公司世界剃须刀总部的工人们，在对全球受欢迎的剃须刀"Sensor"的下一代产品做最后的修饰。这对吉列来说可是一笔大赌注：为保持吉列公司的两位数增长速度，该新式剃须刀必须好于有"最佳男士用品"之称的"Sensor"。对于称雄剃须刀系列产品行业数十年之久的吉列公司来说，研制一种新式剃须刀似乎是易如反掌，但事实上，它的开发耗费了漫长而艰辛的6年光阴，经历了成千上万次的产品实验和设计改进。以"Sensor"剃须刀的开发为例，该款剃须刀的设计发明可一直追溯到1979年。当时吉列在代号"旗帜"的设计方案下共试制出7种产品，最终入选的产品除保留了原有设计思路外，还汲取了其他6种落选产品的许多长处，并采用了22项专利技术。该公司还经常采用设立多个相互竞赛的研究小组，同时开发一种产品的方式来鼓励不同意见的大胆提出。而1998年推出的新型剃须刀，于20世纪90年代初诞生于英国雷丁实验室后，也不得不与两三个对手一比高低。在这一过程中，它总共经历了1.5万余次剃须实验。

2001年4月，"速锋3"推出了另一个系列的刀架——March3 Turbo，这一款刀架里凝聚了35项专利。在March3 Turbo之后，吉列又推出了March3 Power，这款刀架是吉列目前所有刀架中最舒服、最安全，刮得最干净的。

吉列公司不仅在男式刀架上取得了很大成功，女式刀架的研发和销售上也取得了不错的成绩。目前为止，女式刀架共有五种：1975年推出的"Women Dasiy"、1992年推出的"Women Sensor"、1996年推出的"Women Sensor Excel"、1997年推出的"Women Agility"和2001年推出的"Women Venus"。这五种刀架的技术在同类产品中也是领先的。

在广告方向的高投入也是吉列取得成功的关键。吉列公司的首席执行官艾尔弗雷德·蔡恩认为，高新技术产品并不等于畅销产品，欲使两者相互转化就必须有广告等促销手段的大力支持。为此，他总结出科研、投资、开发与销售同步发展的一套秘诀。每当吉列公司研制出一种新产品时，公司总是动用其分布在世界各地的销售网络同时推出高新产品，创造出一种巨大的声势。比如说，当吉列公司刚刚研制出"Sensor"时，并不广为人知，但是经过吉列公司的广泛宣传，"Sensor"很快凭借其优越的性能被广大客户所接受。又比如说，1995年，吉列公司在科研、投资、广告上的投入增长了16%，销售也随之增长了12%。产品在世界上的畅销，反过来促进了吉列公司很容易就能得到足够的科研费用，这就是艾尔弗雷德·蔡恩的科研、投资、开发与销售同步发展的秘诀。

最近的一项调查显示，在1985~1990年间，包括可口可乐、宝洁、强生在内的全球50家最大的消费品公司中，销售和利润两方面的增长都超过了工业平均增长水平的只有17家，而在随后的5年里，继续保持这一业绩的则减少到了 7 家,吉列便位列其中。尤其是在 1993~1997 年间,吉列的发展称得上突飞猛进。销售额由 50 多亿美元提高到 100 多亿美元,营业利润由不到 10 亿美元猛增到 20 多亿美元,吉列股票由每股不到 30 美元上升到 100 多美元。剃须刀是吉列公司保持其增长势头的一个重要部分,剃须刀的销售额和利润直接影响到公司的整体水平。1998 年,吉列推出了"速锋 3"系列,又为吉列公司的持续发展提供了一个保障。

2003 年,吉列公司的刀片和剃须刀业务额占了全球市场份额的 72.5%,同时它也是吉列公司最主要的业务,它在纯利润和销售额占了全公司的 42%,并且在公司的营业利润上占了 68%。公司的目标是促进全球刀片和剃须刀市场规模的扩大。同时利用其领先的技术优势进一步增加公司在全球市场总利润的份额。

(资料来源:刘松柏:《开创型战略》,中国经济出版社 2006 年版)

二、案例分析

吉列公司在剃须刀这个产品上把差异化战略发挥得淋漓尽致。从 20 世纪初公司创始人金·吉列先生(生于 1855 年 1 月 5 日,出生地是美国芝加哥。父亲经商,原属小康之家,但在吉列 16 岁时,父亲的商铺因火灾而被毁,以致全家经济陷于困境,迫于无奈,正在读高中的吉列只好停学,开发他的推销生涯。那是一家瓶塞公司,吉列显出了他的推销才华,同时,由于他的工作能力和性格,深得老板器重,老板因此也不吝于传授他经商之道)发明第一把安全剃须刀起,小小的刀片已几经变迁,技术越来越完善,在市场上没有人能够模仿。

吉列公司的成功,使我们了解到一个事实,就是机会是永远都存在的,尤其是新产品,只要能够开发出新产品,推向市场,一定会有需求,只是其需求多少而已。如果是一些必需品,或是令市场很容易接受的产品,企业家就可以很快将整个市场占有。消费者对经常使用的旧产品,或迟或早都会有一种尝试新事物的心态,希望有更优良的品种,有更新的型号,更优质的产品,又或是同类型号,但是更廉价的代替品。只要能够推出新品种、新产品,市场接受的话,利润将会无穷。无论在任何宏观因素之下,只要是改良了的产品,原则上都一定会有需求。如果在价钱上没有比旧有的产品过于昂贵的话,新产品通常都一定会打倒旧有的产品。市场上的消费者很多都喜欢新事物、新服务和新产品,对旧有产品,时间越久,一定会想找一些新刺激、新产品、新口味、新尝试。吉列剃须刀在当时就是一种新产品,带来了方便和刺激,因此打败了所有旧产品，雄霸了整个市场。吉列每一次推出新系列的剃须刀时，都有新的突破，都能最大限度地从消费者的使用角度来考虑问题，这样才使其在全球剃须刀片市场上数十年独占鳌头。吉列的"锋利"来源于它的不断创新。

差异化战略的实质是将公司提供的产品或服务标新立异，形成一些在全球产业范围中具有独特性质的东西。差异化战略与成本领先战略有所不同，成本领先战略是以扩大企业某种产品的生产规模、提高生产效率、降低单位成本来获得竞争优势；而差异化战略则是以满足不同需求和追求与竞争对手的差异来获得竞争优势，差异化战略必须以市场为导向。实施差异化战略，企业必须准确地了解竞争对手的现状及动向。因为差异化战略就是要使自己的产品和服务有别于竞争对手，只有了解了对手的核心竞争力以及经营的特色，才能找出对手所欠缺的东西。然后，针对这一薄弱环节，设计出更优质、更完备的产品，企业才能获得竞争优势。

三、思考·讨论·分析

1. 企业选择差异化战略的条件是什么？这种战略有何风险？
2. 企业差异化战略的核心及实现差异化的途径是什么？
3. 吉列在成长过程中形成了怎样的竞争优势？
4. 差异化战略与成本领先战略的区别是什么？

案例 3-9　世纪转型之英特尔公司

一、案例介绍

伟大与平凡往往取决于历史拐弯处的一次转身。回顾一下半导体工业的巨人英特尔公司成长的历史，你就可以发现，在英特尔成为业界翘楚的历程中，成功地转型是多么重要。

仙童公司（Fairchild）在半导体产业崛起的历史中曾扮演了火车头的角色，且是硅谷半导体人才的摇篮。AMD与英特尔这对多年的敌手本是同根兄弟：诺宜斯·摩尔与葛鲁夫于1968年离开仙童创建了英特尔，而原仙童公司的行销经理桑德斯则建起了超微半导体公司——AMD。

20世纪70年代初，英特尔在美国拥有当时存储器市场100%的市场份额。而70年代末80年代初，日本存储器厂商展开强大攻势，并成为产业的弄潮儿。以英特尔公司为代表的美国存储器厂家奋力拼搏，改进质量，降低成本。

但日本厂家也不甘示弱，他们最厉害的杀手锏就是以极低价格出售高质量的产品。正像当年英特尔推销它的 1103 存储器一样。1985 年，日本在全球半导体市场上的占有率首次超过美国；英特尔被日本的低价战略打得一塌糊涂。当时，英特尔有句很时髦的话："如果干得不错，我们的售价可以只是日本存储器的两倍。"结果，英特尔当时卖出的芯片最多只能收回贷款利息。

很显然，对于英特尔公司而言，生死存亡的时刻来到了。1984 年秋天，英特尔的订单利润如春雪般地消失得无影无踪。尽管英特尔公司从感情上很难接受这个事实，但他们在危机中显得比其他公司更理智些。葛鲁夫尽量摆脱感情因素的影响，尽量迅速、准确地把握这场危机的全部含义。当他最终发现存储器生产是条死胡同时，葛鲁夫果断地放弃了存储器，一回身转到做微处理器上来。英特尔开始了艰难的跋涉，也必然要遭受"变灯"带来的混乱和迷茫。起初，连葛鲁夫也感到难以启齿。在许多人眼里，英特尔就等于存储器，存储器就是英特尔。公司怎么可以放弃自己的根本呢？其中一个人咄咄逼人地问葛鲁夫："你是说你能想象一个没有存储器的英特尔公司？"葛鲁夫勉强咽下一口饭，说："我想我能。"四座立即哗然。当时大环境是，微处理器在市场上还正处幼年，其市场容量和发展速度都比不上存储芯片，此刻的选择就是壮士断臂，其艰难可想而知。但这次转型成功造就了今天的英特尔。

英特尔发展到今天成为计算机硬件标准及业界领袖，其中还有一次重要的调整是在 1997 年底，康柏推出低价高性能个人计算机，降到 1000 美元/台，从而引发了一场革命。今天我们可以清楚地认识到，1000 美元概念的出现绝不仅仅是商家为了竞争而降低价格。信息产品脱去高科技的外衣走向千家万户，这是今天的市场结构、产业方向。而当时的英特尔，芯片销售的毛利润有时甚至达到 64%，使其成为英特尔巨大的利润机器，他们对低价个人计算机市场不屑一顾，也是很自然的。但当卖低价芯片已经成为趋势时，英特尔没有过多犹豫的余地。计算机产业的成熟以及市场的发育使得个人计算机不可能像几年、几十年前一样，永远站在高处。在价格、功能上，它时常并且会越来越等同于某种普通电器。葛鲁夫是对的。利润率的下降并不意味着绝对利润的减少。最可怕的是：重要的市场被别人占领。根据国际数据调查公司（IDC）的调研，AMD 和 Cyrix 已经用他们自己的、新兴起的、远低于英特尔芯片处理器价格打入这一领域。并不断占领市场——1996 年仅占 10%，1997 年达到 20%。

葛鲁夫不准备再割让土地。这位极有进取心的总裁将再一次使公司改变。这一次，葛鲁夫再度展现他的风格。1997 年 11 月 24 日，英特尔实施内部组织重构，成立了5个市场营销和生产部门，其中包括一个针对消费者的部门来直接对应市场。此外，英特尔的赛扬处理器是大家熟知的，用来应对AMD、Cyrix的挑战，如果英特尔忽视这一巨大的市场，不迅速做出调整，必将有损于它今天的霸主地位。

当然，英特尔也有失败的时候。2000年8月，在美国召开英特尔开发者论坛大会时，Eweek专栏记者刘克丽问葛鲁夫，您认为英特尔最容易失败的是什么？葛鲁夫原地转了一个圈，沉吟片刻后说："我不能预测未来，但在过去，英特尔有过两次大的失败，一次是20世纪80年代Dos流行时，英特尔曾尝试做操作系统；再一次是90年代中期尝试做视讯系统"。

葛鲁夫当年先壮士断臂，毅然决然地舍弃了存储芯片，后又孤注一掷，专心于微处理器市场，这是一次关键而成功的转型，从而造就了英特尔今天的辉煌。事实上，在多变的市场环境中，任何一个面临转型的企业如同一艘轮船，航行在布满冰山的海上，前方充满了风险。万幸的是，英特尔成功了。

（资料来源：于云飞：《管理其实很简单》，金城出版社2005年版）

二、案例分析

英特尔的战略转型很容易让人想起"中国互动娱乐业第一人"陈天桥和他的盛大网络公司的战略转型，盛大公司在面对国内"网络游戏"市场的格局（盛大31%；网易31%；九城15%，九城依靠代理美式《魔兽争霸》，其增长远远超过盛大和网易），自身在自主研发方面起步虽早但效果并不理想，已逐渐陷入青黄不接的窘境。再加上"网游"副作用的逐渐显现（游戏诱惑力让青少年难以抗拒、沉迷成瘾、荒废学业，游戏中的暴力对青少年和社会都有着不良的影响。如果政府采取限制政策，对其影响将是很大的）。陈天桥毅然实施战略转型。积极把发展的焦点集中于推行家庭娱乐战略，把公司的用户从原来的20多岁的人群，转变为7～70岁的人群，娱乐内容从单一的游戏变成电影、音乐等众多内容。他的发展让我们拭目以待。

所以，在战略转型过程中，企业制定的战略是否合乎当前历史的发展规律？是否能够有足够的资金、足够的时间、足够的政策及足够的信心来夺取这个"高地"？在旧的盈利模式已经打破而新的尚未建立，旧的根据地已经不稳而又杀入陌生领域之时，公司如何发展非常重要。对于创业的企业而言，因为它尚未具有明确的使命定位，也就是尚未建立明确的位置，这时，愿景对使命的指导作用就十分重要，因为不同的目光会选择不同的行业，会选择生产不同的产品，会选择不同的服务和技术。对于已经建立市场地位的企业而言，这时位置已经明确,如果他能够更好地发挥自己的优势,规避劣势,就能顺利发展。任何企业既不能因为位置低而妄自菲薄,也不能一味地好高骛远而忘了脚踏实地。

企业战略转型主要形式之一是相关行业或不同行业之间的企业进行联合和兼并,开展多元化经营。这种转型的程度完全取决于行业之间彼此不同的程度以及新企业实行集中管理的程度。英特尔的战略转型,现在看来,是非常明智和有发展力的。公司的长远发展除了有经营性的因素,还有一些战略性因素,如对环境的敏感性和创新的持续性。遇到困难不要紧,关键是看你怎么去克服,这样,企业才能持续发展。葛鲁夫当年先壮士断臂,毅然决然地舍弃了存储芯片,后又孤注一掷,专心于微处理器市场,这是一次关键而成功的转型,从而造就了英特尔今天的辉煌。

三、思考·讨论·分析

1. 英特尔公司的转型给我们什么启示?
2. 葛鲁夫作为领导者具有哪些特点?
3. 英特尔的战略是如何转型的?

案例 3-10　麦当劳的特许经营战略

一、案例介绍

麦当劳公司是世界上最成功的餐饮零售企业之一,它的成功不仅表现在商业运作和收益上,还表现在它体现了一种深层次的饮食文化。它不仅改变了成千上万人的饮食习惯,而且使全世界的食品行业发生了变革。现在,麦当劳公司已经在全世界100多个国家(地区)以特许零售方式开设了两万多家连锁店,而且还在以每几小时发展一个店的速度扩张。它已成为当今世界集饮食与零售为一体的"巨无霸"公司。

20世纪40年代,迪克·麦当劳和莫里斯·麦当劳兄弟在加利福尼亚州开设了第一家餐馆,取名麦当劳(Mcdonald's)经营情况虽说不是太好,但还算过得去,兄弟二人对此颇为满足。有一次,麦克唐纳兄弟从广场上看到一种新型的奶制品搅拌机,觉得这种新型搅拌机可以在餐厅里派上用场,于是先购买了4台。结果大出麦克唐纳先生的意料,他们购进新型搅拌机后,生意立刻红火起来,有时候人们还排长队等候购买。他们于是又购买了4台搅拌机。

麦克唐纳兄弟事业的红火引起了其他经营餐厅的老板的注意，他们专门打电话去找这种新型搅拌机的推销公司——也就是雷·克罗克的公司，要求购买和麦克唐纳兄弟餐厅完全一样的搅拌机。

克罗克是位非常具有市场敏锐眼光的人。1954年的一天，当他接到一位顾客打来电话，声称要购买和麦克唐纳兄弟餐厅完全一样的搅拌机时，引起了他的注意。他当即乘飞机先抵达洛杉矶，然后到了麦克唐纳兄弟所在的小镇。当克罗克来到麦当劳餐厅时，眼前众人排队等候购买的热闹气氛令他目瞪口呆：在餐厅窗前，等待购买食物的顾客排成一条长龙！在这座毫不起眼的八角形建筑物里面，衣着整齐干净的服务员正在柜台后忙碌，但又有条不紊，井然有序，只需要15分钟就可以将客人所需要购买的全部食品都准备齐全。

克罗克以前从未见过这种高效快速的餐饮方式，他感觉自己的搅拌机市场将会有更加广阔的前景。克罗克立即找到麦克唐纳兄弟，对他们说："你们的经营太出色了！你们为什么不再开几家这样的餐厅呢？这可是一座金矿！如果你们多开几家这样的餐厅，那么我的搅拌机就可以推销得更多了。你们认为怎么样？"克罗克以为麦克唐纳兄弟会接受自己的建议，但结果却出乎他的意料。麦克唐纳兄弟拒绝开设新的餐厅，而只想保持目前的状况。因为对他们来说，新开一家餐厅，也就多增加了一些麻烦。对他们来说，餐厅目前的经营状况很让他们满意了。无论克罗克怎样劝说开导，麦克唐纳兄弟始终不肯答应他的提议。克罗克没有办法，就使出最后一招，道："如果你们不愿意增加麻烦的话，那么可以让别人在其他地方为你们开餐厅，同时我向这些餐厅推销我的搅拌机。"但麦克唐纳兄弟仍然觉得麻烦，因为他们认为没有人替他们管理这些餐厅。克罗克立即觉得自己眼前又出现了一个潜力无限的机会。他接着自告奋勇地对麦克唐纳兄弟说："如果你们认为我还行的话，就让我来替你们管理这些餐厅，你们以为怎么样？"就这样，克罗克成了麦当劳公司的功臣。他在麦克唐纳兄弟开设了麦当劳餐厅之后，接手麦当劳公司的经营管理，从此踏上了开创麦当劳王国的辉煌之路。

1955年，麦当劳兄弟将快餐厅的经营权卖给了54岁的纸杯和奶昔机推销商雷·克罗克。克罗克是个天才的经营家，他提出了现代意义上的快餐连锁经营思想，在其后的几十年里，稳扎稳打，将麦当劳连锁店推向美国和美国领土以外每一个有人居住的角落，从而在世界上建立起了一个强大的汉堡包王国。1984年，雷·克罗克在他的事业如日中天时悄然逝去，他的后任继承了他的遗愿。到1997年底，麦当劳在世界上110个国家和地区开设了25000家餐厅。据说目前世界上每天光顾麦当劳的顾客达数千万。1997年，麦当劳年营业额达到114亿美元,在《财富》500强中名列第392位。

也正因为如此,克罗克在美国,甚至在全世界,只要有麦当劳的地方,他的名声绝不亚于汽车巨头亨利·福特、钢铁大王戴尔·卡耐基以及石油大工洛克菲勒等人,他和这些人同样都被称为美国乃至全世界最富有创业精神的企业家。

麦当劳在世界上的影响与其独特的营销理念是分不开的,麦当劳的金科玉律是:质量(Quality)、服务(Service)、卫生(Cleanliness)和价值(Value),简称为QSCV,变成中文就是"质量上乘,服务周到,地方清洁,物有所值"。在质量方面,用一系列严格的控制手段保证食品的独特风味,牛肉饼要经过40多道检查,奶浆的接货温度不超过4度,奶酪的存库期限是40天,炸出的薯条不许超过7分钟,汉堡包超过10分钟没有卖出就要丢弃。在服务方面,根据年龄需要,为儿童配备不同的桌椅,餐厅布置典雅,食品快捷,外卖有消毒食品包装袋。在清洁方面,员工上岗前要严格地洗手消毒,注重厨房与餐厅以及周围配套环境的卫生,食品垃圾清理速度要快。在价值方面,让你感到物超所值,讲究色、香、味与价格的一致。走在大街上,几乎所有麦当劳分店上方都有醒目的M形霓虹灯标志,只要在附近就很容易看到。对于一个已经向世界各地卖出了上千亿个汉堡包,在全球500强中独坐餐饮业第一把交椅的成功的大集团,在2008年奥运会期间,你不让它进奥林匹克运动中心,运动员就会与组委会过不去,这样说一点也不夸张,因为麦当劳是世界上大多数国家的通用食品。麦当劳中国发展公司总裁陈必得近期透露,麦当劳将于2003年在内地开始建立特许经营连锁业务,他计划未来每年在中国开100家麦当劳餐厅,他看到了中国巨大的市场潜力。麦当劳目前在中国仅有300多家,而美国本土有1.3万家,中国人口是美国的4倍,城市而言也有很大的利润空间。麦当劳只选择个人而非企业作为特许经营权的合作伙伴,当然,个人投资不能低于30万美元,麦当劳在土地和建筑上投资,特许经营者在设备、商标和装饰上投资。麦当劳将按照营业额收取特许经营者的特许经营费。麦当劳的这一决策是很具有前瞻性的,既看到了奥运商机,也看到了长远的发展前景,与民间资本合作,走向中国的民营企业化,迅速占领地方市场。在中国市场的经营路线一改传统的做法是一次经营理念的突破,这种转变对于不花巨资就可以占领中国市场来说,既可以减少资本的投入,又可以深入中国的广阔市场,应该是大有作为的。

根据环球资源公司的调查,餐饮业是五大特许经营产业中最受投资者欢迎的产业之一。麦当劳作为全球最大最著名的快餐服务集团,也是管理最成功的企业之一。尽管世界各地的社会环境不同、文化有所差异，仍不难发现全球麦当劳所传承的共通性——不分时代、无论年纪，为任何人服务，拥有年轻心智，全球性品牌，视顾客为家族成员之一，等等。它的质量、服务、清洁和物有所值在全球已家喻户晓。麦当劳是无可争议的国际品牌，也是企业国际化的成功范例，其国际化经营业绩主要归功于其特许经营的成功运用。

麦当劳特许经营的对象不是普通商品，而是无形资产。它把商品商标的特许权以组合的形式转让给加盟商，加盟商在获得盟主转让的商品商标后便可独立拓展业务。对于快餐业来说，特许经营是实现扩张最有效也是最迅速的方法，同时可以避免投资风险。餐饮企业的特许经营操作简单、市场广阔，深受投资者的青睐。麦当劳虽然不是特许经营的鼻祖，却独辟蹊径地打开了全球特许经营的市场大门，成为世界上最早、最好和最充分利用特许经营的公司之一。

麦当劳的特许加盟分工明确：麦当劳公司在土地和建筑上投资，特许经营者在商标、装修和设备上投资。麦当劳公司通过授权加盟，向符合条件的加盟者收取首期使用费，并通过特许经营系统按产品营业额的百分比向加盟者收取租金和特许权费，加盟者通过经营餐厅赚取利润。

标准化加盟是麦当劳管理全球连锁餐饮的重要手段，它通过制定一系列加盟制度来约束加盟商的行为，保证麦当劳的品质。

麦当劳在处理总部与分店关系上非常成功。首先，麦当劳公司收取的首期特许费和年金都较低，大大减轻了分支店的负担。其次，在采购方面，总部始终坚持让利的原则，即把采购中得到的优惠直接给各特许分店。这是其增进受许人的团结，鼓舞士气，加强总部与分店合作的一个重要方式。最后，麦当劳总部不通过向受许人出售设备及产品牟取暴利，而许多其他的特许组织都通过强卖产品的方式获得主要利润，这就造成了总部与分支店之间的利益冲突。

（资料来源：刘松柏：《开创型战略》，中国经济出版社2006年版；陈炳岐：《麦当劳与肯德基》，中国经济出版社2006年版；陈佳贵：《北京奥运商机》，华艺出版社2002年版）

二、案例分析

特许经营战略已被许多行业所采用，麦当劳公司就是应用这一管理手段来鼓励技术普及的。和其他特许经营组织一样，麦当劳公司并不鼓励特许经销商进行技术革新，而是鼓励在公司最高一级进行技术革新的研究。在那里，总是不断地试验和检查饮食服务的经营情况，以评估变革的需要。麦当劳公司的特许经销商都必须接受用于饮食设备服务的全部新技术，从而达到了采用特许权模式支持公司全部经营设施统一的目的。麦当劳作为从事快餐馆特许经营的饮食业巨人，其特许经营方式最显著的特点是：它有一个高度自动化的饮食服务系统，并有很高的质量标准。设备和食品几乎全部都由总部提供，全套设备都是公司按照统一的式样建造的，这都有利于高度自动化的服务。麦当劳公司在特许经营中成功地进行着技术革新，关键之一是让当地商人管理特许经营，由指定的公司成员进行管理，使得特许经营活动很快地发展起来。由此，各地的特许经销商更加欢迎公司总部提供的新技术或新管理方法。所以，麦当劳公司在全世界范围内取得惊人的成功，离不开特许经营制的科学实施。

特许经营作为一种以品牌连锁为核心的品牌延伸方式，能够使品牌得到增值，但前提必须是塑造统一的外部形象，而且还要有维系品牌内在质量和外在形象的专有技术、独特配方、有效的经营方式和管理控制手段。在这方面，麦当劳可以说是所有品牌的楷模。麦当劳以特许经营的方法延伸品牌，一方面保证了公司整体价值观的实现；另一方面让分店经营拥有一定的自主权，使品牌不是简单地重复，而是在品牌核心价值不变的基础上不断有所创新，进一步增加品牌的内涵。

与连锁不同的是，特许经营店的经理实际也是这家加盟店的所有者，而连锁店的经理只是连锁总部的雇员。你所发展的特许加盟店的经理由于拥有所有权，所以你的事业也是他们的事业。与收入建立在工资和佣金基础上的经理们相比，拥有所有权的经理们做事业的雄心更大，受到的激励更强。

三、思考·讨论·分析

1. 麦当劳公司是怎样在全世界范围内实施特许经营的？
2. 举例说明我国企业应怎样借鉴特许经营制进入国际市场。

案例 3-11　阿迪达斯与耐克——后来者居上

一、案例介绍

第二次世界大战之前，阿道夫·达斯勒与鲁道夫·达斯勒兄弟俩就开始在德国做鞋。创业者是阿道夫（他家里的人称他为"艾迪"），鲁道夫是经销人，销售阿道夫的产品。兄弟俩起初没干出什么名堂，但在 1936 年取得了重大进展。杰西·欧文斯在奥运会上就是穿着他们制作的运动鞋，在希特勒和德意志民族以及全世界面前赢得了数枚金牌。著名运动员穿公司的鞋，对公司是很有利的，这使阿迪达斯公司以及其他运动鞋制造商，从此开始实行一种新的销售战略。

1949年，兄弟俩闹翻了，从此两人在外面从不搭话。鲁道夫带着一半工具设备，离开阿道夫，到城市另一边建立了彪马制鞋公司，阿道夫在现有企业基础上建立了阿迪达斯公司（"阿迪达斯"源于他的教名的爱称和他的姓氏中的前3个字母）。鲁道夫的彪马公司从来没有赶上阿迪达斯公司，但却居世界第二位。

阿道夫在跑鞋方面有许多革新，如四钉跑鞋、尼龙底钉鞋和既可插入也可拔出的鞋钉。他还发明了一种鞋钉的排列组合有30种变化的鞋，这种鞋可使运动员适应室内、室外跑道以及天然地面或人工地面的多种需要。

阿迪达斯公司制作的鞋质量优、品种多，因而在影响广泛的国际体育活动中占据统治地位。例如，在蒙特利尔奥运会上，穿阿迪达斯公司制品的运动员占全部个人奖牌获得者的82.8%，这使公司"一举成名天下知"，销售额上升到10亿美元。

但是，以后竞争者相继涌入这个市场。1972年之前，阿迪达斯公司和彪马公司占有了运动鞋的全部市场。尽管这种状况一直在变化，阿迪达斯公司似乎已成为不可超越的尖兵。它不仅生产供各类体育活动使用的鞋，而且还增加了与体育有关的其他用品，如短裤、运动衫、便服、田径服、网球服和泳装、各类体育用球、乒乓球拍和越野雪橇以及流行的体育挎包，这种挎包上印着"阿迪达斯公司"这种醒目的标志。

由阿道夫兄弟开创的市场营销策略已对整个制鞋业产生了具有指导意义的影响。阿迪达斯长期以来一直把国际体育竞赛当做检验产品的基地。许多年来，这些运动员的反馈信息对公司改变和改进鞋的设计具有重大的指导作用。公司与专业运动员签订合同，让他们使用公司的产品。然而，阿迪达斯公司的猎获对象是国际性体育比赛和奥林匹克运动会，而这些方面的参赛者都是业余运动员，因而这种背书合同常常是与国家体育协会而不是与个人签订的。

在阿迪达斯和彪马公司的带动下，与运动员签订背书合同已很普遍。例如，国家篮球协会的运动员，每人至少与一家制鞋商订有合同。运动员在各种公开场合还须穿用公司的某一种产品。公司为背书合同耗费的广告费约占预算的80%，其他20%花费在媒体广告上。各制造商发明的独特标记是这些背书合同发生效力的关键。这种标记能使人们立即辨认出这是哪家公司的产品。因而，著名运动员对产品的实际使用情况可被体育爱好者和可能的消费者耳闻目睹。此外，这些标记也使衣物挎包之类的商品种类多样化起来。

为尽快增加产量，公司到南斯拉夫和远东等地区寻找能够大量地低成本制作运动鞋的加工厂。公司与这些国家一些中型企业签订了特许生产协议，让它们按公司的图纸制造产品。这样，公司节省了建造工厂和购置设备的巨大开支，从而使成本保持在适当水平。

最后，阿迪达斯公司还引导跑鞋业从各种竞赛用鞋到训练用鞋，为各类跑步者和各种跑步风格的人制造各种各样的跑鞋。阿迪达斯公司具有100多种不同风格和型号的跑鞋。这种独占鳌头的局面，直到后起之秀耐克公司冲上来，占领美国市场之后才改变。

(一) 20世纪70年代的跑鞋市场

20世纪60年代末70年代初，跑鞋业呈现出一派繁荣的景象。美国人对自己的身体健康状况越来越关心。从前数百万不参加体育锻炼的人，此时也开始寻找锻炼的方法。

在整个20世纪70年代，参加散步的人数不断增加。据70年代末估计，有2500万~3000万美国人坚持散步，还有1000万人在家、上街都穿跑鞋。与此同时，制鞋商的数量也增加了。原先只有阿迪达斯公司、彪马公司、台格公司3家，现在，新加入制鞋行业的有美国的耐克公司、布鲁克斯公司、新巴兰斯公司、伊顿尼克公司，还有JC彭尼公司、西尔斯公司和康弗斯公司。为推销这些制造商制作的鞋，像"运动员鞋店"、"雅典运动员"鞋店和"金尼鞋店"这种特种商品商店如雨后春笋般地迅速遍布全国。迎合这个市场的各种新杂志也迅速问世，发行量不断上升，如《跑步者的世界》、《跑步者》和《跑步时代》，它们专门给跑步者提供有关信息。

(二) 耐克公司竞争的介入

菲尔·奈特是一位技术平庸的参加1英里赛跑的运动员，他的最好成绩是4分13秒，差一点没有进入世界级运动员（成绩为4分钟）的行列。但他20世纪50年代末在俄勒冈大学受到著名教练比尔·鲍尔曼的训练。鲍尔曼在50年代，随着他年复一年地获得破世界纪录的长跑冠军，使俄勒冈州尤金市名扬于世。他不断地试穿各种运动鞋，他的观点是，跑鞋重量轻一盎司，会对赢得比赛产生极不相同的结果。

在斯坦福大学攻读工商管理硕士期间，菲尔写了一篇论文，指出，日本人能够以他们制造照相机的方式制造运动鞋。1960年获学位后，奈特前往日本，到奥尼楚卡公司申请在美国销售泰格尔跑鞋的资格。回到美国时，他把该公司制作的鞋的样品带给了鲍尔曼。

1964年，奈特和鲍尔曼开始合伙。他们每人拿出500美元，组成布卢里邦制鞋公司，为泰格尔跑鞋生产鞋底。他们把成品放在奈特的岳父家的地窖里，头一年他们销售了价值8000美元的进口鞋。白天，奈特在库琅利布兰德公司做会计，夜晚和周末，他沿街兜售运动鞋，大多数卖给了中学的体育队。

最后，在1972年，奈特和鲍尔曼终于自己发明出一种鞋，并决定自己制造。他们把制作任务承包给劳动力廉价的亚洲的工厂，给这种鞋取名叫耐克，这是依照希腊胜利之神的名字而取的。同时他们还发明出一种独特标志Swoosh（意为"嗖的一声"），它极为醒目、独特，每件耐克公司制品上都有这种标记。在1972年俄勒冈州尤金市奥运会预选赛期间，耐克鞋在竞赛中首次亮相。被说服穿用这种新鞋的马拉松运动员获得第四名到第七名，而穿阿迪达斯鞋的运动员则在预选赛中获前三名。

1975年一个星期天的早晨，鲍尔曼在烘烤华夫饼干的铁模中摆弄出一种尿烷橡胶。制成一种新型鞋底，这种"华夫饼干"式的鞋底上的小橡胶圆钉，使它比市场上流行的其他鞋底的弹性更强；这种产品革新——看上去很简单——最先推动了奈特和鲍尔曼的事业。然而推动耐克公司在美国市场上跨入前列的真正动力主要的还不是产品革新而是仿造。耐克公司以阿迪达斯公司的制品为模型进行仿造，结果，仿造者战胜了发明者。

实践证明，鲍尔曼发明的"华夫饼干"鞋底大受运动员欢迎。因而，随市场行情转好，这种鞋底在1976年的销售额达到1400万美元，而这前一年的销售额为830万美元，1972年仅为200万美元。

耐克公司由于精心研究和开发新样式鞋的工作在制鞋业中处于领先地位。到20世纪70年代末，耐克公司的研究开发部门雇用的研究人员将近100名。公司生产出140多种不同式样的产品，其中某些产品是市场上最新颖和工艺最先进的，这些样式是根据不同脚型、体重、跑速、训练计划、性别和不同技术水平而设计的。

到20世纪70年代末和80年代初，市场对耐克公司的需求已十分巨大，以至于它的8000个百货商店、体育用品商店和鞋店经销人中的60%都提前订货，并常常为货物到手等待半年之久。这给耐克公司的生产计划和存货费用计划的完成提供了极大的方便。根据耐克公司销售额增长情况统计，其销售额在1976年为1400万美元，仅6年后便上升到6.94亿美元。1979年初美国市场的占有情况统计，耐克斯公司的市场份额为33%，居市场占有者之首。两年之后，它更遥遥领先，其市场份额已达近50%。阿迪达斯公司的市场份额则减少了，不仅大大低于耐克公司，而且像布鲁克公司和新巴兰斯公司这样的美国公司成为使它担忧的对手。

在1982年1月4日出版的《福布斯》中,"美国产业年度报告"把耐克公司评为过去5年中盈利最多的公司,位居全部行业中所有公司之首。

(三) 耐克公司获得成功的因素

毫无疑问,耐克公司在20世纪70年代面临极为有利的初始需求。耐克公司利用了这种有利条件。其实,大多数跑鞋制造商在这些年间都获得了可观的收入。但耐克公司的成功远非仅仅由于简单地依赖有利的初始需求。耐克公司击败了所有对手,包括到那时为止占统治地位的阿迪达斯公司。耐克公司的成功,揭开了阿迪达斯公司、彪马公司和泰格尔公司等这些外国制造商长胜不衰的神秘性。

通过充分发挥潜力,耐克公司生产出比阿迪达斯公司种类更多的产品,开创了鞋型千姿百态的先河。生产范围太宽也许会出现许多麻烦,也可能由于生产范围过大而损害生产效率,从而使成本大大增加。许多人善意地建议公司缩小生产范围,砍掉那些不过硬的产品,集中人力物力和注意力,争取在竞争中获胜。在这里我们可以看到耐克公司并未采取这种对策,然而它却成为20世纪70年代最成功的公司之一,很显然,它的经营策略与阿迪达斯不同。什么是具有战略意义的产品组合呢?

虽然耐克公司也许违背了某些产品组合观念,然而让我们看看它是怎样违背和以什么为代价的。通过提供风格各异、价格不同和多种用途的产品,耐克公司吸引了各种各样的跑步者,使他们感到耐克公司是提供品种最全的跑鞋制造商。数百万各式各样、各种能力的跑步者都有这种观念,这在一个飞速发展的行业里,是一个很吸引人的形象。而且,在急速膨胀的市场上,耐克公司发现它能以其种类繁多的产品开拓最宽广的市场。它可以把鞋卖给普通零售商,例如,百货商店和鞋店,也可以继续与特种跑鞋店做生意。甚至由于公司能供应各种型号和样式的鞋——不同类型的零售店可得到不同样式的鞋,这便各得其所,其乐融融——因此,该公司是唯一能适当关照销售某些耐克鞋的廉价商店的公司。

型号繁多,每种产品生产量小,一般会使生产成本增加。但对耐克公司来说,这也许不是一个大问题。生产鞋的大部分任务承包出去了——约85%承包给国外的工厂,大多数是远东地区的工厂。由于许多外国工厂按照合同生产部分产品,因而,各种产品生产量小对耐克公司来说是一个无足轻重的经济障碍。

很早以前,耐克公司就开始重视研究开发和技术革新工作,公司致力于寻求更轻、更软的跑鞋，并使之既对穿用者有保护性，也给运动员——世界级运动员或业余爱好者——提供跑鞋工艺所能制作的最先进产品。耐克公司重视研究开发新产品，突出地表现在它雇用了将近100名研究人员，专门从事研究工作，其中许多人具有生物力学、实验生理学、工程技术、工业设计学、化学和各种相关领域的学位。公司还聘请了研究委员会和顾问委员会，其中有教练员、运动员、运动训练员、设备经营人、足病医生和整形大夫，他们定期在公司见面，审核各种设计方案、材料和改进运动鞋的设想。其具体活动有对运动中的人体进行高速摄影分析、运动员使用臂力板和踏车的情况分析、有计划地让300名运动员进行耐用实验，以及试验和开发新型跑鞋和改进原有跑鞋和材料。1980年，用于产品研究开发和试验方面的费用约为250万美元，1981年的预算将近400万美元。对于像鞋子这样非常普通的物品，进行如此重大的研究和开发工作，可谓是空前绝后了。

在经营策略上，耐克公司没有多少标新立异，在很多方面它还是沿袭了阿迪达斯公司几十年前树立起来的制鞋业公认的成功市场策略。这些策略主要是：集中力量试验和开发更好的跑鞋；为吸引鞋市上各方面的消费者而扩大生产线；发明出印在全部产品上的、可被立刻辨认出来的明显标志；利用著名运动员和重大体育比赛展示产品的使用情况。甚至把大部分生产任务承包给成本低的国外加工厂也不单是耐克公司一家这样做的。但耐克公司运用这些早已被证明行之有效的经营技巧可谓得心应手，比它的任何对手，甚至阿迪达斯公司运用得更好和更有优势。

（四）阿迪达斯公司的失误——问题出在哪里

无疑，阿迪达斯公司对跑鞋市场的增长情况估计不足。对于一家有40年制鞋历史，并且在这些年间总是看到稳定的低速增长的公司来说，面对"繁荣"局面，对其程度和持久性抱怀疑态度，似乎是理所当然的。而且并非只有阿迪达斯对市场机会判断有误。几家历来擅长经营低价运动鞋的公司，如著名的康弗斯公司和尤尼罗亚尔克茨公司，在向市场推出新式运动鞋和革新制鞋工艺的竞争中，也不知不觉地被人迎头赶上。那些较大的网球鞋和旅游鞋制造商（康弗斯公司生产2/3的美国篮球鞋）对市场潜力的估计也有严重失误，因而未在这个方面下大力气，直到它们被耐克公司和其他几家美国制造商远远甩在后头时，才如梦初醒。

除对市场潜力估计失误以外，很明显，阿迪达斯公司也低估了耐克公司和其他美国制造商的攻势。也许这是耐克公司取代阿迪达斯公司领先地位的重要原因。然而，在许多生产线上，外国公司毕竟已获得了本国公司所没有的神秘性和吸引力。那么，实际上是白手起家的小小的美国制造商怎么竟然能够对具有40年历史又经验丰富的阿迪达斯公司构成严重威胁呢？因此，把这一家美国公司看做充其量不过是虚弱的机会主义者。耐克公司比其他制鞋公司略高一筹的是，它瞅准机会，抓住不放，发起攻击。这种事件的发生在很大程度上，也许不是阿迪达斯公司的失误，而是耐克公司的骄傲。但我们对阿迪达斯公司在耐克公司的进攻过程中所做的努力仍然可以提出怀疑。阿迪达斯公司难道不应该在这种极易进入的行业保持更高的警惕性吗？诚然，它无论技术要求还是工厂投资费用，毕竟都不足以阻止其他公司进入这个领域。然而，这位领先者难道看不出这种产品容易引起竞争——尤其在市场以几何级数增长的情况下——因而主动采取行动阻止这种现象发生吗？加强推销工作，引进新产品，加强研究和开发工作，精心筹划价格策略，不断扩大推销渠道——这些行动也许不能阻止竞争，但却能给这位市场领先者提供雄厚的财力（这些财力可使公司减少损失）。可惜阿迪达斯公司直到统治地位受到严重侵害时才采取进攻性的反击行动。

（资料来源：许晓明：《企业战略管理教学案例精选》，复旦大学出版社2003年版）

二、案例分析

这个案例提供正反两方面的经验教训，一是耐克公司的成功经验，一是阿迪达斯公司的失败教训。

耐克公司获得成功，主要不是由于它对销售工作进行了革新研究，或由于它发现了其他任何人都没看到的销售机会，或比那些运气不佳的对手在推销和广告宣传方面投入了更多的资金。耐克公司成功的关键因素是卓有成效的仿效。当然，仿效必须审慎而行。被仿效的市场战略应当是最行之有效的、在历史上取得重大成就的战略。就跑鞋市场来说，长期以来阿迪达斯公司所施行的市场战略，是生产型号多样的鞋、在重大体育竞赛中让运动员穿用带有公司标志的产品、不断使产品更新换代——这些几乎是不能更改的市场战略，所有跑鞋制造商都遵循这同一战略——只是耐克公司做得更好一些罢了。

品牌是企业信誉的象征，它在顾客中的影响力往往代表企业的实力。品牌的知名度是不同的，可分为地区级、国家级或世界级。建立世界级的良好品牌，是每个以国际市场作为目标市场的企业所面对的最大挑战。自从耐克成立的那一天起，就把建立世界品牌作为自己不屈不挠的经营目标。他们利用世界级的明星塑造耐克形象，让自己的产品永远同世界冠军联系在一起，将其一直标榜的王者风范体现得淋漓尽致。实践证明，阿迪达斯的体育营销获得极大成功,迅速将本地品牌扩展为全球品牌,成为品牌营销的典范。

　　企业的公共形象是脆弱的,一个来自质量或营销方面的小小疏忽就有可能使企业极为被动,而企业发展的曲折性又决定了难以规避所有的失误,因此,企业必须通过危机公关来化不利为有利。所谓危机公关,是指企业面临突然的形象危机所采取的紧急公共关系活动。阿迪达斯的危机公关给我们以深刻的启示。"物竞天择,适者生存",这一自然界的基本法则同样适用于起起落落的生意战场。在任何时候,任何情况下都不要低估竞争对手! 尤其是技术革新竞争日趋激烈的今天,面对残酷的市场竞争,任何企业都要保持清醒冷静的头脑,在充分把握和了解市场的情况下,机智灵活,果断决策,积极备战。只有这样,才能保证企业在任何情况下都立于不败之地! 阿迪达斯公司的成功在于正视对手、正视竞争,而目前落后于耐克则源于低估了对手、忽视了竞争!

　　在这个案例中我们可以看到,所谓市场优势和在市场上占据第一位是多么脆弱。任何公司,不论在市场是否占据领先地位,都不能依赖它的名声而无视发展变化着的外部环境和强大对手的攻势。阿迪达斯公司曾在制鞋业居于领先地位,正像国际商用机器公司在计算机行业中的地位一样。但阿迪达斯公司放松了警惕,从而在关键时刻攻势变弱了。

三、思考·讨论·分析

1. 阿迪达斯的兴与衰说明了什么问题?
2. 耐克是怎样击败强劲对手脱颖而出的?
3. 在市场的争夺上,阿迪达斯与耐克各采用了什么手段? 其结果如何?

案例 3-12　奔驰与克莱斯勒的跨国合并

一、案例介绍

　　1998年5月7日,世界汽车工业史上迎来了前所未有的大行动:德国的戴姆勒—奔驰汽车公司与美国的克莱斯勒汽车公司宣布合并。消息既出,世界舆论哗然,汽车行业内部更是如同经历了一场地震。权威人士预言,全球汽车工业将随着奔驰与克莱斯勒的合并掀起新一轮调整浪潮,出现白热化的局面,并最终形成全球汽车产业的崭新结构。

　　戴姆勒—奔驰公司和克莱斯勒公司的合并不仅是汽车行业,也是整个世界工业史上最大的行动。巨型的合并计划从萌芽到瓜熟蒂落,前后只用了不到4

个月时间。合并消息一经公布即获如潮的好评。德国前联邦总理科尔获知消息后立即发表讲话，祝贺两家公司合并；德国社民党候选人施罗德称这次合并是"非常成熟的企业行动"；联邦德国交通部长魏斯曼说，这一合并是德国汽车工业有竞争力的表现；美国的政治家和经济界人士都对这起合并道尽了溢美之词。而股民更是对这起合并充满信心。合并的消息公布之后，纽约和法兰克福股票交易市场上两家上市公司的股票行情立即看涨。克莱斯勒公司的股票价格当天就飙升了17.8%，上涨了7.375美元，以48.81美元报收。奔驰公司的股票价格同日也猛增了8%，以每股192.4马克收盘。

戴姆勒—奔驰汽车公司和克莱斯勒汽车公司合并之后的新公司称为戴姆勒克莱斯勒汽车公司。合并通过股票互换的方式进行。通过对双方上市资本、股价盈利比以及各自盈利状况的评估，戴姆勒—奔驰公司的股东占有新公司股份的57%，克莱斯勒公司的股东则占有43%。

（一）公司简介

奔驰公司和克莱斯勒公司都是当今世界举足轻重的汽车"巨人"。奔驰公司是德国最大的工业集团，总部设在德国南部的斯图加特。1997年销售额达到1240亿马克，目前有员工30万人。长期以来，奔驰公司的业绩一直非常优秀，尽管世界金融市场一度动荡不定，德国马克也曾因大幅度升值而影响出口，但奔驰公司生产的汽车一直在世界汽车市场上保持强劲的势头。

克莱斯勒公司是美国仅次于通用和福特的第三大汽车制造商，总部设在底特律。1997年的销售额为1060亿马克，目前有雇员12.8万人。该公司是多元化企业，除了汽车之外，还生产和营销汽车配件、电子产品等。据美国《财富》杂志统计，克莱斯勒公司自20世纪90年代初开始，一直在美国500家最大公司中排名前10位，让人刮目相看。

两家公司合并所牵动的市场资本高达320亿美元。合并之后，戴姆勒克莱斯勒汽车公司的实力咄咄逼人，令世界各大汽车巨头生畏。以市场资本额排序，戴姆勒克莱斯勒汽车公司名列第二，仅排在丰田之后；以销售额排序，名列第三，年销售额为1330亿美元（2300亿马克），次于美国两大汽车商通用和福特；以销售量排序，戴姆勒克莱斯勒汽车公司年产量为400万辆列第五位，排在通用（880万辆）、福特（700万辆）、丰田（480万辆）和大众（430万辆）之后。

（二）行业背景

首先，经济全球化趋势的不断增强是这起合并案诞生的大背景。汽车行业的决策者们非常清醒地认识到，如果要在21世纪于行业内部站稳脚跟并求得进一步的发展，必须现在就着手扩展生存空间，增强自己的竞争力，否则将被全球化的浪潮彻底淹没。而实现这一目标的最佳途径就是走企业联合的道路。

汽车市场竞争日益激烈，汽车制造公司必须努力形成规模经济。戴姆勒—奔驰与克莱斯勒的合并为形成规模经济提供了可能性。戴姆勒—奔驰的拳头产品为优质高价的豪华车，主要市场在欧洲和北美。拉丁美洲和亚洲市场尽管广阔，但主要是低价车。优质高价车的市场发展前景有限，竞争也日益激烈。从中长期看，发展量大利薄的低价大众车很有必要。克莱斯勒的产品几乎全部集中于大众车，与戴姆勒—奔驰在产品和市场范围上正好互补。同时，服务部门、管理部门等也可以通过合并而获得不同程度的益处。例如，合并后，在采购、建设和制造、产品的分销、研究开发等方面都将产生整合效果，对现有设备的充分利用和分销系统的整合将提高销售收入。据估计，短期内，由于合并带来的成本降低和收入增加将有 25 亿马克的整合效果。从中长期来看，采购优化及研究开发整合预计能带来超过 50 亿马克的整合效益。

事实上，汽车行业市场上早已出现供大于求的局面。以轿车来说，全球每年的产量为 6000 万辆，而销量只有 4000 万辆。在有限的销售量下，如何占据尽可能大的世界市场份额，是各大汽车公司不得不考虑的问题。而通过在大批量生产中降低成本以获取更多的利润，走企业联合的道路则似乎成了汽车行业的大趋势。

（三）并购动因

两家公司的合并还有它们自身独特的原因。首先，双方可以形成优势互补的局面。奔驰公司是德国最大的工业集团，而克莱斯勒则是美国第三大汽车制造商，两者都是盈利企业，具有雄厚的财力，"强强联合"的前景十分看好。

双方在生产和销售领域互补的态势显得最为明显。在市场分销上，克莱斯勒的销售额 93% 集中在北美地区，在其他地区的份额只占 7%。尽管克莱斯勒在美国三大汽车公司中一直保持最高的利润，但如果北美市场一旦不景气，将会影响公司的前程。因此，合并正好可以使其摆脱对北美市场的依赖性，打进奔驰公司业已占有的地盘，而奔驰公司也一直试图大规模打进北美市场。目前，奔驰公司在北美市场的销售份额只占总销售额的 21%，大部分仍然局限于自己所在的欧洲，而与克莱斯勒的联合正符合它对北美市场的要求。

从产品线来看，两家公司各有自身的优势，双方产品重合的情形极少。克莱斯勒的强项是小型汽车、越野吉普车和微型箱式汽车；奔驰以生产豪华小汽车闻名。双方产品唯一重合的是奔驰 M 级越野车和克莱斯勒的"吉普"，但 M 级越野车在奔驰系列中所占的比重不大。

降低生产成本、增强竞争力是两家公司合并的另一个重要因素。合并之后,双方将在采购、营销、技术协作以及零部件互换方面开展协作,从而达到降低营销成本、方便研究与技术开发、发展生产和促进销售的目的。

(四) 并购过程

通过换股、实现合并是国际上企业兼并收购中常用的一种方式,包括新设合并和吸收合并。与现金收购交易相比,通过换股进行合并可以避免并购所需要的大规模融资,更好地进行经营整合。

戴姆勒—奔驰与克莱斯勒这两家国际著名汽车业巨头合并的复杂程度和估价难度可想而知。因此,合并双方各自聘用了两家投资银行作为财务顾问,以便合理确定双方的股票价值和换股比例。在两家公司合并报告中,财务顾问否定了账面价值方法,因为对于连续经营的公司来说,净资产账面价值不能决定企业内在价值;尽管戴姆勒—奔驰公司以 ADRs 方式在美国上市,但财务顾问们认为,股票市场上的价格受股票数量、市场交易情况、投机性等众多因素影响,往往具有短期波动性,不能合理地反映公司的内在价值,根据德国惯例和通行做法,在评估公司价值时不采用股票市场价格作为换股比较基准。清算价值法也被否定,因为戴姆勒—奔驰和克莱斯勒两家公司的收益价值均高于清算价值。合并报告最终采用符合价值原理的收益现值法分别对两家公司进行估价。

(五) 存在的问题

在为奔驰和克莱斯勒的合并欢呼的同时,也有一种冷静的声音在提醒合并会带来的困难和隐忧。德国著名的《法兰克福汇报》说,虽然合并之后规模大大增加,但是这并不能解决所有问题。这家报纸说,克莱斯勒公司是在近十年才恢复元气的,20 世纪 70~80 年代一度处于崩溃的边缘,和这样一个"大病初愈"的企业联合会不会给奔驰公司带来负面的影响?

此外,纵观汽车行业历史上的合并,成功的范例屈指可数。奥迪公司花了10 年时间才融入大众公司;宝马公司接管了英国罗孚公司之后,困难重重;韩国的起亚集团和瑞典知名的富豪汽车公司都试图同法国的雷诺公司合并,但均以失败告终。

还有一个关键的问题在双方的文化差异上。观察德美企业文化的人士指出了两国企业人员在着装方式、与上司说话方式以及批评职员时的措辞是直接还是委婉方面存在着巨大的差异。举例来说,在德国,工作人员一般不直呼上司的名字,等级颇为森严,而美国人则要随便许多。美国职员可以不系领带就来上班,这在德国的公司中是闻所未闻的。从语言差异上来讲,德国人一般会说英语，而美国人会说德语的却少之又少。人们不禁要问：在将来的公司中该如何进行交流呢？

还有一个十分敏感的焦点问题，那就是新公司中该采取何种工资支付制度。奔驰公司的领导者们每年收入不过区区一二百万马克，而美国的同行们则是这一标准的十几倍。双方将如何平衡这一差别？新闻媒体提出这样一个问题：将来施伦普（奔驰总裁）在和伊顿（克莱斯勒总裁）就新公司的问题进行谈话的时候，能够容忍身边坐着一个"千万富翁"吗？

因此，有关专家预言，虽然两家公司宣布合并了，但是仍然有众多的问题留待解决。公司的决策层能否成功地弥合双方存在的分歧，顺利地驾驭庞大的戴姆勒克莱斯勒，还是一个未知数。

（六）波及全球

无疑，戴姆勒—奔驰公司和克莱斯勒公司的合并将会加剧全球汽车行业的竞争，对其他汽车制造商形成巨大压力。因此，汽车行业的专家预计，合并将大大加快世界汽车行业建立跨国合作企业的速度，使全球汽车行业的结构发生巨大变化。

受到此次合并影响最大的欧洲汽车制造商当属菲亚特、沃尔沃以及标致或雪铁龙。就在克莱斯勒与奔驰可能合并的消息传到欧洲之后，被认为可能是下一轮并购对象的欧洲汽车公司的股票价格立即上扬。在米兰股市，菲亚特的股票上升7.7%，在巴黎股市，标致或雪铁龙上升4.4%，瑞典斯德哥尔摩股市，沃尔沃的股票上升了5.6%。欧洲的汽车生产能力早已过剩，1997年汽车生产量为1800万辆，而销售量却仅为1340万辆，欧洲汽车行业已经面临着迫切需要重新调整的局面。奔驰的大胆行动无疑将引发这股调整的浪潮。

目前，世界汽车市场上形成欧洲、美国、日本"三足鼎立"之势。而日本的三大汽车公司丰田、日产和本田一直与美欧汽车生产商进行竞争，不愿与它们进行合作。然而，奔驰公司在同克莱斯勒合并之后，仍借余威继续东进，不仅在日产柴油汽车公司股票的谈判上取得进展，而且同时在和日产本身就相关的合作事宜进行谈判。日本汽车界人士说，日本汽车行业遭遇大规模攻势的时代已经到来了，它也将彻底融入全球的汽车生产体系。

以美国为中心的北美是全球最大的汽车销售地区。在戴姆勒与克莱斯勒联手之前，美国世界排名第一、第二的通用和福特公司已经在全球性经营上进行了尝试。通用公司不仅收购了德国的欧宝，而且在和瑞典的绅宝进行合作。福特已经和英国的汽车商"美洲虎"、日本汽车商马自达结盟，其市场范围超过200个国家和地区。

但对于戴姆勒克莱斯勒公司的步步紧逼，通用和福特也不会无动于衷，它们必定会设法加强自己在原有市场上的存在，因此将向其他较小的汽车厂家发动更加激烈的收购攻势。通用和福特在欧洲一直采用吸收当地汽车生产厂家的形式来扩大在欧洲市场的份额。欧元启用后，欧洲汽车市场的竞争必将更加激烈，因此，通用和福特两家公司必然会调动巨额资本与欧洲生产厂家进行联合，赢得更多的欧洲市场。

目前，已经或正在酝酿合并或兼并的汽车公司还有多家。就在奔驰和克莱斯勒宣布合并的同一天，英国的劳斯莱斯也以 4.3 亿英镑的身价被大众公司购买，意大利的菲亚特和法国的雪铁龙、德国的大众和英国的罗孚、美国的通用和日本的五十铃都已经完成了合并或正在商谈之中。专家认为，全球汽车业的调整经过这一轮浪潮之后将落下帷幕，汽车行业的江山大势也将从此奠定。

（资料来源：干春晖：《企业并购：理论、实务、案例》，立信会计出版社 2002 年版）

二、案例分析

随着经济全球化趋势的不断加强，企业要在行业内部站稳脚跟并求得进一步的发展，必须首先着手扩展生存空间，增强自己的竞争力，否则将被全球化的浪潮淹没。而实现这一目标的最佳途径就是走企业联合的道路，特别是强强联合的道路。戴姆勒—奔驰与克莱斯勒两公司在经营业绩、市场占有率、盈利水平等方面运作都处于极佳状态的情况下，根据双方对未来形势的准确判断，着眼于双方自身的生存和未来发展，求大同存小异，积极主动联合。联合之后，实现了"1+1>2"的效果，由于双方产品系列的互补性，双方的优势产品可以很方便地进入对方的强势市场；双方原来分散的研究开发集中在一起，人才也集中在一起，研究开发的速度加快了，各种费用减少了，成本也降低了，就实现了双方在生产技术、设计风格、市场方向甚至是企业文化方面的优势互补，最终增强了双方的国际竞争力，也实现了扩大市场份额，增加利润的目标。从当年新公司在第一年运营的营业收入、营业利润及市场份额的增长上，我们看到了强强联合的巨大威力，新公司的骄人业绩，为世界提供了一个成功的强强联合的范例。

造成欧美乃至世界企业购并狂潮的最主要原因是：在全球竞争日趋激烈的背景下，公司面临的唯一选择是，或者升为本行业中的前两三名"选手"，或者在激烈的竞争中被淘汰出局，这已经成为许多大企业最高决策层的一种共识。用通用公司前首席执行官韦尔奇的话来说就是："当你是市场中的第四或第五的时候，老大打一个喷嚏，你就会染上肺炎。而当你是老大的时候，你就能掌握自己的命运。"为了加强实力,即使像花旗银行和美国电报电话公司等在本行业已经占有领先地位的企业,也迫不及待地加入购并行列。特别对于汽车行业,竞争日益残酷:一方面是汽车的价格不断下降,每年有大量的生产能力过剩,新兴的工业化国家还在不断建厂;另一方面,客户的要求越来越苛刻,他们要用手中的钱获得更多的东西,要求不断缩短产品更新换代的周期。要想满足这些要求,就必须投入大量的资金和人力,以缩短设计开发周期,提供全套的产品,比竞争对手更快地提供出更新、更优、更廉的产品。在这种激烈的竞争中,如果有谁挺不住,就必然被淘汰出局。因此,戴姆勒—奔驰与克莱斯勒公司合并,这种跨国别、跨地域、跨文化的合并,就是在这种背景下唯一合乎理性的行动,因为只有"垄断"才有企业的生路!

三、思考·讨论·分析

1. 企业通过并购的方式进行发展有哪些优势和劣势?
2. 并购后的戴姆勒克莱斯勒将面临哪些挑战?
3. 戴姆勒—奔驰和克莱斯勒在资源和能力方面有哪些战略联系?
4. 你认为戴姆勒克莱斯勒将如何整合两家企业的资源和能力以实现公司的发展战略?

案例 3-13 本田之路

一、案例介绍

众所周知,本田公司是以摩托车起家的,然而,本田生产的汽车如今也是风风火火,本田真正建立了自己的"汽车王国"。谁能想到,这家号称"王国"的公司,其前身是一家不值一提的小作坊,其创立者是一位既没有雄厚资本,又没有大财阀做背景的铁匠的儿子——本田宗一郎,他是"本田"奇迹的创造者,是日本战后具有代表性的成功者,他的创业史在日本,乃至全世界被广泛传颂着,那么,他是以怎样的天赋取得今天的辉煌的呢?

从 1960~1980 年的 20 年中,世界的摩托车工业发生了翻天覆地的变化,到 20 世纪 70 年代末期曾以雄厚实力屹立于世界市场,被认为具有不可撼动的市场地位的美国制造商几乎在市场上消失殆尽,尽管仍有许多消费者一如既往地愿意购买美国车,尽管当竞争升级时,美国制造商也竭力想在技术更新上仿效,甚至赶超对手,但这些美国人最终都被日本竞争者驱逐出了原有的庞大市场。

在这场日本制造商掀起的对世界摩托车市场的侵袭战中,本田公司始终处于领头的地位,其创始人本田宗一郎是一个充满梦想的发明家和工业家。早在第二次世界大战前他就已染指于汽车制造业。然而,战后的日本经济饱受蹂躏,本田宗一郎无法实现他制造汽车的梦想转而生产在当时技术上可行、在经济上能为大众承受的摩托车。

致力于内燃机引擎改进的本田技术研究中心的建立(1946)反映了本田公司以技术为本的战略思想,标志着本田公司进军摩托车市场的开端。1947年,中心成立的第二年,本田公司就推出了它的 A 型二冲程引擎。

到 1948 年为止,本田公司的竞争者组成了一个由 247 家企业组成的松散的摩托车制造厂。其中的大多数厂商设备简陋,仅仅采用适于自行车的脚踏式引擎,偶有几家略大的企业,虽有心仿效欧洲的制造商,但终因技术低劣原材料差而不尽如人意。本田公司与众不同,于 1949 年秋推出其 D 型二冲程 50cc 汽缸的轻便摩托车。由于车子比已有的 3 马力引擎的摩托车更为可靠,而且配有一副出色的冲压而成的金属骨架,所以本田公司迅速扩大了其摩托车市场的占有量。但由于与该产品相似的竞争产品——四冲程引擎,比本田的产品更安全,噪音更低,故此本田公司仍面临着巨大的市场威胁。为此,本田公司又于 1951 年推出了一种更为优异的四冲程引擎,该引擎在维持原重量的情况下,将马力提高了两倍。在技术上确立了优势之后,本田公司大胆开拓,不久就获得了一个新工厂的加盟,并在两年多的时间里,发展成为一个集引擎、骨架、链条、链轮以及其他摩托车主要附件于一体的综合性制造商。

在过去,日本的摩托车制造商都不愿投资开发新产品尔后攫取高额利润,他们认为这样做风险过大。然而,本田公司从 1950 年开始,独树一帜,开始实行一系列的改革,主要包括:推出多产品生产线;力求在技术革新中领先;针对产品需求设计传动装置,从中寻求大规模生产的良机。

1958 年,本田公司通过市场研究发现实行地区送货服务的商人需要一种小型的危险性小的摩托车,而且这种需求十分强烈。为此,本田公司专门设计了一种 50cc 的小型摩托车,由于该车可由单手操控,使得驾驶者大大减少了因携带货物而不得不单手驾车导致的危险。再加上该车自动换挡,新潮的踏板式骨架,很快就风靡市场。6 个月后甚至达到了每月 3000 辆的销售纪录,面对不断增长的需求,本田公司不惜血本地建造了一个月产 3 万辆——7 倍于现有销量——的制造厂。本田公司的这一大胆举措为下一步更为大胆的行为——进军美国——打下了基础。

以下是摩托车制造业中令人难忘的篇章，1959年，本田公司进军美国市场：

随着第二次世界大战结束，廉价运输需求的增加，日本的摩托车制造业迅速壮大。1959年，本田、铃木、雅马哈和川崎总共生产了45万辆摩托车，本田的销售额达到了5500万美元，已跻身世界最大的摩托车制造商之列。

与其他国外制造商采用在美国本土代理销售的方式不同，本田公司在美国设立了其子公司——美国本田公司，并于成立之后不久推出了其轻型摩托车。与Sears、Roebuck销售的250cc的轻型摩托车不同，本田公司的车具有下列特点：5马力功率、三挡变速、自动换挡、电子点火以及专为女性设计的踏板式骨架。这些特点使本田车性能更优越，更易于操控，而且相对于英美同类售价1000~1500美元的机车而言，本田车不到250美元的售价极为诱人。

在扩展市场方面，本田公司信守区域扩张步步为营的策略，从西海岸开始，仅用四五年的时间渗透到东部市场，到1961年，本田公司已拥有了125家代理商，并花了15万美元进行区域性的广告宣传。广告主要针对因马龙·白兰度出演影片"The Wild Ones"（1953）中飞车党头目角色，而造成人们把摩托车手与匪徒画等号的想法，广告的主题是"你能在本田车上看见最好的人"，其主要对象是中等阶层的消费者。在其他日本制造商如雅马哈、铃木的共同合作下，广告的大投入获得了良好的回报。

本田的战略看来十分奏效，它的销售额从1960年的50万美元上升到1965年的7700万美元。到1966年，本田、铃木、雅马哈已占有了85%的美国市场。而轻型摩托车也从1960年时毫不为人重视，一跃成为摩托车市场中举足轻重的一部分。

20世纪60年代，摩托车市场的大发展也同时为英美公司带来了巨大的收益。英国产品在1960~1966年期间出口增加了两倍，而美国的哈利机动车的销售额，也从1959年的1660万美元上升到1965年的2960万美元。60年代中期的两篇新闻报道反映了这些英美制造商的看法：

BAS的董事会主席埃瑞克·特纳在《广告时代》上这样说："本田、铃木、雅马哈的成功也同样使我们受益。人们最初会去买廉价的日本货，当他们享受到在平坦道路上骑摩托的乐趣之后，就会转而购买我们马力更强大，价格也略高的产品。"英国人实际上根本不认为存在着与日本人之间的竞争。但日本人却始终热衷于竞争与挑战。就在1965年10月，本田又针对Triumph500cc的摩托车以相对低价推出了它的444cc的摩托车。

哈利·大卫公司的现任总裁威廉·H.大卫则认为："从根本上说并不存

在所谓轻便摩托车的市场。我们公司认为摩托车是一种运动车辆，而不是什么运输工具，即使购买者声称他们是为了运货方便才买车，但实际上他们更多的是用于业余运动娱乐。轻便摩托车至多只能是市场的一个补充，回顾第一次世界大战时，有许多公司生产轻便自行车，我们于1947年推出过一种，但最终一无是处。我想我们已经看到过小型车的结局了"。

话虽如此，日本制造商的销售仍在继续增长，并不断地向其他国家扩展。本田公司在美国本土的销售额从1959年占销售总额的98%下降到1965年的59%，与此同时，本田车的年产量从28.5万辆上升到年产量140万辆。尽管日本机动车于20世纪60年代末才开始进入欧洲市场，但到1974年，日本机动车已在欧洲各主要市场上占据了重要地位。到70年代中期，日本商人已控制了英美制造商20年前所占据的摩托车市场。

人们都说本田机动车是通过众多的广告宣传和促销活动取胜的，但实际上本田车的竞争优势并非来自于它所宣传的新用途，而在于公司对研究开发的巨大投入及由此带来的先进的生产制造技术。本田公司利用其低廉的生产成本及强大的研究开发能力与竞争对手展开低价竞争。据说，本田公司的新产品开发从产品开发到实际生产只需18个月，而且还有后备车型，以备市场快速发展之需。

从1960年始，本田公司便始终以远远高出竞争者的巨额费用进行宣传，并不惜以短期的经营亏损来确保销售网络的建立。在整个20世纪60年代，本田公司白手起家，建立了全美最强大的联销网络。

（资料来源：许晓明：《企业战略管理教学案例精选》，复旦大学出版社2003年版）

二、案例分析

技术创新是一个企业在竞争中取胜的重要法宝。处于领先地位的企业，可以通过技术创新继续保持自己的有利地位；处于落后地位的企业，也可以通过不懈的技术创新，锐意进取，发展壮大，后来居上。

本田公司作为一家制造业企业，从"蹦蹦车"起步发展成为世界领先的汽车巨头，其走的就是一条技术创新和技术领先的路子。本田公司以最尖端技术的摩托车、汽车大赛作为自己的试车场，不断地追求技术的先进性，反过来又将赛场上最先进的技术应用于民用产品上，使其产品永远保持先进性和较大市场份额、较好的经济效益，然后所得利润再大量投资到技术创新上，形成一个不断创新、不断发展的良性循环，本田公司也因此而后来居上。所以说，本田公司既是技术创新的实践者，也是最大的受益者。

对于老企业家而言，由于时代在进步，经济在发展，尽管他的一整套很成型的管理思想和管理经验仍然在发挥着作用，然而，其边际效用却是递减的。特别是当前知识经济时代的发展，新产品、新技术、新工艺、新信息的大量涌现，对企业家的素质和学习能力提出了极大的考验。为了企业更快、更好地发展，老企业家就应该认清形势、急流勇退。就像体育比赛中的接力赛，每一位选手在尽力跑好自己这一棒之后，就要把接力棒交给下一位更具实力的选手，这样整个团队才能取得最好的成绩。本田宗一郎就是急流勇退的老企业家的典范，他虽然身体及精神状况良好，但还是把自己的位置让给了他亲自提拔起来的年富力强的年轻人，既保持了公司的平稳发展，也使公司更适应快速变化的新时代。

企业存在的理由就是消费者需要并且购买企业生产的产品，只有使产品在市场上销售出去，企业才能最终实现自身价值。因此，一个企业要想成功，必须想尽一切办法使它的产品能得到消费者的承认和接受，所以，企业的一切行动都要围绕着消费者需要来展开。对大型跨国公司而言，在促进产品销售方面，一项行之有效的策略就是"当地化"，通过对当地消费者消费特点的分析，生产出适合当地消费者需要的产品，先在一个当地的市场实现其企业价值，然后以一个个目标不同的当地化运作来实现其统一的全球化的战略。本田公司在这方面做得非常出色，它通过产品当地化、生产当地化、利润当地化、管理当地化，使自己的产品畅销全世界，也使本田公司成为了世界的本田公司！

三、思考·讨论·分析

1. 本田公司在竞争中采用了哪些策略？它们为何会取得成功？
2. 与美国企业相比，日本企业有什么优点和缺点？这对我国企业有何启示？

案例 3-14 搜狐公司的产权重组

一、案例介绍

（一）搜狐公司的改制重组

北京时间 2000 年 7 月 12 日晚，搜狐正式在美国纽约纳斯达克股票交易所上市。搜狐的股票代码为 SOHU，搜狐主要股东为：张朝阳，33.6%；美国投资公司 Morningside 集团下属的 Maxtech 企业有限公司；其余股东还包括英特尔、IDG、道琼斯和香港盈科数码动力公司等。搜狐同新浪、网易一样采取了借壳上市的手段，它的注册地点是美国的特拉华州。

由于中国规定，赴海外上市的中国网络公司，不得将涉及大陆境内的 ICP 业务与资产纳入海外的上市公司中，因此，搜狐采取了通过改制重组实现曲线上市的方式。搜狐申请上市的公司是一个完全的美国公司，而不是中国公司。在具体上市前的改制重组操作中，搜狐公司采用了分立重组的方式，将国内不允许上市的 ICP 业务独立出来成立 ITC 中国公司，从而达到符合国内政策的目的。搜狐在美国注册的公司叫 ITC（International Technologies China）或 Sohu.com.inc，是张朝阳和尼葛洛庞帝、爱德华·罗伯特教授通过风险投资建立起来的概念公司，随后张朝阳在国内以外商投资公司名义注册了中国公司，投资爱特信，从事搜索引擎的软件开发。

（二）搜狐公司对 Chinaren 网站的并购重组

搜狐上市后不久，就用股票并购重组了 Chinaren 网站。2000 年 9 月 14 日，搜狐公司（Sohu.com.cn）用其在纳斯达克上市的 440 万股票，相当于近 3000 万元，并购社区网站中国人网站（Chinaren.com）。张朝阳认为，一个终端，掌握了客户就掌握了盈利的方式。要想长远实现赚钱的方式，把握住终极用户是非常重要的。从长远来讲，互联网的价值在于流通，在于把握了成百万、上千万的终极用户，他们的消费习惯和忠诚度十分重要。Chinaren 已经拥有一个巨大的用户群体，加上搜狐，每天有 4400 万页面浏览量。所以对 Chinaren 的并购是对搜狐重要的用户基础的增加，对管理队伍的本地化、国际化是非常有好处的。搜狐公司获得的不只是用户基础，同时还有优秀的管理队伍和相当有实力的技术团队。

（三）北大青鸟对搜狐公司的产权重组

2001 年 4 月，北大青鸟通过集团下属的香港青鸟科技有限公司，向英特尔投资事业部购买了其持有的搜狐股份，从而所持有的 3073750 股近 10% 的搜狐股份，成为搜狐五大股东之一，而英特尔则彻底与搜狐脱离关系。这是国内资本对中国网络概念股的一次重大产权重组举措。

2001 年 4 月 23 日，英特尔发表声明，表示要出售搜狐股票；同一天的晚些时候北大青鸟集团向美国证交会提交了收购英特尔手中 300 万普通股的意向书；4 月 24 日，搜狐网站宣布北京大学青鸟集团下属的香港青鸟科技有限公司已成为搜狐公司的战略投资公司。

北大青鸟得到英特尔退出留下的全部股份后，接下来准备在搜狐进行

"资产重组",完成自己的预定的战略布局。

(四)北大青鸟与英特尔

由于搜狐股票市场表现不佳,半导体业巨子英特尔一直想卖出。

英特尔想找一个买家,只要价钱合适,把手中的股票都卖给它,因为它只是想着早日退出。北大青鸟希望能够趁网站股票"超跌"之机,成为新的中国门户网站投资者。与青鸟频繁接触,具体商量股票转手细节。

北大青鸟希望能够进一步全面收购搜狐公司。全面收购搜狐的主要问题在于战略投资者,同样的战略投资者搜狐还有另外4家,它们彼此之间的持股数都相差不多。北大青鸟要重组搜狐,要么是与其他战略投资者取得一致,要么是全面收购搜狐。实际上,其他战略投资者也在松动,只要青鸟价格合适,他们会逐一退出,所以青鸟正在加快融资速度,做全面收购搜狐的准备。

(五)青鸟重组搜狐公司的目的

北大青鸟是中国著名学府北京大学注资并建立的公司。北大青鸟的主营业务涉及软件开发、IC芯片设计、媒体服务和有线网络运营。北大青鸟集团副总裁范一民对介入搜狐的意图做出解释:"中国网络目前处于一个转折期,可能是接近于转向成熟。青鸟预计在未来两三年内,将会出现一个网络生存的天地。现在是一个机会,青鸟也有能力支持这个事业。"青鸟参与搜狐的主要目的是"着眼于未来两三年,着眼于宽带网络"。作为国内著名的高科技企业和上市公司,北大青鸟正在全国范围内建设广电宽带网络,欲借搜狐为其宽带战略提供必要的内容支持。

青鸟已经投资6亿多元到广电网络建设。与现有内容提供商进行虚实结合当然是一个重要的思路。

北大青鸟3年之内成功运作3家上市公司,现在手头有3个亿的现金。目前它正在全国范围内抢购广电网络。

广电网络是宽带网络,网站是窄带网络,宽带网络与窄带网络融合,以宽带网络的速度带动窄带网络的内容服务,实现有线电视网这个实体网络和搜狐的虚拟网络内容的资源整合。这个思路在中国有线网络改造的大背景下是有远见的。向搜狐注入宽带概念的资产,使搜狐最大的运营成本——租借宽带网络的费用降下来,在未来的两三年内,当青鸟的广电网络建好后,搜狐可以进入这个网络,青鸟可以不收费或者只是象征性的收取费用,这将是北大青鸟给搜狐的有力支持之一。

集团副总裁范一民说,双方联手将实现以宽带网络为中心的"虚实结合"——北大青鸟资产重组的重点会放在有线电视网宽带双向改造后的网络实体和搜狐的网络内容服务的整合。

按照北大青鸟的战略，第一步是要在宽带网络运营竞争领先，青鸟集团为此大力扩张。1999年下半年，北大青鸟开始进入广电网络领域，以投资者、系统集成商、技术提供商等角色与全国各地的广电厅局谈判。他们的目标是在全国签下10个省及相关地市。现在已经购入了新疆、山东、宁夏、四川、陕西、湖北6个省区及相关地市有线电视网络49%的股份。6省区所有有线电视宽带网络的投资、建设、运营的合同全部控制在北大青鸟手中。青鸟大概在两三年的时间内，建设好物理网络，通过运营网络电视等方式，来实现增值服务。

青鸟预测：基础网络市场会飞速发展，将来市场的竞争重点很快会转移到相应的网络服务内容上面，优质的宽带内容服务（BICP）会变得价格高昂。青鸟看到了日后市场发展的方向，提前一步，战略投资搜狐公司。

亚洲模式的宽带内容建设以韩国的经验来看，凡是在窄带网络上内容做得好的，转到宽带网络上也多半有不俗表现。依此推论，中国市场也差不多。如果网络环境不错，搜狐又在以后的窄带项目上有上乘表现，青鸟可以抽出宽带网络的资产，注入搜狐与其资产重组，同时刺激纳斯达克、内地和香港三地股市上涨。

青鸟对搜狐的战略投资，实际上绝不仅限于策略性投资的层面。青鸟打算利用自己在全国有线电视与教育领域的优势与搜狐合作，共同实现长远的战略规划。

（资料来源：李亚：《民营科技企业产权运营：战略、操作与案例》，中国方正出版社2002年版）

二、案例分析

产权重组，从微观的角度看，是指企业内部和企业之间通过要素的流动转移和重新组合，或者通过与其他公司合并、分立、兼并等手段，对企业进行资产和债务重组，实现内部资源配置最优化和效益最大化。

产权重组战略的根本目的在于合理配置资源，使企业结构达到最优化的组合状态，从而大幅度提高资本运营的效率，以实现资本的快速增值。但在企业具体重组操作中，其目的也有所不同。如有的企业希望通过合并巩固其领先地位，有的企业则希望通过收缩经营领域来重构竞争优势。但无论何种目的，企业产权重组都具有某种深层次、整体性的特征。

从搜狐公司角度分析，北大青鸟购入搜狐股票将给搜狐公司带来非常显著的战略利益,并且搜狐也会更加稳定。搜狐的股东被国内有实力的企业所置换,它表明网络前景依然看好,北大青鸟的战略投资给了资本市场一个明确的信号,中国本土公司看到了搜狐的网络品牌的"巨大潜力"。

从北大青鸟角度分析,首先,北大青鸟一直是从事 IT 行业,主要是 IT 软件,对网络涉及比较少,尤其是对虚拟网络。几年前互联网热潮时,北大青鸟并未投资。北大青鸟认为,中国网络目前处于一个转折期,可能是接近于转向成熟。其次,可以与搜狐公司进行资源整合。虚拟的网络和实体的公司进行结合,才能拥有一个实在的发展。美国在线收购了时代集团就是代表了虚实结合,内容和通道的结合,这是符合发展趋势的事情。搜狐生存的关键是让它的内容有一个坚实的基础。北大青鸟正在全国范围内建设广电宽带网络,搜狐的大量内容将为其宽带战略提供必要的内容支持,通过虚实网络结合创造效益。此外,北大青鸟有自己的人文优势和文化背景,北大在线的有些内容可以和搜狐共享。北大青鸟在宽带内容方面已经有了一些储备,以后会和搜狐公司有更多的内容合作。

搜狐公司的三次产权重组,整体来看都是和公司的业务发展紧密联系在一起的。改制重组是为了上市,收购中国人网站是为了增加用户基础,和北大青鸟合作则是为了实现网络的虚实结合。因此,我国的民营科技企业在进行产权重组时,一定要结合企业的业务发展战略来进行,这样才比较容易取得成功。

三、思考·讨论·分析

1. 产权重组的途径有哪些?
2. 通过产权重组,北大青鸟获得了哪些利益?
3. 通过产权重组,搜狐公司获得了哪些利益?
4. 通过产权重组,中国人网站获得了哪些利益?

案例 3-15 招商银行:创新出卓越

一、案例介绍

招商银行是中国第一家由企业投资创办的股份制商业银行,创立于 1987 年 4 月 8 日。经过 3 次扩股增资,招商银行股东单位已增至 108 家,注册资本达到 50 亿元人民币。十多年来,招商银行采取全新的管理体制和运行体制,坚持"信誉、服务、灵活、创新"的经营宗旨,按照现代商业银行的经营原则，积极、稳健地发展业务，以国内整个银行业0.3%的员工和0.1%的机构，管理1.5%的资产，创造8%的利润。自1996年以来，已连续3年荣膺《银行家》"世界25家最佳资本利润率银行"，2000年度在"世界1000家大银行"排名中位居第222位。《欧洲货币》1999年"亚洲最大银行"排名中，招商银行股本回报率居亚洲银行业首位，招商银行在国际银行业中赢得良好的声誉。

长期以来，招商银行开拓进取，奋力拼搏，将西方商业银行特别是香港地区商业银行的经营管理机制与中国内地银行业的实际结合起来，形成了一套独具特色的经营管理体制，被社会赞誉为"招银模式"。

招商银行坚持以市场为导向，积极推进金融创新，把开发新产品作为业务发展的有力杠杆。20世纪80年代中期，当国际出现电子货币时，国内还在使用沿袭上百年的存折、存单方式。招商银行顺应人们观念和需求趋势，于1995年花3个月时间研制开发了基于客户号管理，集理财和消费等功能于一身的个人理财工具"一卡通"。

"一卡通"的推出是个人理财方式上的一次突破，它不仅改变了近代以来从票号、钱庄开始，沿用了上百年的存折、存单等传统储蓄业务处理方式，简化了储户和银行的存取款手续，而且还具有高度安全性。在当时国内所有同类理财工具中其功能最全，容量最大，档次最高，样式最新。"一卡通"为招行赢得声誉，引来社会普遍关注。有人称银行"一卡通"的出现，是储蓄服务方式的一场革命；金融业同行也认为"一卡通"充分体现了招商银行电子化水平的提高和储蓄业务的迅速发展。招商银行自推出"一卡通"以来，每天新增储蓄额数以百万计。

金融产品"一卡通"的初步成功，让招商银行明确了一个思想——要依据市场现实和自身特点，不断推出新的业务品种和金融工具，以发挥自己的服务优势和品牌优势，这是持续在同行业领先的经营之道。招商银行的管理层敏锐地看到，网络正在以其无限的生命力渗透到社会生活的各个领域，信息社会的先进技术为银行创造了跳跃性发展的契机——发展网上银行是起步晚、规模小的股份制商业银行顺应商业银行职能演变趋势，缩短与国内外商业银行差距的有效途径。在这个"快者生存"的网络经济时代，招商银行抓住机遇、及早起步。

1999年9月，招商银行在全国全面启动网络银行服务，率先踏上国内银行业进军互联网的征程。招商银行以"一网通"这一响亮品牌，构建起由企业银行、个人银行、网上证券、网上商城、网上支付组成的功能较为完善的网络银行服务体系。同年11月，中国人民银行正式批准开展网上个人银行服务，招商银行成为国内首家经监管当局正式批准开展在线金融服务的商业银行，这为招商银行创立以来已经实现的十几个中国"第一"又增添了精彩的一笔。招商银行网上银行的问世，不仅解决了电子商务的"瓶颈"问题，而且顺应了历史的潮流，延伸了银行的服务，扩大了市场份额。招商银行推出的"一网通"，被评为1999年中国互联网发展十件大事之一，"一网通"也入选为中国"百佳网站"。

面对国内银行卡遍地开花，招商银行采用差异化营销战略，开展全方位的创新，强化"一卡通"的品牌优势，个人银行业务初步形成规模化、多元化发展的格局。在市场创新上，推出"一卡通"酒店预订功能，发行"大学生网上支付卡"，与新浪、8848等网站联合开发网上支付联名卡，以此扩大招商银行的客户；在功能创新上，率先推出移动电话银行，完善了网上支付功能，开发了IP电话功能、个人外汇实盘买卖和自助贷款等功能，确保"一卡通"的技术领先优势；在业务方式创新上，推出网上申请支付卡功能，开拓新的网上商户，完善网上银行服务；在服务创新上，构建由自助银行、电话银行、传统银行、网上银行、移动银行等多层次的服务网络；在品牌创新上，推出"招银民惠卡"，为全行开发贷记卡市场积累了经验。"一卡通"功能的完善，品牌的凸显，给招商银行带来直接的效益。从全国市场份额来看，招商银行发卡量在全国金融系统排名第六，点均发卡和卡的含金量均远高于全国平均水平。

同时，为保持"一网通"在国内互联网中的持续领先地位，招商银行不断地对系统进行功能改造和版本升级，以丰富"一网通"的内涵。在网上个人银行方面，2000年2月推出"移动银行"服务，将网络银行的终端扩展到移动电话上，成为国内首家通过手机短信平台向全球通手机用户提供综合化个人银行理财服务的银行。2000年11月，又在个人银行大众版的基础上，推出业务内容更丰富、安全机制高的专业版，"专业版"具有账务查询、卡内定活互转、专户互转、同城互转、异地汇款、网上支付等一系列功能。与此同时，招商银行凭借"突破时空限制的银行服务手段、先进高效的理财工具、完善的B—B电子商务解决方案"，探索电子商务资金流的新方式。利用互联网技术在开发对公业务产品方面进行大胆的探索，1999年底推出提供账务查询、内部转账、发放工资、金融信息查询等服务的"网上企业银行"2.0版。2000年8月15日又向社会推出3.0版，增加在线理财、瞬间达账和网上信用证等新功能。3.0版实现与招商银行电子汇兑系统的无缝对接，率先在国内同行中实现了系统内资金的瞬间达账。2001年5月16日，该行又运用其先进的电子及网络技术优势，在全国率先实现Office–Office资金结算服务，成为国内银行业第一家在全国所有营业网点都可以为客户提供异地资金汇划实时达账的银行。业内人士认为,"0-0"资金结算的实现,彻底改变了银行业资金汇划时效的"瓶颈"问题,是银行业执行支付中介职能划时代的革命,为新时代的银企关系进一步向纵深发展构筑了高科技平台,开创了银企合作的新方式。

随着招商银行网上银行服务的不断丰富和提升,客户对银行的忠诚度进一步提升。目前,招商银行已在国内网上银行市场上树立起龙头地位的形象。"一网通"已成为中国最知名的金融品牌之一,该行在互联网上获得的无形资产要远远超过其现实的经济收入。

2004年10月29日,"中央电视台—招商银行战略合作伙伴签约仪式暨中国民营企业发展论坛"在杭州西子湖畔隆重举行。招商银行也成为首家与中央电视台结成战略合作伙伴关系的营利性商业机构。双方此次签订的协议内容包含双方战略合作伙伴关系的确立,建立合作沟通机制、联名卡开发以及优质企业客户扶持开发与客户融资合作等诸多合作内容。为了表达对这次合作的重视,双方都派出要员出席。招商银行总行行长马蔚华、副行长李浩,中央电视台副台长罗明,广电中心副主任兼广告部主任郭振玺、广告部副主任何海明等出席了此次活动,浙江省委常务副省长章猛进特意到场祝贺。而此次规模空前的民营企业论坛,同时也得到了包括广厦集团、横店集团、德力西集团、阿里巴巴网站、杉杉集团等国内在浙的60余家民营企业的积极响应。

招商银行与中央电视台之间的战略结盟,可谓在创新中各得其所。双方的结盟恰恰表明了跨行业为企业提供整合资源服务时代已经到来。对于招商银行来说,与中央电视台的战略结盟,意味着在未来的行业竞争中,将比对手获得更多的品牌影响力、更有效地获得优质客户的渠道,以及更细分的产品系列。

点点滴滴,造就非凡。这是招商银行的一句广告语,它也正是如此实践着自己的诺言,在中国银行业的发展坐标系上,铸就一个又一个辉煌。

(资料来源:林钰:《发展经济学案例集》,中国社会科学出版社2005年版)

二、案例分析

创新是企业发展的动力,在中国全面开放金融市场之即,各家银行急待树立品牌优势和争取客户资源。在品牌层面,近两年来,银行业的竞争日趋激烈,服务水准和品牌效应成为竞争中的利器。按照品牌攀附的原则,银行企业要树立品牌,必须在地位上找到与之相匹配的中央电视台这种高端强势媒体,以帮助本土银行品牌的快速成长。而作为最早在央视打广告的招商银行,此次与中央电视台的战略结盟,可以更深层次地抓住高端媒体的传播优势,更快速地抢占消费者和企业客户的心智资源，从而在品牌影响力上产生巨大的扩大效应。在发掘和争夺优质企业客户资源方面，招商银行通过此举树立和强化了推动民营企业和民族品牌发展的形象。在高速发展的民营企业普遍面临融资难和品牌传播需求旺盛的状态下，招商银行通过与中央电视台结盟，而获得了比对手更先一步和更深层次的与优秀民营企业深度"黏合"的可能。使得招商银行在未来更残酷的市场竞争中，得以提前"预订"下一批"奶牛"客户。

中央电视台是中国最重要最有效的传媒力量，招商银行与中央电视台之间的战略结盟，可谓在创新中各得其所。中央电视台近几年通过重点地区开发、重点行业开发、媒体资源创新等举措，在广告收入持续快速增长的同时，也扶持和推动了一大批企业品牌的建设、产业经济的进步和地区经济的发展。很多行业如乳品行业、手机行业、润滑油行业等的超高速增长，与中央电视台的强力推动密不可分。

招商银行与中央电视台之间的战略结盟协议中的一项重要内容是优质客户资源开发与客户融资合作，在这项合作内容中，双方将共同选择有发展潜力的地区、行业和企业，共同调研、收集数据，研究支持策略，通过各自提供的优质服务，对目标企业进行重点扶持和开发，运用各自优势资源，帮助企业实现品牌提升和经营发展。在符合国家有关法律法规及招商银行信贷条件前提下，招商银行将为重点扶持企业在中央电视台投放广告提供融资及延期支付的担保业务。并在同等条件下，优先为中央电视台的客户提供各项金融服务。而中央电视台则为重点扶持的企业量身定做品牌传播媒体计划，优化企业品牌传播效果。

中央电视台与招商银行的跨业结盟是国内媒体与银行的首次结盟，双方的结盟恰恰表明了跨行业为企业提供整合资源服务的时代已经到来。对于招商银行而言，是发展和扶持战略客户的重要举措，而对于中央电视台广告客户而言，将因此而获得优先优惠贷款等更深层次的服务内容。可以说，双方的结盟形成了一个媒体、银行和企业三方多赢的局面。

创造和维持一个有价值的联盟，正在成为企业竞争的战略趋势。

三、思考·讨论·分析

1. 招商银行是如何通过创新发展的？
2. 面对国外跨国银行的进驻，中国的中小银行应如何在激烈的竞争中取胜？
3. 这一成功案例给我们什么启发？
4. 何谓战略联盟？战略联盟为企业的发展带来哪些机遇和挑战？

第四章 战略实施

  古之善为道者，微眇玄达，深不可志。夫唯不可志，故强为之容，曰：
  与呵！其若冬涉水；犹呵！其若畏四邻；严呵！其若客；涣呵！其若凌泽；沌呵！其若朴；涛呵！其若濁；湆呵！其若浴。
  濁而情之余清？女以重之余生。
  葆此道不欲盈，夫唯不欲盈，是以能敝而不成。

——老子：《德道经》

  战略实施是把企业战略付诸于实践的过程，再好的战略，如果不付诸于实践那也不过是水中月、镜中花，停止在文字形式上的企业战略，无补于企业的生存和发展。战略只有付诸于实施，才能实现战略目标。战略实施要将战略变成一系列计划，要形成一个战略实施计划系统，要对资源进行调整，进行符合战略要求的配置；同时，任何事物的发展运动变化都会遇到阻力和障碍，要对企业实施战略管理，先要扫除前进道路上的各种障碍。

  战略实施即战略执行，是整个企业营运活动等计划活动都按照既定的方案予以实施的全部活动过程。俗话说得好："说起来容易做起来难"，制定了战略只完成了任务的5%，95%以上的工作都在执行上，因此，实施战略比战略的制定更加重要。

  企业在经营战略的实施过程中，常常会遇到许多在制定战略时未估计到或者不可能完全估计到的问题，在战略实施中有三个基本原则，可以作为企业实施经营战略的基本依据。

  1. 适度合理性的原则。由于经营目标和企业经营战略的制定过程中，受到信息、决策时限以及认识能力等因素的限制，对未来的预测不可能很准确，所制定的企业经营战略也不是最优的，而且在战略实施的过程中由于企业外部环境及内部条件的变化较大，情况比较复杂，因此只要在主要的战略目标上基本达到了战略预定的目标，就应当认为这一战略的制定及实施是成功的。在客观生活中不可能完全按照原先制定的战略计划行事，因此，战略的实施过程不是一个简单机械的执行过程,而需要执行人员大胆创造、大量革新。因为新战略本身就是对旧战略以及与旧战略相关的文化、价值观念的否定,没有创新精神,新战略就得不到贯彻实施。因此,战略实施过程也可以是对战略的创造过程。在战略实施中,战略的某些内容或特征有可能改变,但只要不妨碍总体目标及战略的实现,就是合理的。

另外,企业的经营目标和战略总是要通过一定的组织机构分工实施的,也就是要把庞大而复杂的总体战略分解为具体的、较为简单的、能予以管理和控制的问题,由企业内部各部门以及部门各基层组织分工去贯彻和实施,组织机构是适应企业经营战略的需要而建立的,但一个组织机构一旦建立就不可避免地要形成自己所关注的问题和本位利益,这种本位利益在各组织之间以及和企业整体利益之间会发生一些矛盾和冲突,为此,企业的高层管理者要做的工作是对这些矛盾和冲突进行协调,以寻求各方面都能接受的解决办法,而不可能离开客观条件去寻求所谓绝对的合理性。只要不损害总体目标和战略的实现,还是可以容忍的,即在战略实施中要遵循适度的合理性原则。

2. 统一领导,统一指挥的原则。对企业经营战略了解最深刻的应当是企业的高层领导人员,一般来说,他们要比企业中下层管理人员以及一般员工掌握的信息要多,对企业战略的各个方面的要求以及相互联系的关系了解得更全面,对战略意图体会最深,因此,战略的实施应当在高层领导人员的统一领导、统一指挥下进行。只有这样,其资源的分配、组织机构的调整、企业文化的建设、信息的沟通及控制、激励制度的建立等各方面才能相互协调、平衡,才能使企业为实现战略目标而卓有成效地运行。

同时,要实现统一指挥的原则,要求企业的每个部门只能接受一个上级的命令,但在战略实施中所发生的问题,能在小范围、低层次解决的问题,就不要放到更大范围、更高层次去解决,这样做所付出的代价最小。因为越是在高层次的环节上去解决问题,涉及的面也就越大,交叉的关系也就越复杂,当然其代价也就越大。统一指挥的原则看似简单,但在实际工作中,由于企业缺少自我控制和自我调节机制或这些机制不健全,因而在实际工作中经常违背这一原则。

3. 权变原则。企业经营战略的制定是基于一定的环境条件基础之上的。在战略实施中,事情的发展与原先的预测有所偏离是不可避免的。战略实施过程本身就是解决问题的过程,但如果企业内外环境发生重大的变化,以致原定的战略实施成为不可行,这时需要对原定的战略进行重大的调整,这就是战略实施的权变问题。其关键就在于如何掌握环境变化的程度,如果当环境发生并不重要的变化时就修改了原定的战略，这样容易造成人心浮动，带来消极后果，缺少坚韧毅力，最终只会导致一事无成。但如果环境确实已经发生了很大的变化，仍然坚持实施既定的战略，将最终导致企业破产，因此，关键在于如何衡量企业环境的变化。

权变的观念应当贯穿于战略实施的全过程，从战略的制定到战略的实施，权变的观念要求识别战略实施中的关键变量，并对它做出灵敏度分析，提出这些关键变量的变化超过一定的范围时，原定的战略就应当调整，并准备相应的替代方案，即企业应该对可能发生的变化及其可能造成的后果，以及应变替代方案，都要有足够的了解和充分的准备，以使企业有充分的应变能力。当然，在实际工作中，对关键变量的识别和起动机制的运行都是很不容易的。

战略确定以后，战略的实施就变成企业管理成败的关键。从某种意义上讲，战略的实施比战略的制定更难、更复杂，制定一个好的战略已属不易，可是真正能把一个好的战略有效地实施并最终实现战略目标更是不容易。前些年，我国的许多企业也大张旗鼓地掀起了战略热，有的甚至不惜重金聘请国际著名咨询公司来为其制定战略，但是最终结果很多被束之高阁。比如，实达电脑公司曾经请麦肯锡公司为其制定战略，麦肯锡为其制定了一个将其子公司改变为事业部、统一市场、销售和财务等职能的符合国际惯例的战略方案。然而，实达只实施了半年，销售量就出现了大幅度下滑，各事业部之间工作关系严重不顺。究其原因，除战略方案本身不优或缺乏可操作性外，主要还有执行中的问题，例如，内部单位斗争激烈，企业的短期行为，内部管理体制没有理顺，企业内部人、财、物未能进行合理的重新配置等。战略资源配置、分配应围绕着战略目标的实现来进行，实现企业经营战略和战略资源的动态配合，以确保战略资源效用的充分发挥和战略目标的顺利实现。

企业为了能更好地进行经营战略的实施，推进工作，更应当注重营造一个良好的企业经营战略实施的内部环境。这个内部环境主要是指与经营战略实施完全和谐一致的企业文化。企业文化的营造是一个由表及里逐渐深化的过程。一般来说，企业战略管理者要从物质文化、制度文化和精神文化三个层次来营造企业内部环境。

（1）营造企业物质文化。物质文化层是企业文化营造的第一个层次，它是企业物化形象的外在表现，主要包括产品文化、环境体系文化和管理物质文化三方面的内容，具体来说，就是指企业的空间布局、厂房建筑、工作环境以及企业各种生产、文化、生活设施等。加强物质文化的营造，应做好以下几方面的工作：①重视科学技术的开发，使技术和产品不断创新，以适应经营战略的需要；②加强企业基础设施建设，保证企业战略的顺利实施；③努力为员工创造美好、舒适、方便、文明的生产环境和生活环境。

（2）营造企业制度文化。企业制度文化是企业文化营造的第二个层次，主要包括财产制度文化、组织制度文化、人事制度文化、决策制度文化等。企业应当把它的塑造同当前经营战略的实施紧密结合起来，其主要内容包括：适应经营战略需要的组织机构设置；各种科学规范的规章制度；有效的管理决策机制；和谐的人际关系等。同时，应当注意企业制度文化的营造应结合本企业实际，形成有别于竞争对手的生产经营特色、组织特色、技术特色、思维特色和管理特色。

（3）营造企业精神文化。精神文化是企业文化的第三个层次，也是构成企业文化的内核，体现着企业文化的特性，对物质文化和表层文化的营造起决定性作用。其内容包括用以指导企业开展日常经营活动和经营战略活动的各种行为规范和价值观念、企业的群体意识和员工素质等。要营造企业文化，就要深入研究并建立适用于本企业的价值观念。但是，建立企业价值观念是一个微妙而又缓慢的心理过程，需要经过长期坚持不懈的努力和做大量艰苦的工作。一般来说，加强精神文化的营造，应做好以下几项工作：①加强对员工的"精神培训"，使员工接受和树立本企业共同的价值观，使之对经营战略认同感增强；②开展各种文化活动，在潜移默化中培养员工的集体意识，形成经营战略实施的精神保障；③开展典礼、仪式教育，加深企业文化的渗透，增加员工的归属感和荣誉感；④要注重领导垂范，企业领导人的地位，要求他们必须率先垂范，以自身的模范行动去带领广大员工实现企业精神追求。

对企业高层领导来说，选择好战略实施的模型是实施战略的重要工作。一般来说，战略的实施有以下五种模型：

（1）指挥型。这种模式的特点是企业总经理考虑的是如何制定一个最佳战略的问题。在实践中，计划人员要向总经理提交企业经营战略的报告，总经理阅后做出结论，确定了战略后，向企业高层管理人员宣布企业战略，然后强制下层管理人员执行。

这种模式的运用要有以下约束条件：

第一，总经理要拥有较高的权威，靠其权威通过发布各种指令来推动战略的实施。

第二，这种模式只能在战略比较容易实施的条件下运用。这就要求战略制定者与战略执行者的目标要比较一致；战略对企业现行运行系统不会构成威胁；企业组织结构一般都是高度集权式的体制；企业环境稳定，能够集中大量信息,多种经营程度低;企业处于强有力的竞争地位,资源较宽松。

第三,这种模式要求能够准确有效地收集信息并能及时地汇总到总经理手中,因此,它对信息条件要求较高。这种模式不适应高速变化的环境。

第四,这种模式要有较客观的规划人员。因为在权力分散的企业中,各事业部常因强调自身利益影响了总体战略的合理性。因此,企业需要配备一定数量的有全局眼光的规划人员来协调各事业部的计划,使其更加符合企业的总体要求。这种模式的缺点是把战略制定者与执行者分开,即高层管理者制定战略,强制下层管理者执行战略,因此,下层管理者缺少执行战略的动力和创造精神,甚至会拒绝执行战略。

(2) 变革型。这种模式的特点是,企业总经理考虑的是如何实施企业战略。战略实施中,总经理或在其他方面的帮助下要对企业进行一系列变革,如建立新的组织机构、新的信息系统,变更人事,甚至兼并或合并经营范围,采用激励手段和控制系统以促进战略的实施,为进一步增加战略成功的机会,企业领导者往往采用以下三种方法:

第一,利用新的组织机构和参谋人员向全体员工传递新战略优先考虑的战略重点是什么,把企业的注意力集中于战略重点所需要的领域中。

第二,建立企业的战略规划系统、效益评价系统及控制系统,采用各项激励政策以支持战略的实施。

第三,充分调动企业内各部分人员的积极性,争取各部分人员对战略的支持,以此来保证企业战略的实施。这种模式在许多企业中比指挥型模式更有效,但没有解决指挥型模式存在的如何获得准确信息的问题、各事业单位及个人利益对战略计划的影响问题以及战略实施的动力问题,而且还产生了新的问题,即企业通过建立新的组织机构及控制系统来支持战略实施的同时,也失去了战略的灵活性,在外界环境变化时使战略的变化更为困难。从长远观点看,在环境不确定性大的企业,应避免采用不利于战略灵活性的措施。

(3) 合作型。这种模式的特点是,企业总经理考虑的是如何让其他高层管理人员从战略实施一开始就承担有关的战略责任。为发挥集体智慧,企业总经理要和其他企业高层管理人员一起对企业战略问题进行充分讨论,形成较为一致的意见,制定出战略,再进一步落实和贯彻战略,使每个高层管理者都能在战略的制定及实施过程中做出各自的贡献。协调高层管理人员的形式多种多样,如有的企业成立有各职能部门领导参加的"战略研究小组",专门收集在企业战略问题上的不同观点,并进行研究分析,在统一认识的基础上制定出战略实施的具体措施等。总经理的任务是要组织好一支合格胜任的制定及实施战略管理的人员队伍，并使他们能很好地合作。

合作型模式克服了指挥型模式及变革型模式存在的两大局限性，使总经理接近一线管理人员，获得比较准确的信息。同时，由于战略的制定是建立在集体智慧的基础上的，从而提高了战略实施成功的可能性。

这种模式的缺点是，由于战略是不同观点、不同目的的参与者相互协商折中的产物，有可能会使战略的经济合理性有所降低，同时仍存在着谋略者与执行者的区别，仍未能充分调动全体员工的智慧及积极性。

(4) 文化型。这种模式的特点是，企业总经理考虑的是如何动员全体员工都参与战略实施活动，即企业总经理运用企业文化的手段，不断地向企业全体成员灌输这一战略思想，建立共同的价值观和行为准则，使所有成员在共同的文化基础上参与战略的实施活动。由于这种模式打破了战略制定者与执行者的界限，力图使每一个员工都参与制定及实施企业战略，因此使企业各部分人员都在共同的战略目标下工作，使企业战略实施迅速，风险小，企业发展迅速。

文化型模式也有局限性，具体表现为以下几个方面：

第一，这种模式是建立在企业职工都是有学识的假设基础上的，在实践中职工很难达到这种学识程度，受文化程度及素质的限制，一般职工（尤其在劳动密集型企业中的职工）对企业战略制定的参与程度受到限制。

第二，极为强烈的企业文化，可能会掩盖企业中存在的某些问题，企业为此也要付出代价。

第三，采用这种模式要耗费较多的人力和时间，而且还可能因为企业高层领导不愿放弃控制权，从而使职工参与战略制定及实施流于形式。

(5) 增长型。这种模式的特点是，企业总经理考虑的是如何激励下层管理人员制定及实施战略的积极性及主动性，为企业效益的增长而奋斗。即总经理要认真对待下层管理人员提出的一切有利于企业发展的方案，只要方案基本可行，符合企业战略发展方向，在与管理人员探讨了解决方案中的具体问题的措施以后，应及时批准这些方案，以鼓励员工的首创精神。采用这种模式，企业战略不是自上而下地推行，而是自下而上地产生，因此，总经理应具有以下认识：

第一，总经理不可能控制所有重大的机会和威胁，有必要给下层管理人员以宽松的环境，激励他们帮助总经理从事有利于企业发展的经营决策。

第二，总经理的权力是有限的，不可能在任何方面都可以把自己的愿望强加于组织成员。

第三,总经理只有在充分调动及发挥下层管理者积极性的情况下,才能正确地制定和实施战略。一个稍为逊色但得到人们广泛支持的战略,要比那种"最佳"的却根本得不到人们热心支持的战略有价值得多。

第四,企业战略是集体智慧的结晶,靠一个人很难做出正确的战略。因此,总经理应坚持发挥集体智慧的作用,并努力减少集体决策的各种不利因素。

钱德勒(Chandler)指出,为了有效地实施战略,需要调整企业组织结构,这样就出现了变革型模式。合作型、文化型及增长型三种模式出现较晚,但从这三种模式中看出,战略的实施充满了矛盾和问题,在实施过程中,只有调动各种积极因素,才能使战略获得成功。上述五种战略实施模式在制定和实施战略上的侧重点不同,指挥型及合作型更侧重于战略的制定,而把战略的实施作为事后行为,而文化型及增长型则更多地考虑战略的实施问题。实际上,在企业中上述五种模式往往是交叉或混合使用的。

事物都是在矛盾对立斗争中发展进步的。对企业实施战略管理一定会遇到许多阻力和障碍,不克服这些阻力和障碍,组织思想不能统一,不能形成合力,一旦遇到困难就会动摇、倒退直至前功尽弃。战略实施前要进行发动和清障。

发动是通过各层次各种形式的会议、广播,企业的各种宣传媒体,发动群众,让全体员工树立信心,打消疑虑,统一思想,统一意志,统一行动,认清形势,认清实施战略管理的必要性和紧迫性。人们的思想认识提高了,人心齐,泰山移,就能人多议论多,集思广益,主动配合,克服执行战略中的各种障碍和困难。

战略实施中的障碍主要有两个方面:一是认识上的障碍;二是资源配置中引起各方面利益变化所形成的障碍。

认识上的障碍,主要是思维惯性和惰性。思维惯性,是指人们在思想上,一方面,行为上总是力图保持原来状态的特性。这种惯性进一步演进,形成一种不良的思维特征和行为特征,不想改变的消极倾向,即为惰性。为什么会有思维惯性和惰性呢?现代的人,都是原来人的基础上的现代人,原来的人,在原来的环境状态下对企业进行管理,那个时候,是计划经济体制下的企业,是封闭状态下的经济,没有对企业实施战略管理,企业也还生存得不错。于是人们产生了一种思维定式:对企业实施战略管理是可有可无的事情,是多余的事情。须知,情况在不断变化,过去的企业管理适应于过去的企业环境,现在企业环境发生了根本性变化,如果还抱着"以不变应万变"的观念,以传统的企业管理方式面对现代环境下的企业管理是注定要失败的。

另一方面，在对企业实施战略管理中，必然引起企业内部各种资源的重新分配，这实际上也是一种利益再分配。有的人担心自己的知识、技能不能满足要求，或者担心对未来的生活不能把握，对不确定性因素的担忧和厌恶是阻碍战略管理的一个重要原因。企业各种资源的重新分配也会造成人们既得利益的减少或改变，一部分人担心失去他们现有的地位、权势、友谊、个人的便利或其他好处。障碍还来自于人们对战略管理必要性和科学性的怀疑，认为战略管理的目的或效果对企业没有好处或者有副作用。

（1）学习和培训。物质的堡垒要用物质的手段去摧毁，战略管理精神上的障碍要用学习的方法才能解决。要组织员工学习新知识，研究新问题，认清新形势，来一个思想上的与时俱进。思想是动机和行为的总开关。总开关接通了，其他的问题才能迎刃而解。

（2）研讨和沟通。对于企业战略的科学性要反复研讨。在研讨中完善企业战略的内容，让员工加深对战略的理解，增强对企业未来的信心。对未来可能出现的各种具体问题，要沟通，通过谈心，让人们看清全局和局部利益的关系，眼前利益和长远利益的关系、即使在资源分配中自己会失去一部分眼前利益，也能用"大河有水小河满"的理性思考战胜消极情绪，变阻力为动力。

（3）效果测评。对企业实施战略管理，是事关企业前途、事关全体员工切身利益的事业，是全体员工的事业，要得到尽可能多的员工的拥护和认同才能实现战略管理的目标。因此，员工利益、员工情绪、员工意见和要求，是不可等闲视之的事情。通过学习、研讨和沟通，要进行效果测评，看新观念、新战略的共识、战略实施的责任感与紧迫感是否形成。要把握好火候，时机尚未成熟的时候超前实施战略，或时机已经成熟还瞻前顾后都是不对的。

（4）组织措施。对企业实施战略管理代表了全体员工的根本利益，因此，通过学习、培训和沟通一定能得到全体员工的理解和支持。但是，总会有极少数人，或因为思想僵化、保守、落后，或因为把个人眼前利益看得比什么都重要，患得患失，他们在新事物面前总是一味反对到底，成为对企业实施战略管理的障碍，对于尤其是在企业领导班子中的这种人，那就只有"不换思想就换人"，力劝他离开企业领导班子。

组织结构的类型主要包括直线制、职能制、直线职能制、事业部制、超事业部制、矩阵制、多维立体结构，等等。

直线制组织结构的主要特点是，组织从最高管理层到最低管理层的各个职位均按垂直系统直线排列，形成统一指挥的指挥链。各级管理人员对其下属拥有全部指挥权和监督权，一个下属只有一个直接上级，仅对该直接上级负责并汇报工作。

职能制组织结构的主要特点是，按照专业分工设置相应的职能部门，实行专业分工管理，从而代替直线制的全能管理者。下级既服从直线领导的指挥，又服从上级各职能部门的管理。

直线职能制组织结构的主要特点是，直线部门和职能部门并存。职能部门拥有一部分直线职权（此时转化为职能职权），并在一定条件下，拥有发布命令的权力。

事业部制组织结构由美国通用汽车公司首创。事业部制是以产品、地区或客户等为依据，将相关的研发、采购、生产、销售等职能部门结合成相对独立的单位的组织结构。

超事业部又叫执行部，其主要特点是，在分权事业部的基础上，在企业最高领导层与各事业部之间设立超事业部，负责管理和协调所属各个事业部的活动，从而实现集、分权的有机结合。

矩阵制组织结构的主要特点是，在直线职能制的基础上，把按职能划分的部门和按产品或按项目划分的小组结合起来，形成矩阵。同一名人员既同原职能部门保持组织与业务上的联系，同时又参加产品或项目小组的工作。员工要受两位主管的领导。因此，这是一种交叉的而不是单线的领导系统。

多维立体组织是矩阵结构的发展。它把矩阵结构与事业部制结构有机地结合在一起，形成了一种全新的组织结构形式。多维立体组织综合考虑了产品、地区与职能机构，形成了三类主要的管理组织机构系统。

组织结构的战略呈扁平化、网络化、虚拟化、柔性化、团队化和学习性六种创新趋势。

案例 4-1　新惠普时代

一、案例介绍

1998 年 6 月，惠普公布了一个令人吃惊的数字：当年增长率只有 3%，而在两年前还达到过 30%，2400 名中高层经理人暂时减薪 5%，这是惠普历史上最伤心的一页。

为什么会这样？从宏观环境看，主要是因为亚洲金融危机与计算机产业的价格战，但华尔街分析师却不这么看，他们质疑，为什么同样的情况下，戴尔、IBM等公司没有下滑到如此低谷,为什么惠普的适应力比其他竞争者迟缓?

而在业界也有专家认为,惠普遇到了所谓的"四百亿美元撞墙危机":许多规模庞大的跨国企业营收达到四百亿美元以上时,就开始面临所谓的"撞墙危机":成长趋缓、效率减低、获利缩水甚至亏损,必须历经重组或裁员才会转危为安,这个现象或许与产业和企业领导无关,而是当企业组织到达一个规模的时候,就会自然出现。当年的IBM在郭士纳(Louis V. Gerstner Jr.)上任之前面临的也是这种"撞墙危机",面对这种状况,惠普首席执行官普拉特呼吁,惠普要改变自己来超越这一危机。

有人做过一个统计,1956年的财富500强,到1992能够在前100名中找到的只有29名;在整个20世纪80年代,财富500强中有大约230家公司(占总数的46%)都从名单中消失了;而19世纪最大的100家公司,到20世纪结束的时候,只有16家仍然存在。为什么会有这样的变化?我的基本结论是:一个公司要做好,必须有一个好的企业家;但一个企业要持续,却依赖于它的制度和文化的创新。

(一)惠普新首席执行官的3C战略

菲奥莉纳在惠普的变革战略与战术,可以总结为客户驱动、竞争强化和变革成为常量。

几乎所有好的企业背后,都有一个好的企业家,我们很难想象如果没有首席执行官奥利维拉,会不会有今天的诺基亚?我们也很难想象如果没有韦尔奇,会不会有今天的通风电气。但是诺基亚能够持续,通风电气能够持续,却需要一套制度与文化。同样,惠普在面临变革的时候,如何选择新首席执行官来领导这一巨人?

当时惠普遴选委员会开出的条件包括:①有能力形成愿景,同时能将愿景执行出来;②具有把观念目标转成具体行动的能力;③要在科技产业有成功的历练,要有大公司的经历。

当然,另一项必要的条件是,接任者必须能和惠普文化结合。

据说当时委员会看了100多人的名单,从100多人筛选到最后十位候选人左右,其中包括主管惠普企业计算机运算事业的安·利尔摩(Ann Livermore)和Novell的首席执行官艾瑞克·史密特(Eric Schmidt)等。卡莉·菲奥莉纳(Carly S. Fiorina)的出线,从各方面来说,都是个意外的惊喜。菲奥莉纳前一个头衔是"朗讯(Lucent)全球电信供应事业部总裁",她是道·琼斯工业平均指数(Down Jones Industrial Average)追踪的30家大企业中,百年来第一位女老板，也是《财富》500强企业中，职位最高的女性。1998年年底，《财富》还评选她为全美最有权力的女企业家。

菲奥莉纳和遴选委员对谈时，直言不讳地说她不懂计算机，所以惠普应该用她，因为惠普懂计算机的人那么多，应该要找"不一样"的人才能将惠普带出困境，因为这样的人带给惠普的不是技术而是新的战略与方向，她在朗讯二十几年的经验，可以帮助惠普踏进通信和网络的领域。惠普资深董事也是遴选委员之一的迪克·海克邦（Dick Hackborn）后来在公司内部杂志提到："遴选委员会和董事会一致选择菲奥莉纳的原因是，她在宽广的信息产业上具有策略知识，又具备高科技公司执行长所需的技能。"

菲奥莉纳上台之后的做法证明了董事会的判断。菲奥莉纳在惠普的变革战略与战术，可以总结为3C原理——客户驱动（Customers takecharge）、竞争强化（Competition intensifies）和变革成为常量（Change becomes constant）。

1. 客户驱动。惠普公司在网络热期间，发现自己既落后于IBM这样的硬件生产商在电子商务方面的领导地位，也落后于思科这样的系统集成商在网络产品方面的增长速度。为了迎头赶上，惠普很匆忙地提出了一个电子化服务战略，其定义是，在网上的所有事物以及我们每天的工作流程都可以通过网络变成一种服务，这个服务可以帮助公司创造新的收入或降低成本。电子化服务和电子商务主要的不同点在于：电子商务是把传统的业务用网络这种工具更有效地执行；而电子化服务则强调产生一种新的服务，创造新的收入。

但是，这个战略提出之后，惠普并没有多大改变，反而面对急剧变化的市场，特别是网络衰退后的市场无所适从。原因是电子化服务战略对整个互联网的解决方案只是一个概念，而不是一个系统的行动框架，结果惠普的战略变成了各自为政的代名词，客户在这种战略前不知道惠普提供的服务到底是什么。

菲奥莉纳上台之后，她认为，对市场、品牌、顾客的反应是一切成功的基础，因此将事业部整合成两两结合的事业群，让产品在面对客户时只有一个窗口（One Face to Customer）。比如，打印机部门以前并没有那么重视电子服务的商机，但现在可以发展电子出版（E-publish），因为打印机功能越来越强，不管是书还是杂志，把"打印机"和"快速印刷"的功能相结合，就可以成就一个新事业，这也会创造一个新的商业模型。

2. 竞争强化。速度的确是惠普的致命伤。过去60年，强调追求品质与共识的惠普，却牺牲了决策与行动的速度，以至于在网络经济时代的开端，低估了网络的成长速度，丧失初始的机会。菲奥莉纳提出，以前我们要做到95分才推出，现在应该是，做到80分就该推出，再求慢慢改进。她举了一个例子，你要滑水冲浪，要保持一个速度才站得起来，过程中你也无法精确抓住行经的路线。不能为了要抓住路线而将速度放慢，网络的时代，要抓住速度，才能进入竞争的门槛。

3. 变革成为常量。菲奥莉纳到惠普，提出了一个令人耳目一新的口号：去芜存菁，再创新机（Preserve the Best, Rein Vent the Rest）。她并没有以革命者的姿态否定惠普的过去，而是承认惠普许多优质文化，也鼓励同仁带出创新的勇气与格局。菲奥莉纳上任后，决定重新设计新的惠普企业识别形象，拿掉过去品牌识别上两位创办人的姓名，而以惠普强调发明的精神为文案，期望借助新的企业标志，重新唤起员工重视发明的精神，也让外界知道惠普正致力于以发明新的科技、产品、服务和经营模式，为顾客创造价值。家族成员很清楚，惠普创办人精神与风范的流传，并不是靠任何一成不变的形式，而是靠惠普能适应时代变化，永续经营，才得以展现。所以，他们充分尊重专业经理人的决定，这是我觉得两位创办人的家族十分伟大之处。

新的企业识别标志配合两亿美元的广告预算，很快就在市场上产生效果。而事实上，企业识别的改变，只是一连串儿改革的开始，菲奥莉纳很快地召开高层主管会议，检讨公司的问题，迅速寻求对策。为了让所有主管和员工知道惠普真正的问题，她在会议中播放一些顾客批评和抱怨的录像带，也出示惠普与竞争对手在财务和股价表现之间的对比。她吁请大家以这些外界信息作为自己的镜子，诚实面对问题。"新一代的领导倡导一种新的领导方式，这就是订立一个框架让员工自由发挥。"

（二）制度与文化的持续原理

"客户第一，重视个人，争取利润。"惠普之道（HP Way）是惠普能够持续成功的源泉，也是惠普能够不断超越自我的根本原因，菲奥莉纳在变革的时候保留了惠普的这一精髓。

惠普公司由戴维·帕卡德（David Packard）和威廉·休利特（William Hewlett）于1939年创立，因为在用抛硬币的方法决定名字的前后时，休利特获胜，所以被命名为"休利特—帕卡德公司"。

在大多数公司的"第一次创业"成功中，大都包含着两个基本的"特点"：第一，创始人对市场或对技术的"创新"；第二，好的"市场机遇"或"时运"。这两个特点在惠普的体现是，首先，两位创始人虽然只投入了538美元，工作环境也很简陋，是在帕卡德屋后简陋的汽车库，但他们成功开发了一种阻容式音频振荡器。这种振荡器使用白炽灯泡作为部分导体来提供可变电阻，这在当时的技术设计上是一个突破。其次，当时正好沃尔特·迪斯尼公司为了制作影片《幻想曲》，急需要这种仪器，以每台54美元的价格一次性向他们订购了8台，使这个小公司站稳了脚跟。1940年，惠普公司逐步扩大经营范围，产品也增加到8种，第二次世界大战爆发后，美国政府的订单更是如雪片般飞来。

在1990年之后，惠普的获利成长率就一直维持在20%以上，1990年公司的销售收入是130亿美元，1994年达到250亿美元，1997年达到428亿美元。1994年是惠普的巅峰，销售额和利润增长率远超过IBM及其他竞争对手，当年的《福布斯》杂志评惠普为当年绩效第一名，惠普总裁路易斯·普拉特（Lewis Platt）被《商业周刊》选为年度最佳首席执行官。

惠普能够基业长青，很大程度上归于著名的惠普之道。1957年惠普公司上市，但在这一年的年初，休利特和帕卡德带领公司20多名经理来到旧金山以北的索罗马（Sonoma）旅馆，举行了为期两天的高峰会议。会议探讨了公司今后的发展方向，并确立了一系列的公司宗旨。最初的宗旨共有6个（利润、顾客、业务领域、发展、职工和公民义务），其基本核心是："客户第一，重视个人，争取利润。"这些宗旨后来经过多次修改，并制定许多具体规划和实施办法，最终形成了被业界誉为"惠普之道"的经营管理模式。可以说，惠普之道是惠普能够持续成功的源泉，也是这么多年使惠普能够不断超越自我的根本原因。

到今天，惠普之道已经完整地构成了惠普发展的动力系统，这一系统充分地体现在四个方面：

第一，企业价值。惠普从车库创业时期就明确了自己的原则，即"群策群力，迎接挑战"，由此形成了"以员工为导向"的惠普文化核心，惠普相信，只要提供一个不断让人学习成长的环境，每个人就会为惠普的目标尽其所能。

第二，企业目标。贴上HP商标的仪器，就代表着仪器的精确、耐用，惠普之道意味着对产品与顾客价值的追求，惠普产品就是高价格高品质的象征。

第三，经营方式和管理方式。惠普发明了走动式管理、目标式管理及开放式管理、十步业务计划法、全面品质管理以及短期目标制定，等等。惠普车库还成了美国加州政府列为保存的历史古迹，惠普文化也成了美国企业文化中代表不断进取，精益求精的代名词。

第四，高科技导向的企业文化。惠普有着鲜明的技术发明与顾客导向哲学，在惠普称之为 I3UN（Imaginative Understanding of Unmet Users' Need）——"通过想象性理解顾客未满足需求"。为此惠普强调杰出的研发能力,强调工程师精细的产品工艺设计,强调对新趋势(顾客新需求)的把握,强调对未来趋势把握的想象力。惠普能开发出数万种成功的产品,这种兼具技术与顾客知识的发明能力是最重要的关键。

当菲奥莉纳改革惠普时,她认为一切都可以改变,但惠普的核心价值观不会变,她特别以创办人起家的车库为背景,拍摄她现身说法的广告片,向电视观众推销惠普的车库文化:"保留惠普的精髓,就是我们的创造力、我们的核心价值观以及车库准则的精神,并对其余部分再创造。"

所以,当在惠普2001年股价大跌时并没有让她下台。同样,在与康柏合并案中,当董事会中的家族股东反对并购时,卡莉·菲奥莉纳也能够通过说服其他股东获得支持。因为卡莉·菲奥莉纳上台之后所倡导的新惠普之道体现了惠普的核心:"转变这些经营策略的关键在于,必须遵守一个原则,那就是时刻与企业目标保持一致性,并充分体现公司的核心价值观。"

1. 新惠普合力:更需合心。2002年5月9日,惠普中国区头面人物的亮相,多少有些令人惊疑:4人均是惠普老臣,而康柏旧部无一人局。

"公司的名称就是惠普。"新惠普中国区总裁孙振耀说,"现在之所以称为新惠普,只是区别于合并之前的惠普公司而已。"

合并后的新惠普公司的标志就是原惠普公司一直使用的标志,康柏标志从此将从一切与公司有关的活动中消失,原康柏中国公司也将从北京丰联广场移师惠普大厦。

此间舆论纷指"新惠普高层中国区呈惠普吞并康柏之势"。如此格局下的惠普,如何新生并真正壮大?"老康柏"在新惠普是全线出局还是全心融入?新惠普能否面合心也合?

2. 新领导:会有康柏员工出任领导职位。新惠普的中国区,包括合并前的中国惠普、康柏中国、香港惠普、香港康柏,总裁由原中国惠普总裁孙振耀担任。依照惠普全球的组织架构,惠普中国区也将由企业职能部门及四大事业集团组成:企业系统集团,总经理将由孙振耀兼任;专业及支持服务集团,总经理由纪治兴担任;信息产品集团,总经理由陈汉钱担任;打印及成像系统集团,总经理由柯玉璋担任。四大集团的"长老",在惠普的工作年限最短的也有13年,最长的已达25年。

此前,康柏大中国区总裁俞新昌在五一期间给员工发出了他将于7月下旬辞职的电子邮件。十几年前,俞新昌就已经任原惠普中国区的总裁兼总经理,当时孙振耀才初到大陆任部门总经理。对照新惠普中国区的人选结果,俞新昌的悄然离去更引起颇多揣测。

"完全是巧合。"孙振耀解释,新惠普的高层选拔是非常"严谨的",完全按照业务需要进行,具体遵循三个步骤:第一步,确定新公司的整体结构;第二步,根据公司结构来确定岗位和需要什么样的人才;第三步,确定具体人选。人选确定方面四大集团都是各自独立进行的垂直选拔,在其他国家有来自原康柏的人出任总经理。

对于以何种优势夺得惠普中国区总裁职位,孙振耀的答案是:"我在中国大陆工作的时间比较长,我熟悉这里的市场,惠普公司总部看好这一点,希望我继续带领这个团队取得更好的业绩。"

他还说:"目前的任命只是惠普中国区开始整合的第一步,以后会有康柏员工出任领导职位的。"

3. 人员安排:不以"出身"为依据。据了解,原中国惠普有限公司的员工共1600人,北京地区900多人;康柏中国公司的员工总数500多人,北京地区有300多人。合并后,新惠普中国区将达到2100多人,其中重叠业务必定需要做深层次调整。有报道说,惠普要裁30%的人。孙振耀称:"裁员不可避免,因为合并的战略目的之一就是要降低成本。"但他否认有30%的指标:因为各部门有各自业务发展的需要,有的部门甚至会加人。

他还肯定,裁员的依据是部门及岗位,而并非其"出身"。

孙振耀认为,在合并过程中员工有想法是正常的。但许多员工的选择和思考,绝不像外界所猜测的那样:大家都六神无主、等待观望。

在合并的具体运作过程中,公司一定会充分评估合并带来的影响,充分考虑如何通过恰当的沟通方式去稳定员工队伍。事实上,在明确了整合后的业务结构之后,员工就已经知道新惠普到底需要什么样的人,自己更适合哪一个工作岗位。身处两家深厚文化积淀企业中的员工,一定会积极地进行调适。

惠普的业务,在新公司正式宣告成立前已经做了大的调整。孙振耀说,在围绕客户服务成立的许多新部门中,已经为合并后预留好了相应的部门和经理位置,合并后新的中国惠普的许多部门将非常有弹性。

孙振耀认为,合并中的人员调整不会带来波动,并相信康柏同仁会做出积极的选择。他说,这次合并,一个重要牵引力就是客户需求,必须选拔优秀的人才。对于一个客户,如果现有人员不能令客户满意,就有可能被调整岗位或离开惠普,而替代的人可能是惠普人,也可能是康柏人。康柏与惠普的合并,是共同为了一个更辉煌的事业走到了一起,是由竞争对手变成了一家人。在一个更大的平台上,大家都有施展才华的机会。

孙振耀说,惠普和康柏的合并不是工厂式的合并,必须裁减生产线上的人，而以服务客户为目的，新公司急需优秀的服务人员和销售人员。可能合并之后，许多业务还要招人，尤其是中国市场，业务发展将更迅速，不断需要吸收新的人才。

业内人士分析，按照惠普和康柏公司的惯例，两公司会有"N+3"和"N+1"方案来安置被裁员工，即根据员工工作年限加上3个月或1个月不等的工资，作为"遣散费"。

4. 业务重叠：降低磨合成本。惠普首席执行官卡莉说："通过这次合并，惠普可以更快、更有效地达到预期目标，惠普会变得更强大、更成功、更有效、更赚钱。"原康柏董事会也称，两家大型公司的合并，将创造一个更加强大的市场和技术领导者，这最符合股东、客户、合作伙伴和员工对康柏发展的期望。

在新惠普中国区公司宣布成立的新闻发布会上，4位新任总经理无一例外地抓住时机推广自己的产品。

总裁孙振耀做全面介绍时说，在产品线整合上，大部分产品都将取消康柏品牌，转移为惠普品牌。惠普将会成为所有服务器产品的主要品牌，原来的康柏服务器系列将更名为惠普服务器系列；工作站未来将转移成 HP 品牌的产品；在掌上电脑、家庭网络方面将保有康柏的设计，但将会改为 HP 品牌。唯一保留康柏品牌的是商用电脑，而家用电脑方面要保留惠普及康柏两个品牌。除此之外，其他所有的产品和服务，只会有惠普的品牌出现。

毕竟，对康柏这个成立于1982年并迅速成长为世界第三大计算机厂商而言，合并意味着康柏品牌的丧失，是一种遗憾；对惠普来说，它与康柏在业务上有很多相同的部分，"除影像和打印外，这两个公司生产相同的产品，提供相同的服务，还处在同一个国家。两个公司基本上在做同样的事情"。

惠普为什么要购并业务重叠性这么高的康柏，而不是去收购一家顾问咨询公司？作为合并的坚定支持者，孙振耀反复强调的只有两个字：规模。他解释，合并的主要动机之一是创造规模、降低成本，"规模"将成为新惠普最核心的优势。除了服务排第三之外，新惠普在其他领域基本都排在全球的第一、二名，合并后离全球最大 IT 公司又近了一步。但这并不意味着新惠普不会寻求别的收购机会，顾问咨询和软件是最有可能的两个方向。

至于业务重叠，孙振耀称这在整合过程中带来了一个意想不到的好处：由于过去是直接的竞争对手，双方彼此都非常熟悉对方的业务，无论是人员、客户、战略还是做法，这在一定程度上降低了磨合成本。

5. 文化整合：把优势结合起来。世界排名第二的计算机制造商惠普公司和世界第三大计算机制造商康柏公司,在企业文化方面都具有不同的特点和优势。不少人担心:如果合并成功,新惠普如何使两者文化达到充分的融合,从而建立起一种更强劲更适合企业发展的新文化?

孙振耀说,成为"蓝色巨人"是惠普和康柏共同的梦想,而合并使得这个梦想向现实迈进了一大步。因此,无论对惠普还是康柏,这个跨越都是好事情。他认为,开放的技术体系是两者企业文化中相通的基础。双方对未来技术发展有着共同见解、对如何为客户提供服务有着相近策略、对技术创新及世界级信息技术服务有着共同承诺。

与惠普相比,康柏是一个年轻的计算机制造商,在这个年轻代表着创新与灵活的时代,康柏的企业文化更注重于以业务为导向,以快速地抢占市场为第一目标,它的操作是灵活的,决策是迅速的。康柏员工更倾向于着眼未来,不太看重程序,看准了就行动。在迅速变化的当今,这是值得以稳健著称的惠普借鉴的。

惠普具有60多年历史,积累了深厚的文化底蕴——惠普之道:惠普拥有受人拥护的诚信之道,依靠忠诚地对待客户,使惠普自成立以来一直保持着盈利。惠普的繁衍之道值得信赖,惠普员工善于从经验中吸取教训,依照完整的程序,制定非常详尽的决策,不断地创造新产品,其热心变革的创新精神和不屈不挠的必胜意志,使惠普之道得以延伸。

孙振耀认为,与康柏相比,惠普有一种更为强劲的企业文化,在与康柏合并后,将依靠"惠普之道",为康柏这家年轻而富开拓精神的公司,重塑更为高效的管理体系和更为坚实的文化基石。惠普将吸收康柏文化的精华,使二者互相补充、充分融合,建立一种更加雄厚、更为强劲的企业新文化。新惠普文化将秉承惠普之道的核心价值观,发扬康柏机动灵活、决策迅速的优点,具有更多的灵活性、更大的向心力和凝聚力、更强的创新力以及更快的行动力。

在惠普康柏宣布合并计划不久,双方就成立了一个企业文化研究小组,负责进行"文化的整合工作",以确保惠普与康柏的企业文化能够尽可能快速、容易地融合,并达到最佳的长远效果。卡莉认为,除了速度和项目管理等外,最好是按照整合生产线的方法来处理企业文化的合并问题。对员工的工作和生活协调问题,卡莉说:"每个人对工作与生活的协调问题都有自己的看法,一个公司应该有能力让各种对工作与生活的协调问题有不同看法的人各得其所。"

负责文化整合工作的惠普某高层人士表示:"我们已经在最短的时间内制定了一个非常具体的计划,我们有能力把两家企业的优势结合起来,而把弱点全部抛弃。"

孙振耀表示,虽有磨合期,有文化融合的问题,但作为两家优秀企业的员工,只要互相学习,互相创新,新的企业文化就会很快形成。

6. 在最短时间内稳定组织。据孙振耀介绍,目前,惠普公司的业务和职能部门都已各就各位,管理团队的任命已公布到第三层,即区域和国家经理以及100个大客户的经理;包括客户支持和迁移计划在内的详细产品发展方向已规划完成。此外,公司针对普通消费者、中小企业和大型企业等每一类客户制定的营运模式都已有了明确的方向。

孙振耀表示,将用一个星期时间来结束新公司的"混乱期"。他所指的"混乱",并非来自两个公司的员工之间的冲突,而不过是大家都有些不知所措。他说,经过过去半年多的准备,所有细致的方案都已经完成。新惠普会在最短时间内稳定组织,告诉每个人在哪里工作,具体工作是什么。

孙振耀充满信心地说,相信一年后的新惠普将是一个绝对与众不同而极具影响力的公司,并笑称届时他将在惠普商学院开设一门新课:如何进行有效的合并。

7. 新惠普文化与品牌策略。合并的关键在整合,合并的成效看整合。当我们已经目睹了新惠普创造的杰出业绩之后,反过来可以从虚——实两个维度找到这种杰出的理由。虚者,企业文化;实者,企业架构。文化是凝聚企业的核心价值观,是在从大到小各种规模的并购中都被屡屡提及的"陷阱",整合得好可以1+1>2,整合得不好就会事倍功半;架构是企业的执行力保证,是企业的实力体现,更是面对用户的直接门户,能否在成本、效率和创新方面整合成功,是企业实际运营的关键考验。

文化冲突,是新惠普合并伊始被人广为质疑的"陷阱"之一。看上去是有不少问题——惠普是一家强调文化的"老"公司,康柏是一家以快速多变应对市场的"新"企业;惠普的产品强调稳重稳定,康柏强调性感设计创新,等等差异不一而足。惠普与康柏在全球总数达15万人的员工队伍,带着各自的文化特征,能否迅速融合在一起呢?其中不可避免的冲突,是否会带来掣肘效应呢?

"开放是新惠普的最大特色,因为在合并之前,惠普和康柏都是坚持开放系统、开放商业模式的公司。合并后的新公司更加坚持开放,不仅体现在产品本身的开放性,同时也体现在惠普与商业合作伙伴之间密切的合作关系,给客户提供更多选择,更多灵活性以及自由度。"惠普中国区总裁孙振耀在合并工作正式完成后向传媒界表示。实际上,孙振耀话的背后还隐藏着一个事实,那就是两个公司的文化在开放中走向迅速融合。

"我们热忱对待客户；我们信任和尊重个人；我们靠团队精神达到我们的共同目标；我们注重速度和灵活性；我们专注有意义的创新；我们追求卓越的成就与贡献；我们在经营活动中坚持诚实与正直。"——这是世纪之交的惠普公司对享有盛誉的"惠普之道"赋予的时代新内涵，其中最明显的一条是"注重速度和灵活性"。这对于一个规模庞大的惠普来说，无疑是切中了要害。而在新的惠普的标识中，每一个 Logo 都被添加上创新（Invent）的字眼，显示出新惠普之道对有意义的创新的专注。

这种开放式的思维与世界接轨，自然不会在与康柏的合并中有什么"僵化老化"的问题。反过来，惠普深厚的文化底蕴，又能保证新的公司不会在合并过程的动荡中丧失核心价值观的凝聚力，从而在宽容、包容、融解的良性状态中促成了合并的成功。

卡莉·菲奥莉纳特别喜欢引用一位发明家的话，并把其写入发给全体员工的电子邮件中："无论研发人员已创造了多么巨大的财富，我们仍一直处于发明和创新的初期。"在同一封电子邮件中，她还指出："……但是最简单的（有时也会被忘记）是作为一家公司，我们的工作从根本上说源于一种持久的动力，那就是去帮助他人，为他们提供强大的工具以提高其在公司及家庭中的生产力和创造力。"

菲奥莉纳强调的动力、生产力和创造力，则具体地落实在新惠普四大事业部集团和研发实验室的身上。

新惠普将两个品牌、众多产品线一分为四，打造出企业系统集团（ESG）、信息产品集团（PSG）、打印及成像系统集团（IPG）、专业及支持服务集团（HPS）四根支柱，还有一个独立的惠普实验室。"这样的架构无疑兼具了敏捷和规模的双重优势"，惠普中国区总裁孙振耀对记者说，作为一名在惠普工作了十余年的老员工，孙当然知道敏捷和规模的重要性，这看似矛盾的一对集合体都聚焦在了新惠普身上。"新惠普通过四大产品集团，建立了敏捷的组织架构。而新惠普采取了创新的组织结构，使新惠普既具有小公司的敏捷性，又具有大公司的规模优势。合并后的惠普公司年收入近 800 亿美元，合并的规模优势有助于惠普降低成本，扩大市场规模。极大地巩固惠普在 IT 市场的地位。"

必须承认，合并之后的新惠普面临着三大矛盾："一个公司与同时要面对的多个不同层次市场之间的矛盾、两个品牌同时要整合到一家企业的核心竞争力之中的矛盾、IT 产品技术的日新月异与 IT 客户的投资日渐理性和谨慎之间的矛盾。"而四大事业集团为解决这三大矛盾搭建了一个很好的组织平台。这个平台坚定地以客户为导向，同时又把日益关联的客户应用通过相对独立的产品集团进行划分整合，在各个领域都形成强大的规模和核心竞争力——"这四大集团如果单独计算，都是全球前十名的IT公司，每个集团都有200亿美元或接近200亿美元的营业规模。"

基于统一创新的文化和全新的架构，新惠普迅速站稳脚跟，连取佳绩显然不是一种偶然。

惠普掌门人菲奥莉纳日前表示，希望通过新的全球广告和市场策略，将惠普定位在一个一站式IT服务的位置上，这一品牌策略定位能够令用户自惠普得到其所需要的所有IT服务，比竞争对手IBM的口号更为明确，而基础就是充分融合的两大品牌。

（三）新惠普卡莉·菲奥莉纳的领导艺术

"雷公打豆腐"或"高射炮打蚊子"是两个我们常常可以会心一笑的谚语。以卡莉·菲奥莉纳之精明强悍，如果治理一家新生公司也许绰绰有余，但是，她入主的偏偏是强大的惠普。要命的是，看起来她来得也不是时候：整个IT行业正陷入低谷，惠普公司也出现了前所未有的衰退。

面对此情此景，卡莉·菲奥莉纳除了迎难而上，没有第二种选择。但是，一团乱麻中，卡莉·菲奥莉纳究竟如何施展抽丝剥茧之功呢？

1. 山不过来，我就过去。一个佛学故事说，某深具慧根的大师傅云游到某处，应弟子之约，去移动一座大山。诵经毕，山岿然不动。众人愕然之际，大师傅朝山走去，嘴中大喊："山不过来，我就过去。"

卡莉·菲奥莉纳未必知道这个故事，但是她的行为却也有此"慧根"：当困难的"大山"不主动挪位时，面对困难的人应该主动走近它们。与其等待造势，不如立马借势。

横在卡莉·菲奥莉纳面前的"山"有两座，而非一座。首先是公司的。这个时期，许多国际性的大公司正逐步转换自身定位，从产品供应商转为服务供应商。比如，IBM已经成功地从全线电脑产品供应商转变为全面服务解决方案供应商；诺基亚正由通信产品供应商转为通信服务方案供应商；雄霸桌面操作系统市场的微软则向互联网全面推进。在这种大环境下，惠普向增强产品优势和服务转型的变革迫在眉睫。

其次，是关乎卡莉·菲奥莉纳个人的，主要是她的领导权威的确立。对于惠普这样的巨型经济动物的转型，任何一个决策失误都将会是伤筋动骨的。在转型过程中，其内部支持系统、人员观念、战略规划、企业目标，甚至企业文化都需要进行极大的调整。作为公司新领导人的菲奥莉纳,如何既合理规避惠普传统势力影响,避免触犯众怒,又当仁不让地按计划实施大刀阔斧的改革,避免"出师未捷身先死",对于初涉惠普的她来说,在处理改革过程中的矛盾和冲突时的个人技巧尤为重要。

显然,这么一个有深厚传统的国际性大企业,其战略的延续、优秀企业文化的汲取、人际关系的处理、员工和投资者对改革的认同等问题,都不可避免地把临危受命的菲奥莉纳推向压力的中心。菲奥莉纳没有让压力湮没自己,她瞅准了一个机会,然后就跳出了压力的整个界面。这个"四两拨千斤"的机会就是:推动惠普与康柏合并。

2. 争取"屁股指挥脑袋"的最大效益。从领导艺术的角度来看,惠普与康柏合并中菲奥莉纳充分显示出了精明领导者的过人之处。

惠普与康柏是同质化较严重的两家 IT 企业。同质化的合并可以增强整体实力,削减综合成本。尤其在整个 IT 业处于低潮的时候,这种合并不仅可以避免高价并购的损失,也可以避免竞争对手乘虚而入;于企业内部而言,则避免了人员大量流动的风险。但合并也存在一些隐患:以往并购案中较低的成功率使企业及其投资者都面临着极大的压力;惠普与康柏两种文化融合的风险;产品线扩大导致专业性的提高而可能削弱综合能力的风险。

那么,为什么菲奥莉纳仍要如此坚决地进行合并,甚至在惠普创始人家族少数成员强烈反对的情况下,仍甘愿冒着失去首席执行官的风险坚持推动它呢?

除了显而易见的原因外,合并可以帮助菲奥莉纳真正建立起自己在惠普的领导地位。

第一,要在任期内推行如此重大的改革,迫切需要董事会的支持。而惠普历史悠久、文化深厚,形成较多的传统观念。菲奥莉纳初来乍到,董事会对她的信任是有时间性的,而改革必定有波折,这需要董事会具备足够的耐心,能长时间地顶得住风险和压力。因此,菲奥莉纳必须很好地确立自己在董事会的地位,为其改革赢得时间。若合并成功,菲奥莉纳可以借助合并来改组董事会。这可能也是创始人家族成员之一反对合并的一个原因。

第二,惠普要快速地转变,就必须对原组织结构进行大幅度调整,并迅速运作和进入正轨。在合并计划实施前,惠普在组织方面已进行了改革,将其产品事业部按前后台方式重新划分为 4 个业务集团。在正常情况下,这 4 个业务集团要达到顺畅运作需要较长时间的磨合。而借助合并,可以缩短人们适应新组织结构的时间。

第三，菲奥莉纳在公众场合展现出一种无论遇到任何困难，都要坚持推行合并的决心。她借助各种渠道和机会说服投资者、公众和合作者相信，合并是有利的。菲奥莉纳推进合并的力量不仅向公众，也向惠普的员工表达了改革的决心，从而树立起其强势领导者的形象。

第四，惠普的改革也是文化的变革。这种文化的转变仅靠菲奥莉纳个人来推进会受到很大的阻力。如合并成功，在惠普和康柏两种文化的冲撞中，通过平衡来转变惠普公司原有文化就相对容易得多。

第五，"一朝天子一朝臣"，一个新的领导者要在企业中顺利推进工作，尤其是改革，就需有一批支持者和跟随者。在人事根基尚不稳固时，菲奥莉纳急需在短时间内从惠普的高层中寻求强有力的支持者。合并计划的实施可顺理成章地做相应的人事调整。

第六，在惠普处于低谷时期，股东和员工都期望新官上任能带来立竿见影的盈利效果。但整个IT业低迷的大环境使惠普很难有大作为。合并方案可以暂时转移投资人的焦点。这种期望期的过渡使菲奥里纳从短期内实现盈利的压力和与大环境作斗争的不现实性中解脱出来，以等待环境好转时领导惠普再创辉煌。

3. 菲奥莉纳的教科书意义。惠普与康柏的合并计划，为菲奥莉纳在惠普确立其牢固的领导地位创造了积极条件。同时，也会产生一些带有隐患的长期影响：

其一，新领导者到任，需要与员工进行充分沟通，了解企业信息。此时并购，在原来的沟通需要上，增加了对"合并"方案进行沟通的紧迫性。沟通内容和复杂性的增加使得沟通的完整性和细致性容易产生疏忽，因为人的时间和精力是有限的。前期沟通的不充分可能造成后期沟通的难度增加。

其二，惠普要实现从产品到服务的顺利转型，应尽快向市场推出新理念、新战略。并需要向公众、投资者、合作者等进行大量的宣传，以获得人们的理解。如IBM公司为了让人们理解其"电子商务随需应变"的新理念，以多种传播渠道进行高密度集中宣传。惠普选择此时进行合并，既要对新的理念进行宣扬，又要对合并方案进行解释，这必将导致公司宣传力度的分散，可能会延长公众对惠普新理念的理解过程，加大了公众的理解难度。从而对长期的战略转型产生影响。

其三，合并计划使菲奥莉纳成为公众的焦点。就长期而言，人为地提高了公众及相关利益者对其个人业绩和贡献的期望值。

尽管如此，通过这一合并计划，菲奥莉纳展现出作为优秀领导者的几乎所有的品质：前瞻性基础上的冒险精神；权衡利弊得失基础上的决心；领导者在企业变革过程中的聚焦作用；困境中发现机会，抓住机会的能力；矛盾中求平衡，平衡中求发展的技巧；在变革中展现短期成功，以增强人们信心的有效方法。

（四）很多公司合并，不是一方被饿死，就是另一方被噎死

很多公司并购之后，往往只能从形式上完成合并，而原来两家公司的人员、绩效，总会在合并成立新公司后发生较大规模的流失，最终事与愿违，合并双方都难以达成初始的目标。如果是两家大公司实施合并，其组织整合、优化的进程更加复杂，对实际操作人员的能力和耐力挑战也更加严峻。

两年过去了，一度颇多争议的两大IT巨头惠普、康柏的合并进展到了一个崭新阶段。从2004年5月1日起，中国惠普公司宣布从组织整合阶段进入到组织优化阶段。而从惠普公布的业绩来看，组织整合的两年，业务发展基本上没有受到大的冲击，业绩稳步上升，2004年第2财季营业额突破历史纪录，达到201亿美元。

孙振耀作为中国惠普和康柏中国公司合并的执行者，他一边在执行惠普全球总裁卡莉·菲奥莉纳的思路，一边在思考如何把两家大公司更有效地合并在一起的办法。在公司合并的过程中，孙振耀不断得到提拔，2002年9月，被任命为惠普公司全球副总裁，今年五一前夕被任命为专职的惠普中国区总裁，惠普公司仅在14个国家市场设有专职总裁。同时，孙振耀还经常参加到卡莉亲自主持的核心层培训项目中。

惠普、康柏两大公司组织合并的思路和做法是"先整合，再优化"，对于其他企业并购甚至深度合作，起码是有借鉴意义的。在孙振耀看来，这6个字看似普通，却深藏玄机，越是高明，就越显平淡。另外，合并是在企业发展战略指导下进行的，而这一点往往被很多人忽视。

1. 先整合。2002年5月8日，刚刚上任惠普中国区总裁不久的孙振耀第一次进入康柏中国公司的办公区，开始了两家公司的合并进程。

两家公司都很大，都有很多产品线、很多业务部门，合并从哪里开头呢？一定要想清楚了双方的每一块业务今后如何发展，每一个人将来如何定位，才进行合并吗？孙振耀觉得，这显然行不通。所以，惠普公司定下的原则是：第一，不能停止对客户的服务；第二，先整合，再优化。

孙振耀说，很简单，两家公司先合起来做事，其他的工作下一步再进行。比如，双方都有个人计算机、笔记本、服务器等业务，就把惠普、康柏做相同业务的部门划到一起，每个人的工作基本不受影响，继续做好就是。而对于惠

普或者康柏一方独有的业务，比如，打印机、专业服务和咨询等，都继续保留。一些对口的职能部门，比如，财务、人力资源、公共关系等，也是先合在一起再说。

在这个看似简单的合并过程中，孙振耀强调，必须选择好经理层，因为"很多决策要他们去做"。在合并初期，经理人的选择更多地依靠经验和对过去业绩的考核。但随着整合工作的进行，惠普公司通过"领导力框架"模型、"动态领导能力"计划等培训项目，不断地培养和发现能够增强整个组织适应性的、能够在不断变化的动态环境中进行卓越领导的人才，充实到经理队伍当中。比如，"动态领导能力"训练，是由芝加哥卧底警察发明的，在人质谈判等不确定性场合被证明行之有效。经过此项训练，能够增强面对动态环境的勇气和决心。

在惠普、康柏双方人员共同工作的过程中，孙振耀说，我们发现惠普的人善于计划，而康柏执行的速度和对问题的反应非常出色，因此，新的惠普之道引入了"速度"和"适应性"。在惠普、康柏合并1年的时候，新惠普检查工作的周期已经从季度、月度转变为每周进行，这正是康柏的速度。

2. 再优化。经过初期的"快速"合并以及对双方总体业务部门的梳理，新惠普公司是以4大业务集团的面目出现的，即企业系统集团、信息产品集团、打印及影像系统集团和专业及支持服务集团。公司品牌统一使用"惠普"，但产品品牌却根据惠普、康柏已有的品牌地位和未来发展规划，分别使用"HP"、"Compaq"品牌，实行多品牌战略。在中国区，4大集团均由"老惠普"担纲。孙振耀说，这是依据既定的规则遴选出来的。

这样的组织调整，把惠普原来纷繁的产品线梳理得非常清楚，康柏业务的并入也进展顺利。4大集团支撑着新惠普稳定成长，到2003年，惠普集团公布的营业额达到731亿美元。而同时，4大集团的业务发展也越来越均衡。合并过程中，由于统一业务平台、调整产品线、整合供应链以及裁减人员等，还节约了35亿美元的成本。

但人们渐渐地发现，一个惠普变成了4个公司，而且是按照惠普的产品和服务来划分的，各自独立运作。甚至于有重要的客户同时接收到惠普3家集团的会议邀请，虽然每个会议都重要，但自己分身乏术。

为改善业务流程和客户体验，惠普继续进行组织结构的优化工作。今年5月1日以后，惠普的组织结构变成了新的4大集团：企业客户及公共事业集团（CSG）、信息产品及商用渠道集团（PSG）、打印成像及消费市场集团（IPG）和产品技术及专业服务集团（TSG）。这次组织重组打散了原来的条块分割，使得惠普公司由"像是4家有合作的公司"真正变成了"有4个亲密协作部门的1家公司"。

这次组织优化，惠普公司想要解决的是"统一客户出口"问题。CSG、IPG两大集团分别负责企业客户和个人消费者的销售工作，每个客户都只需要和惠普的一个部门接触；其他两大集团紧密配合，提供所需的各种产品和服务。而TSG、IPG、PSG三集团名称里的"G"字，也反映出这次组织调整的精心之处：企业级客户和专业服务密不可分，打印及成像产品主要面向个人消费者，而信息产品主要通过商用渠道来销售。所以，这样来安排就显得顺理成章了。

孙振耀说，5月1日宣布调整组织结构时，很多员工的工作实际上没有多大变化，只是"老板"变了，转向新的上司汇报就可以。因为工作关系理得更顺畅，真正以客户为中心了，新组织模式运行2个月，已经有了明显的变化。

（五）源于战略

孙振耀承认，惠普公司曾经也很迷茫，直到卡莉决定并购康柏，仍有很多人不明白究竟为什么。

作为中国区两家公司合并的操刀人，也是对惠普总体战略的最直接知情者，孙振耀觉得，惠普、康柏合并取得今天的成效，最根本的支持来自于卡莉的战略思路。"卡莉有着与前几任惠普总裁一样的战略思维，她来到惠普半年，就明确了惠普的愿景——成为全球第一的高科技公司。"孙振耀说。

惠普如今给自己圈定的业务范围是，围绕"信息平台建设与管理"，进行相关业务的多元化拓展，而卡莉还深信"规模经济"。她给惠普公司未来发展制定的战略就是：高科技、低成本和最佳全面客户体验。所以，要想快速实现"全球第一"的梦想，惠普必须选择并购一些公司，形成一定的业务结构，达到一定的业务规模。

而康柏恰好符合卡莉的要求：康柏与惠普在业务上互补性强，两家公司合并之后，有9个品种的IT产品市场占有率第一名，大多数业务在全球范围内"数一数二"；两家公司在公司文化上比较接近，孙振耀第一次来到康柏听完汇报之后突然发现：这不就是另一家惠普公司吗?!

也许，这也正是两家公司能够顺利合并的根本原因吧。

（资料来源：姜汝祥：《新惠普超越"400亿撞墙危机"》，《中国经营报》2003年2月10日；王文：《新惠普合力更需合心》，《中国经济时报》2002年5月15日；胡涛：《新惠普文化与品牌策略》，《市场报》2004年4月1日；胡涛：《新惠普卡莉·菲奥莉纳的领导艺术》，亚商人力资

源网；胡明沛：《不是被饿死就是被噎死？如何合并两家大公司》，《IT经理世界》2004年7月29日）

二、案例分析

文化型战略实施是企业如何动员全体员工都参与战略实施活动，即企业总经理运用企业文化的手段，不断向企业全体成员灌输这一战略思想，建立共同的价值观和行为准则，使所有成员在共同文化的基础上参与战略的实施活动。惠普也如此。两位创始人依靠独特的产品观念和管理风格，使惠普文化建立了强大的惠普帝国。其基础是相信人们一定会干得很出色，并且能做出正确的决定。如今惠普文化已传播延续了60多年，在世界的各个角落，惠普文化正在成为一种经济财富、一种知识财富和一种社会财富。

惠普的创始人高瞻远瞩，很早就认识到投身高新技术领域，就意味着必须面对永无止境的技术进步，必须做好准备应对层出不穷的科技挑战这一点，从而制定出不断创新的经营战略。从惠普的第一个产品音频振荡器到称霸世界的激光印字机，从仅有两个人的实验室到遍布世界的科研基地，惠普人矢志不渝地推动技术创新，通过拥有大量的自主知识产权，使自己保持技术的领导地位和独有的竞争优势。企业间的竞争主要表现为科技的竞争，谁在技术上超前，谁就能在市场上领先。企业可根据其技术力量决定其策略：延长其成熟期或提前进入衰退期，只有富有生命力的新产品不断取代老产品，才是企业生存和发展的动力源泉。

惠普公司自开创以来，就尊重员工、信任员工，努力把自己办成人性化的公司。大规模的野餐会加深了沟通和理解，形成了全体员工的稳固、良好的合作关系，增强了团队意识；与斯坦福大学合作培养人才的计划，既为员工提供了个人发展的机遇，又培养了员工的奉献精神；固定的现金利润分成和股票购买方案等一系列分享政策，增加了员工的认同感和成就感。所以，企业文化就是渗透在企业一切活动之中，又涵盖企业物质财富和精神财富之和的精神支柱，也就是企业的灵魂。企业文化是一种文化现象，更是一种管理思想，它强调员工是企业智慧和力量的源泉；良好的企业文化是职工发挥主动性、积极性的前提。

惠普认真倾听顾客的声音，了解其需求，实现其愿望，并承诺其产品和服务具备最大的让渡价值。为了能使顾客感到真正的满意，他们率先实行了全面质量管理，把质量意识贯彻到每个员工的内心深处，贯彻到生产经营的每一个环节中。正是惠普人这种在质量追求上的精益求精使其在强手如林的计算机制造领域保持领先地位。

今天的质量,就是明天的市场。质量是企业的生命线,企业在任何时候都要把高质量作为对客户的承诺。惠普在这方面为我们做出了榜样,高质量让惠普公司实现了客户的期望,甚至超出了客户的期望水平。

三、思考·讨论·分析

1. 惠普的企业文化特色?
2. 卡莉·菲奥莉纳如何整合惠普和康柏的企业文化?
3. 惠普的企业文化在合并康柏的过程中,在组织调整上起了哪些作用?
4. 新惠普的企业文化有何特征?它如何与新惠普的战略相匹配?
5. 新惠普的发展之路对我国企业的创新之路有何启示?

案例 4-2 海尔集团的业务流程再造

一、案例介绍

20世纪90年代以来,知识经济和经济一体化浪潮席卷全球,企业外部环境复杂多变,市场竞争日趋激烈,管理领域的变革与创新层出不穷,管理理论界也在不断探求适应企业需要且反映时代特色的、新的管理范式,诸如学习型组织、虚拟管理、知识管理、网络管理、公司再造、柔性组织等。特别是90年代初美国管理学界哈默与钱皮提出的业务流程再造理论,在全世界范围内掀起了一场流程再造革命,企业界和理论界为此倾注了大量的精力和物力,但从实践看,流程再造更多的还是停留在理论探索上,还缺乏有充分说服力的成功经验和实践模式。作为一种管理创新或是一种新的管理范式,业务流程再造在海尔较为成功地实现了从理论向实践的飞跃。1999年,海尔开始实施并逐步完善以市场链为纽带的业务流程再造模式,实现了其组织结构的创新和管理集成的创新,其实质是观念创新机制、价值创造机制、价值评价体系与价值分配方式的创新。海尔的以市场链为纽带的业务流程再造模式,是在企业规模和资本迅速扩张的过程中,为有效发挥大企业的规模经济性在企业内部管理上的一种战略创新,它在有效根治"大企业病"的同时,有效地解决了管理团队的创新协作精神和员工投入回报机制内部化的问题,提高了企业员工的整体素质,强化了企业的市场应变能力,促进了企业的可持续发展。

中国最大的综合家电企业海尔集团的前身是青岛电冰箱厂,创立于1984

年,当时年销售收入348万元,赤字147万元。2001年,海尔实现全球营业额602亿元,是1984年的17000多倍,年平均增长率为78%。自1984年至今,海尔的战略经历了四个主要阶段。

第一阶段,名牌战略阶段(1984~1991年)。该阶段只生产冰箱一种产品,探索并积累了企业管理的经验,为今后的发展奠定了坚实的基础,总结出一套可移植的管理模式。

第二阶段,多元化战略阶段(1992~1998年)。该阶段从一种产品向多种产品发展(1984年只有冰箱,1998年时已有几十种产品),从白色家电进入黑色家电领域,以吃"休克鱼"的方式进行资本运营,以无形资产盘活有形资产,在最短的时间里以最低的成本把规模做大,把企业做强。

第三阶段,国际化战略阶段(1999~2005年)。该阶段产品批量销往全球主要经济区域市场,有自己的海外经销商网络与售后服务网站,海尔(Haier)品牌已经有了一定的知名度、信誉度与美誉度。

第四阶段,全球化品牌战略阶段(2006年至今)。该阶段为了适应全球经济一体化的形势,运作全球范围的品牌。从2006年起,海尔集团继名牌战略、多元化战略、国际化战略阶段之后,进入第四个发展阶段:全球化品牌战略阶段。国际化战略和全球化战略的区别是:国际化战略阶段是以中国为基地,向全世界辐射;全球化战略则是在每一个国家的市场上创造本土化的海尔品牌。海尔实施全球化品牌战略要解决的问题是:提升产品的竞争力和企业运营的竞争力;与供应商、经销商、用户都实现双赢利润;从单一文化转变到多元文化,实现持续发展。

海尔作为国内著名的家电企业,其成功并非偶然。海尔分阶段进行的业务流程再造对企业战略的实施起到了重要作用。

(一)作业层再造

在认识到产品的质量问题后,海尔开始了全面质量管理(TQM)的历程,在生产经营中提出了OEC(Overall——全方位的;Everyone、Everything、Everyday——每个人、每件事、每一天;Control and Clear——控制与清理)的管理方法。通过进行OEC,优化了局部业务流程,企业内的作业效率得到了提高,塑造了海尔品牌,并且为以后进一步的流程再造打下了思想和实践的基础。在多元化战略的指引下,海尔将直线职能制的组织结构转变为事业部制,进而又转变为产品本部制。

(二)以市场链为纽带的经营层流程再造

随着企业规模的不断扩大,原有的经营流程和组织结构变得与企业的发展越来越不适应。为了将竞争机制引入企业内部，同时为了降低运作成本，贯彻国际化战略，1998年年底到2000年年底，海尔在全集团范围内进行了以市场链为纽带的BPR。所谓市场链，就是把市场经济中的利益调节机制引入企业内部，把从前业务流程中不同岗位之间的上下级关系和同事关系改为市场订单关系，即把内部顾客外部化。

组织机构调整前，海尔为纵向流程的事业本部制。集团下设6个产品本部，每个本部根据产品的不同分设不同的事业部，各事业部分设人事、销售的部门。进行了以市场链为纽带的BPR后，为了适应市场链式的流程，海尔建立了新型的横向网络化结构。海尔把原来分属每个事业部的财务、采购、销售业务全部分离出来，整合成独立经营的资金流推进本部、物流推进本部和商流推进本部，实现统一结算、统一采购、统一营销；最后将这些专业化的流程体系用市场链连接起来。再造后，原来的各职能部门被改造成了独立的子公司，以内部价格为基础接受其他子公司的订单，提供相关服务。通过BPR，流程的效率提高了，职工的市场竞争意识增强了。海尔通过利用信息管理工具和实施并行工程、JIT等，企业对内建立了ERP管理系统、CIMS柔性制造系统，对外建立了CRM管理系统、B2B和B2C电子商务平台，企业实现了按照用户个性化订单为用户订制产品，变刚性生产为柔性制造。

（三）战略层的改造

海尔集团在1999年3月达沃斯会议上就提出了国际化企业的三条标准，即企业内部组织结构必须适应外部市场的变化、造就一个全球化的品牌和要有一个基于网络系统的营销战略。围绕这三条标准，海尔在1999年3月份就提出企业必须完成三种转变：一是从职能型结构向以市场链为纽带的流程型结构转变；二是由主要经营国内市场向国外市场转变；三是从制造业向服务业转变。根据企业国际化发展的战略目标，海尔提出了扁平化、网络化和信息化原则；建立了全员战略事业单元（SBU）的战略执行机制和SST（索赔、索筹和跳闸的拼音缩写）的市场激励机制；将企业的持续改善和不断创新的理念融合到企业的经营管理文化中，使之成为企业不断进化的不竭动力。

随着知识经济和经济全球化浪潮的到来，人们的需求日益表现出个性化、多样化特征，市场竞争日趋激烈，面对复杂多变的外部环境，海尔的以市场链为纽带的业务流程再造模式为企业界实施管理创新、积极应对市场挑战、促进企业可持续发展提供了一种崭新的观察视角和可供借鉴的思路。海尔在经营规模相对比较大的情况下仍能保持快速的发展，关键在于海尔形成了适应自身发展的、全新的创新系统，海尔把它总结为：观念创新是先导，战略创新是方向，技术创新是手段，组织创新是保障，市场创新是目的。

（资料来源：高红岩：《战略管理学》，清华大学出版社、北京交通大学出版社 2007 年版；马钢：《海尔业务流程再造模式及其经济学分析》，《决策借鉴》2002 年）

二、案例分析

这是一个典型的利用流程再造来提升企业发展的案例。说明流程再造不能在原有的流程上修修改改或采用信息技术试图来加快流程的进行，而必须从为用户提供满意服务这一目的出发，重新设计业务流程。也说明一旦流程再造成功，所带来的结果不是效率增长一点，而真正是不可思议的显著增长。

美国学者麦克尔·哈默对业务流程再造的定义是：从根本上反思业务流程，对之进行彻底的重新设计，以便在成本、质量、服务和速度等当代至关重要的绩效标准上取得戏剧性的改善。哈默在定义中强调的是对业务流程从根本上进行反思和彻底的重新设计，以取得显著的、令人注目的成效。企业中有各种各样的流程，有产品的生产流程、外协件的采购流程、新产品的开发设计流程等。不同的企业，流程也不同。对于什么是流程，不同的人又有不同的见解。哈默本人有过一个定义，即企业集合各种"原料"，制造出顾客所需产品的一系列活动。显然，流程具有目的性，是由一系列相关的、按时间顺序排列的活动组成。

从海尔的发展历程来看，不论是业务流程再造、OEC 管理、6S 大脚印还是 SST 标准、"三零"目标，用一句话来总结，就是企业的活力源自于创新。企业发展的关键并不在于资金和设备，而是在于思想和观念。只有进行观念创新、管理创新、战略创新，才能使企业焕发活力。

我们看到，海尔有三只眼。一只眼盯住内部的员工。员工的创造力是企业最有价值的资产，那么如何让员工充分地"动起来"？就是引入"市场链"的机制，把外部的竞争环境转移到企业内部来。把每一个环节变成相互依托的市场，每一个人不再对上级负责，而是对市场负责，每一个人都成为一个经理、一个老板。这样就变成了自我经营、自我控制，自觉地把提高效率、降本增效落实到实处。员工也把自身价值充分体现了出来，环环相扣的"市场链"最终激发了整个企业的活力。另一只眼盯住了外部市场，力求达到用户满意最大化。企业的环境是市场，而市场的要害则是消费者，海尔就紧紧地抓住了市场的要害，一切的经营管理方法和理念都是围绕着市场和消费者，巧妙地把市场的客观需求和企业发展的主观要求融合在一起。把市场融合到内部，再把内部的积极性融合到市场上去，打破企业、市场两堵墙，来实现资本的增值。第三只眼是有感于国情而发——就是要盯住政策,在大气候、大环境中抓住机遇应时而动,在战略的高度上就领先了一步。这非常值得我们学习和借鉴。

三、思考·讨论·分析

1. 什么是名牌战略?
2. 全球化战略与国际化战略有什么区别?实施全球化战略的关键是什么?实施国际化战略的关键是什么?
3. 请参考其他资料,了解海尔还有哪些行之有效的管理经验。并讨论这些经验在战略实施中的特点和作用。

案例4-3 通用电气公司的战略实施

一、案例介绍

通用电气公司是美国最大的电器公司。该公司拥有职工近40万人,制造、销售和维修的产品约13万种,其中包括飞机引擎、核反应堆、医疗器械、塑料和家用电器等,业务范围遍及144个国家和地区。1978年,公司的销售额约达200亿美元,利润超过了10亿美元,其中40%来自国际市场。

由于通用电气公司的规模越来越大,产品的种类越来越多样化,公司在经营管理上,面临着以下几个关键问题:一是冒一定风险使利润迅速增长,还是使利润持续不断地低速增长?二是需要一个分权式的组织机构以保持组织上的灵活性,还是建立一个集权式的组织机构以加强对整个公司的控制?三是如何对付环境、技术和国际等方面的新挑战?经过研究,公司选择了利润高速增长的经营战略,这意味着即使在经济下降时期,也要使利润持续不断地增长。为了做到这一点,该公司在业务上保持了多种经营的方式,以抵消经济危机对某些业务的影响。为此又需要一个分权的组织机构,以促使下属各单位不断地改进经营管理并使利润增长。但是,怎样管理这样一个机构,并对付来自环境、政治、经济、技术和国际上的各种挑战呢?通用电气公司的答案是需要制定战略性计划。

通用电气公司管理制度的演变大体经过了三个阶段:

第一阶段是20世纪60年代的分权时期,促进了该公司的增长和经营的多样化。

第二阶段 20 世纪 70 年代的战略计划的制定，使公司扩大了规模，增加了产品的种类并使利润持续不断地增长。而战略计划的重点就是建立战略计划经营单位，以及把各下属单位的战略需要和整个公司的财源分配战略结合起来。

第三阶段是 20 世纪 80 年代即战略经营管理时期。在 60 年代，通用电气公司有一个高度分权的利润中心结构。这种结构共分 4 层，最下层是事业部共有 175 个，每个事业部都有一个利润中心。这些事业部由几个部管辖，45 个部由十个大组管辖，这十个大组形成高管理层，它们向公司最高办公室报告工作。最下层的部门的销售额，一般不超过 5000 万~6000 万美元，如果超过这个限制，这个事业部就分为两个事业部。当时，通用电气公司占统治地位的管理哲学是限制幅度，这个幅度要"小到一个人足以管理的来的程度"。这套高度分权的利润中心结构，在 60 年代大大促进了公司的发展。

随后通用电气公司碰到了几个新问题，即公司的销售额大幅度增长了，但每股的红利并没有随之增长，与此同时，公司的投资报酬率也下降了。

出现这种情况的原因，一是由于事业部数目的猛增，事业部之间在竞相使用各种资源时发生了重复的努力；二是在 20 世纪 60 年代的繁荣时期，没有对公司各下属企业的前途进行充分的比较就进行投资，而实际上并非所有下属企业都需要投资。有些企业应该尽力使其利润不断增长。但由于这些企业可能在将来被淘汰，因此，不需要大量投资，而另一些企业因为很有发展前途，则应为其今后的发展需要大量投资。

鉴于上述情况，通用电气公司开始改革。从 20 世纪 70 年代初期开始，公司开始制定战略性计划，并建立了一套制定战略性计划的机构、程序和原则。

从组织机构上来说，通用电气公司在传统的事业部和大组的机构上，又建立了一种制定计划的机构——战略（计划）经营单位。这些经营单位的规模不一，大多数部门都可成为战略经营单位。在全公司共建立了 7 个战略（计划）经营单位。从某种意义上来说，一个战略经营单位，必须有一致的业务、相同的竞争对象；有市场共同点以及所有的主要业务职能（制造、设计、财务和经销），所有这些都由战略（计划）经营单位的经理负责。在建立了战略经营单位之后，通用电气公司就形成了双重结构和双重任务，即新建的战略（计划）经营单位是计划机构，其职责是制定战略，原有的组织机构的任务是执行战略。例如，公司的大型蒸汽轮机部是一个庞大的组织，其年销售额近十亿美元。此外，公司还有一个燃气轮机部，其规模为前者的一半。虽然这两个部都很庞大，但都不是计划部门或战略（计划）经营单位。计划的制定工作是在统辖这两个部（以及其他部）的轮机业务大组一级进行，也就是说，这个轮机业务大组是个战略（计划）经营单位。这个大组的战略思想，是向全世界的工业和公用事业用户提供轮机设备。大型蒸汽轮机的功率高，而燃气轮机的特点是灵活，将两者包括在一个战略（计划）经营单位之内，就可使它们相辅相成，而不是相互竞争。

这种把生产组织和计划机构分开的思想，也应用在其他方面。例如，生产食品加工设备、电子元件和特种变压器的各个部和事业部被列入一个工业零件大组，但在这些产品之间并没有战略上的共同点。每个部和事业部都在它独特的领域内进行生产，每个部和事业部都是一个战略（计划）经营单位，并制定自己的战略性计划。但是，将这些部和事业部划进工业零件大组的目的，是为了便于在生产上进行控制。

制定战略计划的程序，主要是靠一步一步地进行分析。例如，当观察外界环境时，通用电气公司考虑到社会、经济、政治和技术发展趋势，在过去和将来如何影响市场、顾客、竞争对手和供应商，并由此可找出发展机会和对公司的威胁。当分析到本公司的资源时，应考虑到本公司酝酿、设计、生产、销售、资金和管理等方面的能力，由此可以找出本公司的强点和弱点。当分析到企业目标时，应考虑到公司股东、顾客、雇员、供应商、政府和社会的期望，并辨别出每一个因素如何引导或限制着企业的发展。总之，这个过程所强调的是进行全面的分析，在分析时将一切因素都考虑进去。该公司认为，经过这种分析，就会出现非常有效的战略。

制定战略计划过程中的各个分析步骤，也使通用电气公司找到了发展业务和进行多样化生产的机会。通用电气公司下属的战略经营单位下决心兼并了麦考拉广播公司，这使得通用电气公司在广播和可视电报方面有了新的市场。公司之所以如此快地进行这次兼并，是由于通过战略性的分析，预计到在这方面有发展机会。

同样，对犹他国际公司的兼并，也是出自战略上的考虑。这次兼并使得通用电气公司加强了自己在能源和工业原料供应方面的地位。

在采用了上述制定战略计划的程序之后，还需要规定一些共同遵守的原则，以保证计划的制定。这些原则可以从以下几个方面加以说明：

（1）所有管理人员都要参加战略计划的制定和学习。通用电气公司的320名高级管理人员，要集中4天时间研究和制定战略计划。428名未来的计划人员，要集中用2天时间全部完成战略计划的制定工作。全公司1万名各级经理人员，用一天的时间来接受了解战略计划的视听训练。公司认为，这种时间代价虽然大，但却是成功的关键。

（2）制定计划时间表，以便对各种战略计划进行检查，并通过预算对不同的发展机会分配公司的资源。对战略计划的审查是为了使其付诸实施，通过预算对不同的发展机会分配资源，是为了从物质上保证战略性计划的实施。

（3）用投资矩阵图（又称业务屏幕）来表明投资的轻重缓急。每年通用电气公司都用上述矩阵安排自己的投资。战略经营单位用顶上的横轴估价工业的吸引力，用边上的纵轴来估价自己的企业在该行业中的竞争力量。对投资增长类的企业在投资时予以优先照顾，对选择增长类的企业（即还有一定发展前途的企业）在投资时排在第二位。而对选择盈利类则要求它们在投资同利润之间保持平衡，对业务萎缩类的企业，则逐渐撤回投资。

针对战略经营单位的经理人员实行奖励制度。对于战略经营单位经理人员的考核，主要是看这些经理人员对通用电气公司的全面贡献如何。对投资增长类的企业经理人员来说，当他们的行动和计划能为全公司带来长远利益时，就会得到更多的奖励。而对于业务萎缩类企业的经理人员来说，奖励的多少主要是看这些经理人员能否在短期内为公司赚到更多的利润。把奖励与战略性的任务联系起来，有助于克服那种不顾企业本身的实际潜力而使业务盲目增长的倾向。

通用电气公司在 20 世纪 70 年代制定战略计划所取得的成功，促使公司走向 80 年代的战略性管理。

为了应付迅速变化的外界环境，公司将保留计划机构和生产组织这种双重结构。为了应付日益扩大的规模，公司建立了一个新的管理层——大部。这个管理层介于公司执行办公室和每个单独的战略经营单位之间。全公司共分 6 个大部，即消费品和服务大部、工业产品和零件大部、动力系统大部、国际部、技术系统和材料大部和犹他国际公司。其中规模最小的犹他国际公司，年销售额约为 20 亿美元，其他大部有些年销售额超过 40 亿美元。大部的经理人员对下属各战略经营单位的经营好坏负有责任。大部经理人员负有审查下属各战略经营单位的战略的责任，并负责制定大部战略。大部的战略不仅包括向各战略单位分配资源，而且还要在各战略经营单位所主管的业务范围之外制定业务发展计划。为了处理更加复杂的业务，公司已将原来在一个管理层制定战略性计划的做法扩大到若干管理层制定战略性计划，甚至在不同的业务之间制定战略性计划。现在公司除有 40~50 个战略（计划）经营单位的计划之外，还有 6 个大部的战略性计划和 1 个全公司的战略性计划。这些上层计划不是下层计划简单的综合。每个管理层的计划都有不同的范围。例如，如果整个公司的增长指标要快于国民生产总值，那么，消费品和服务大部的增长指标就应该快于国民生产总值中的消费品部门，生产电视机的战略经营单位的增长指标，就应该快于整个电视工业。公司用以下例子来说明，在不同的范围内如何增添价值：在业务发展战略中，生产电视机的企业以考虑将业务深入邻近的视听设备领域；消费品和服务大部可考虑将业务伸入旅游服务领域，而整个公司可以考虑把多样化的经营发展到农业领域。新增添的价值和统一的指标，这三者是制定多层次战略性计划的中心思想，也是在统一的指标下进行分权管理的中心思想。

处理复杂业务的第二个办法，是在多种业务之间制定战略性计划，其形式之一是制定资源计划。在公司和大部一级，公司对各种不同业务部门的职能——财务、人事、技术、生产和销售等进行观察，以求找出节省资源的方法。例如，公司的工业产品和零件大部准备帮助其下属的战略经营单位启用和训练电子工程师。因为大部认为，整个大部总比每个下属的战略（计划）经营单位，有更多的网罗人才的机会。又如，在主要家用电器大组里，建立了1个"超级采购队伍"，这个队伍负有为整个消费品和服务大部中各战略经营单位采购物资的责任。再如，工业销售部是一支重要的销售力量，30个产品事业部可通过这个部的销售网将自己的产品销往5000个地方。总之，根据具体情况，组织大规模的销售力量，分享实验室以及进行大规模的采购，都可行节省资源。

在各种业务之间统一计划的第三种形式是进行国际协调。通用电气公司正式将世界范围的计划协调起来，并采用一种正式的程序去进行协调。

通用电气公司认为，从20世纪60年代的分权管理发展到70年代的战略性计划的制定，又发展到80年代的战略性经营管理，由于这种管理制度的演变，适应了公司规模和经营多样化的发展，因而给公司带来了巨大利益。为了管理像通用电气公司这样规模巨大的多样化企业，公司还在继续研究新的管理方法。公司认为，管理程序、管理结构和管理制度固然重要，但同样重要的是，还需要有一批经理人员，这些处于各阶层的经理人员能够从战略上去思考问题。

（资料来源：许晓明：《企业战略管理教学案例精选》，复旦大学出版社2003年版）

二、案例分析

在企业管理方法中，传统的管理方法只传授给管理者如何进行控制。这种古典管理思想最著名的例子就是"泰罗制"和"福特生产线"。它先由高层管理者分析所需工作程序，然后再设计出连白痴也能胜任的分工规则。脱离实际工作的管理人员成为不从事生产的官僚，而部属们则像机器一样忙着装配工作。官僚制度在传统的组织管理中十分有效。它有一个明确可行的规则系统，就像一台机器，企业内每位员工就是这台机器内的零件。在大生产的初期，这种组织形态曾经非常有效，为世界各国的企业所采用。而且，公司的规模越大，组织形态越复杂，这种"科学管理"的优点就越明显。但是，企业发展也如同人的发展一样，墨守成规且不思进取是没有出路的。在过去的一百多年中，通用电气就循规蹈矩地遵循着"科学管理理论"所设计的所有程序。正像其他企业组织一样，通用电气公司也在这种气氛的熏陶下形成了自己的官僚主义，它制定了自己的管理规则和所需的纪律，并教导员工服从权威，不期望员工提供意见。

任何组织的目的都是控制。旧的通用结构是靠蛮横的权力达到控制目的的。通用组织的每个阶层，主管的主要责任就是发布和执行命令。从总裁到分部，从分部到企业主管，再逐级向下到更小的执行单位，一直到焊接工或接线员等不必指挥别人的计时员工。这种组织模式最大的优点是简洁。正式的组织结构创造出明确的指挥链，使企业能够被充分掌握。但是，它的副作用通常也非常明显，也会影响到员工的态度和行为。人们学会只做交代给他的事情，不会主动地多做。他们避免和上司冲突，逃避责任，强迫他们的上司为他们自己可以决定的事情签名背书。在情感上，这种结构就像学校一样死气沉沉，上司就是发号施令的老师，而部属就像课堂上乖乖听话的小学生。

通用电气锐意创新、打破了公司传统的官僚组织结构，倡导以人为本的管理，让企业员工充分发挥创意，以适应迅速变化的世界，面对市场需求的变化，公司还果断地调整了公司的产业结构，迈出了近百年来最革命性的一步，使之成为当今世界上在电气科技领域最具竞争实力的大公司之一。通用电气公司的改革主要由两部分组成：一是改革企业内部管理机制以提高工作效率的组织战略；二是力求在全球竞争中保持领先地位的市场战略。

三、思考·讨论·分析

1. 你认为在20世纪90年代，通用电气公司的首要任务是什么？
2. 分权式的组织机构有很大的灵活性，但会造成公司管理松散，你认为应如何协调这个矛盾？
3. 试述通用电气公司战略计划的制定和实施过程。

案例4-4 康佳"驰名之路"

一、案例介绍

康佳的前身是光明华侨电工厂,与港商合资之初,他们就有一个信念:要开发自己的产品,创出自己的牌子。引进资金、技术、设备和管理,是为创造自己的品牌服务。1982年5月,当第一台收录机开发出来后,他们没用港方的品牌,而是注册了一个响亮的新名字:康佳!如今,康佳集团依靠自己的品牌效应,已使自己原本不足百人的来料加工小厂,发展成为一家年销售收入达50亿元,综合产量303万台的大型骨干企业集团,被列入国家300家重点企业集团。在"全国500家最大工业企业"排名中列第92位,在1997年"全国电子工业百强"排名居第四位,被评为中国"十佳上市公司","全国十大最佳合资企业"。1990年10月,康佳彩电就摘取了全国彩电行业至今的最高奖——国家优质产品银奖;1992年4月,获得西班牙"第二届国际领先企业奖";康佳创建至今,奇迹般地创造了20多个全国第一,已为国家赚回了130个康佳。

为了更好地利用"康佳"牌子创效益,他们在努力使康佳(KONKA)成为消费者中叫得响的名牌的同时,及时做好商标注册工作。目前,康佳国内核准注册的商标分8类共58个,从而全方位地保护商标专用权。他们还适时注册、使用康佳二级商标,在康佳总商标下,将彩电、音响、通信产品分别冠以"彩霸"、"劲力"、"好运通"等二级商标,以适应不同系列、不同品种的多元化产品结构。1995年,康佳集团向国家商标总局申报了马德里国际商标注册,注册领土延伸达22个国家。另外,还单独在英国、南非、泰国、越南、老挝5个国家注册,使康佳商标保护范围扩展至世界各地。

康佳集团总经理陈伟荣说:"企业想在商海中破浪远航,质量之船必须坚实,名牌之帆才能高。"公司将"忽视质量等于自杀和犯罪"、"制造质量不高的产品无异于抢劫"的醒目标语张挂在员工打卡通道上,让全体员工每天上下班都目诵一遍,使质量意识深入人心,警钟长鸣。他们把产品质量、工作质量、服务质量和人员素质紧密结合起来,创造了"全员、全企业、全过程、全系统、全天候"的"五全"质保体系,编写了特区企业第一本《质量管理手册》,使企业从设计、生产到服务等各项质量活动都处于受控状态。同时,他们把质量关口前移到配件企业的生产环节中去,以保证终端产品的高质量。

1992年年底，康佳一次性通过了国际质量权威认证机构DNV和国际认证的联合认证，成为全国首家获得ISO9001证书的电视生产企业。这不仅标志着我国的彩电行业质量管理上了一个新台阶，而且表明了康佳在与国际先进企业管理接轨上再次发挥了"领头羊"的作用。之后，康佳集团在1994年实施了"循环质量整改"，1995年开展了"质量提高年"活动，1996年开展了"质量腾飞年"活动，使公司的质量管理和产品质量，年年上新台阶。由于不懈地坚持"质量第一"的宗旨，康佳产品先后获得美国UL、加拿大CSA、德国FTZ、英国BS、澳大利亚SAA等标准认证，彩电免检进入国际市场，年均出口彩电约占全国出口彩电总额的1/5。在国内市场，康佳产品成为国货精品一族，连续5年被评为最受消费者欢迎商品和中国消费者协会推荐商品。

与此同时，康佳集团决策层始终把搞好售后服务工作放到"参与市场第二次竞争"的高度来认识，实施"顾客满意工程"，"康佳产品达四方，售后服务到府上"，这是康佳集团向1900万用户做出的郑重承诺。康佳集团在总部建立了高效、有序的售后服务中心，对用户的来电、来信、来访、邮购服务、委托维修等业务全部实行电脑化管理。并建立了遍及全国29个省、市、自治区的34个售后服务站和3100多个特约维修点，确保每个康佳用户能及时得到优质便捷的服务。

争创名牌需要有强大的科技开发实力作后盾。1987年年底，靠来料加工起家的康佳才得到国家的批准，成为国内57个彩电定点生产厂家。

先天不足后天补。康佳人说，不怕起步晚，就怕起步低。他们自己提出目标："领先国内，赶超世界！"

从20世纪90年代起，康佳每年以20%的速度更新仪器、设备，在20多条生产线上，引进各种先进设备达2000多台套，其中SGI工作站、电脑插排机、国际全制式信号源系统、精密模具设计与加工中心等主要设备，都具有国际90年代先进水平。仅"八五"期间，康佳就投入技改资金8513万元，技术开发资金10880万元。

引进技术、引进设备，在康佳人看来，只是借别人的拐棍而已。唯有坚持不懈的自主开发，通过技术积累形成强势，才能学会自己走路，才能真正后来居上、迎头赶上。

把高技术的落脚点放在提高自主开发能力上，使康佳牢牢占领市场制高点，新产品更新换代始终保持国内最快水平。彩电近年流行的"画中画"技术，国内有的企业投资上亿元引进，而康佳立足自主开发，只花了500万元，以价格优势顶住了"洋货"的强大冲击，赢得了市场。1996年推出的T2988P

（29英寸）、T3488P（34英寸）大屏幕彩电，都是首次完全由国内科技人员自行开发的大屏幕彩电，均开国内之先河。近两年，康佳新产品产值率达85%以上，彩电国产化率达95%，大屏幕彩电国产化率达90%，均居国内领先地位。1994年，康佳集团被国家经贸委授予"全国工业技术开发实力百强企业"的称号。

把依靠名牌上规模与依靠规模创名牌统一起来，运用股份化体制进行规模迅速扩张来提高市场竞争力，是康佳集团近几年探索成功的发展道路。

跨入20世纪90年代，康佳提出了运用股份化体制，进行多元化经营，走外向型国际化道路的发展战略。根据这一思路，康佳集团首期投资1.2亿多元，独资兴建东莞康佳电子城，形成了生产能力3倍于深圳总部的康佳主要生产和出口基地。同时，抽调精兵强将，投入巨额财力，以合资控股的方式，北上牡丹江，建立了牡丹江康佳实业有限公司；西进西安，建立了陕西康佳电子有限公司；东联滁州，建立安徽康佳电子有限公司，均获得成功。构筑了华南—华东—东北—西北"四面出击"的生产经营格局，为康佳集团扩大生产，形成规模效益奠定了坚实的基础。康佳集团实现第一个100万台生产规模用了8年的时间，而达到第二个100万台仅用4年，时间缩短了一半。当要达到第三个100万台，康佳给自己定下的时限是两年。先期建立的牡丹江康佳实业有限公司以其生产迅速且业绩斐然，成为深资北上的成功典范。

康佳集团随着4个生产基地的建立成形，全国各地的经营机构也在不断发展壮大。目前，康佳已在全国建立33个营销分公司，使康佳在全国的经营风格日趋强劲。1996年，康佳彩电国内市场占有率从1995年的9%提高到13%，列居全国同行业第2位。

为了开拓更广泛的市场，康佳集团正确处理市场与利润的关系，把占有市场放在第一位，主动出击，巧用价格杠杆，及时启动了精品优价工程，不断推出适合城乡大众消费水平的物美价廉产品。康佳集团长期以来，坚持致力于塑造良好的企业形象，形成了导入CI、热心公益、广告宣传三驾齐驱的态势。

康佳集团股份有限公司从十几年前一家仅有百十来人的来料加工电子小作坊，发展成为中国最大电视机生产企业之一，走出了一条振兴民族工业之路。最近"康佳"成为国家工商局认定的47个中国驰名商标之一。

有"品牌"意识只是必要条件，康佳人还脚踏实地实施了名牌战略。依靠自主开发出的产品，再靠"五保"体系保证高质量商品，最终依靠完善的服务体系把商品送到用户的手中。

随着市场竞争日趋激烈，国外产品紧逼家门，康佳人意识到要保持和提高自己品牌的知名度还要靠实力、靠规模。他们把集团化发展与创名牌成功地结合在一起，取得了辉煌的成就。

（资料来源：许晓明：《企业战略管理教学案例精选》，复旦大学出版社 2003 年版）

二、案例分析

一个企业只有顺应市场的变化，顺应信息时代的新要求，及时做出战略性调整，战略业务的技术升级开辟新的业务和利润增长才能降低经营风险，保持长久生存和发展，提高综合竞争力。"康佳"不仅成了一个能生产物质产品和具有拼搏精神的企业，而且还是个出经济理论的思想型企业，达到了提升企业社会形象的目的，为企业创造出巨大的无形资产。

品牌推广并不等于巨额的广告投入。品牌推广有三个层次：第一是广告宣传。这种短期直接的商业宣传行为，一时利益很大，来得也快，但根基不牢，越来越不适应未来企业的竞争了。如"秦池"和"爱多"，凭一时之勇，花巨资夺得标王，由于没有先进的管理思想和企业文化来支撑，不可避免地走向衰落。第二是营销策划。它比广告宣传上了一个层次，但仍然是简单的商业行为，没有任何商业以外的收获。第三个层次，也就是品牌推广的最高境界，对企业文化和管理模式的宣传推广，先卖信誉，后卖产品，引起全社会的全方位的注意，建立起良好的社会公众形象。只要有了好的企业文化和管理思想，企业才能健康持久的发展，这是营销策划和广告宣传的基石。树立一个好的企业管理模式，一是政治上受益。政府会支持，包括银行贷款等一系列优惠政策。这对一个企业太重要了。二是赢得企业界的好感。许多企业愿意和这样的企业进行多方面的合作。三是社会的关注。消费者看到报纸和广播电视的大量宣传，客观上收到了广告的效果。四是宣传一个企业的文化和管理模式，更容易取信消费者。

总之，在企业面临市场份额竞争激烈的时候，资本的自我积累并不是最有效的方式，企业要善于运用资本经营的理念，以企业的品牌、技术、管理、质量等优势地位作依托，采用兼并、控股、参股等手段，不但能尽快提高市场占有率，而且可使企业在生产、技术、管理、营销等方面资源共享，同时也有利于资源在企业集团内部的合理配置，降低产品的成本，增强产品的竞争力。

三、思考·讨论·分析

1. 康佳集团是怎样一步步推进品牌战略实施的？
2. 康佳集团品牌战略实施成功的关键因素有哪些？这对你有什么启示？

案例4-5 虚拟经营之路：美特斯邦威演绎"空手道"

一、案例介绍

温州美特斯邦威有限公司成立于1994年，是以生产和销售休闲系列服饰为主导产品的服装企业，产品有9大系列、近1000个品种。1995年，全系统销售额500万元，到2000年销售额达5.1亿元。2001年，集团在坚持"虚拟经营"、稳步发展的基础上，全面启动品质管理工程，从品牌形象、产品设计与质量、市场拓展、销售服务和信息化管理等全过程提升管理品质，2001年销售额8.7亿元，2002年突破15亿元，2003年全系统销售额突破20亿元。美特斯邦威集团由此发展成为中国休闲服饰行业的龙头企业之一。1998年以来连续6年进入中国服装行业"产品销售收入"、"利润总额"两项指标的双百强企业名单。

从1995年5月第一家专卖店开业，到目前多家连锁专卖店分布国内市场，美特斯邦威在杭州、上海、重庆、成都、北京、温州、中山、广州、沈阳、西安成立了10家分公司及祺格服饰有限公司，拥有休闲服品牌"美特斯邦威"和高档休闲服品牌"CH'IN祺"，在广东、上海等地有200多家工厂为其定牌生产的强大生产基地，美特斯邦威走过了一条不寻常的发展之路。

1997年，美特斯邦威曾经面临几乎垮台的局面，员工走了一大半，其中一个重要原因是外部环境还不能接受其经营模式。美特斯邦威从创业初始，在温州就是一个有突出争议的企业，1995~1998年期间，大家认为这种模式就是一个皮包公司，它没有自己的生产实体，所有的生产都来自别人的企业，如果无企业帮它加工，无商店帮它开店，美特斯邦威就不存在。在缺少资金、厂房和销售渠道的情况下，如何抓住休闲装市场的巨大商机？在经历了1995~1997年最痛苦的探索期之后，到了2003年，美特斯邦威的整个系统销售额超过了20亿元。创始人周成建饱受非议的"空手道"式的"虚拟经营"模式，开始为业界所认可。下面我们看看美特斯邦威是如何进行虚拟经营的。

（一）"不走寻常"——选择虚拟经营

虚拟经营是指企业在组织上突破有形的界限，虽有生产、营销、设计、财务等功能，但企业体内却没有完整地执行这些功能的组织。企业仅保留其中具有核心能力的功能，而把非核心能力、非竞争优势的部分剥离出去，集中有限的资源从事核心业务，将非核心业务虚拟化——通过各种方式借助外力进行整合弥补，外包给擅长这些业务的协作企业。

虚拟经营源于"虚拟企业"的概念。肯尼思·普瑞斯等美国学者于1991年提出"虚拟企业"概念后，一场虚拟化浪潮随之席卷国际企业界。虚拟企业是为了快速响应某一市场机会，通过管理信息系统网络，将产品涉及的不同企业临时组成没有围墙、跨越空间约束、靠计算机网络联系、统一指挥的协作联合体。典型的"虚拟企业"当属耐克，这个全球最大的运动鞋企业没有自己的工厂，生产全部外包，财富却滚滚而来。还有鳄鱼服装、波音飞机、福特汽车、盖溶葡萄酒等大批知名品牌企业，都在虚拟经营上超常运作，实现市场不断扩张，效益不断提高。

自20世纪90年代以来，休闲服饰在中国消费者中成为消费时尚。据不完全统计，中国专业的休闲装生产厂家已达万余家，国内休闲服装品牌多达2000多个，休闲装在中国服装产业中渐居主要地位。美特斯邦威为休闲装市场的巨大发展空间所吸引，自1994年进入该市场，企业在资源有限的情况下面临着如何发展的问题。当时，美特斯邦威资金实力不足，没有自己的服装厂，而市场规模却在急剧扩大，创始人周成建孤注一掷，让别人为他定牌生产，提出以创新求发展、借助外部力量求发展的思路，从而在国内服装业率先走出了虚拟经营的路子。

虚拟经营不同于传统经营方式。企业传统经营方式倾向于"大而全"、"小而全"，往往包揽生产销售等业务的各个环节，投资大，资源分散。而虚拟经营要求企业将具有核心专长的业务与一般业务分开，集中有限的资源从事核心业务，而将非核心业务虚拟化，外包给擅长这些业务的协作企业。美国外包协会的统计表明，外包服务使企业成本减少9%，而能力和质量则上升15%。越来越多的跨国公司开始采用虚拟经营模式，外包服务市场不断扩大。相关数据显示，全球外包服务市场的年增长率为12.2%。

虚拟经营专注于附加值高的核心业务。从服装行业价值链分析，附加值高的部分主要集中在品牌、设计环节。在摸索中，美特斯邦威将核心业务确定为品牌与设计。这样，美特斯邦威通过掌握核心环节，变成对协作群体起辐射作用的管理型企业。

（二）"借鸡生蛋"——控制生产外包

美特斯邦威采用定牌生产的方式，将生产业务外包给实力雄厚的协作厂家，在短短的时间内集中资金投入到附加值高、效益明显的产品设计和品牌经营上。中国是一个服装生产大国，年生产能力可达到约70亿件，在市场竞争的冲击下，国内许多服装企业生产能力过剩，这一状况为美特斯邦威的外包带来机会。美特斯邦威决定不再进行机器设备的投资，而采取定牌生产策略，利用外力来弥补自己企业生产能力的欠缺。

美特斯邦威先后与广东、江苏和上海等地的 200 多家具有一流生产设备、管理规范的国有、集体、外资、合资服装加工厂建立了长期合作关系，为公司进行定牌生产。如果这些企业都由美特斯邦威投资的话，则需近 3 亿元。一无厂房二无设备的美特斯邦威，现在却在全国范围内拥有年产系列休闲服 2000 多万套的强大生产基地。"借鸡生蛋"使美特斯邦威节省了 3 亿元。

美特斯邦威对协作企业有严格的选择标准。质检部对候选厂家的技术、生产供应能力、管理、产品质量等进行全面考察，选择其中最好的厂家进行一段试合作期，最后确定它是否成为长期合作厂家。美特斯邦威选择的生产厂家基本是具有一流生产设备的大型服装加工厂，它们的共同特点是都通过了 ISO9000 认证，有着严格的质量管理体系，科学的管理方法。

为了确保协作厂家质量达标，美特斯邦威对原料供应和生产工厂进行了严格的筛选，并在生产过程中进行随时跟踪控制，以确保产品的高品质。如制定生产流程与企业质量检验标准，根据标准及流程对关键点进行控制；完善质量管理制度等。这些措施使得美特斯邦威的产品经国家服装质量检验中心检测评定为一等品（最高等级），中国服装协会和中国服装设计师协会授予"中国十大女装品牌"称号，2000 年，获浙江省名牌产品称号、浙江省著名商标。2002 年，美特斯邦威质量管理部门受到全国服装标准化技术委员会的邀请，参与修订国家纺织行业《男女单服装》生产及产品品质标准。

随着人民生活水平的提高，服装时尚的变化，消费者对服装产品和销售服务提出新的要求，美特斯邦威公司为适应市场变化，吸纳新的协作企业，调整原有的协作伙伴，对协作厂家实行绩效评估体系与筛选更新机制：一是由质检部与产品部、工艺中心人员组成小组对生产厂家年底绩效评估打分，确定是否继续合作；二是每月对生产厂家质量投诉情况进行排名通报、对重大的质量问题进行专题通报；三是对投诉率超过一定标准的厂家进行淘汰。

(三)"借网捕鱼"——特许经营销售网络

为了扩大销售网络，美特斯邦威决定采取特许经营策略开设连锁店，利用社会闲散资金。美特斯邦威通过契约的方式，将特许权转让给加盟店。加盟店根据区域不同分别向美特斯邦威交纳 5 万 ~35 万元的特许费。目前，美特斯邦威已拥有 900 多家专卖店，分为直营店和加盟店两种形式，直营店由各分公司直接经营管理，加盟店则由代理商负责经营，加盟店约占 80%。如果这么多家专卖店都由美特斯邦威自己来投资的话，则需要近 2 亿元。现在通过对销售网络的虚拟化，公司大大降低了销售成本和市场开拓成本，聚集了一大笔发展资金，使其有更充裕的资金投入到产品设计和品牌经营中去，公司也借此网罗了大批的营销人才。"借网捕鱼"使美特斯邦威节省资金2亿元。

不少代理商希望加盟美特斯邦威，公司从申请到开店都有一整套的考察、评审和培训制度。首先，加盟美特斯邦威的代理商，必须具备以下三个基本条件才有申请资格：一是要有良好的沟通能力，具备一定的市场运作经验和服装零售技巧；二是店铺必须是当地最繁华的首层临街铺面，营业面积不得少于80平方米；三是必须有30万~300万元人民币的投资额。具备了这三个基本条件后，客户方可向邦威公司提出加盟申请。然后公司会通过电话等方式，对客户的申请进行进一步的核实，达成初步意向后，公司拓展部才会派人前往进行实地考察。实地考察是整个过程中非常重要的一个环节，它实际上是对客户各方面条件的一个综合考察，其主要内容包括当地的经济环境、客户的基本素质、店铺的地理环境以及以后的发展潜力等。在收集准确的第一手资料后，公司工作人员会将相关资料带回总部，由公司主管领导组成的评审小组进行评审。经评审同意后，公司才会与客户签订合同协议。

加盟之后，接下来就是员工培训、店面装潢和配货了。对于店面装潢，美特斯邦威有着异常严格的要求，从其门面的形式设计、颜色搭配，到店内布局、广告宣传品的选用，等等，都必须由公司的员工进行现场指导，以期与公司的标识形象相一致。对员工的培训，是加盟店的必修课，包括人员导购、服务用语、货品培训等多个方面。对此，美特斯邦威公司有一套成形的培训课程。只有参加培训并合格的人，才有资格成为美特威邦威连锁店的员工。为了塑造邦威服饰休闲、青春、动感的形象，公司对员工的性别、年龄、外形等都做出了一定的要求。

在店铺正常运作后，公司的商务支援还提供以下的支持：一是在每季新品上市时提供新品上市的现场支援工作，并对店铺员工进行培训，使店铺能完全展示新品的气氛。二是在货品销售期中，将根据店铺实际情况提供最新的货源、货品信息，并提供更多的参考和建议，使店铺业绩更突出。三是在商品销售的季末，将根据店铺的实际库存并结合当地的消费习惯给出促销意见和建议，以便合理地优化库存结构，使店铺的运作达到最佳状态。

美特斯邦威对所有加盟连锁店实行"复制式"管理，做到"五个统一"，即统一形象、统一价格、统一宣传、统一配送、统一服务标准。公司总部成立现代化的配送中心，加强物流管理的科学化、合理化，尽量减少专卖店库存风险。还对加盟店进行包括货品管理、员工管理、服务管理、货场管理、资讯管理、形象管理等方面的培训，使其经营管理水平普遍得到提高，销售业绩显著上升。

(四) 紧抓核心业务——品牌与设计

美特斯邦威认为，服装的最大附加值就是品牌，品牌就是核心技术。美特斯邦威自创立开始，就一直在不遗余力地推进品牌战略，采取创意制胜的思路，成功地进行了许多品牌推广活动。1995年4月24日，美特斯邦威的第一家店在温州开张时，周成建打出"我做衣，你出价"的招牌，后来又用4万元买来红地毯铺满温州市马路，消费者爆满。他还花几千元做了一件十几米长的"风衣王"，引来了中央电视台东方之子的镜头。针对目标顾客群年龄在18~25岁的特点，公司不惜重金先后聘请郭富城和周杰伦担任品牌代言人，借助明星的魅力进行品牌宣传。为占领重点市场，公司在"中华第一街"上海南京路开起了4层近2000平方米的旗舰店，堪称国内服装品牌专卖店之最。此外，美特斯邦威也采用了许多常规的宣传方式，如媒体广告、参加各种服装展示会和商品交易会等。

设计是服装品牌的灵魂，美特斯邦威于1998年在上海成立了设计中心，并与法国、意大利的知名设计师开展长期合作，把握流行趋势，形成了"设计师+消费者"的独特设计理念。公司领导和设计人员每年都有1~3个月时间搞市场调查，每年两次召集各地代理商征求对产品开发的意见。在充分掌握市场信息的基础上每年开发出新款式约1000个，其中50%正式投产上市。公司还利用广东中山等5家分公司的跟踪能力，不断调整产品结构组合，强化品牌的整体形象。

(五) 信息化管理——虚拟经营成功的基础

科学管理尤其是信息化管理是虚拟经营成功的重要手段。从1996年起，美特斯邦威投入大量资金、人力，根据企业实际需求自建计算机信息网络管理系统。周成建先后分期投巨资完善网络建设，实现工厂和专卖店远程管理，形成覆盖生产、管理、销售等各个环节的ERP"信息高速公路"。不仅实现资源与信息共享，并且加快供应链上的物流速度。

现在，仅有300余人的美特斯邦威总部在40余人的计算机中心的支持下，从容地控制着全国900余家专卖店和20余家远在江苏和广东的生产工厂。通过计算机网络，信息流通速度大大加快，使总部能及时发布新货信息，全国各地的专卖店可从电脑上查看实物照片，可快速完成订货业务；能及时考核每个专卖店销售业绩，快速、全面、准确地掌握各种进、销、存数据，对于整条供应链的进、销、存数据进行经营分析，以便及时做出促销、配货、调货的经营决策。

如今在温州，虚拟经营已成为多家服装企业的首选模式，美特斯邦威也成为率先经营的范本。未来五年，服装业洗牌一触即发，周成建最大的心愿就是早日将美特斯邦威做成百年品牌。

（资料来源：林钰：《发展经济学案例集》，中国社会科学出版社 2005 年版）

二、案例分析

技术进步和知识经济的迅猛发展，使虚拟经营成为一个重要的企业运作形态。据《财富》报道，美、英、法、日等发达国家虚拟运作极为活跃，跨行业、跨地区的虚拟企业每年以 35% 的速度增长，这些虚拟经营已形成 2500 亿美元的生产规模。美国莱赫大学亚科卡研究所纳古尔预言，在 21 世纪的头 15 年中，虚拟经营将如雨后春笋般地出现在世界市场上。

美特斯邦威的虚拟经营模式告诉我们：只要企业拥有较强的核心竞争力，就可通过把自己处于弱势的职能虚拟化，借助外部资源实现优势互补，获得较大发展。另外，某一企业能够加盟虚拟企业，关键是该企业拥有较强的核心竞争力。也就是说，只有具备一定的核心竞争力，企业才能有机会组织或参与虚拟企业。因此，企业核心竞争力的培育是企业生存和发展的关键，企业应把培育和经营自己的核心竞争力作为首要任务。

核心竞争力是企业能力中那些最基本的、能使整个企业保持长期稳定甚至获得稳定超额利润的企业自组织能力，是将技能资产和运作机制有机融合的一个动态平衡系统。虚拟经营的实质是以合作求竞争。在环境巨大变化的今天，随着顾客需求的多样化、个性化；产品开发的高度技术化和复杂化；经济全球化，竞争国际化，这个系统要有能很好地实现顾客所看重的价值的能力，它必须是企业所特有并且竞争对手难以复制或跟进的能力。还应具有较强的系统延展性，能同时应用于多个不同的运行领域，使企业在较大范围内满足顾客的需要。

从案例可以看出，以加盟形式建立虚拟经营模式既灵活又能充分发挥品牌优势，但要成功，靠的是运作经验和管理联合体的有效系统。尤其是要谙熟质量管理，使产品质量和产品信誉得到保证。

由于历史及体制的原因，使我们的企业曾经一度过分崇尚"自力更生"，从而导致"大而全"、"小而全"效率低、风险高的经营格局。在全方位竞争时代到来的今天，企业怎样高效地利用自有资源，并与社会资源相融相生、互补共享，虚拟经营管理模式的兴起，为我们提供了重要的借鉴。

三、思考·讨论·分析

1. 虚拟经营与传统方式有哪些不同？采用这种方式是否可以解决发展中国家办企业资金不足的问题？

2. 什么样的企业适宜实施虚拟经营方式？选择虚拟经营方式应注意哪些问题？

3. 你认为美特斯邦威能在虚拟经营之路上取得成功的关键因素是什么？美特斯邦威的成功对你有哪些启示？

第五章 战略控制与评价

为无为，事无事，味无味。

大小多少，报怨以德。

图难于其易也，为大于其细也。天下之难作于易，天下之大作于细。

是以圣人终不为大，故能成其大。

夫轻诺必寡信，多易必多难。

是以圣人犹难之，故终于无难。

——老子：《德道经》

  战略是企业未来全局性的谋划和方略。未来不确定因素很多，变化大，战略实际运行情况和战略目标之间出现偏差，甚至出现企业危机都是正常现象。因此，对战略的实施必须进行控制。控制，一般是指将预定的目标（标准）同反馈回来的实践结果进行比较，检测偏差程度，评价其是否符合原定目标的要求，发现问题，及时采取措施处理。一个企业对其战略活动的控制是一个调节过程，具体地说，就是通过保持企业系统稳定地运行，借以实现企业战略目标的不断调节过程。

  战略控制之所以必要，是因为在战略实施过程中会出现一些问题，例如，产生与战略方案要求不符的行动，这一般是因为个人的认识、能力、掌握信息的局限性，以及个人目标和企业目标上的不一致等造成的；又如，出现战略方案的局部或整体与内外条件不符的状况，这一般是由于战略方案制定的不周全或环境发生与原来预测不同的变化。因此战略控制的目的主要有两个方面：一是为了保证战略方案的正确实施；二是为了检验、修订、优化原定战略方案。

  正确而有效的战略控制，不仅能够及时发现和纠正偏差，确保战略目标的实施，而且在一定情况下还可能提出新目标和新计划，导致组织结构以及管理方法的重大变革，等等。也就是说，战略控制既可以确保战略的顺利实施，也可导致战略的结构性调整或制定新的战略方案。具体而言，战略控制的重要作用表现在以下几点：

（一）保证战略有效实施

战略决策仅仅提供了"有所为"和"有所不为"的战略思路，不能确保战略目标成为现实。而战略控制通过对战略实施过程进行严密监控，及时发现实际情况与目标或标准之间的差异，并及时采取纠正措施，为实施既定战略目标提供了有力的保证。因此，战略控制的效果与效率直接影响战略实施的效果与效率，对战略管理的成败具有极其重要的作用。

（二）及时调整或修改既定战略

企业外部环境和内部条件是不断变化的，有效的战略控制可为战略决策提供重要的反馈信息，帮助战略管理者明确决策中的哪些内容是符合实际的、是正确的，哪些是不符合实际的、是错误的，从而及时发现问题，及时对既定战略进行必要的调整或修改。因此，战略控制对提高战略决策的适应性和水平是非常重要的。

（三）影响战略决策

企业战略控制的能力与效率是战略决策的重要制约因素，决定了战略行为能力的大小。企业战略控制的能力强、效率高，则战略管理者可以做出大胆的、风险较大的战略决策；企业战略控制的能力弱、效率低，则只能做出较为保守、谨慎的战略决策。

（四）为战略决策奠定基础

有效的战略控制还有利于总结管理经验提高管理水平，促进企业文化，加强财务管理、生产管理等基础建设，为新一轮战略管理过程的启动奠定良好的基础。

战略实施控制时应遵循的原则主要有以下五条：

（1）控制应该面向未来。企业日常控制活动的重点是按照绩效标准，调节员工的行动，以求取得较高的工作业绩，而战略控制的重点则是企业的经营方向和战略目标控制。所以，战略管理者对战略实施进行控制时应该预见未来，密切监控外部环境关键因素的变化，及时调整员工的战略行动，使之不偏离经营战略的方向和总目标。

（2）较少干预原则。在战略实施过程中的控制应当采用例外原理，无须事无巨细样样都抓。对于标准的或规范的事可以适度控制或授权控制；重点是处理非标准情景下出现的事件，抓住战略实施的关节点即战略重点。

（3）伸缩性原则。战略控制应当具有灵活性、伸缩性，控制时只要达到能确保正确的战略方向就可以了。专家研究发现，采用命令式严密控制的企业，其经济效果反而不如实施弹性控制的企业。

(4) 组织特征原则。不同的企业有不同的经营环境，相应地战略管理者和员工在战略实施中发挥的控制作用也各不相同。有的企业战略控制依赖于高层管理者的控制效率，而有的则要依赖于员工的积极性和创造性，因而员工能发挥相当高的控制效率。因此，企业要根据组织特征来决定控制方式。

(5) 经济合理原则。战略控制，不求尽善尽美，但求经济合理。因为实现理想化的最优控制不仅不可能，还会导致控制费用的急剧增长，降低控制效率。

战略控制方法主要有事前控制、事中控制和事后控制三种。

(1) 事前控制。事前控制又称前馈控制。它是指在工作成果尚未实现之前，就发现将来工作的结果可能出现的偏差，从而提前采取校正措施，使预期的偏差不致发生。但是，在一项行动的成果尚未实现前，要判断将来的结果是否会偏离标准，主要是依靠对预测因子的准确分析。

(2) 事中控制。又称开关控制，行与不行的控制，是指在战略实施过程中，按照既定的标准检查战略行动，确定行与不行，主要涉及战略运行过程中组织成员活动的控制。为了实施这个办法，可采取的控制方法有直接指挥、自我调整、过程标准化、成果标准化及共同信念五种。

(3) 事后控制。又称后馈控制，是指在企业战略实施过程中对行动的结果与希望的标准进行衡量，然后根据偏差大小及其发生的原因，对行动过程采取校正措施，以使最终结果能符合既定的标准。事后控制是目前企业中应用最广的一种控制方法。

无论是事前、事中、事后控制，都必须预先设定"里程碑"指标，以实际发生的现象、结果同预设的指标相比较来监测偏差。这一切都离不开信息系统的全过程设计。信息时代的到来使企业面临更多的竞争、更多的不确定性，也给企业带来更及时、更准确的信息监测工具与系统，以支持企业的战略决策与行动。

在企业战略评价中，最为核心的是对企业产品与市场的分析，其分析方法主要包括 BCG 矩阵法、行业—企业实力矩阵、战略与经济的整个模型及平衡记分卡。我们这里只说明 BCG 矩阵法。

BCG 矩阵法是波士顿咨询公司首创的战略选择工具，又称为"波士顿增长—份额矩阵"。波士顿咨询公司假定，除最小、最简单的企业外，一般的企业都由两个以上的经营单位所组成，这些单位各有不同的产品和市场，所以必须就每个经营单位分别选择所应采用的战略。两个以上的经营单位，称为经营组合，而经营组合就是指为经营组合内的每一单位分别制定战略。为每个经营单位选择战略，主要依据下列两个因素或变量：该单位的相对市场份额和该单位的业务（市场）增长率。二者分别按以下公式计算：

$$产品的相对市场份额 = 本企业某种产品的市场份额 \div 最大竞争对手的该种产品的市场份额 \times 100\%$$

$$产品的业务（市场）增长率 = 市场销售总量 \div 该产品上年度市场销售总量 \times 100\%。$$

相对市场份额这个因素能够比较准确地反映企业在市场上的竞争地位和实力（优势或劣势），也能在一定程度上反映其盈利能力，因为较高的市场份额一般会带来较多的利润和现金流量。业务（市场）增长率反映产品处于其寿命周期的某个阶段，即其市场潜在的机会或威胁。这有双重作用：一是反映市场机会和扩大市场份额的可能性大小，如增长缓慢，则难以扩大市场；二是决定投资机会大小，如增长快，则为迅速收回投资、支付投资收益提供了机会。将上述两个因素分为高低两个档次，就可绘出一个四象限矩阵四种类型经营单位。详见图 5-1 经营组合示意图（波士顿增长份额矩阵）。图中 4 个象限代表 4 种类型的经营单位，通过分析，可以为它们选择适当的战略：

(1) 问题单位。这些单位的业务增长率高，表明市场前景美好，有发展的机会。但其市场份额低，表明实力不强，获利甚微，要加以发展，必须大量追加投资。然而，企业可用于投资的资金总是有限的，往往不能使所有的问题单位都得到发展。因此，对幼童单位要一分为二。对它们中确有发展前途的应采用发展型战略，追加投资，增强其竞争地位，使之转变成明星单位；其余的就只好割爱，采取紧缩战略。

(2) 明星单位。这些单位的相对市场份额高，反映企业竞争实力强，有优势；而业务增长率也高，反映市场前景美好，有进一步发展的机会，因此，应当发挥优势去抓住机会。对这些单位应选择发展型战略，使之成长壮大。这样做可能还需要向它们追加投资，应尽力予以满足。当这些单位日后的业务增长率下降时，它们就将变成金牛单位。

(3) 金牛单位。这些单位的相对市场份额高，反映企业竞争地位强，有优势；但其业务增长率已不高，表明市场前景不妙，不宜再增加投资去扩张。对它们比较适合采用稳定型战略，即维持现状，尽量保持其现有的市场，而将其创造的利润抽出来，拿去满足明星单位和一部分问题单位发展、扩张的需要。

(4) 瘦狗单位。这些单位的市场份额和业务增长率都较低，表明既无多大实力，又无发展前景，再去追加投资已不合算。比较适宜的战略是维持现状的抽资战略，也可以放弃（清算）。

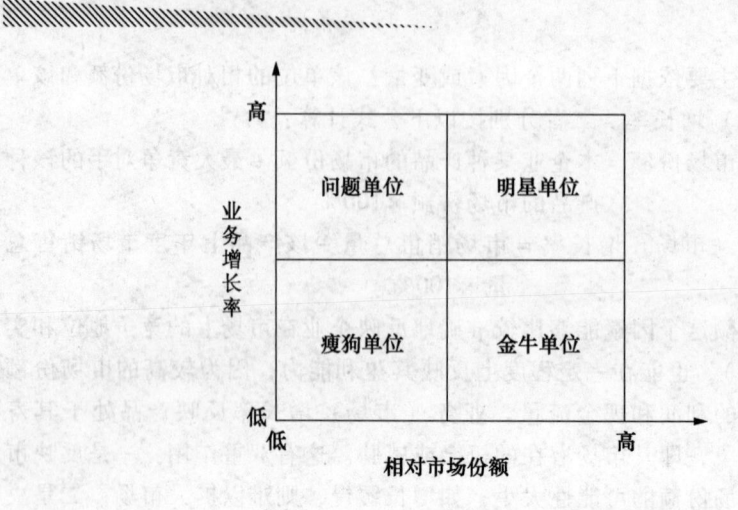

```
         高 ┌──────────┬──────────┐
            │          │          │
   业       │  问题单位 │  明星单位 │
   务       │          │          │
   增       ├──────────┼──────────┤
   长       │          │          │
   率       │  瘦狗单位 │  金牛单位 │
            │          │          │
         低 └──────────┴──────────┘
            低                    高
                   相对市场份额
```

图 5-1 经营组合示意图（波士顿增长份额矩阵）

案例 5-1 摩托罗拉：敢问路在何方？

一、案例介绍

过去多少年来，美国技术公司（Ameritech）的无线电话都是由摩托罗拉公司提供的。可是，随着新的数字时代的来临，它们间的某个环节开始出了点差错：摩托罗拉尚未做好迎接这一时代的准备。因此，美国技术公司把订单抛给了圣迭戈市成立不久的高通公司（Qualcomm）。自1997年夏天起，由高通向美国技术公司提供它所需要的数字电话。美国技术公司手机分部的产品营销主管马克·巴尼特说："我们不可能放弃已制定的战略和做好的业务计划，因此，我们只有和那些有准备的公司打交道。"

这种事并非第一次，也绝不是最后一次。如果那样倒没什么可说的了。可事情的真相是，曾凭其尖端技术、优异质量在世界独领风骚的摩托罗拉，近来慢慢地开始走下坡路。过去，它生产的无线电收发设备、手机、寻呼机和电脑芯片曾领导了无数潮流，可现在，它却不得不追赶别人的脚步。更有甚者，它生产的设备并非都是合格产品。据赫谢尔·肖斯泰克公司（Herschel shosteck）资料显示，摩托罗拉在1994年占有美国无线电话市场的60%，而目前这一数字已经变成了34%。

摩托罗拉的无线设备制造业务也没有什么起色。在一些关键的美国市场上，朗讯技术公司（Lucent）和加拿大北方电讯公司（Northern Telecom）已经抢占了摩托罗拉的地盘。当然，摩托罗拉自己也有责任，谁让它的产品不过关呢？不过，屋漏偏逢连阴雨，摩托罗拉自己的麻烦还没解决好，外部的大环境又出了问题，整个半导体行业以及寻呼行业现在都不景气，而亚洲爆发的危机更是雪上加霜。没办法，摩托罗拉虽然几年前还一直高速增长，风光得不行，现在也只有独饮苦酒了。先看它的收入：1993～1995年间，收入的平均增长率是27%，而在近两年却只有5%，因此，1997年摩托罗拉的总收入只有298亿美元。它的利润情况更糟：1997年的利润只有12亿美元，比1995年降低了33%，而且1998年很有可能再跌25%。它近3年给股东的回报平均还不到1%，这和前几年的54%简直不可同日而语。偶尔替摩托罗拉做咨询工作的利哈伊（Lehigh）大学史蒂文·戈德曼教授说："这真是让人难以置信，就在六七年前，摩托罗拉还是世界一流的公司。可现在，人们谈论的都是诺基亚和爱立信，以及它们如何抢了摩托罗拉饭碗的故事。"

对摩托罗拉来说，更承受不起的是辛辛苦苦建立起来的良好信誉也受到了影响。摩托罗拉曾获得过1988年马尔科姆·鲍德里奇质量管理奖（Malcolm Baldrige Quality Award），它还坚持每次经理人员会议都要把质量提高的案例作为第一项内容，但就是这个公司，现在开始听到了顾客不绝于耳的抱怨。在1998年3月摩托罗拉又受到一个沉重的打击：它失去了一笔价值5亿美元的合同。对方Prime Co个人通讯公司主营无线电话业务，它埋怨摩托罗拉的设备不时地掉机，让顾客没法打电话。摩托罗拉承认公司近年来问题层出不穷，可它坚信未来将是一片光明。公司首席执行官克利斯托弗·高尔文对此不予置评，但他身边的那些经理们说，高尔文已经制定了一个15%～20%的收入增长目标。尽管公司现在有种种困难，他还是希望在一两年内达到这个目标。高尔文认为，摩托罗拉所处的行业将会以15%的年率增长，而对新市场的拓展则会锦上添花。公司的执行副总裁默尔·古尔摩说："近几年的业绩是不太让人满意。但看看过去就知道，及时更改主营业务是我们的拿手好戏……我们希望现在能再次做到这一点。"

卫星通信是个新兴的极富潜力的市场。在这方面，摩托罗拉有自己的"铱"计划，这是它的重头戏。在4月30日，它把该计划所需的66颗卫星中的最后两颗送上了天。预计要到今年9月，摩托罗拉才能用这些卫星开始提供新式的语音和寻呼业务。大屈证券公司（Chase Secuities）认为，摩托罗拉拥有17.7%股份的"铱"计划，到20世纪末时将带来26亿美元的收入。"铱"计划负责人爱德华·斯泰诺对自己的工作非常自豪，他说："如果你用的是我们的产品,那么在地球的任何一个角落,你都能打电话,而别人也能毫不费力地和你联系上。"摩托罗拉在"铱"计划中投入了63亿美元,它从中学到的在卫星行业的一些经验将有助于开展以后的业务。

毋庸置疑的是,摩托罗拉仍旧是一支不可低估的力量。虽然它的市场份额在逐步减少,顾客也开始抱怨不休,它还是占据了手机产量世界第一的宝座,在无线通信设备方面,它的地位也是举足轻重的。在海外地区,它是主要的数字电话制造商。在手机行业,摩托罗拉仍是最受欢迎的品牌。虽然有众多电话公司对摩托罗拉最近的产品表示不满,但它们几乎都毫不例外地说,它们之所以这么做,是因为急需这些产品。大西洋贝尔移动通信公司(Bell Atlantic)首席执行官丹尼斯·斯特里格说:"我们希望他们能早日回到正轨上。"

但兵贵神速。摩托罗拉创始人的第二代接班人,现年48岁的高尔文正废寝忘食地工作,力争止住公司市场份额下滑的势头,重塑摩托罗拉以往那种世界一流产品制造商的形象。高尔文自1997年初走马上任以来,已经更换了公司无线电话和无线设备业务的主管,并在每个关键部门都安插了高级官员。高尔文同时还对现在的公司文化有许多看法,他认为,这一文化容易让员工自高自大,并过分注重技术人员的意见,而且它对内部竞争的提倡似乎也有些过头。为了让各部门能更好地合作,高尔文在高级管理人员的薪水上做起了文章。他决定,他们的报酬不再取决于各自部门的效益,而要同整个公司的业绩挂钩。同时,他还要求销售队伍必须向顾客提供更好的服务。现在,摩托罗拉正同美国电话电报公司的无线技术支持部门合作开发新型的数字电话。美国电话电报公司的一位经理说:"他们竟然肯倾听我们的意见,这在以前是不可想象的。"

高尔文虽然上任没多久,却已经在对公司动第二次大手术。他的最终目标是把公司的业务集中到三大集团中,其中的通信集团将把过去的手机、无线设备、双向无线通信、寻呼机和电话调制解调器业务合在一起。此举将确保通信业务部门能协调各自的经营计划,共享各自的创意,并能大量减少开发成本。

但要改变摩托罗拉的"部门竞争"文化,恐非一日之功。近些年来,摩托罗拉各部门的主管都成了说一不二的角色,和其他部门竞争还是合作全凭他们一句话。不可否认,这种企业文化有其长处,摩托罗拉的手机通信部门吃掉同一公司的双向无线通信部门就很好地证明了这一点,这两个部门在合并后很快地发展壮大,业务比合并前有了很大提高,可在最近一段时期,摩托罗拉内部各部门的明争暗斗使整个公司的发展乱作一团。半导体分部不肯制造其他部门需要的芯片。两年前,无线设备分部就生产出了数字化设备,可无线电话分部却直到现在才造出配套的数字电话。

高尔文所做的种种努力给公司重返正轨带来了巨大的希望。他已经指定老朋友、曾先后负责摩托罗拉欧亚非各洲业务的吉尔摩掌管新成立的通信集团。吉尔摩说:"当务之急是摩托罗拉的顾客服务质量能更上一层楼。"

摩托罗拉的发展真能如他所愿吗?如果高尔文能进行一系列大刀阔斧的改革,摩托罗拉还大有可为。高尔文现在的当务之急是考虑如何处置公司的无线设备部门,他必须决定是将它卖掉还是购入哪家电话交换机制造商来撑起局面。他的另一重任就是对摩托罗拉的公司文化动大手术,让公司的管理人员学会倾听顾客的要求,而不是对他们指手画脚。

人们不禁要问:一度世界领先的摩托罗拉怎么会迷失方向呢?它曾因大举开拓海外市场而获得"美国武士"的响亮称号,现在怎么会被欧洲的跨国公司和美国的新兴企业逼得走投无路呢?为此,采访了摩托罗拉的一些现任及前任经理,也采访了它的顾客、竞争对于及分析专家,最终得到的是一幅不和谐的画面,它表明了摩托罗拉是如何走上了下坡路的。

摩托罗拉的教训给大家敲响了警钟。它以其自身的经历,说明一个公司如何在攀越行业顶峰之时,因陶醉于过去的成功而一落千丈。公司的内部人士说,摩托罗拉的经理们大都是些盛气凌人的家伙,他们毫不关心是否要采用最新的技术,是否要跟上变幻莫测的市场,是否要满足顾客的需要。正因为有此前因,才有了管理步骤不合拍、策略时机不当及措施执行不得力等后果。

所有这一切都要从 1995 年公司正处巅峰时说起。当时,魅力出众、风度朗朗的加利·图克还是公司的领导人。他 30 多年前就在摩托罗拉的半导体部门工作,算得上是元老级人物。而在此之前,是乔治·费舍尔担任这一职务。不过,由于费舍尔能力超群,在 1993 年被柯达聘去做了首席执行官,图克便接过了他的担子。差不多就在这个时候,摩托罗拉创始人之子、已担任公司首席执行官 27 年的罗伯持·高尔文开始征求董事会的意见,看他们是否愿意由他的儿子克里斯·高尔文子承父业,出任首席执行官。当时,克里斯还只是名高级执行副总裁。

董事会对此的回答是不,他们嫌都已 43 岁的小高尔文太嫩。可他 1973 年就在摩托罗拉的双向无线通信部门工作,后来又分别在寻呼部等几个重要的部门任过职。尽管如此,还是有些高层经理觉得他不够条件,其实追根究底,不过,是高尔文不像大部分董事那样有理科学位罢了。另一方面,大家都知道,高尔文肯定会当上首席执行官,这不过是个时间问题。摩托罗拉的一位前高级经理说:"公司里的人都清楚,权力的交接只会在家族内部进行。"

图克则同高尔文形成了鲜明的对比,他不仅是工程师,还为摩托罗拉的发展壮大立下了汗马功劳。正是他给了各部门的主管更大的权力,让他们能在自己的业务上一言九鼎。在他的领导下,摩托罗拉的无线电话业务蒸蒸日上。1994年,摩托罗拉在美国市场的占有率达到60%,把诺基亚和爱立信远远抛在后面。1995年1月,摩托罗拉公布的1994年业绩让华尔街大跌眼镜。总收入上升了31%,达到222亿美元,而利润则猛升了53%,达到16亿美元。

也正是在同一年,美国的无线电话公司开始转向数字技术。数字时代能带来许多好处,比如,可以知道通话方的身份、寻呼质量更好和短信息服务,等等。众多的电话公司都被美好的前景迷住了。

可摩托罗拉却依然我行我素,不为所动。1995年1月举行的一次会议很能说明问题。当时,美因技术公司和摩托罗拉的高级经理聚到一起,讨论即将在新奥尔良召开的手机业大型展示会。巴尼特记得自己那时是这么说的:"我需要你们在一年之内拿出数字手机。"摩托罗拉的手机部门负责人罗伯特·维斯佩尔并不在会议现场,不过,他的副手苏泽特·斯泰格尔却向巴尼特做出了保证。巴尼特回忆斯泰格尔说:"我们希望能满足你的要求。我会亲自过问这件事的。"美国电话电报公司、大西洋贝尔以及其他公司也做出了相同的承诺。

摩托罗拉公司从此就没了下文。说到这,就要先介绍一下手机的部门主管维斯佩尔。他是工程师出身,鼻子上总是架一副眼镜,在摩托罗拉已经干了24个年头。由于主管的手机业务表现出色,他赢得了很高的声望。他虽然脾气暴躁,不过和他在设计小巧时髦的电话时表现出的无与伦比的技巧比起来,这个缺点就不算什么了。

在1995年时,他认为消费者最需要的是性能更好的模拟信号电话,而不是又大又笨的数字电话。因为当时数字技术出现没多久,电话无法做得很小。据摩托罗拉手机通信集团的一位前雇员回忆说,他曾把几个高层经理叫到芝加哥的总部开了一次会。就在这次会议上,维斯佩尔对他的下属说:"你不能说4300万模拟电话用户的选择是错误的。"另一名经理对当时的情景记忆犹新:"他一意孤行,没人能让他放弃模拟电话的想法。大家被他吓得大气都不敢出。"

但维斯佩尔认为自己有王牌在手,这就是摩托罗拉在1996年1月推出的小巧玲珑的"掌中宝"。两年的时间,数百万美元总算没有白费,"掌中宝"的问世,称得上是设计史上的一个奇迹。维斯佩尔更是喜不自禁:"摩托罗拉让梦想成真。"

当然,"掌中宝"仍旧是模拟信号的,可维斯佩尔自信他在设计上的创新足以挡住技术革新的潮流。1996年夏,维斯佩尔和手下的经理又推出了一个所谓的"签名"计划。他们的想法非常简单:摩托罗拉将只向特定的电话公司提供"掌中宝",前提条件是,这些公司的手机中必须有75%以上是摩托罗拉的产品,还必须同意用单独的展厅宣传"掌中宝"的性能。维斯佩尔这么做自有他的如意算盘:像1500美元的"掌中宝"这样的高价机型卖得越多,利润就越高,而且还可以保护摩托罗拉的市场占有率,可谓一举两得。

但他没想到的是,"签名"计划在执行过程中却处处碰壁。维斯佩尔和他的手下曾专程到大西洋贝尔移动通信公司的纽约总部,向该公司的经理提出了他的计划。据大西洋贝尔公司的人回忆,维斯佩尔当时的态度就是"你们必须这么干"。贝尔公司的斯特里格可不吃这一套,维斯佩尔还没说完,他的火就上来了。他毫不客气地质问维斯佩尔:"你的意思是否是如果我们不同意,你就不在曼哈顿卖你的掌中宝了?"不过对这件事,维斯佩尔本人没发表任何看法。要指出的是,不仅是大西洋贝尔公司一家拒绝了"签名"计划,像GTE公司、贝尔南方公司等都不接受该计划,结果摩托罗拉对这几家公司的销售额马上就降下来了。

维斯佩尔对"掌中宝"的偏爱只是造成摩托罗拉在数字技术上的致命延误的原因之一。很早以前,摩托罗拉曾想过购买对手高通公司的半导体,以便能早日进入数字时代。可维斯佩尔认为,高通的要价太离谱,因此他就不再购买高通的产品,转为独自开发芯片。结果,开发一拖就是两年,花掉了好几百万美元不说,还使摩托罗拉公司错失了良机。

而在这一段时间内,各电话公司虽然没摩托罗拉的电话可用,照样开展了数字业务。1997年2月,美国技术公司的巴尼特再度找到了斯泰格尔,这距他第一次来此已整整两年过去了。他问:"我们现在要发订单了,你们有货吗?"可惜他还是没有。迫于无奈,美国技术公司只好找高通买电话了。

1997年年初上任的新首席执行官克里斯·高尔文对此几乎是忍无可忍。摩托罗拉的对手诺基亚和高通公司已经抢走了它很大的一部分市场,给了它沉痛的一击。在总部举行的一次气氛紧张的会议上,高尔文希望有人能向他解释,为何移动电话部门没早点拿出数字电话。在此之前,类似的问题都快把维斯佩尔的耳朵磨起茧子了,他再也无法忍受下去。据当时参加会议的人说,他在会上开了个玩笑,说早把高通买下来就好了。1997年8月,维斯佩尔辞职离开了摩托罗拉。

其实,摩托罗拉早已经有了制造数字电话的计划。不过,说起来容易做起来难。在美国共有三种互不相容的数字通讯标准。其中应用最广的是码分多址技术（CDMA），它能提供6倍于模拟技术的通信容量，在美国的市场占有率达到50%。另一选择便是时分多址技术（TDMA），它的容量是模拟的3倍，占有市场的1/4。第三个标准是移动通信全球标准（GSM），它的容量是模拟技术的2~3倍，同样占有美国1/4的市场，此外它还是欧洲看好的技术。

摩托罗拉首先发展的是GSM技术，并成为美国及海外GSM手机的大型供应商。不过在另外两种技术上它却进展缓慢。摩托罗拉移动电话部门的营销副总裁詹姆斯·凯勒说："我们低估了市场对这些产品的需求，这让我们处于非常尴尬的境地。"

无论从哪个角度来说，摩托罗拉的无线设备部门都应该感到惭愧。早在1995年，公司就在大张旗鼓地开发数字产品，不过他们生产的所有芯片都是CDMA的。为此，摩托罗拉失去了美国市场的半壁江山。据该公司一位前经理讲，摩托罗拉那时也在开发TDMA设备，不过最终还是放弃了TDMA，全面转向了CDMA。想起往事，当年在摩托罗拉工作过的一名工程师不禁长叹一声："我们那时走在所有人的前面。"对放弃TDMA技术，摩托罗拉的解释是，它认为自己和TDMA电话公司的关系不够硬，就算造出来电话，可能也得不到订单。不过不可否认，摩托罗拉在CDMA上也打了几次漂亮仗。1995年9月，Prime Co公司请求摩托罗拉帮它建设国内电话网络。根据设备供应合同，到1997年时，摩托罗拉总共能得到50亿美元。

在摩托罗拉四处签合同之际，它还要注意其无线设备业务中的薄弱环节：电话交换机。交换机在某种程度上也可以看做是台电脑，在比老式模拟系统需要更多智能的数字电话网络中，它的地位是至关重要的。没有交换机，所有的新式服务不过是一句空话。摩托罗拉虽然是基站——即在无线波段上接受发送手机声音的设备——方面的老大，可它却不生产交换机。而朗讯、北方电讯等电话公司供应商两者都造，因而他们可以向顾客提供一体化的电话网络。

从1984~1995年，摩托罗拉几乎用十年的时间寻找一个强大的交换机生产伙伴。最初它同得克萨斯州的DSC通讯公司签了合同，将双方的产品共同推向市场。可从1990年起，摩托罗拉的四个大客户——GTE公司、南方贝尔公司、贝尔南方公司和Metro One通讯公司——就不停地抱怨他们的交换机容量不足。迫不得已，摩托罗拉在1992年又同加拿大的北方电讯公司结成了联盟。可由于双方同时也是竞争对手，许多地方都有分歧，因此两年后他们就不欢而散了。摩托罗拉只好再度和DSC公司联手，不过有时它也采用西门子和阿尔卡特（Alcatel Alsthom）的产品。

但问题仍旧存在。1996年初，备受盗打手机之苦的大西洋贝尔公司询问朗讯和摩托罗拉两家设备制造商对此有无良策。3个月后，朗讯就拿出了新的产品，由于和交换机有关系，过了一年多，摩托罗拉的产品才出来，不过大西洋贝尔仍不满意。于是斯特里格就把康涅狄格州的设备供应商从摩托罗拉换成了朗讯。他说："我们首先考虑的是朗讯能很快做出答复，而摩托罗拉却只说不做，我再也不相信他们说的话了。"

对摩托罗拉来说，这不过是它厄运的开始。1996年下半年，Prime Co公司的用户开始抱怨摩托罗拉的系统时不时死机，短时有半小时，长时则有两个小时。Prime Co公司向摩托罗拉反映了这个情况，可摩托罗拉忙活了几个月仍是无功而返。Prime Co公司别无选择，也找来了朗讯。

拥有Prime Co公司一半股份的Air Touch通讯公司在洛杉矶地区也常遇到电话掉线问题，它用的也是摩托罗拉的设备。Air Touch的发言人拒绝评论是否还会让摩托罗拉当设备供应商。不过，数字设备上的毛病让摩托罗拉付出了巨大代价：Yankee集团的资料称，在美国1996年数字设备市场上，摩托罗拉只占13%，而朗讯则占38%。

尽管麻烦一堆，可并非所有问题都是摩托罗拉自己造成的。寻呼业的价格大战使寻呼公司都无钱购买新的产品。摩托罗拉尽管占了寻呼机和寻呼设备市场的大半天下，但它的收入仍然在下降。1997年，摩托罗拉集团的总收入（含寻呼业务）只有38亿美元，比上一年减少了4%。苹果电脑公司的种种问题又让摩托罗拉的电脑芯片业务出现了挫折，所以它现在只好努力生产汽车安全气囊和其他产品需要的专门芯片。

此外，亚洲经济危机也来凑了一把热闹。摩托罗拉在以亚洲为重点的海外发展上已经花了20多年的时间，1995年本是它的丰收之年。在亚洲市场上，它的双向无线电和寻呼机占绝对优势。为了在手机市场领先，它和爱立信展开了殊死搏斗。在历经千辛万苦打进日本受保护的电信市场后，它几乎占有了手机市场的1/4。

麻烦跟着就来了。摩托罗拉总部负责日本市场的200名工程师只钟情于模拟技术，任凭公司在日本的经理怎么反对也无济于事。当时在日本工作的一名摩托罗拉经理说："如果我们能早日转向数字技术，今天的摩托罗拉就会成为大家的偶像。"摩托罗拉在数字手机上的延误使它近3年的市场份额下降到3%。而亚洲最近的经济危机又使对手机的需求大大减少。

放眼未来，摩托罗拉的前途仍充满了种种疑问：它的数字手机能东山再起吗？它能卖掉自己的无线设备业务吗？同样重要的是，高尔文能改变它的企业文化吗?

不过尽管困难重重,摩托罗拉的总部里已出现了乐观的迹象。高尔文告诉他的手下,摩托罗拉必须努力拼搏,以全新的业务让公司再创辉煌。别忘了,虽然摩托罗拉得名于创始人保罗·高尔文开发的汽车收音机市场,可当手机业务兴起时,它毫不犹豫地放弃了老行业,赶上了新潮流。

现在,就看克里斯·高尔文是否能像他祖父那样开创一条新的道路了。

(资料来源:许晓明:《企业战略管理教学案例精选》,复旦大学出版社 2003 年版)

二、案例分析

由案例可知,摩托罗拉的创新机制正在由技术推动向市场拉动转变,这个转变是经过惨痛的教训换来的。在此基础上,摩托罗拉的品牌策略也从原来的以产品为主导转变为以市场需求为主导,即在追求产品功能完善、技术超越的同时,也积极、全面地了解消费者的产品需求和喜好,充分研究市场,充分研究消费者,以满足消费者全方位的需求。

摩托罗拉从事的无线电通信及电子领域,其科技含量是很高的,它们之所以能迅速发展,是因为保罗·高尔文紧跟高科技发展的步伐,提升了企业的竞争力。他组织人员,进行技术攻关,对汽车收音机重新进行改造,使其成为"美国最好的汽车收音机"。第二次世界大战期间,他将重心转向为战争服务的收音机和无线电技术,开发出手持电话机、同步测试仪、无线电信标台、雷达跟踪设备、自动跟踪空降系统设备、可携带的车型发送与接收设备以及雷达信标等军用产品。

摩托罗拉公司的创始人高尔文有一句名言:"对每一个人都要保持不变的尊重"。在这一信念的指导下,摩托罗拉公司自创办之初就形成了一整套以尊重人为宗旨的企业制度和工作作风,进而将这一思想渗透到企业文化的各个层面。这个信念有几层含义:尊重每一位员工的价值和个人自由;给予员工最大的信赖;尽量满足员工的要求;创造团结、和谐、乐观、向上的整体氛围。

科技创新是企业的生命力。摩托罗拉公司自诞生之日起,就致力于科技研究与开发。过去数十年,摩托罗拉员工的杰出创造力使公司始终在通信和半导体工业领域居于国际领先地位,为全球提供基于先进技术之上的集成通信和嵌入式电子解决方案。在科学技术瞬息万变的时代,优势和领先都不是一劳永逸的。只有把握未来,才能求得生存和发展;只有能全面提供先进技术、优质服务和完善解决方案的厂商才有可能成为赢家。现在,正当人们为无线互联网时代的到来拍手叫好时,诸多通信厂商在大力开拓无线互联网市场的同时,已把眼光投向未来。它们已经在为第三代移动通信时代的到来摇旗呐喊并运筹帷幄。这一切对摩托罗拉这样拥有绝对技术优势和创新精神的"百年老店"来说，其挑战与机遇并存，它预示了紧接在无线互联网之后，一场新的、更为波澜壮阔的市场角逐和技术较量正在孕育之中。

三、思考·讨论·分析

1. 摩托罗拉公司的滑坡源自哪些战略失误？
2. 从中我们可以得到怎样的经验与教训？
3. 请查阅相关资料，摩托罗拉在中国的发展战略是什么？

案例 5-2　IBM 公司战略的调整

一、案例介绍

仅仅在短短的几年时间里，IBM 公司就发展了世界上规模最大的计算机服务业务，并在 1995 年超过了实力与之最接近的竞争对手电子数据系统公司（EDS）。1997 年，IBM 公司全球服务的营业收入为 193 亿美元，比增长 24%，是 1990 年的近 9 倍。服务收入占公司 1997 年盈利总额的 1/4。1996 年，服务部门在公司所有业务部门中的重要程度仅次于硬件部门，并且成为公司盈利增长的主要动力。1998 年，全球服务部的销售额将接近 IBM 公司销售总额的 30%，并将获得全世界计算机服务市场至少 10% 的份额。

计算机网络以及互联网的迅猛发展，也似乎正在使 IBM 公司恢复其对业务的把持。复杂系统的整合和管理方面的专门技术忽然间变得奇货可居，功能强大、不出故障的服务器也变得供不应求。昨天看似还无法适应一个开放标准、专门化和不断变化的世界（即微软、英特尔和康柏的世界）的蓝色巨人，不仅重新回到了赛场，甚至自认为最终可以赢得胜利。

格斯特纳的前任约翰·埃克斯曾经对公司进行过若干改组，但公司却因此变得越来越不稳定。1991 年，走投无路的埃克斯决定把公司化整为零，分成一些自主经营的业务单位。接下来的一步，是利用新的品牌把各个业务单位廉价卖掉。

当 1993 年埃克斯终于被解雇时，对于格斯特纳这样一位与 IBM 公司没有任何情感联系的局外人来说，贯彻解散公司的计划是自然而然的，甚至是理所应当的。

但是格斯特纳自有主张。他打定主意孤注一掷，相信 IBM 公司会重新体现其自身的价值。格斯特纳得出的一点关键感悟是：如今技术已不仅仅是生产工具，技术已经成为公司经营之根本，因而也就成为公司总裁面前的战略问题：他和他的同行们把技术看作是公司竞争优势的主要源泉。

从客户的角度来看，20 世纪 90 年代初出现解体的计算机技术产业也许是创新——激烈竞争带来的一个奇迹，而在当时，该行业给人的感觉却是一片混乱。企业希望整合不同的计算机平台和应用程序，使之连成网络，但它们不知道如何下手。而且，在推崇核心能力的时代，企业未必想自己掌握如此繁杂的技术。许多企业转向电子数据系统公司和计算机科学公司（CSC）之类的专业计算机服务公司，以及大型会计事务所的咨询部门寻求帮助。

所有这一切使格斯特纳确信，IBM 公司的规模及业务范围不但不是公司的弱点，相反，它们实际上使公司能够得天独厚地提供解决方案——他相信这正是客户要寻找的。问题是如何使不同的部门在一起工作。结果，这个问题的解决部分后来被称做"全球服务部"，它是几年前由邓尼·韦尔什悄悄创办的。韦尔什曾经负责管理过 IBM 公司捐献给国家航空航天局（NASA）航天飞机计划的计算机。在开始的时候，该服务部门是 IBM 公司替政府管理大型计算机系统的经验产物。韦尔什认为，在 KDS 公司发了大财的企业市场中，IBM 公司的这种专门技术得不到利用是根本没有道理的。IBM 公司所能提供的广泛的技术资源很快给首批客户留下了深刻印象。

不过，存在着两个问题：其一是能否指望 IBM 公司解决存在于提供客户急需的推销自己产品之间的潜在冲突？其二是 IBM 公司的全球服务部是不是真的能够在公司各部门之间做好协调，从而提供客户寻求的那种解决方案？

这两个问题的答案在于格斯特纳的座右铭：客户排第一，IBM 公司排第二，部门排第三。客户总是有权获得最优秀的解决方案。如果 IBM 没有合适的产品，或者只能提供一些劣等产品，那么全球服务部就有义务提出向第三方寻求帮助。

格斯特纳对提供解决方案十分着迷，这促使他又冒了一次险。在他上任之后的头一年里，IBM 公司宣布全面亏损，因此大刀阔斧削减每年 60 亿美元的研究开发预算是很自然的事了。尤其是公司的研究部门偏爱艰深的长期项目，而且屡屡让竞争对手渔利，因此看来将其砍除的时机已经成熟。然而，格斯特纳对于他首次访问沃森研究中心时的所见所闻印象至深，于是便手下留情。预算被削减了，但长期研究计划得以继续下去。

由于认识到庞大的规模和深厚的技术资源使 IBM 公司拥有了作为解决方

案供应商的巨大优势，格斯特纳理应受到赞誉。而互联网的出现则是他的幸运之处。互联网凸显了IBM公司的优势，并使其重新置身信息技术的中心。

IBM公司在1995年意识到了互联网的重要性——比微软公司早了大约一年。1996年，公司宣布了其"电子商务"战略。该战略的宗旨是向企业证明它们怎样才能组成建立在互联网基础之上的虚拟贸易圈子。在这样的圈子里，买主和卖主可以会面并且安全地进行任何类型业务的交割。

格斯特纳认为，互联网是一场只有在"所有事物都实现了数字化"之后才会停止的革命。互联网的总体实质就是无处不在。这使IBM公司的各项优势有了用武之地——这些优势包括可靠性达"五个九"的大型服务器（据称运行可靠率为99.999%）、巨大的储存能力、设有安全保护的数据库、大规模处理能力、专业系统整合技术以及战略策划等。

为了使公司跃入台式计算机网络技术的领域，格斯特纳在1995年拿出29亿美元巨资收购莲花软件开发公司。尽管困难重重——收购大型软件公司的工作总是出奇的艰难，但对莲花公司的收购还是成为IBM公司的一桩成就。

具有讽刺意味的是，IBM公司硬件业务中损失最惨重的部分是个人计算机，而且这一结果更多的是由于疯狂的价格竞争，而不是IBM的经营方式所引起的。IBM公司与市场销量第一的康柏公司一样，一直受到堵塞了销售渠道的积压库存的影响——而像德尔公司这样的直销商则避开了这一厄运。不过，IBM公司目前正在着手通过使生产更加贴近需求来解决这一问题。

IBM公司已经重新找到了出路。对此几乎没有人会持异议。同样重要的是，该公司还为其全面从事计算机业各类业务的做法找到了根据。通过全球服务部，格斯特纳创造了一门令人惊叹的新业务，其规模以每年超过20%的速度稳步扩大，每月新雇员工1500名。

IBM公司的前途在很大程度上将取决于格斯特纳能否成功地让人们相信IBM是提供互联网商业解决方案的最合适的企业。IBM公司似乎已经时来运转，而对格斯特纳来说，这样的运气多多益善。

（资料来源：许晓明：《企业战略管理教学案例精选》，复旦大学出版社2003年版）

二、案例分析

从某种意义上说，企业的发展过程就是企业战略的变化与调整过程。就企业战略变化的程度而言，企业战略转型是企业战略变化的最高形式。由此可见，企业战略转型对于大多数企业来说是不可避免的。

但是，企业战略转型绝非一件一蹴而就的事情，而是一项艰巨的系统工程,同时还是一项高风险、高投入的工程。企业战略转型一旦失败,其后果将是灾难性的。企业转型若无果而终,将会极大地挫伤经营管理者和企业员工的变革热情,从而殃及下一次转型的尝试。

因此,在企业转型过程中,战略转型方向的识别、战略转型目标的确认、战略转型时机的把握、战略转型原则的明晰、战略转型过程的监控等领导与组织企业战略转型的能力就显得尤为重要。企业转型的成功与否,在很大程度上取决于企业上述能力的具备程度。可以说,在企业核心能力中,领导与组织企业战略转型的能力丝毫不亚于企业的核心技术、人力资源、营销网络与经验等能力。企业战略转型一旦成功,企业将重新确立竞争优势,其市场竞争力将空前提高。

当然,在公司战略转型的时候,往往会面临战略矛盾。本来一开始大家冲、冲、冲,整个组织方向都一致,冲到某一程度时公司说要转型,这时高级主管和中级主管通常会出现对立。因为高级主管通常能够高瞻远瞩、纵观全局,了解产业大方向,所以相对比较容易认同战略转型,但他们对一线市场的变化情况却不十分清楚;而中级主管在自己的领域里面知识丰富,但眼界欠广。双方出现意见分歧是在所难免的。

所以,当战略矛盾被引出之后,公司怎样才能消除这种战略矛盾,建立共识,就显得尤为重要。从高级主管的观念转变,贯穿到中级主管的观念转变,然后到资源的重新分配,是一连串的行动。

三、思考·讨论·分析

1. 在现代高科技飞速发展、市场环境变化频繁的情况下,把握战略方向,及时做出战略调整有何重要意义?
2. IBM公司是如何分析情况、调整战略的?

案例 5-3 舒蕾的终端战略

一、案例介绍

(一) 洗发水行业现状

中国洗发水市场现在市场潜力巨大,竞争十分激烈。

自从1989年宝洁公司进入中国以来,就在中国洗发水行业掀起的一个又一个让人叹为观止的波澜。并且,在此后十年的漫漫时间里,以营养、柔顺、去屑为代表的宝洁三剑客潘婷、飘柔、海飞丝几乎垄断了中国洗发水的绝对份额——它们不仅占据着中国洗发水市场的前三位,并以总和超过50%的份额处于绝对垄断之势。想在洗发水领域有所发展的企业无不被这三座大山压得喘不过气来,无不生存在宝洁的阴影里难以重见天日。

然而,洗发水巨大的市场空间和高额的行业利润空间,吸引了众多中国自有品牌的积极加入,改变了洗发水市场的格局。据专家估计,中国洗发水的消费量呈不断增加之势,市场规模会不断扩大。据统计,目前中国的洗发水市场销售量早已超过日本、接近美国,但以人均合算还低于这些发达国家。洗发水市场每年有数以百亿计而且仍不断增长的市场空间。

这一广阔的市场空间及洗发水市场相对高的市场利润吸引无数的新生品牌前赴后继地加入这一白热化的行业。这一点从电视广告上可清晰地看出,因为洗发行业的特殊性,传统上大家都把电视广告作为推广品牌最主要的手段。2001年,拉芳、蒂花之秀、好迪、飘影、柏丽丝先后在中央电视台密集投放广告,大举进军全国市场,给本已竞争激烈的洗发水市场火上浇油。据中央电视台2001年5月广告龙榜显示,好迪、亮庄、拉芳、柏丽丝等品牌洗发水已冲破飘柔、潘婷、夏士莲、花王等合资品牌的阵线,位居该台当月洗发水广告花费前四名。

除了从电视广告投入量反映出中国洗发水市场风起云涌外,国产洗发水实质上已对老牌合资洗发水的地位造成冲突。1995年,奥妮向宝洁发起挑战,推出皂角洗发膏,打出"植物一派,重庆奥妮"的口号,以天然植物成分反击洋品牌化学洗发路线,使之声势大涨。再加上1997年成功推出百年润发,并配合经典广告做宣传,使其市场占有率飙升,达到12.5%,单品牌的占有率仅次于飘柔。1996年,丝宝集团推出的舒蕾在1999~2000年取得突破性胜利。据AC尼尔森对2000年中国广告市场的调查统计,舒蕾与飘柔、夏士莲、海飞丝成为2000年洗发水广告花费最高的品牌。2000年,中国商业信息中心对全国300个大型商场调查统计显示,舒蕾2000年销售近20亿元人民币,与宝洁的飘柔、海飞丝进入洗发水品牌前三名。丝宝集团超过联合利华、花王,跻身洗发水市场第二位。

舒蕾可以说是众多中小洗发水品牌的代表,它是怎样做出这样的成绩的?

(二) 舒蕾的终端运作

舒蕾是丽花丝宝的一个品牌。舒蕾从一个名不见经传的小品牌迅速地成长到一个市场占有率第二,品牌价值超过了宝洁的海飞丝、潘婷,仅次于飘柔的知名品牌,丝宝集团特色的终端战略功不可没。

丽花丝宝和宝洁几乎是同时进入中国内地的，但不同的是，宝洁携外资强大的资本优势，每年以巨额的广告投入迅速成为国内洗发水品牌的代言人，而丽花丝宝自出生以来就命运多舛：先是遭遇商标之争，接着被贴上蒙骗之名，上乏无力使丽花丝宝只能成为一个二三流的品牌，甚至在武汉，广东过来的美国绿丹兰的名声也盖过了它。为了从丽花丝宝不温不火的状态中寻找亮点，丝宝选择了洗发水这个大众消费品，"焗油护发"的舒蕾就这样诞生了。

在舒蕾的推广中，丝宝集团避开和宝洁正面交锋，采取了不同的模式。《商界》曾对此做了详细的分析，那就是坚决放弃总代理制，花大力气自建网络。1997～1998年，舒蕾先从终端入手，在人员宣传、产品陈列、柜台促销上大做文章。舒蕾利用丽花丝宝积累的网络资源，采取"先两极，后中间"的渠道拓展原则，重点抓大卖场和零售店的铺货，从而带动中型店的开发。另外，舒蕾还在各大商场设立了1000多个专柜，不惜一切代价，让舒蕾的堆码、灯箱、POP海报占据卖场最显眼的位置。同时还组建销售小分队，随时为居民区的杂货店、小超市、发廊补货。据悉，目前舒蕾的网络已遍及全国30多个城市，几乎每个二级、三级市场都有舒蕾红色的身影。而这种代价也不菲，舒蕾一次大型推广会的费用就高达500万元，从现在舒蕾坐上洗发水市场第二把交椅的奇迹来看，这种投入也正如丝宝人自己所说的那样是值得的，也是必需的。

1. 贴近竞争对手，实施终端压制。广告是营销中的一个重要因素，电视广告在洗发水行业的作用更是居功至伟。宝洁公司花了一大笔咨询费从世界营销战略大师杰克·特劳特中得到的建议就是：把资金集中在电视广告投放上。所以大规模的空中轰炸大多是由宝洁发起。成为领导者后，宝洁更是大规模运用电视广告，在竞争中筑起一道强大的堡垒。这是宝洁公司一直以来领先的秘诀。也成了洗发水厂商模仿的入市模式：一般的洗发水厂商都是先用广告拉动，打响知名度后，再找经销、代理商，铺垫渠道，达到产品上市的目的。

然而，对于初上市的舒蕾而言，对手是占据了中国洗发水市场半壁江山的宝洁、联合利华等，异常强大。无论从资源、实力还是市场地位上舒蕾都毫无优势可言。如果盲目的打广告、搞营销战，只能和百年润发一样被逼进死角。因此，舒蕾只能集中精力发掘对手的脆弱之处，将自己的全部进攻力量集中于该点，才能克敌制胜。所以舒蕾没有像一般品牌推广一样从广告做起，他们选择了终端战役。宝洁、联合利华品牌推广注重实行"高端轰炸"，期望通过广告将人流吸引到终端卖场其产品的柜前。舒蕾看中了那些强大对手带来的丰盛的客流，在各卖场紧靠竞争对手，争取与竞争对手拥有相仿甚至更多的陈列空间,以期最大限度地发挥终端沟通优势,促进购买竞争品牌的消费者转而购买自己的品牌,提升自我的品牌价值同时遏制了竞争对手。

在舒蕾的精心策划下,曾出现过这样的情况:在某些超市,品种齐全的宝洁公司系列洗护产品集中在一两个货架上且偏于一隅;而品牌集中品类单一的舒蕾洗发水却阔阔气气地占据了三四个货架,抢尽了风头。舒蕾就是用这种终端战略,抢占了宝洁、联合利华等大品牌的不少市场份额,逐步成长壮大。

2. 打造声势,吸引终端卖场的眼球。通过紧贴竞争对手的竞争策略,大量的客流涌到舒蕾的柜前。然而,怎样吸引住顾客注意力,让他们乐得看、愿意买舒蕾的产品,又成了舒蕾终端卖场急需解决的问题。上市之初,舒蕾没有强大的广告支持,也没什么名气,只能通过打造卖场声势来留住顾客。

首先,舒蕾确定在最佳卖场寻找客源。这样做的好处在于客流量最大的地方可以吸引人气,便于活动开展,同时最佳卖场的销售额相对也是最多的,对争夺市场份额也非常重要。接着,舒蕾制造宏大气势吸引顾客。舒蕾曾在武汉某超市卖场促销,店面周围有几十条舒蕾的广告旗帜,广场上还悬挂两条横幅,超市的主楼墙体上贴满了舒蕾的POP广告。进入主卖场,消费者第一感受就是来到了一片红色海洋中,整个卖场的布置错落有致,极具震撼力,给顾客留下深刻的印象。最后,舒蕾用简明生动的卖场信息留住顾客。舒蕾的终端卖场的传播原则是:传达越少,消费者接受越多。的确,现在的广告信息太多,消费者乐于接受的是简单明了的信息。舒蕾在终端卖场总是力求清楚简明,不论是产品包装、店头宣传、店内陈列都令消费者一望便知。不仅便于消费者的品牌识别,也方便了消费者的购买;既加大了销售量,也有效地传播了品牌知名度。

3. 独特的终端促销策略。舒蕾的销售是从卖场终端做起的,打破了洗发水一贯的高端轰炸的游戏规则,不在广告、派发方面比拼,省下这些费用,用于终端卖场促销上。

首先,舒蕾在终端卖场实施人海战术,安排了很多促销、导购人员,让舒蕾有更多的机会与消费者接触,吸引顾客的注意力。进而凭借舒蕾优良的品质,让消费者对产品产生需求,成为忠实的顾客。最后以这种终端力量拉动上级的渠道去销售舒蕾的产品,很快就产生铺天盖地的影响力。并且,舒蕾的促销人员很专业。这些促销人员都要经过专门的培训,对产品知识了如指掌,可以随时为消费者解惑,而且一个区域里还有一名组长负责巡视不同的卖场,检查促销人员的工作。这些促销人员向消费者解说有以下几个步骤:一是请看,二是请听,三是请试,四是请买,实际上到了最后一个步骤,消费者已经在这种强大的攻势下乖乖地掏腰包了。

其次,舒蕾的终端促销很有竞争力。一是舒蕾的促销产品丰富且不断更新。虽然和舒蕾一样做终端的厂家也不少,但很多厂家不如舒蕾见效,原因就在于这些厂家还固守在老一套的买一送一模式。而舒蕾除了买一送一,还配了很多新奇的赠品,像便携式吹风机、打火机、雨伞、迷你小风扇……花样翻新的促销品自然吸引了消费者的目光,又买又送让双方皆大欢喜。二是舒蕾注重了促销的点面结合。在大卖场,舒蕾经常利用节假日进行大规模的现场促销表演,有时装秀,有歌唱赛,中间再穿插与产品有关的有奖问答,热闹非凡,进一步提高了产品的销售。而一些空间比较小的卖场,舒蕾则紧紧守住店门口,进行小规模的促销。这样做,不放过每一个卖场,消费者就被包围在一片红色海洋中。

最后,舒蕾采用终端对抗促销,以巩固终端。终端对抗促销是集中体现在快速消费品行业的一种针对行业竞品的促销策略,其特点是:反应迅速,对手一露头立即先发制人,进行对抗促销。舒蕾被誉为是竞争对抗性促销策略的专家。舒蕾的终端促销原则是:对手不促销,自己常促销;对手小促销,自己大促销;在终端卖场促销舒蕾的活动不断,时间上与竞争对手一致,促销方式多种多样,如赠品促销、人员促销、节日促销、联合促销等,不断带给消费者惊喜,加强舒蕾"永远给顾客以真正价值"的形象。舒蕾的这种终端促销策略,使得舒蕾品牌"遇弱则强,遇强愈强"产生了极大的市场促销竞争威慑力。

(三) 丝宝集团终端运作的套路

终端市场历来是商家们拼抢得最激烈的地方。为了抢滩终端,各企业无不是想破脑袋,费尽思量。那么决胜终端的关键点何在呢?丝宝运作舒蕾终端的套路或许能有所启示。

1. 渠道扁平化来运做市场,提高"市场单产量"。丝宝集团在各地设立分公司、联络处,对主要的零售点实现直接供货与管理,从而建立起强有力的由厂商控制的垂直营销系统。并有厂家直接做市场推广,实行适当的人海战术,以赠品促销、人员促销、活动促销、联合促销的营销手段来与消费者沟通。丝宝的营销触角已延伸到三线城市,甚至是大型乡镇,依靠企业自身的营销队伍对市场进行"精耕细作",提高"市场单产量",实行盈利拓展。中国的人力成本低以及市场特性决定了企业利用终端人员的"口"这一媒体的可行性,是效果最显著、见效最快、成本最容易核算、操作最简单的媒体之一。

2. 促销营销。丝宝成立了舒蕾的促销突击队,对各小型区域市场轮流促销，以促销、人员推广来和消费者直接互动沟通。中国中小城市的消费者对以促销人员为媒介的互动式沟通很容易接受，对洗发水这样的快速消费品而言，没有比直接的促销推广更能立即促成购买行为的了。有些业内人士认为，丝宝是目前中国运用促销最频繁、规模最大、档次最高、气势最大、覆盖范围最广的企业之一。

3. 营销费用支出中终端占绝对大头。丝宝的营销费用支出中终端占绝对大头。丝宝的营销实践是对快速消费品而言终端占80%，广告占20%，并根据产品特性、市场成熟程度、企业营销模式等而有所变化。

4. 赠品促销。丝宝通过不断创新的赠品来打动消费者，中国的消费者（尤其是中小型城市的）在接受产品的正常零售价时，如果有一点赠品，基本上就可以瓦解其对竞品的忠诚度，也就是"降价二分钱，瓦解一切忠诚度"。

5. 终端主动拦截消费者。终端已成为日用消费品最重要的营销战略性资源，你抢占了终端，竞争产品就少了相应的空间。企业抢占终端资源的多少，基本上就决定了其销量的多少。

（资料来源：万后芬等：《市场营销教学案例》，高等教育出版社2003年版）

二、案例分析

宝洁靠品牌战略独步全球，是全球产品品牌战略的鼻祖。在这种战略模式下，有很多的优势，如各品牌以不同的品牌个性和价值利益点吸引了不同的目标消费者，从而占领了不同的细分市场；多个品牌能够占据更多的陈列位置和空间，增强消费者对企业实力的认同，同时以更多的品牌和品种给消费者提供更多的选择；能够降低企业的经营风险，当一个品牌出现市场危机和不利影响时，其他品牌可以不受影响。但是这种战略模式要求有不同的品牌、不同的规划和巨额的投入，在沟通成本日益疯涨的今天，高昂的成本和费用已非一般性企业所能够承担。

在面对宝洁的竞争，丝宝集团的"舒蕾"杀出一条血路，坐上了洗发水行业第二把交椅。其成功秘诀是：自宝洁携巨资进入中国时，丝宝还是一个白手起家、流动资金维持生产还不足的企业，两者不在同一个重量级上，宝洁是一个有着几十年技术积累、人才济济、经验丰富、世界著名的制造商。而丝宝是一个刚刚筹建的私人企业，资金、人才、技术严重不足，也没有相应的市场营销经验。在宝洁巨人的压力下，丝宝步履艰难，蹒跚前进。如何突破困境是丝宝多年来孜孜以求的，与宝洁硬碰硬无异于以卵击石、飞蛾扑火，唯一的办法是避实击虚，终端制胜。

事实证明，正是终端促销这一特殊营销方式为丝宝突破困境起到了关键作用。始终盯住销售终端，是丝宝紧追宝洁，最终稳坐行业第二把交椅的法宝。终端促销策略的法宝被其他厂家纷纷仿效，这时的丝宝把终端策略应用得更加灵活，形成了自己的终端操作经验：对手不促销，自己常促销；对手小促销，自己大促销；必要时多场同时出击，游动拦截，对抗性促销。

在我国，类似可口可乐、宝洁、联合利华等国际大公司的广告让人大开眼界，许多优秀之处确实值得众多国内企业借鉴。但是，企业在经过一轮盲目的"广告扔钱"以后，开始考虑电视广告的拉力作用和终端促销的推力作用的比例问题了。企业看到了如此情景：自己花了大钱做广告诱导到商场去的消费者，来到卖点后，居然可能很轻松地被那些终端促销做得很好的竞争对手拉走，或者很难找到广告中的产品。这种现象普遍发生以后，终端促销的重要性就充分体现出来了。

三、思考·讨论·分析

1. 宝洁和丽花丝宝产品推广战略有什么不同？
2. 丝宝集团卖场终端建设有什么特色？
3. 国内其他洗发水集团也能运用"终端思路"获得成功吗？为什么？

案例 5-4 福特汽车：一个世纪的辉煌

一、案例介绍

福特汽车公司鲜明地证明了一个大公司如何向多个战略方向出击。

（一）通过集中生产单一产品的早期发展战略

在早期，福特公司的发展是通过不断改进它的单一产品——轿车。在1908年制造的T型轿车比以前所有的车型有相当大的改进。在它生产的第一年，就销售1万多辆。1927年，T型轿车开始将市场丢给了它的竞争对手。福特公司又推出了A型轿车，该型车流行了几种车体款式和富于变化的颜色。当A型轿车开始失去市场、输给它的竞争对手的时候，在1932年，福特汽车公司又推出了V-8型汽车。6年后，在1938年，Mercury型车成为福特汽车公司发展中档汽车市场的突破口。

福特汽车公司也通过扩大地区范围进行发展。在1904年，它进入加拿大市场的举动就证明了这一点。也是在它的发展早期，福特公司采用了同心多样化战略，在 1917 年，开始生产卡车和拖拉机，并且在 1922 年，收购了林肯汽车公司。

（二）纵向一体化战略

福特汽车公司的多样化生产集团是纵向一体化战略的杰出实例。下面介绍福特公司在这一集团中几个部门的作用。

1. 塑料生产部门——供应福特公司 30% 的塑料需求量和 50% 的乙烯需求量。

2. 福特玻璃生产部门——供给福特北美公司的轿车和卡车所需的全部玻璃，同时也向其他汽车制造商供应玻璃。这个部门也是建筑业、特种玻璃、制镜业和汽车售后市场的主要供应商。

3. 电工和燃油处理部门——为福特汽车供应点火器、交流发电机、小型电机、燃油输送器和其他部件。

（三）福特新荷兰有限公司——同心多样化战略

在 1917 年，福特公司通过生产拖拉机开始了同心多样化战略。福特新荷兰有限公司现在是世界上最大的拖拉机和农用设备制造商之一，它于 1978 年 1 月 1 日成立。福特新荷兰有限公司是由福特公司的拖拉机业务和新荷兰有限公司联合而组成的。后者是从 Sperry 公司收购来的农用设备制造商。

福特新荷兰有限公司随后兼并了万能设备有限公司，它是北美最大的四轮驱动拖拉机制造商。这两项交易是福特公司通过收购实行其同心多样化战略的最好例证。

（四）金融服务集团——跨行业的复合多样化战略

福特汽车信贷公司的成立，是向经销商和零售汽车顾客提供贷款。这可以说是实行同心多样化战略。不过，在 20 世纪 80 年代，福特公司利用这个部门积极从事复合多样化经营。1985 年，它收购了国家第一金融有限公司，后者是北美第二大储蓄和贷款组织。1987 年下半年，收购了美国租赁公司，它涉及企业和商业设备融资、杠杆租赁融资、商业车队租赁、运输设备、公司融资和不动产融资。

（五）其他跨行业的复合多样化战略

福特汽车土地开发有限公司是一个经营多样化产品的部门，也是跨行业多种经营的典型实例。到 1920 年，这个部门围绕着密歇根福特世界总部建立了 59 个商用建筑。由这个部门所拥有和由它管理的设施及土地的市场价值估计有十多亿美元。

福特太空有限公司和赫兹有限公司也是复合多样化战略的良好典范。

（六）调整战略

在福特的发展历史上，福特公司曾经被迫实行了几次战略调整。在第二次世界大战后，福特公司以每月几百万美元的速度亏损。亨利·福特二世重组了公司并实行分权制，这使公司迅速恢复了元气。

也许被许多美国公司采用的最富戏剧性的调整战略是由福特公司在20世纪80年代早期所完成的。1979~1982年，福特公司的亏损额达5.11亿美元。销售额由1978年的420亿美元下降到1981年的380亿美元。不必说，福特公司陷入了严重的危机。

亏损的原因之一是激烈的国际竞争。也许更重要的是，许多亏损的原因是福特公司运营的方式。新车的款式看起来像许多年前一样；在部门之间（如设计与工程）很少沟通；管理层所做的管理公司员工的工作很不如意；很少向上级部门报告情况等。福特公司的管理层做了些什么来转变这种情况呢？首先，他们显著地减少了运营成本。1979~1983年，从运营支出中就节省了4.5亿美元。其次，质量成为头等大事。管理层也改变了福特公司设计小汽车的程序。以前，每一个工作单位是独立工作的。现在，设计、工程、装配等部门都在这个过程中一起协调工作。

不过，福特公司实行的最重要的改变是一种新的企业文化。从首席执行官菲利普·考德威尔（Philip Caldwell）和总裁唐纳德·彼得森（Donald Petersen）开始，改变了公司的优先次序。一种新型管理风格建立起来了。该种管理风格强调联合行动和在工作中所有员工向着共同的目标的参与。在福特公司，人们建立起了更加密切的关系，并且更加强调员工、经销商、供应商之间的关系，呈现了一种新的集体工作精神。

（七）放弃战略

多年来，福特公司不得不情愿地放弃它的某些经营单位。例如，在1989年10月，福特公司和一伙投资商签署了卖掉Rouge钢铁公司的谅解备忘录。福特之所以卖掉这家公司，是因为它不想支付实现其现代化的成本。估计在其实现现代化的几年中，每年的现代化费用为1亿美元。福特公司做出的其他放弃决策包括1986年和1987年分别把化工业务和漆料业务卖给了杜邦公司。

（八）收购和合资经营战略

1989年11月2日，福特公司以25亿美元收购了美洲豹私人有限公司，以作为消除它在汽车市场上的一个弱点的手段：产品缺乏在豪华轿车市场上的竞争。豪华类别的一些竞争轿车有丰田公司的凌志LS400，本田阿库拉·传奇和宝马三个系列。1989年，豪华轿车的需求是250亿美元，预测到1994年能增长到400亿美元,这个增长速度比整个汽车市场的增长速度要大得多。福特公司把美洲豹轿车看做是进入美国和欧洲豪华轿车市场的机遇。

福特公司也采用了合资经营的战略——具有较重大意义的两项合资经营是和马自达及尼桑公司实现的。福特公司和马自达公司一起合作生产5种汽车。例如,在马自达生产车间生产的 Probe 汽车,外部和内部的设计由福特公司进行,细节性的工程技术由马自达公司完成。

尼桑公司和福特公司正在合作开发前轮驱动的微型货车,福特公司将在俄亥俄州的卡车厂制造该车,并将由两个公司销售。在澳大利亚,福特公司的 Maverick 汽车是尼桑四轮驱动车 Patrol 的一种车款,它由福特公司的经销商销售,而尼桑公司经销商销售福特公司的 Falcon 客货两用车和运货车。

从这些例子中可以看出,福特公司采用了战略的组合。当然,公司采用了比在此所讨论的还要多的其他战略。

(资料来源:www.3722.cn,台商信息网,2005年11月18日)

二、案例分析

企业总体战略是指为实现企业总体目标,对企业未来发展的总方向所做的长期的、总体性的谋划,是统筹企业战略、业务单位战略和职能战略等战略的全局性指导纲领。

成功的企业大多有一个完善的总体战略,即使在开始时突发奇想而创新的企业,其成功的发展也少不了完善的总体谋划。与此相反,也有一批由于缺乏对企业发展的总体思考和谋划而坠入失败境地的企业。如在20世纪90年代初因生产延生护宝液而名噪一时的沈阳飞龙公司,1994年,账面利润达到2亿元,而到1996年就基本上处于失败境地。飞龙公司总裁姜伟在一份名为《总裁的20大失误》的发言书中,对公司缺乏总体思考做了以下"检讨":

"总裁过于强调产业多元化,涉足了许多不熟悉的领域;同时,有许多事情也是总裁不熟悉的,又没有熟悉这方面的人才来实施,所以盲目决策和模糊决策时有发生。凭着'大概'、'估计'、'大致'、'好像'等非理性判断,进行决策。"

"究其根源,如果对全局发展经常思考和准备,特别是对即将出现的情况有一个成熟的准备,那么决策时就会临危不乱。有备之则平静,有预见则不紧张。"

发展战略会改善组织的经营效果。实行发展战略的公司,较之处于同样环境的其他公司,销售收入和利润的增长都快得多。采用发展战略的另一个重要理由是经验曲线理论。这个理论指出：组织规模和经验的增长会带来有效性的相应提高。

多样化战略的实施存在着一定的风险。特别是当企业贸然采取不相关多元化战略时，这种风险很可能会增大到危及企业生存的境地。产生风险的主要原因在于：资源的分散配置；运营费用增加；产业选择错误；缺乏必要的人才资源等。

一体化战略是指企业充分利用各方面的优势，采取水平方向（横向）或垂直方向（纵向）发展的一种战略取向，这种战略也可称为整合战略。

综上所述，战略的选择对于企业的生存和发展有着重要的意义，企业经营者务必多加重视。

三、思考·讨论·分析

1. 福特公司采用的发展战略有哪些？
2. 采用发展战略的公司一般表现出哪些特征？
3. 通过阅读本案例，可以看到复合多样化战略的哪些优点？
4. 福特公司的发展战略实施有哪些方式？

第六章 综合案例

本书前述各章基本按战略管理的基本理论精选案例加以分析，以帮助读者更好地掌握各章内容。但是，企业战略管理是复杂的连续过程，需要管理者综合各方面的信息，融合各方面的知识，就复杂的管理问题提出相应的处理对策和解决办法，而管理者把各章知识融会贯通则是其中的关键。所以，现设"综合案例"一章，精选比较复杂的战略管理案例供读者参考。

教师在进行案例教学中，讲授完前述各章内容后，应运用本章案例，以考察学生的综合分析问题和解决问题的能力，让学生结合学到的相关知识处理相对复杂的危机管理问题，提出切实可行的管理办法。

在案例教学中，为了使学生参与案例讨论，拓展思路，"综合案例"未设"案例分析"。

案例 6-1 宜家在中国

一、案例介绍

2004年4月5日，瑞典媒体报道了一条惊人的财经新闻——雄霸世界富豪榜榜首十年的比尔·盖茨已经被一个瑞典人超过了，这个瑞典人就是家具制造商宜家公司创始人英瓦尔·坎普拉德（Ingvar Kamprad）。

这个统计结果是由瑞典最新一期《商业周刊》最早公布出来的。据他们统计，现年77岁的坎普拉德个人资产达4000亿瑞典克朗（约合530亿美元），已经成为了世界最富有的人。

瑞典媒体分析说，霸占首富位置十年的美国软件大亨比尔·盖茨目前的个人资产下滑迅猛，已经从高峰时的接近1000亿美元滑落至现在的470亿美元。究其原因，瑞典媒体认为，主要是因为美元持续贬值、欧元持续升值。

另外，微软在最近一连串的官司中开销巨大，导致公司的股票不断下跌，而股票恰恰是比尔·盖茨个人财富中最主要的组成部分。一旦微软股票再继续下跌10%，盖茨就会连"榜眼"的位置都保不住，而沦为"探花"了。

（一）抠门老板：半世纪创造千亿财富

宜家（IKEA）的创始人英瓦尔·坎普拉德乘飞机时总是坐经济舱，总是搭地铁上班，驾驶一辆开了10年的沃尔沃，还尽量不穿西装。很久以来，在瑞典一直流传这样的说法：要是坎普拉德失去了自律，在酒店客房的小酒吧里喝了一罐高价的可乐，那么他就会到杂货店去另买一罐代偿这罐可乐。很显然，他是个节俭的人。

这位"瑞典的比尔·盖茨"的传奇始于1943年。此前，他骑着自行车向邻居销售火柴。那一年，仅仅17岁的坎普拉德创建了宜家。那时宜家是一家卖钢笔、画框、钱夹等廉价商品的邮购公司。公司名字IKEA来自坎普拉德的姓名及其家乡名称的首个字母。1951年，宜家开始卖当地木匠做的家具，坎普拉德将宜家定位为纯粹的大规模家具生产商；6年后，坎普拉德在瑞典开了第一家宜家店。1985年，第一家美国宜家店在费城郊外的普利茅斯米廷开张，有三个美式足球场那么长。现在，宜家已经是世界上最大的家具店，销售额达122亿美元。为了遵守荷兰有关最高职位任职者退休年龄的限制，1999年坎普拉德不再担任首席执行官，但公司称他仍积极参与公司运营，并经常提出有关家具的创意。两年后的一天，当坎普拉德与同事一起拍摄桌子照片时，一位同事嘀咕说："天哪，这样摆放家具太占地方了，不如把桌子腿卸下来放到桌面上。"没想到，这一句话竟然掀起了一场革命。坎普拉德借用这个灵感，开始设计第一件自助组装家具——麦克斯台桌。此后，宜家不断推出组装家具，并将这种模式一直延续到了今天。截至2000年，宜家已经在世界上四大洲29个国家或地区开设150家商场，拥有员工5.3万名。

现在的宜家公司，市值已经超过了1000亿美元，但坎普拉德仍然保持着俭朴的生活作风。在出差时，他经常乘坐经济舱而不是头等舱，每次出去购物，还是会为了一点点小钱与商家争执半天。坎普拉德目前居住在瑞士，已不再参与宜家公司的日常管理工作，但他仍然是公司的最大股东，每逢遇到重大事项，董事会都要听取他的意见。

（二）"宜家"的背后

如果你不是一个"奢侈品消费专业户"，你就应该逛过宜家（IKEA）连锁商店，从摆放在各类"样板间"的家居用品里，挑选几件价格便宜的商品，比如，合金的CD支架或者白桦木的沙发，回家花点时间把这些"平板包装品"组装起来。当然，你也可以不买家居用品，在宜家餐厅里尝尝北欧风格的小食品，或者干脆坐在BILLY沙发床上歇上几个钟头。

全球共有180家这样的宜家连锁商店，分布在42个国家或地区，去年它的拥有者获取了110亿欧元收入和超过11亿欧元的净利润，雇用了7万名员工，成为全球最大的家居商品零售商，还赢得了Interbrand营销研究机构排列的全球100名最有价值品牌（第44名）的荣誉。

如今，宜家的价值已经远远不是表面看到的那些摆着精致又便宜的KLIPPAN沙发和BILLY书柜等家居商品的连锁店，它的背后是一整套难以仿制的高效精良的商业运作系统，它维持了这个机构一直高效率低成本的商业价值链条，那才是值得全球连锁零售公司学习的真实的宜家。

1. 管理内核。被英格瓦称为"世界独有"的宜家组织系统，是这个机构的核心。

设置这个复杂机构主要有两个目的：一是保证宜家不从属或受制于某个国家和政府，而是永远处于家族控制之中，即便是政变和战争阶段也是如此；二是宜家能够享受到利益的最大化（如低税收）。为达到这个目的，一大批来自不同国家的职业律师、会计师、税务专家每天为宜家工作，调查各国的税收和贸易政策，他们会抢先在任何合适的地方注册公司，需要的时候就在那里开店。

在历史上，基于躲开政治管制特别是经济约束（如税收政策）的原因，宜家由瑞典迁移到丹麦，后来又到了荷兰。英格瓦家族则由瑞典移民到丹麦，最后到了瑞士。如今IBM这样庞大的公司虽然在全球各地同样有投资，但它的根基在美国，还是被看做是一家美国公司。但是，没有人说得清楚，宜家到底是哪个国家的公司，它在欧洲许多国家都有在资本或管理上互相牵制的机构，从这个意义上讲，宜家更像是一个"独立于任何国家的公司"。

设在荷兰的双重基金——英氏—宜家基金（Stichting Ingka Fundation），是宜家机构的后台老板，下设英氏控股集团（Ingka Holding），其中所有者基金（英氏基金）拥有英氏控股集团所有的账面价值，英氏基金由公益基金（宜家基金）管理控制，但宜家基金的资金来源却由英氏基金提供。

在英氏—宜家基金和英氏控股集团牢牢共同控制资本权力之外，两个辅助集团进行实质运作：一个是总部设在丹麦和瑞典的宜家服务集团（IKEA Service），它通过与英氏控股签署协议，执行宜家机构全球所有商店的管理业务，包括采购、销售、研究开发等业务；另一个是总部设在荷兰的宜家内务系统公司（Inter IKEA Systems）。

宜家机构的经营原则分为"有形的手"（看得见的商店、商品等）和"无形的手"（经营理念和管理流程）。宜家内务系统公司拥有宜家机构所有的商标、品牌、专利等知识产权，是宜家机构的"精神领袖"（无形的手），它可以请任何一家"不合要求"的宜家商店关门。宜家机构还通过设立瑞典宜家连锁公司、宜家龙集团和宜家企业集团把家族的资产进行分割处理。所有这些复杂的设置，在很多情况下能帮助公司进行合理避税和躲避某国政府控制。

这个复杂的所有权机构的设置从20世纪70年代开始实施，80年代被完善起来，它直接导致了宜家商业管理系统的成熟严密，所有的管理任务被分割得具体并且单纯，员工们只需要努力按标准执行就可以，而不是卖力地去创造"新玩意儿"。"有些时候，我们只需要站在指定的地方做指定的事情，我们的目标被确定得非常清晰！"宜家中国总经理伊恩·达菲（Ian Duffy）说。

因此商店开到哪里，宜家服务集团就把一整套的管理模式和组织形式拷贝到哪里。这些管理和保障职能包括财务、零售、物流、物业、风险管理、法律、社会环境、公关通讯和人力资源，等等。宜家的商店在这个"大管家"的协助下，维持每天的运转。宜家支持机构则为商店提供专业的服务支持，包括IT、餐厅、设备供应、原料采购、目录册、配件供应、货运方案、公务旅行，等等。整个组织被完全"扁平化"。如果北京的商店想改变"样板间"的设计，就要征求宜家内务系统的意见；需要法律服务则由宜家服务集团安排；需要新的产品目录册，就需要宜家支持系统帮助；需要商品，则由宜家贸易公司协助，当然这一切交易都需要支付费用。在宜家的管理系统中，设计、生产、采购、销售的每个环节，都可能发生关联的管理协议或交易，但是却被安排得井井有条。这有利于这家公司在不同的国家协调资金的周转和合理避税。

在这种极度扁平和权力分散的管理架构下，谁也休想完整地享受宜家的全部管理乐趣，更不要说控制它了。

2. 供应链条。周密的管理体系更重要的作用是让宜家拥有了高效率、低成本运转的供应链，这是宜家可以像沃尔玛那样在零售领域出色的特征之一。

为了自己可以控制产品的成本、取得最初定价权，并且控制产业链的上游，宜家一直坚持自己设计所有产品并拥有专利，所有的100多名设计师在设计新产品的时候激烈竞争，竞争集中在同样价格的产品"谁的设计成本更低"，这甚至包括是否多用了一个螺丝钉或麻绳，或者更经济地利用一块塑料板，等等。

所有的产品设计确定之后，设计研发机构将和宜家在全球33个国家设立的40家贸易代表处共同确定哪些供应商可以在成本最低而又保证质量的情况下，生产这些产品。2000多家供应商会展开激烈竞争，得分高的供应商将得到"大订单"的鼓励。通常，宜家为更大量地销售某种产品，会降低价格，这必然会进一步降低生产成本，许多供应商当然也会被迫提高生产效率，压低生产成本。所以,劳动力成本更加低廉的供应商会大量出现在宜家的名单上,中国就是其一,它是宜家最大的采购国(15%)。

所有的供应商接到宜家贸易机构下达的订单之后,都会努力工作并保证按时交货。实际上宜家为其所有的供应商设定了不同标准和等级,并且时常去考核它们。

宜家严格地控制着物流的每一个环节,以保证最低成本。1956年开始推行的"平板包装"就是为了降低运输成本和提高效率,而且节省了大笔产品组装的成本。为了进一步降低运输成本,公司还不断在产品上做文章,这包括适合货盘大量运输的杯子,或者抽掉空气的枕头。宜家把全球近20家配送中心和一些中央仓库大多集中在海陆空的交通要道,以便节省时间。

这些商品被运送到全球各地的中央仓库和分销中心,通过科学的计算,决定哪些产品在本地制造销售,哪些出口到海外的商店。每家"宜家商店"根据自己的需要向宜家的贸易公司购买这些产品,通过与这些贸易公司的交易,宜家可以顺利地把所有商店的利润吸收到国外低税收甚至是免税收的国家和地区。

因此,整个供应链的运转,从每家商店提供的实时销售记录开始,反馈到产品设计研发机构,再到贸易机构、代工生产商、物流公司、仓储中心,直至转回到商店。当然,这套供应链的运转,是在宜家服务集团的支持下才能完全奏效的。例如,服务机构下面的物流部门才能清楚地知道商店的货物状态(何时缺货或者何时补货等)。"新加坡的亚太区IT中心,保证了整个地区的系统稳定。"宜家中国公司公关经理许立德说。

供应链的高效率和低成本成为明显的优势,这直接决定了宜家可以在必要的情况下降低价格,促进销量。

3. 销售引擎。仍然很难确定是哪些因素让越来越多的顾客走进宜家的商店购物。因为宜家有很多的销售引擎。

价格是这个致力于"为大众提供买得起的家具"的公司的重要手段。宜家对价格天生就敏感,这可以解释为什么英格瓦要坐经济舱来中国,又会在北京秀水街为一条100元的裤子讨价还价,这可不是"作秀"。"定价"算得上是宜家的精髓,它直接决定销售状况。

但是,宜家可不能像沃尔玛超市或者其他家居零售商那样随时降价促销。因为所有的商品都是宜家自己专利并委托生产的,只要生产出来,它永远都是宜家的资产了;没有退货的说法,如果卖不掉,就只能计做损失。所以,合理的"定价"是确保销售的核心手段。宜家的定价机制是"先设计价签,再定产品"。宜家的设计人员参考了所有宜家商店的销售记录，以及同类竞争产品的状况，按照"价格矩阵"设计产品，并且保证这个产品的价格是最有利于销售的，比如，低于市场价格30%。

在宜家的商店里，没有"销售人员"，只有"服务人员"。他们不被允许向顾客促销某件产品，而是由顾客自己决定和体验，除非顾客需要向其咨询。它靠什么促进销售呢？宜家为每一件商品制定了精致的"导购信息"，顾客可以自己了解每一个产品的几乎所有信息（价格、功能、使用规则、购买程序等）。商店还设立了各式的样板间，把各种产品进行组合。样板间成为宜家的"产品模特"，它在销售掉许多产品方面功不可没。由于控制了销售渠道，许多时尚消费品公司看中了宜家，它们希望把自己的产品摆在宜家的全球商店的样板间里进行展览，这包括苹果电脑、飞利浦电子等著名公司的产品。这不但有利于宜家销售自己的家居产品，而且赚取了一笔可观的收入。有消息称，苹果电脑希望在宜家的商店设立销售专柜——沃尔玛和所有在零售渠道上做文章的公司要注意了！

另外的问题是，许多不买东西或者只买打折、甩卖产品的顾客光顾宜家并不是好消息：他们不能给商店带来利润，相反却增加了商店的运营负担。索性放弃这些顾客吗？当然不是。宜家在所有的商店设立了餐厅，这些顾客很可能会消费一把，宜家餐厅全球的年收入高达16亿美元。另外，这些顾客客观上帮助宜家进行产品的销售测试，因为宜家许多摆放展览产品在展览时接受了电子检测仪器的测试，记录这种产品的抗疲劳能力，比如，抽屉开关的次数，沙发的承载受力等。

由于集团内部管理权限的复杂，并为了保证对产品价格、销售记录以及专利权的维护，宜家拒绝批发其产品，坚持由商店直销，对大宗购买客户也不提供"让利"服务。"中国的一些房地产公司希望大宗采购宜家的产品，来获取优惠，被我们拒绝了！"许立德说。

但是，据说宜家也打算完善它的销售手段，这包括网上销售、大客户一站式采购、电话销售、合作销售等方式，这可能会让这台"销售机器"更加灵活。但是，宜家否认它会凭借自己强劲的销售渠道控制其他非家居产品的销售。当然，不少零售公司肯定认为这将是"骗人的谎言"。

实际上，这个全球最大的家居用品零售商并不满足于仅仅控制全球最大的家居产品渠道，最终覆盖全球的不仅是宜家专有的商店，更包括宜家专利的产品及宜家机构的品牌（请注意，沃尔玛的连锁商店的确很出名）。从这个意义上说，宜家是全球唯一这么干并且取得成功的营销机构。另外，宜家也不仅仅是卖家居产品的公司,它还有金融、房地产和自己的铁路公司,盈利状况也都不错。谁知道未来它的"胃口"有多大呢!

(三) 解析宜家

瑞典宜家是 20 世纪中少数几个商业奇迹之一,从 1943 年初创从一点"可怜"的文具邮购业务开始,不到 60 年的时间就发展到在全球共有 180 家连锁商店,分布在 42 个国家或地区,雇用了 7 万多名员工的企业航母,成为全球最大的家居用品零售商,还赢得了 Interbrand 发布的全球 100 强最有价值品牌中排名第 44 位的荣誉。

据宜家公司公布的 2003 年财政年度经营报告显示,宜家 2003 年财政年度的全球营业额为 115 亿欧元,其中在中国的销售额达到 7.13 亿美元,比上年同期增加了 24%。而自从 1999 年进入中国市场以来,宜家的销售额每年都实现了两位数的增长。

短兵相接的市场竞争中,众多国际巨头们在中国的神话一次次破灭,而来自瑞典的宜家公司销售额凭什么以 25% 的速度递增?在家居市场的春秋战国中,依然让消费者如此痴迷?其家居运行模式可以总结为:一二三四,即一个核心、两个攻略、三个营销和四个支点。

1. 一个核心:"娱乐购物"的家居文化。"宜家"在利用品牌标识,塑造品牌个性方面堪称典范:深蓝的矩形框内接着鲜黄的椭圆,其中用深蓝的黑体英文字母"IKEA"。

据有关行业人士赞叹:品牌标识的简洁、敦厚象征了家具用品的可信任性、耐用性和简洁性。在这里,几何图形的妙用塑造了"宜家"独特又蕴涵深意的品牌标识。矩形、圆形都是家具较常采用的图形,深蓝与鲜黄也是现代家具中常用的色调。由这些旧元素新组合成的品牌标识让人自然地联想到"宜家"的行业特点,同时也给人以稳重、朴实之感。

其实,最重要的是,宜家一直以来都倡导"娱乐购物"的家居文化,他们认为,"宜家是一个充满娱乐氛围的商店,我们不希望来这里的人们失望"。宜家最先将"家居"这个全新的概念引入中国,一般的家具商店在人们心目中是一个很死板,没有美感的家具"仓库"。但宜家以独有的风格,将商场营造成了适合人们娱乐的购物场所。它蜿蜒的过道,造型奇异的家具,手感舒适的床上用品,还有耳边袅袅的音乐……人们在这里购物完全成为了一种享受。

实际上,很多来宜家的人都不是纯粹来购物的,他们已经习惯性地把它当做了一个休闲的地方,顾客在这个环境中会不知不觉被"宜家文化"所感染。宜家文化让顾客体会到:原来厨房可以如此整洁大方、井然有序,客厅可以如此色彩缤纷、功能丰富，卧室可以如此温馨无比、风情万种。顾客在宜家不但可以买到称心如意的家具或家居用品，更重要的是，也学会了色彩可以这样搭配，杂物可以那样收纳，等等，许多的生活常识和装饰灵感在这里悄然迸发。久而久之，宜家成为家居的代名词。

2. 两个攻略：低价＋连锁。

攻略1：有价值的低价格。"宜家的市场策略是为中国人提供廉价的家居解决方案"。这是宜家中国负责人的目标。在今天的宜家店里，代表降价商品的黄色标识正在增多。

2003年9月1日，全球家具销量排名第一的宜家家居在华销售的1000种商品全部降价销售，2003年的新产品目录册中，平均降价幅度达到30%以上。其中最大降幅达到65%左右。宜家公司中国市场的营销策略是将大众路线执行到底，即降价再降价，其未来目标顾客将锁定家庭月平均收入为3350元以上的工薪客户群体。这是成立60年的瑞典宜家进入中国市场6年后的一次重大决定。

按照预期，宜家计划在2005年在中国占领相当的市场份额，并将业务覆盖全中国各个核心城市。宜家在中国新策略的核心，是通过产品与成本——也就是更多、更好、更便宜的商品赢得中国市场份额的增加。为了调动中国百姓的口味，宜家正加速推出新产品，更多简单实用的新产品。据不完全统计，宜家保持着15%的产品更新率。

宜家采取的策略是非常稳健的，先进行精品、高档的形象铺垫，然后进行循序渐进的价格滑落，这使顾客始终感觉宜家产品的价格不太高，又不让顾客觉得是便宜货，保持着"有价值的低价格"的策略点。

攻略2：连锁店模式。1999年，北京虽然有几十家家具市场，但并没有特别知名的品牌，市场已经积蓄了可观的家居消费能力。此时，宜家进入中国市场不仅恰到好处地把握了进入中国市场的时机，随后，随着中国家居市场消费能力的不断增长，宜家不断适应中国国情做出灵活的变化，开始扩张的进程。宜家的近期目标是在中国开10家店左右，这与人们对宜家认知的加深是相吻合的。

在中国，宜家开店计划是有张有弛的——至今只在北京和上海各有一家店。明年，上海将有一家新店开工，今年5月宣布的北京望京店也将和上海新店一样按照宜家标准来设计，预计在2005年初开始营业。到2010年，北京将有3~4家宜家。广东是另一个中心，深圳南山店已呼之欲出，广州店也提上了日程。

为了获得足够的访问量，宜家家居店需设在交通便利繁华的地区，并具备一定规模。北京店设在三环边儿上，营业面积是 1.54 万平方米。即将开业的上海店是 3.2 万平方米，同样设在交通便利地区。

宜家的张弛相宜，告诉中国众多企业，盲目扩张是错误的，循序渐进才是制胜之道。

3. 三个营销：透明、DM、一站式。

（1）透明营销。宜家商店采用自选方式，以减少商店的服务人员。在宜家商店没有"销售人员"，只有"服务人员"。他们不允许主动向顾客促销某件产品，而是由顾客自己决定和体验，除非顾客需要向其咨询。

第一，体验感觉第一。作为返璞归真的现代营销手段，宜家的体验营销在中国迈出了艰辛的步伐。仅仅免费无条件退换这一条，就让人想起安利的中国之旅，精明的国内消费者是如何使国际巨头手足无措。宜家为什么能够坚持下来，首先是产品不同，宜家的产品质量使商家有足够的信心下赌注。在宜家你可以亲身体验产品，包括对产品进行破坏性实验。在宜家购物，你会发现与很多家居市场有着根本上的不同，因为你完全可以自由的选择你喜欢的逛商场的乐趣，因为轻松、自在的购物氛围是宜家商场的特征。宜家强烈鼓励消费者在卖场进行全面的亲身体验，比如，拉开抽屉、打开柜门、在地毯上走走、试一试床和沙发是否坚固，等等。

跟国内的很多家具店动辄在沙发、席梦思床上标出"样品勿坐"的警告相反，在宜家，所有能坐的商品，顾客无一不可坐上去试试感觉。宜家出售的一些沙发、餐椅的展示处还特意提示顾客："请坐上去！感觉一下它是多么舒服！"

此外，宜家的店员不会像其他家具店的店员一样你一进门就对着你喋喋不休，你到哪里她们跟到哪里，而是非常安静的站在另一边，除非你主动要求店员帮助，否则店员不会轻易打扰你，以便让你静心浏览，在一种轻松、自由的气氛中做出购物的决定。

第二，顾问信息指导。消费者在购买一件商品的时候，心里通常有的疑问会是，目前选择这么多，凭什么让我选择你？还有很多消费者在很大的购物场所里面经常迷失方向，因为商品的种类太多，不知道每一件商品究竟是什么样的，这在一定程度上增加了消费者的决策时间和决策成本。国内很多家居商场采取的是通过店员的详细介绍来说明每一件商品的特点，但是，宜家没有选择这样做，宜家将营销的信息全面公开和透明，完全打破了消费者的顾虑，并节省了消费者的时间。

IKEA精心地为每件商品制定"导购信息",有关产品的价格、功能、使用规则、购买程序等几乎所有的信息都一应俱全。宜家总是提醒顾客:"多看一眼标签:在标签上您会看到购买指南、保养方法、价格。"就是一个简单的灯泡,宜家也可以将其灯泡的特点完全展示出来。就连你不懂怎样挑选地毯,宜家也会用漫画的形式告诉你:"用这样简单的方法来挑选我们的地毯":一是把地毯翻开来看它的背面;二是把地毯展开来看它的里面;三是把地毯折起看它鼓起来的样子;四是把地毯卷起看它团起来的样子。每个顾客在做出购物决定之前,如果对所购商品的特性一无所知,那么他肯定就会感到手足无措,如果是在别人劝说之下做出的决定,买回去如果发现问题就会大呼上当,带来不好的感受,因此,宜家采取了一种顾问式的营销方式,将每一个细节都考虑进去,来指导消费者快速做出购买决定,因此它出售的几乎都是完全符合用户要求的产品。

第三,透明得让你心动。在宜家,用于对商品进行检测的测试器总是非常引人注目。在厨房用品区,宜家出售的橱柜从摆进卖场的第一天就开始接受测试器的测试,橱柜的柜门和抽屉不停地开、关着,数码计数器显示了门及抽屉可承受开关的次数。看了这些介绍,再坐上去亲身感受一番,你还会担心自己购买后上当吗?可能你仍不放心,但那也不要紧,宜家的《商场指南》里写着:"请放心,您有14天的时间可以考虑是否退换。"14天以内,如果你对已购货品不满意,还可以到宜家办理更换等值货品或退款手续。

(2) DM营销。宜家有精美的目录,这样类型的宣传手段在国内市场已经泛滥,每当节假日在商场广场发放单页的促销人员令人避之不及,可是宜家真的不一样。宜家的DM制作之精美,融家居时尚、家居艺术为一体,让你从中学到不少家居知识。从设计到印刷成册,不得不用"精致与完美"来形容,你可以不买,但是,你不可能不看,宜家就是这样自信——用细节体现价值。

手册一直被视为世界家具流行趋势的向导。宜家不惜成本向锁定对象免费散发目录手册,一是展示世界大牌的身价,二是树潮流领袖的权威。对宜家而言,向锁定的消费群散发目录手册远比铺天盖地的广告廉价和有效得多。宜家进入中国伊始,同样是采用这一方式,而且取得了一定的效果,宜家目录可以说是自我包装的巅峰之作。

(3) 一站式营销。宜家很少有孤零零的商品展示。在北京西城区的宜家家居商场二楼的烹饪用品区,你会看到一张餐桌,几把竹椅,餐桌上摆放着高脚玻璃杯、咖啡壶、闪闪发亮的刀叉、精美的瓷盘,以及鲜花和果蔬。当然,在三楼展示餐桌和餐椅的地方,你也同样能看到以上餐具的装点。另外,床上用品区的被子、床单、枕头和抱枕总是在各式大床上展示它们的效果；而三楼展示卧床的地方，当然也少不了床上用品的铺陈。更别说那些厨房、书房、客厅、卧室、浴室和"家居办公室"的示范室了——它们往往集中了宜家家居所贩卖的大部分商品品种，摆放有序，像一个真"家"那样设施齐全，风情万种。商品的交叉展示，既是宜家卖场的展示风格，又是宜家家居的经营风格。目前在国内，除了大型的百货公司和购物中心，家具一般只在家具店里卖，而锅碗瓢盆、玩具灯具等则往往又是超级市场货架上的商品。

亲身购物的连锁反应。商品的交叉展示，既是宜家卖场的展示风格，又是宜家家居的经营风格。在宜家家居，顾客可以买到几乎所有的家居用品，它们本来就都是配合使用，不可或缺的，干吗要把它们人为地分开呢？其实，这可以说是宜家最聪明之处。本来你只是想买条窗帘的，可到那儿一看，样板间中展示的窗帘杆、挂钩，还有百叶窗，也都不错。旁边不远就是跟窗帘配套的床上用品，也不由你不动心。所以，今天你很有可能为此而"破产"，还乐滋滋的抱着那些让你爱不释手的"家什"。

4. 四个支点：成本、品牌、管理、物流。

第一个支点：成本控制。宜家的成本控制可以说是宜家所有文化的轴心。IKEA 的研发体制也非常独特，能够把低成本与高效率结为一体。IKEA 发明了"模块"式家具设计方法，这样不仅设计的成本得以降低（因为基本每一种设计都是可制造的，不会因为大量的设计方案不具备可实施性而去莫名地浪费成本），而且产品的成本也能得到降低（模块化意味着可以大规模生产和大规模物流）。

首先，宜家先定价格后生产。大多数生产厂家一般总是先设计产品，然后再决定这样的产品该卖什么价。但宜家的产品设计师却在产品设计前，心里先盘算一个价格，然后再挑选品质相当的材料，并且直接和供应商研究协调如何降低成本，这样在降低成本的同时也不会影响产品品质。

此外，在价格先行的导向下，宜家鼓励供应商之间竞争，并且努力在全球市场寻找劳动力更加低廉的供应商。

最后，宜家还将利用边际环节降低成本。这其中有两个最明显的事例。第一，作为全球最大的家具零售商，宜家从不放弃利用"废弃的边角料"。例如，他们发现在中国东北林区有大量的白桦树的树梢堆放在林地，林区将这些木材看作没用的下脚料。但宜家却将这些材料采购，成功地将这些材料制成了各款家具。现在的宜家店里有很多用白桦树做的家具。第二，在宜家购买商品，顾客可以选择付费送货，但一般是自己搬回家，不像中国的其他家具店，可以送货上门。另外，家具运送到家后，顾客还要自己组装，宜家卖出的一般是散件。这也是宜家降低成本的一个重要环节。宜家将散装家具称为平板包装家具。在宜家的经营理念中，平板包装意味着降低成本。宜家公司负责产品运输的经理经常挂在嘴边的一句话就是："我们不想花钱运空气。"平板包装最大程度的利用了空间，从而降低了运输成本。

第二个支点：品牌控制。对于绝大多数零售商而言，制造商品牌依旧是主流，中间商品牌只能是一个有益的补充部分，绝不可以"喧宾夺主"。无论是沃尔玛还是家乐福都是如此。这实际上就意味着仅仅控制了品牌的渠道，却无法控制品牌的权益。然而，宜家并不满足于仅仅控制哪怕是全球最大的家居产品渠道，它更希望自己的品牌以及自己的专利产品能够最终覆盖全球。基于此种理念，宜家一直坚持由自己亲自设计所有产品并拥有其专利，每年有100多名设计师在夜以继日地疯狂工作以保证"全部的产品、全部的专利"。所以，对于宜家而言，绝不会存在所谓的"上游制造商"的压力，也没有任何一家制造商能对它进行所谓的"分销链管理"。

第三个支点：管理控制。宜家品牌的塑造和低成本运作模式的成功离不开它成功的管理模式。

在商品通路管理上善于利用自己对制造厂商的影响力，为家具制造商营造"赛马"机制，对自身的"零售终端"身份实现超越。这是一种经过实践证明比较成功的管理模式，进入中国后宜家没有对它进行彻底的"大换血"，而是在适应中国本土化的过程中做了适当的调整。比如，增加中国设计人员的数量；把在欧洲生产的产品拿到中国来生产；进行全球集中采购；将采购中心从新加坡转移到中国，在哈尔滨、青岛、广州、蛇口和上海设立了5个采购中心等。2002年，宜家在中国的采购量已经居全球首位，达到15%。

宜家的通路策略是绝对的不打折扣的直销，为了保证对产品价格、销售记录、专利权的维护以及整个销售体系的控制，宜家一直拒绝对旗下的产品进行批发，对大宗团购客户也不提供任何"让利"服务；另外宜家也不出租任何自己的柜台，连餐厅都是自己亲力亲为。

这种调整对宜家而言是明智的，这从1998年至今宜家快速增长的销售业绩上得到了印证。

第四个支点：形象控制。宜家规定了全球员工统一着装，并且，宜家员工的工服是以其宜家标志的底色——蓝色为主色调，配以"IKEA"的黄色为辅助色，强烈的突出工服的视觉效果。蓝色与黄色是康定斯基的"第一对重大对比"，"黄色是典型的世俗颜色，而蓝色是典型的天堂颜色"。由于绝对冷暖色的对比，黄色进取，蓝色消极；黄色富于侵略性，蓝色谨守限制；黄色锐利，蓝色柔软，如果把这种绝对对比放置于流行世界，不由得让人惊讶万分——黄色与蓝色正是宜家（IKEA）的 CI 色。

宜家精神是什么？宜家创始人英格瓦·坎普拉德有一句名言："真正的宜家精神，是依据我们的热忱，我们持之以恒的创新精神，我们的成本意识，我们承担责任和乐于助人的愿望，我们的敬业精神，以及我们简洁的行为所构成的。"宜家精神包含在产品开发、销售点滴之中，类似武林高手的暗器，是宜家最神秘的市场利器，使你无法逃避。

（资料来源：薛娜：《经典品牌故事全集》，金城出版社 2006 年版；侯贵松：《战略营销》，中国纺织出版社 2006 年版；刘松柏：《开创型战略》，中国经济出版社 2006 年版；孙川：《开拓型品牌》，中国经济出版社 2006 年版；周莹玉：《营销渠道与客户关系策划》，中国经济出版社 2003 年版）

二、思考·讨论·分析

1. 在 20 世纪 70 年代和 80 年代早期，宜家在向整个欧洲扩张时采取的是什么战略？
2. 宜家在西方国家发展起来的战略，搬到中国来行得通吗？
3. 企业在进行跨国经营时需要同时达到哪些战略目标？
4. 企业应从哪些方面着手进行跨国经营的市场选择？
5. 跨国公司的全球市场营销战略包括哪些主要内容？它与多国市场的营销战略有什么不同之处？

案例 6-2 微软公司成长的启示

一、案例介绍

1995 年 3 月，美国微软公司总裁比尔·盖茨在他还有 7 个月就进入中国人称之为不惑之年时，租用一列火车漫游中国。其实，他并不是专门来中国旅游的。其重要目的是向飞速发展的中国推销他公司生产的计算机软件。

盖茨这次中国之行，使得许多中国人首次认识这位计算机软件专家，世界首富。人们兴高采烈地谈论，盖茨如何从 900 美元起家，只用了短短的 20 年时间，挣得了 139 亿美元的财富，它的发家秘诀是什么？

1975 年，盖茨刚满 20 岁，由于他对计算机软件的兴趣，他从哈佛大学退学，与好友创办了微软公司。微软（MICROSOFT）是微型计算机（MICRO-COMPUTER）和软件（SOFTWARE）的缩写。这时的盖茨已是一个编制计算机程序的高手。但是，他仅仅只是一个编制计算机程序的高手，并不懂怎样进行公司管理。由于盖茨不愿受雇于人，于是他和好友创办了自己的公司。这是一个"两人公司"，生产设备是一支笔和一叠白纸。他俩租用了城郊一间俭朴的公寓，两人一起编写一种用于计算机的 BASIC 语言，准确地说，是改良型的 BASIC 语言。

在几个月之后，盖茨的公司卖出了他们自己编制的 BASIC 语言。这是一笔成功的生意，使公司第一年获得了 10 万美元的收入。这使盖茨和他的朋友受到了很大的鼓舞。这时，盖茨开始认真考虑设想计算机软件这一重要商品的发展前景。

在 20 世纪 70 年代，当时美国的个人计算机还没有普及，许多人并没有意识到计算机软件是一种重要商品，而且，对于这种商品的特殊性也没有深刻的认识，因为它和传统商品有很大的区别，它的重要特征是可以任意复制。可以任意复制对计算机用户来说，不仅是非常重要而且是必不可少的，它可使用户廉价快速得到自己所需要的软件。但是，这将给软件制造商带来极大的苦恼，面对猖獗的盗版活动，他们认为软件是一种无利可图、没有前途的商品。

盖茨的高明之处是没有因这一困难而舍弃和退缩，他认为，只要有法律而且法律起着作用，我们终究是会赚钱的。他很肯定地认为，软件是一种有非常远大前途的商品。就在这时，许多计算机软件编制人员，都到大的计算机硬件制造公司谋生，例如，"蓝色巨人"美国 IBM 公司就网罗了许多计算机软件编制人才。而且，这家公司也曾希望盖茨到他们那里工作，但盖茨决意不去，而要自己独立干。

这时，虽然盖茨还是与他的朋友继续编制软件出售，但是计算机制造商并不会找上门来购买他们的产品，盖茨想坐等顾客上门是不行的，这就迫使盖茨不得不放弃专门编制软件这项他所熟悉的工作，而是坐到公司经营者的位置上来。由一个软件编制的技术人员转到软件经营者的位置，他大量的时间都用来与各大计算机公司谈判，推销公司生产的软件。盖茨每两周要从公司总部所在地西雅图至 IBM 公司所在地迈阿密总部往返一次，这两个城市正好处在美国西北角和东南角，这个距离相当于我国的广州至乌鲁木齐。这种艰辛旅途中的谈判与相互了解，使微软公司与 IBM 公司建立了良好的合作关系。

1980 年年初，一直对个人计算机不屑一顾的"蓝色巨人"IBM 公司，希望一年之内完成个人计算机的设计工作。IBM 公司邀请微软公司派人参加设计工作，具体地说，就是要求微软公司帮助开发计算机的操作系统。

盖茨当时果断决定承担这项任务。但是，开发计算机操作系统并非微软公司的强项。而盖茨考虑到微软公司高级计算机语言如 BASIC 的市场，他不能失去 IBM 公司这个主顾，更不愿见到 IBM 公司因采用另一种操作系统而放弃使用微软公司的语言软件。因此，盖茨在仅仅从 IBM 公司得到 1.5 万美元的转让费的条件下，同意与 IBM 公司进行合作，承担了编制计算机的操作系统这项繁重的任务。

很显然，这完全是亏本的买卖。虽然微软公司也可以最后从第一版操作系统中获得版权，但是，在这个操作系统的前途未定之前，在 IBM 公司个人计算机的前途未定之前，盖茨明显地承担着极大的风险。

更大的风险还在于微软公司的强项不在计算机操作系统，如何去兑现向 IBM 公司提供操作系统的承诺，由自己公司干是没有把握的而且在时间上也很难满足 IBM 公司的要求，唯一的办法是去找其他公司购买或合作。微软公司找到西雅图计算机公司，要求这家公司转让其刚刚设计成功的计算机操作系统，开价 5 万美元，并许诺制造公司在出卖这一计算机操作系统的所有权之后，仍可以继续使用这种操作系统，还可以免费运用这种操作系统的升级版本。看起来西雅图计算机公司将一无所失而净得 5 万美元。

盖茨十分高明的思路在于他已看到了这种即将成为 IBM 公司所使用并被推广的操作系统，完全有变为行业标准的可能性。但是，西雅图计算机公司一无所知，而且从未想过。

盖茨决心成为这种操作系统的拥有者。只有他知道，这是他与 IBM 公司合作的关键所在，也是他成功的关键。而这时面对丰厚的报酬条件，蒙在鼓里的西雅图计算机公司还认为，他们所拥有的操作系统的未来成功与否还是未定之数，两鸟在林，不如一鸟在手，决意出卖这一操作系统，况且公司还能同样获得使用权。

经过谈判，微软公司轻易地拿到了西雅图计算机公司转让这种操作系统所有权的合同，这时盖茨欣喜若狂。

1981 年 8 月 12 日，就在微软公司与西雅图计算机公司达成协议的第 10 天，IBM 在纽约正式展出其新型个人计算机。

IBM 公司的确是一个"蓝色巨人"。到 1982 年 8 月，IBM 公司共售出了 13533 台个人计算机。一年后，IBM 公司售出的个人计算机超过 50 万台。IBM 公司真可谓不飞则已，一飞冲天，在个人计算机市场上独占鳌头，其制造的个人计算机很快成为行业标准，而微软公司由于是 IBM 公司个人计算机的操系统供应商，也水涨船高，成为美国最大的软件生产企业，其所编制的操作系统也理所当然地成为行业标准。

现在我们回过头来看，微软公司只用了 5 万美元，从西雅图计算机公司所获得的不仅仅是一套不够完善的计算机操作系统，而是一个巨大的软件市场。由于微软公司的远见卓识，从而获得了巨大的财富。

微软公司的税后利润率很快达到了 34%，这是一个十分惊人的利润率。若仅从这方面看，微软公司不成为上市公司，更能保持其现有利益。但公司不上市，同时也将面临着更大的压力。计算机行业中的苹果公司早在 1980 年 11 月就已成为上市公司，这一举措给苹果公司带来了巨额财富，更增添了该公司的竞争力。最使微软公司担心的是，其主要竞争对手莲花发展公司和阿森塔特公司的股票也已于 1983 年上市，并获得了巨大的成功。显然，对于盖茨来说，公司是否上市已不是个人兴趣问题，而是在前进道路上的一种新的战略选择。

1985 年，微软公司着手准备上市方案，盖茨考虑着如何在股票上市过程中采用某种新的策略，能使股票很快升值。于是，微软公司选择了两个承销商共同办理上市销售。其中一个主持华尔街方面的交易机构，具体担当主要承销商，组建一个承销商辛迪加并在他们当中分派股票。第二承销商负责集团投资事务。这样做的目的是让公司上市前的工作做得尽善尽美。

盖茨还答应《财富》杂志的主编，他将允许一名记者追踪报道股票上市情况，并且为此事与《财富》杂志签署了合作协议。根据协议，《财富》将提前刊登关于微软公司将要上市的文章。这是一步险棋，微软公司的股票承销商和律师极力反对。因为，在股票上市后，如果价格下跌，愤怒的投资者可以从报道中找到证据，控告微软公司误导，许多这么做的公司是吃过苦头的。

但是，盖茨决意这么做，《财富》关于微软公司股票上市的文章"出笼"后，大众传媒开始刊登微软公司将于近期上市的文章。人们议论纷纷，微软公司股票还没有上市，就已经在公众心中热了起来。

微软公司预计将出售价值 4000 万美元的股票，也就是说，微软公司 12% 的股票公开交易。

微软公司的特色之一是，所有公司的高级管理人员都是公司的股东，这也是该公司迅速发展的秘诀之一，其中盖茨拥有的股份最大，有 1100 多万股，占总数的 41%。公司第二号人物拥有 640 万股，将近占 24%。还有一家名为 TVI 的公司，拥有 137 万股。尽管微软公司是从两人起家，并不为两人所有，但只有少数股票公开交易。

上市方案确定之后，盖茨及其公司要员开始在各个城市奔走，推销公司股票。而推销往往搞得像节日舞会一般热闹。为了让公司股票有更多的购买者，盖茨还跨出国门，到西欧的重要城市巡回演讲，争取更多的股票购买者。

经过一系列精心策划的宣传活动，加上微软公司优异的业绩，公司股票上市活动获得惊人的成功。1986年3月13日，微软公司股票上市第一天，共成交360万股，收盘价为29.25美元，比开盘价涨了3.855美元，比微软公司上市前约定的21美元的价位高出8.25美元。一周内，每股涨至35.5美元。一年后，也就是1987年，微软公司股票已冲至每股90.75美元，并继续向上攀升。这就使比尔·盖茨成为世界级富豪。应该说，盖茨个人发财与否并不重要，重要的是，微软公司因为成为上市公司，获得了一笔巨额的公众投资。从此，微软公司开始成为计算机领域的"巨人"。

掌握了充裕的资金就使微软公司能够开发更多更好的计算机软件。

1986年，微软公司开发成功WINDOWS1.0版本，并在一年内售出了50万套之多。

1987年，WINDOWS2.0版本和一种WINDOWS3.0版本正式推出。微软公司开始具备了相当的力量与IBM公司展开一场软件世纪大战。

应该看到，美国计算机行业两大巨人之战的最终裁决权主要并不在他们自己手上，而取决于他们的战略与策略以及市场与用户。

一般来说，好的软件可能受欢迎，但它不是绝对受欢迎，这涉及市场结构、消费者心态、营销体制等多种因素。最后的结果是微软公司能够独霸软件市场，主要得益于盖茨有一套独特的战略与策略思路和巧妙的做法。

举例来说，1990年5月，微软公司开发的WINDOWS3.0正式向市场推介。这是一个很具有特色的产品发布会。

那一天，美国纽约市立戏剧中心披红挂绿，张灯结彩，6000余人欢聚一堂，共庆WINDOWS3.0问世。庆典会的热烈场面通过卫星转播，传到了美国7个城市的分会场。此外，伦敦、巴黎、马德里、斯德哥尔摩、墨西哥城、悉尼、新加坡等五大洲12个都市同时举行盛大的产品发布会。

那一天，为了给WINDOWS3.0鸣锣开道，微软公司拿出300万美元的巨额宣传资金，如果包括现场演示、赠送试用等活动经费，那么，为WIN-DOWS3.0的出台共耗费了将近1000万美元。盖茨对记者们承认："这是微软公司有史以来最盛大、最昂贵的一次软件发布会。"这样做是否值得呢？更有甚者，5年后，这一纪录又被微软公司自己打破了。盖茨为了在全球掀起抢购

WINDOWS95 的热潮，做了精心策划：

在公司总部所在地西雅图向数千名支持者演示 WINDOWS95 的部分功能；

在纽约最高的建筑物之一帝国大厦的顶上，竖立着微软公司商标形象的霓虹灯；

花费 1200 万美元购买著名的英国"滚石"乐队一支流行歌曲，作为广告专用；

在电台、电视台进行"密集轰炸"式的广告宣传；

买下整章英国《泰晤士报》一天的发行量，印上广告，免费分发。

这样花样百出的宣传行动耗资达 5 亿美元。

对此有人说，这是盖茨财大气粗的表现，其实不然。盖茨在生活中是属于那种近乎俭朴的人。盖茨酷爱水上运动，当他已是亿万富翁时，下决心买一条快艇。他在商店转悠了一整天，在关门之前，才决心花上 1.2 万美元买一条划水船，这条船当然相当不错，但远不是最快，更不是最昂贵的快艇。

那么，盖茨为何每次在公司一个新的软件上市时，却"挥金如土"地大搞宣传活动呢？

盖茨所开展的活动，不是单一地推销一种产品，他是在为公司营造一个"聚宝盆"。每一次新产品宣传活动，都起到了"一石数鸟"的作用：首先，使新产品得以畅销。WINDOWS3.0 上市以后即创日销量 10 万套的纪录，雄踞世界软件排行榜榜首。其次，其最为重要的设想是，通过这些活动，使公司的知名度大为提高，无形资产得到巨幅增加。每一次新的软件推出，加上震撼人心的宣传活动，逐步实现了微软公司在全球家喻户晓的目的。作为一个生产高技术产品的企业，欲达到这种程度，实在不是一件容易的事情。可口可乐公司的老板称，即使公司的所有有形资产都付之一炬，可口可乐这个招牌还可值 300 亿美元。尽管微软公司创立只有短短 20 年，但和可口可乐这个百年老店相比，其无形资产的价值并不逊色。因为，当某家公司由产品的特别出色而接近家喻户晓时，它的无形资产就已经不低了。

（资料来源：中国互动出版网，www.china-pub.com）

二、思考·讨论·分析

1. 在微软公司的发展中，比尔·盖茨做了哪些重大战略决策，你对这些决策有什么看法？

2. 微软公司的发展史给人们什么启示？你有何体会？

3. 比尔·盖茨的哪些行为体现了企业家应具备的素质？

案例 6-3　双汇 VS 雨润：品牌是这样生成的

一、案例介绍

新中国成立以前，延续了数千年的中国肉食文化，一直依赖着自宰自销、手工作坊的"凌晨杀猪，清晨卖肉"等传统的个体方式，从来就没有形成大规模的产业加工方式。直到 1958 年前后，新中国接受和引进了苏联的经济和技术援助，才在全国主要区域的核心城市建立了规模化、工业化的屠宰加工厂。但计划经济时代的肉类消费凭票供应，所以，肉类加工厂一直在温暖的"襁褓"中舒舒服服地过日子。1984 年，我国进行了经济体制改革后，各肉类加工厂皆被强行"断奶"，扔进了市场。作为中国乃至亚洲前十大的北京肉联、广州肉联、哈尔滨肉联等企业皆纷纷衰落，肉类加工产业整体陷入了空前的困境，哀鸿遍野。

在这种背景下，双汇集团和雨润集团却坚定不移地在既定的战略下默默地耕耘，从而创造了中国肉类行业由本土品牌雄霸市场的局面，并大力推动了中国肉类产业的长足发展。

（一）王者之道：不同战略相同结果

战略左右着企业业绩的短期增长，也决定着企业的最终成败。

双汇采取了企业品牌的经营战略，使高温、低温、速冻、中式、冷鲜等各大类肉制品在企业品牌——双汇的强大担保和品牌背景作用下，取得了消费者的信任和喜爱。而雨润则在重点发展低温肉制品的同时，采取的是产品品牌战略，分别推出了高温肉制品、中式肉制品、冷鲜肉等多个品类产品。

两大品牌各就其位，分别取得了各细分目标群体的青睐，抢占了肉类制品的各细分市场。

从销售量和市场份额来看，目前双汇各种肉类制品的综合市场占有率、销售量、销售额等都比第二品牌高出数十个百分点而遥遥领先，双汇已经成为中国肉类市场当之无愧的领导品牌。2004 年"中国最有价值品牌 500 强"的排序中，双汇的品牌价值高达 77.12 亿元。目前雨润的综合市场占有率、销售额位居老二，其中在低温肉制品单一品类市场的占有率、销售量、销售额从 1998 年以来一直是第一位，低温肉制品单一品类领域里的王者地位无人能撼。在由世界品牌实验室和世界经济论坛联合主办并发布的 2004 年"中国 500 家最具价值品牌"中，雨润的品牌价值已经达到了 21.76 亿元。

双汇经历了1997年高温肉制品的最残酷的竞争,靠采取主副品牌的战略——"双汇王中王"一举扭转了局面,把春都斩于马下,登上了肉类制品市场占有率、销售额、产值综合指标第一的王者宝座。其企业销售额、产值每年以10亿~20亿元的规模递增,2003~2004年更出现了年增40亿元的高速发展盛况。2004年,双汇销售额高达160.5亿元,首超五粮液,不但雄踞中国食品工业百强之首,还登上了全球肉类工业前三强之列。

2000年以前,雨润主要集中在低温肉制品品牌——雨润在打造上,年增长一直在2亿~4亿元。此后,在双汇等高温制品为主导的厂家看到雨润在低温市场取得的快速增长,纷纷加速对低温市场的争夺战。雨润则乘机推出多个产品品牌,分别进入了高温、中式、速冻和冷鲜肉市场,2000年后每年增长都在10亿元以上,2004年的销售额更达到了79亿元。

实际中,如果从增长速度和发展潜力的比较指标来看,雨润较之于双汇更加出色。

(二)品牌战略:企业品牌与产品品牌

全球战略大师迈克尔·波特说:"战略就是差异化。"

事实上,双汇采取企业品牌战略是有历史渊源的。双汇前身是1958年设立的漯河肉联厂,从建厂到1984年连续26年亏损。经济体制改革断掉了长期的政府补贴,双汇犹如襁褓中的婴儿一下子被"断奶"。此后,双汇的境况一直不乐观:市场遭春都打压,而可用于宣传推广的资金也有限,再加上中国长期的计划经济影响,让老百姓形成了只认规模和实力强大的企业名牌意识,因此,集中资金打造企业品牌战略就成为双汇唯一的出路。于是,无论是高温、低温、中式肉制品还是速冻制品、冷鲜肉、冻分割肉全部打上了企业品牌双汇的LOGO,就连内部供应的PVDC、纸箱、骨素和香精也全部有双汇的标签。

1997年,因自然灾害玉米减产,造成生猪收购价格和成本大幅度飙升,来自山东的肉类巨头金锣则祭起价格战大旗,春都、郑荣在这场恶战中兵败如山倒。此时,双汇却成功地推出了副品牌——"双汇王中王",并以添加大瘦肉块作为产品卖点、以热播的"狮子王"为吉祥物、以双汇这个企业品牌为强大品质背书,在价格恶战中异军突起,连续多年热销全国,"双汇王中王"成为中国高档火腿肠的代名词,双汇更成为这场大战中的胜利者,将春都和郑荣衰退的大量市场收归囊中。

1998年,双汇为了加快低温肉制品市场的开发,与意大利著名食品企业——圣福特公司签订了紧密合作协议,向中国市场引进意大利著名品牌——马可波罗,生产低温火腿。产品投放市场后就以卓越的品质赢得了消费者的极大好感,成为东北区域市场的著名品牌。随后,双汇利用该品牌进行产品延伸,又成功地推出了高温产品。马可波罗品牌的引进,提升了企业品牌双汇的品质感、档次感和价值感,但双汇这个企业品牌始终占据着传播的主导地位。

雨润的品牌战略选择和其设立时期的行业背景紧密相关。当时,双汇、春都和金锣三大巨头整个垄断了高温肉类制品80%以上的份额,如果雨润也跟随选择企业品牌战略,在高温肉制品市场上拼个你死我活的话,恐怕无异于以卵击石。后来,就连1997年以前的龙头老大春都也惨遭市场淘汰的命运,这足以说明高温肉制品市场竞争的惨烈。

1994年,就在双汇、春都和金锣对低温肉制品市场前景不太看好、犹豫不决之际,雨润以敏锐的战略眼光,明智地选择了低温肉制品这个最具增长潜力的崭新品类,并把企业有限的资源集中投入到低温肉制品的打造上,从而成功的在铜墙铁壁般、以高温为主导的肉制品市场中撕开了一个缺口。等双汇、金锣等缓过神来已大大落后一步,雨润已在消费者心目中占领了低温肉制品的领导品牌位置。

尽管1998年以后双汇、得利斯、美国荷美尔等企业在低温肉制品市场上发起了一轮轮猛烈攻势,但雨润这个中国低温肉制品第一品牌的形象已经深深根植在中国老百姓的内心世界。

进入新世纪,雨润低温肉制品实现了单点突破,但其整体市场规模有限,而且消费者对其他类别的肉类制品需求依然非常强劲。为了取得市场份额和企业规模的快速增长,雨润在确保低温肉制品稳健发展的基础上,慎重地选择了多品牌战略,先后上马了高温肉制品、冷鲜肉、中式制品、速冻制品等。不同品类使用不同的品牌,雨润以多个品牌抢占了更多的细分市场份额,增强了企业集团的综合实力,同时还能够规避某一个品牌的危机对其他品牌的不利影响。

雨润针对低温肉制品、高温肉制品、生鲜肉产品、速冻食品、中式传统肉制品和焙烤肉制品6大类别分别设立了雨润、旺润、福润、雪润、福润得和法香6大品牌。这6大品牌统系着11个系列,计1000多种产品,并且每年还有200多种新品上市,由此组成了一个庞大的品牌家族。其中,雨润品牌下有脆皮牛肉肠、澳洲烤肉、腊肉、牛肉方腿等产品;旺润品牌下有鱼肉火腿肠、鸡肉火腿肠等产品;福润品牌下是生鲜肉系列产品,如冷鲜肉、冷冻肉等;雪润品牌下有水饺、汉堡包、汤圆等产品;福润得品牌下有回卤干、梅菜扣肉等产品;法香品牌下是面包、面点系列,主要有法式面包、面点等。

上述这些品牌的品类分别面对多种不同的市场地区和销售对象,并根据不同的产品进行组合,于是针对不同的目标市场建立了其风格鲜明的品牌形象。

(三)产业战略:产业聚焦和全国布局

双汇和雨润的成功,还得益于它们在产业战略上的成功。

在产业战略的选择上,两家公司在公司开创时和相当长的成长期间内,无不选择了主业突出的产业聚焦战略。这个战略保证了企业把有限的资源和精力投入到一个主业上,在确保主业真正成为行业第一品牌以及市场地位极其稳固的前提下,依靠主业的发展带动相关产业,相关产业又反哺主业,支持主业进行市场竞争。产业聚焦战略确保了两个企业把自己的优势资源集中于核心产业的发展上,而不是像春都那样四面开花,结果以主业"缺血"而亡。

双汇的产业聚焦战略,是在经过方便面产业投资试水失败后痛定思痛做出的选择。双汇体会到,如果主业未稳就上马其他产业,一是其他产业的经验成本极其高昂,很难保证成功;二是分散了主业的投入,造成主业地位不保。因此,双汇把肉类制品作为自己的核心产业,一切相关产业都只能是为主业的发展服务,而不是让相关产业或者主业单独的面对市场。因此,双汇先后上马了纸箱包装、PVDC肠衣、骨素、养殖、商业连锁、软件等相关产业,而这些全部是为了支持肉制品加工这个主业的发展,更好地参与肉类市场的竞争而服务的。

在产业发展战略上,雨润更是选择了集中再集中。主要是考虑到企业快速行进中的异地扩张和市场扩张都急需大量资金,而民营企业的资金筹措渠道有限,更多要靠自身滚动积累。在这种状态下,企业根本拿不出多余的资金用于其他产业的发展,甚至前期连低温肉制品的原材料,也是由全国规模较大的屠宰厂家供应而不是自己建厂生产。

在产业布局上,两者不约而同地做出了全国性市场布局的战略选择。这样的抉择,首先,因为中国是一个地理分布极广的庞大市场,各区域消费者对肉类的需求呈现出非常大的差异性,单一厂和单一口味的产品无法满足全国市场消费者的需求。其次,在各中心区域的中心城市设厂,可以拉近与消费者的距离,更好地满足消费者的需求,还可以大幅度降低运输成本。再次,充分考虑到国情,中国的生猪养殖是以千家万户的散养养殖为主的,在生猪主产区设立屠宰加工厂,可以解决高昂的运输成本,并保证原料的品质。

双汇的产业布局,有两种战略模式:一种是资源主导型,如在四川仁寿、内蒙古集宁、湖北宜昌、河南商丘等生猪主产区建立屠宰基地,确保了肉类制品加工原料的来源和供应;另一种是核心市场主导型,如在北京市、上海市、四川绵阳、辽宁阜新等地设立肉制品厂,体现了深入肉制品主销区、占据主要市场份额的战略意图。目前，双汇已通过合资、兼并等形式在四川、辽宁、内蒙古、河北、河南、湖北、湖南、浙江等省市建造了 18 个屠宰和肉类加工基地，年屠宰生猪 1000 万头，生产生鲜肉及肉制品 180 万吨。

雨润的产业布局战略则更与其产品品类本身的特点相适应。因为低温肉制品需要严格的冷链式运输条件，低温产品和冷鲜产品更有 300 公里销售半径的要求。所以，雨润要求加工基地离市场更近、半径更短、布点更密。因此，雨润选择了对传统肉类加工厂"兼并、整合"的模式。从 1996 年雨润成功地上演了被誉为"蛇吞象"——兼并南京市罐头厂以来，雨润在全国范围内重组、兼并国有肉类加工厂的战略一发而不可收拾，相继在江苏、安徽、河北、辽宁、四川等地收购了 17 家国有中型企业，投资近 10 亿元加以改造，盘活资产 6 亿元。雨润总裁祝义才一度被业内戏称为国有肉类企业的"收购王"。

从对全国市场资源的占有和控制以及基点布局的广度和密度来看，雨润的全国战略性产业布局的优势远远超过双汇。因为雨润在黑龙江哈尔滨、辽宁开原、北京通州、河北邯郸、河南开封等地先后设立了 36 家子（分）公司，也就是说，在全国 960 万平方公里的版图上，在 22 个省市的每一个行政区都至少有一家雨润的战略据点。

（四）渠道战略：连锁专卖店的博弈

推动企业快速发展的关键不是口号式的战略目标，而是商业模式的战略创新。事实上，传统的高温、冻肉制品销售渠道的争夺已经白热化，针对通路的渠道精耕、深度分销已经密不透风。价格大战更是此起彼伏，耗费了肉制品企业大部分的资源和精力。于是，行业领导者双汇引发了中国肉类消费五千年传统的战略创新，那就是在中国率先引入"冷链生产、冷链运输、冷链销售、连锁经营"的肉类营销模式，让中国老百姓吃上健康、安全、卫生和放心的冷鲜肉。

这种战略创新，实际上绕开了现代零售终端的高昂营运成本，自己创造性地开设了一个崭新的肉类制品销售模式，不仅可以零距离的和消费者沟通、及时了解消费者的需求、大幅度地降低企业的营销成本，还以独特的销售形式进一步扩大了企业品牌的知名度和影响力，更把竞争对手排除在自有渠道之外。从 1998 年开始，双汇把在全国建设 2000 家冷鲜肉专卖连锁店作为企业发展的重大战略，并通过直营、合资、加盟等方式，在北京、河南、四川、山东、湖北、湖南、河北和安徽开设了 500 多家连锁店。这种品牌店彻底改变了落后的、传统的肉类销售模式，所到之处无不引起人们的极大欢迎。

2002 年，双汇还把这种新型的肉类连锁店开到了雨润的大门口——南京市，给传统的雨润肉类销售店带来了巨大的冲击。有进攻就有反击，雨润于2003年5月投资1000万元注册成立了南京雨润商业管理有限公司，开始大力发展特许加盟连锁店。

雨润食品专卖店较之双汇的较高要求条件，更具有投资少、店面小、加盟方式灵活等特点。其所要求的专卖店面积只需30~40平方米（双汇为100平方米以上），门店装修只需区区的5000元，特许品牌使用费也只有5000元，这样只要投资5万元就可以设立一家雨润食品专卖店，这使加盟的速度远远超过双汇。从诞生到目前短短的两年时间内，雨润就在全国发展了连锁专卖店810家，遍布全国11个省、直辖市的40多个城市，形成了以宁沪杭为轴心、各冷鲜肉加工公司为中心的连锁网络。在自身资源的基础上进行的战略创新，使雨润的渠道战略推进的速度更快，对渠道掌控能力的优势也就更加凸显。

（五）品牌管理：持续成功的无上法门

战略品牌管理是一门专业的学科，也是企业持续成功的无上法门之一。从整个体系来看，双汇和雨润都面临着组织体系不健全、管理水平低、管理手段落后等问题。

双汇作为一个传统的国有企业，在品牌管理上仍然保留了强烈的国有企业色彩。品牌管理的职责分散在技术中心、营销公司和宣传部门，而没有专门的品牌管理部门，更缺乏专业的品牌管理人员，这样给品牌资产带来的危害极大。一是品牌缺乏科学的战略规划，企业品牌双汇的核心价值、品牌个性、品牌价值和承诺始终缺位；二是品牌识别的使用和管理显得混乱，如双汇品牌新旧LOGO存在着混合使用、"双汇王中王"产品标识混乱的现象；三是由于没有专门的管理部门、人员对品牌的战略和推广负责，新推出的品牌如富乐、笨厨等与企业品牌的关系含混不清。这些现象反映出的问题是：正在使消费者对双汇企业品牌的识别产生混淆，更使其品牌推广资金的投入产生了一定程度的浪费。

雨润在品牌核心价值与识别体系的规划上较之于双汇略有提升。但由于品牌推广费用的限制，使品牌的传播和沟通更多地限于渠道推动。缺少高端广告拉动的雨润显得品牌沟通的声音小、力量弱，难以占领消费者心目中的高端位置。当企业规模上到一定的层次，品牌的档次感和品质感就需要进一步的提升，缺少了高端媒体的高档形象拉升，仅靠终端的形象展示和推广，必定会使品牌长期的、整体的推广效果大打折扣。

（资料来源：中国互动出版网，www.china-pub.com）

二、思考·讨论·分析

1. 试论述双汇和雨润的战略管理的成功之处。
2. 试论述我国企业进入某产业的可能的战略选择。
3. 什么是品牌？品牌战略与企业总体战略的关系及区别？品牌价值是怎么实现的？试论述品牌战略在企业总体战略体系中的地位和作用。
4. 试探讨双汇和雨润的品牌经营管理模式在其他类型企业中的适用性。

案例 6-4 实施创新战略的三九药业

一、案例介绍

1995 年 11 月，创业 10 年就位列全国最大工业企业 500 强前 100 名的著名中药生产国有企业集团三九集团兼并了具有历史的内地国有企业四川雅安制药厂。新成立的雅安三九药业有限公司（以下简称"雅安三九"）运行两年，实现了超常规的跳跃式发展，其成长速度甚至超过了当年的南方制药厂，成为集团药业新的经济增长点。通过雅安三九看集团药业，我们发现主导产业的发展壮大得益于以资产重组为主旋律的战略创新，得益于以法人代表负责制与现代企业法人治理结构相结合的体制创新，得益于以提高质量、降低成本为中心的管理创新，最终得益于拥有世界一流销售网络和营销策略的市场营销组合创新。

（一）战略创新是主导产业跨越式发展的前提

1. 面向市场，进军世界一流企业的集团发展战略。三九集团组建以来的发展取得了令人瞩目的成就，国有资产总值从 500 万元（借款）增长到 96.12 亿元（截至 1997 年年底），无形资产 42.52 亿元（截至 1997 年年底）。自 1991 年起进入全国最大工业企业 500 家行列，1993 年起位列全国最大工业企业前 100 名，年利税一直保持在 4 亿元以上。曾被中国质量协会等授予"全国用户满意企业"、"全国质量效益型先进企业"、"最大制药企业"荣誉称号。1995 年，成为全国最佳经济效益工业企业中 12 个满分企业之一，是全国 120 家试点集团之一，荣获国家和军队多项奖励和荣誉称号。但是，面对变化迅速的内外部环境，如何保持大企业持续、快速、健康的发展势头，使集团早日进入世界一流企业的行列，三九集团的领导层提出了二次创业的口号。

进入 20 世纪 90 年代，我国市场已从卖方市场转入买方市场，竞争进一步加剧，国内医药市场已呈现国际化趋势，进入我国医药市场的一些外国大公司的年销售额往往超过我国医药工业的总销售额，其资产规模、市场能力、发展后劲是我国企业无法比拟的。竞争主体规模大型化使我国医药企业面临着严峻的挑战。从国有经济格局来看，产业结构、产品结构不合理的矛盾日益突出，重复性建设问题严重，"大而全"、"小而全"的现象普遍存在。作为实力雄厚的新型国有企业集团积极参与国有经济结构调整，一方面凭借自身的优势盘活闲置的国有资产存量；另一方面，在企业已有的基础上从事资本经营可以加快集团的发展。纵观名列世界 500 强的跨国公司，几乎没有一个是完全靠自我积累成长壮大的，大多是通过收购、兼并等方式按乘数速度发展。经济学家冯肯特做了最生动形象的对比：研究开发、经营管理是跑步，而企业并购是撑杆跳。经过全面分析比较，以赵新先总裁为代表的三九集团领导层认为：二次创业的切入点就是开辟一条生产经营与资本运营相结合的道路、促进集团超常规、跨越式发展。集团决策层围绕"创世界一流企业"的战略目标，开始实施战略创新。

第一，在产业结构上实施战略重点的转移，由发展 8 大产业转向重点发展药业及与其产业相关度较强的大食品工业。药业作为集团的主导产业，是集团经济效益和综合实力的体现。只有主导产业的核心能力不断增强，才能壮大集团实力，提高集团整体抵御风险的能力。随着人们生活水平的提高，重视保健、重视生命成为时尚，生活质量提高，医疗保健成为人们越来越重要的主导需求，这种巨大的市场需求也为药业的发展提供了难得的机遇。

第二，药业的发展要走低成本扩张的资本经营之路，要把集团在沿海地区形成的人才、技术、资金、管理优势与内地的资源优势结合起来，通过资产重组和改造，实现药业的整合，不断培育新的经济增长点。

第三，药业作为高科技产业必须时刻跟踪当代最新的科技动态。要在产品开发和生产过程中应用并创造新的科技成果，依靠技术创新把三九集团培养成知识型企业。

2. 战略创新的成功实施——兼并四川雅安制药厂。在集团强化主业、资本经营、产品创新的战略思想指导下，1995 年 8 月，三九集团开始了对雅安制药厂的资产重组和改造工作。

三九集团以三九香港公司的名义投入资金，以 65% 的股份兼并了雅安制药厂。并购后第一年实现利税 2000 多万元，比兼并前一年（1994）增长了 30 多倍。1997 年 1 月，进一步增资扩股，集团又投入 928 万元，占到 80% 的股份，当年创利税 5000 多万元，在第一年基础上又翻了一番，雅安三九集团运行两年，实现利税是合资前16年的5.6倍，其中，利润是前16年利润总额的7.2倍。

雅安制药厂建于1958年，20世纪60年代开始开发研制中药针剂，1975年被指定为四川省的中药针剂专业生产厂，年产针剂上亿支。到1995年，该厂已研制出16个中药针剂品种，其中6个品种可用于静脉注射。由于雅安制药厂一直处于传统计划经济体制的束缚下，企业观念落后，机制不活，管理不当，分配上吃"大锅饭"，企业经营陷入困境，兼并前一年（1994）利润不到2万元，税金58万元。三九集团之所以选择雅安制药厂作为兼并对象，正是看中了它的品种和人才队伍。中药针剂是中药剂型更新换代的重要方向，技术附加值高，市场前景广阔。它也是三九集团的产品系列正待开发的剂型。通过股权融资将一个成熟的产品纳入三九的产品系列，既节省了自主开发的成本和时间，又避免了开发失败的风险，短时期内能够取得稳定的投资回报。对于雅安制药厂，依托优势企业，获得资金、信誉、品牌、机制的支持，彻底改变企业形象，劣势企业能够向优势企业转化。三九集团兼并雅安制药厂，以强弱联合的形式体现优势互补的实质，生产要素的配置得到了优化，从而产生1+1>2的效应，为主导产业的发展找到了新的经济增长点，使集团强化主业的战略措施在新组建的雅安三九药业有限公司得到了完美的统一。

3. 在资产重组的过程中，实现药业的整合，强化主导产业的竞争优势。通过考察，三九药业在资产重组过程中，通过资本经营与生产经营相结合的方式，以市场能力强大的医药贸易公司为龙头，带动产成品、中间品的生产企业以及新产品开发系统，形成了前后联动、优势互补、累积增值的一体化产业格局，以整体规模的经济性强化了主导产业的竞争优势。

（1）构筑国内一流的市场营销主体。雅安三九的成功，最直接原因是得益于三九贸易公司强有力的市场营销网络。在市场经济条件下，企业的竞争归根结底是产品或服务的竞争。只有通过市场，产品或服务的优势才能转化为效益。因而企业决战在市场——一切管理行为的成败都要通过它的市场营销能力体现出来。

三九医药贸易公司（以下简称"医贸公司"）是目前国内医药行业最具实力的专业化药品销售公司之一，年营业额达12亿多元（不含宁波药材股份公司等兼并的医药贸易公司营业额），利税8000多万元。市场营销能力的增强，一方面靠借鉴世界一流医药公司的营销经验和现代市场营销理论构筑自己成熟的销售网络；另一方面实施集团的资本经营战略，收购国内医药流通领域中的药品专营公司，发展连锁经营，使三九药业的销售网络对全国的区域市场进行全方位覆盖。目前，通过债权换股权的方式已控股了长沙、宁波等地的医药贸易企业，组成了57个药品批发店和279家零售店的全国局部连锁店。这些医药贸易公司进入三九大家庭，既使三九系列药品的市场占有率进一步扩大，又盘活了被兼并方呆滞的国有资产存量，使它们从"三角债"的困扰中解脱出来，最终增强了集团药业的销售能力。1994年成立的无锡医药股份有限公司、宁波药材股份有限公司、长沙三九医药有限公司在被兼并后的一年里销售总额达到7.1亿元，利润3300万元，比1994年增长了100%；1996年共实现销售收入9.3亿元，利润4440万元。

（2）生产企业的有机组合形成了从前道到后道、从初级产品到终极产品的生产链。为缓解成本上升的压力，1992年，三九集团第一次采取资本经营的方式控股了惠州的一家药厂（惠州干膏厂），将南方药厂生产过程中资源消耗量大的前道工序转入该厂，使该厂成为中成药的初级产品加工厂。集团还在沈阳自建了西药中间产品生产厂（九新药业有限公司的原料供应基地——沈阳九鹏精细化工厂），形成了自己的西药原料药供应基地。

（3）自主开发和合作开发相结合，建设企业的科研开发基地。三九药业在竞争中之所以能处于主动地位，重要一点是把研究开发工作从离散、孤立的状态组织成企业发展的支撑面。他们投巨资创办了三九医药研究院，并与沈阳药学院等研究单位合作建立了企业的研究开发系统，使研究开发与生产销售一体化，把研究开发与企业的整体战略结合起来，做到长期跟踪国内外同行业的技术发展，把握住技术变革的时机。企业的研究开发工作与其他活动、与各部门密切联系，市场营销系统将各种市场信息与生产企业工艺要求及时反馈给产品开发部门，使产品创新工作始终沿着满足市场需求和提高工艺水平的轨道进行。三九集团每年都有新药研制成功，做到了"生产一代、开发一代、预研一代、构思一代"，为集团药业的持续、快速、健康发展积蓄了后劲。

（二）市场营销组合策略的创新带动企业行为的全方位变化

国有企业改革普遍面临两大难题：一是制度创新，二是结构调整。制度创新解决体制问题，结构调整解决市场问题。企业的产业结构和产品结构之所以不合理，是因为企业的市场能力弱，不知道目标市场在哪里，按照目标市场的需求调整产品生产也就无从谈起。"本企业的市场在哪里？"是每一个企业经营者在进行决策之前必须首先回答的问题。三九集团正是抓住了市场这个"纲"，纲举目张，才保证了企业的战略决策、管理决策、生产决策等一切活动沿着正确的轨道运行。

对市场的把握是通过企业的市场营销能力获得的。企业在营销过程中受到两类因素的影响：一类是企业外部环境带来的机会和威胁，这是企业难以改变的；另一类则是企业本身可以通过决策加以控制的，这就是市场营销组合策略的制定。

1. 从产品的市场容量、本企业产品现状、竞争者产品特点出发，制定完善的产品战略。雅安三九在运营之初便吸取南方药厂的经验，围绕市场做文章。而产品作为沟通企业与市场的桥梁，能否正确地选择与培育是关乎企业兴衰成败的重大问题。

确定兼并雅安药厂之前，三九集团管理层仔细分析了雅安药厂的情况。雅安制药厂在兼并前生产的产品有 40 多种，除中药针剂之外还有片剂、冲剂、丸剂等其他剂型。针剂作为中药里科技含量最高的剂型，既具备植物药无毒副作用的优势，又能起到疗效迅速的作用，深受广大患者的喜爱。目前，国内只有少数厂家具备中药针剂的生产能力，能与雅安药厂抗衡的实力强大的竞争者更是 16 个中药针剂品种中有 6 种屈指可数。雅安制药厂已研制出的可用于静脉注射，其技术附加值更高，其他品种也具有足够的市场潜力。之所以没有获得丰厚的市场回报，首先是销售工作不得力，没有打开市场，产品就永远长不大。其次是专项产品生产没有上规模，缺少拳头产品。第三是没有现代营销意义上的整体产品观念，即只注重产品能够提供基本的治疗效用，不注意产品实体以外的特性，如质量、款式、品牌、包装及售前售后服务。

针对本企业产品的这些特点，雅安三九的决策层提出并实施了明确的产品发展战略：

（1）开展现有产品的"优生优育"。首先，停止批量小、附加值相对较低的品种的生产，通过技术改造和技术攻关，集中力量扩大参麦、生脉、参附、鱼腥草等少数几种市场价值高的针剂的生产规模。其次，建立质量保证体系，强化质量管理；改善生产条件，用进口的生产设备和检测仪器替换老设备，提高生产过程中原材料中有效成分的利用率、产品收益率和检测的灵敏度。

新公司成立后，到 1997 年年底，共投入 1277 万元改进和完善设备，使原有的生产线成龙配套，是并购前 16 年设备投入的 3.82 倍。一方面，对企业的生产环境进行改造，使企业生产符合 GMP 标准，根本改善了产品生产的硬件。另一方面，他们注重企业软件基础的建设，在每年停产一个月进行设备改造的时间里，开展全员培训，强化质量意识教育；完善了质量管理跟着产品走、质量管理跟着人头走的质量监督体系和生产各环节的质量管理制度，使产品性能和产品结构得到了优化。

（2）实施名牌战略，将优选品种培育成名牌拳头产品。首先，对优选品种进行二次开发，提高技术附加值。为此，公司返聘了已退休的原参麦、参附等产品的研制者与开发部共同努力，大大提高了这些产品的质量稳定性，同时降低了生产成本。其次，冠以"999"品牌，采用新包装、改善产品的整体形象，使昔日的"丑小鸭"成为今日的"白天鹅"。经过改进的新一代参麦、参附、鱼腥草等针剂品种无论在产品外观还是内在疗效上，都比以往的产品提高了一个档次，成为中药中的精品。

（3）以法律为武器，加强知识产权保护，使名牌产品在市场中常胜不衰。雅安三九新成立的开发部，将知识产权保护工作作为一项事关企业前途的重要任务。他们对内组织力量研究制定工艺质量标准，对外积极向国家专利局申请"参附"、"鱼腥草"、"生脉"等品种的生产工艺专利。同时，对其他企业申请的"参麦"、"生脉"专利提出异议。经调查，国家专利局驳回了对方的申请，由雅安制药厂科技人员首创的拳头产品终于得到了保护。"参附"也获得了国家品种保护证书。1997年4月，又有3个品种上了全国中医院急诊必备用药目录。

（4）积极开展新产品的开发与生产，以技术创新保证企业稳定发展的速度。开发部一边承担知识产权保护工作，一边与华西医大等科研单位合作，致力于新产品开发和原有产品工艺和质量标准的改进。雅安三九率先在全国生产出了大规格中药注射液，填补了国内中药针剂品种的空白。1997年，新产品产值率达15.99%，并有4个品种改进了工艺，提高了质量标准。

2. 有效的销售策略，使产品迅速占领市场。雅安制药厂的销售力量薄弱、销售人员素质差，是导致产品滞销的关键原因。新公司成立后，及时清理了销售队伍，解除了本厂的销售职能，而实行国际流行的销售总代理制，选择医贸公司作为总代理商，销售公司主要产品。而医贸公司凭借广泛的营销网络和娴熟的市场推广技巧，短短的一年时间里就使雅安三九的中药针剂销售额达到1亿多元。

医贸公司的成功主要是由于在建设了一支高素质、高水平、能吃苦的销售人员队伍的基础上做出了正确的营销策略的选择。公司自身的业务人员全部是本科以上学历，90%是医学或药学专业毕业，同时还在不断接受营销相关知识的培训。在销售策略的决策上，首先，将自己营销观念定位于社会营销观念的高起点上，即销售工作的任务不仅仅在于赚取企业利润，而是要兼顾消费者需要和社会效益，采取能够保护消费者及提高社会福利水平的方式，比竞争者更有效地满足用户的愿望。其次，在促销方式上进行创新。当企业形象和商誉确立后，便将营销方式的重点从广告转移到人员促销和公共关系上，人员促销表现在由医学代表深入全国各大医院,通过召开专业性较强的产品推介会来创造需求,从而创造市场;公共关系促销则通过采取合理合法的手段如举办集体联谊活动,与使用本企业产品的整体用户建立良好的感情基础,而坚决杜绝各种短期行为。再次,通过并购医药专营公司,建立起供应商与经销商一体化的分销渠道,使经销商更积极地推销本企业的产品,提高分销过程的效率,并对这些公司进行改造,提高分销渠道的质量。这些决策使医贸公司的销售实力日益壮大,从而使代理制的营销组合在集团内部企业中产生了巨大的效益。

(三) 通过机制输入实现被兼并企业的制度创新,使传统国有企业焕发了青春活力

1. 从实际出发,根据企业特点和条件,将三九机制与现有人才资源相结合。雅安制药厂具有较好的产品基础,在"七五"和"八五"期间被列为国家医药局和中医药管理局的重点技改企业,有一定的硬件基础,然而,观念落后、管理不善,分配上的平均主义使企业效益和效率低下,不得不"拿着金碗讨饭吃"。究其原因,体制僵化、销售滞后是制药企业发展的关键因素。

体制问题一直是国有企业改革的老大难问题。而制度创新的任务不在于采取某种新颖的制度形式,关键在于在企业内部营造自主经营、自负盈亏、自我发展、自我约束的环境和机制,就是要还企业作为经济组织和市场竞争主体的本来面目——面向市场,追求利润最大化。而三九集团在组建之初就确立了集团体制是一个政企分开的模式,企业根据市场需求自主经营、自负盈亏、自我发展、自我约束。在这种体制下逐步形成并完善了适应社会主义市场经济要求,体现现代企业制度实质的三九机制。它的核心是适应市场、关键是责任落实。

雅安制药厂的特点决定了并购后重塑企业行为的关键是用三九机制激活企业的潜质,使这个具有38年历史的老厂在与现代企业制度的接轨中焕发生机与活力。

首先,按照三九机制的要求建立企业内部的责任体系。总经理曾晓春接受董事会的委托,对企业的经营负全面责任,大胆任命业务精、敢管理的人担当各部门负责人,各级领导在职责范围内自主行使权力,构筑起层层落实的责任体系。如启用原来有争议的科研所所长徐康雅同志任生产技术部部长,不仅使各项生产工艺、流程操作规范和岗位责任更加完善,而且严格落实,在生产任务一年内翻两番的情况下,不仅保证了药品的质量,而且千方百计降低了成本,使公司利润大幅度提高。

其次,根据企业实际,按照三九机制的"四能"原则,创造性地引入激励

机制，改变分配制度，根据岗位的复杂程度和劳动强度，拉大收入分配的差距，对所有人员实行竞争上岗。三九集团1:18倍的工资制度是根据深圳的人力资源价格制定的。由于四川省内劳动力成本比较低，雅安三九因地制宜地将收入差距控制在1:5，有效地调动了员工的积极性，又降低了生产成本。为了实现二次创业使老少边穷地区脱贫致富的愿望，雅安三九通过全员在职培训提高员工素质，解决部分员工在并购前下岗的再就业问题，随着生产的发展，公司招收了中专以上毕业生30多名安排就业。

机制的创新从根本上改变了原有企业管理的混乱，过去上班违反纪律、出勤不出力的现象消失了，代之以争先恐后努力工作，关心企业发展的局面。

2. 建立规范的法人治理结构，对三九集团的企业体制进行再创新。雅安三九药业有限公司是按照我国《公司法》的要求和现代企业制度的规范设立的。公司实行董事会领导下的总经理负责制。董事长经董事会选举产生，由占绝对控股地位的三九集团领导出任，董事长委派合格的企业经营者，总经理在董事长的授权下承担使企业资产保值增值的责任，并聘任厂里具备技术素质和管理经验的领导共同组成经理层，行使企业经营的投资决策权、生产指挥权、收益分配权，从而建立起规范的法人治理结构。

如果说三九集团在实践中摸索出的以法人代表负责制为标志的企业体制是以总后生产部的"开明"为前提（即总后只管国有资产的保值增值和党的重大方针政策的落实，而企业的经营活动完全由法人代表负责）而实现政企分开的话，那么雅安三九的法人治理结构就从制度上保证了企业命运真正掌握在企业家手中，使企业成为名副其实的现代企业。这不仅是对传统国有企业体制的创新，同时也是对三九集团法人代表负责制的创新。

目前，集团整体也在通过制度创新，确立以产权管理为基础，以资产为主要联结纽带，逐步建立规范的母子公司体制。同时建立规范的企业国有资产营运、监督和管理体系，确保企业资产的安全增值，为集团快速、健康发展提供制度保障。

（四）三九药业发展的有益启示

成功的资产重组使三九药业取得了高速度、跨越式的发展，为我国企业集团的发展提供了有益的经验。

1. 实施创新战略是企业持续发展的关键。三九药业及兼并后新企业的发展得益于不断的努力创新。对于大集团内行业的发展，选择正确的战略，实施战略措施的创新是关键，而对单个企业来说，创新要从市场营销组合的正确决策入手，以技术创新为依托，以制度创新为保障，以强化营销能力为核心进行企业行为的全面创新。其中技术创新又为企业的持续发展奠定了基础。创新已成为国家经济发展的原动力。亚洲金融危机的爆发也为企业的发展敲响了警钟。在科技被称为第一生产力的今天，日本、韩国等国在技术创新方面行动迟缓，加剧了企业的危机。

2. 战略创新的成功要以周密准确的战略分析为前提。战略创新不是企业发展方向的不断变化，而是在目标既定的条件下，根据国际国内大环境的变化以及市场形势的变化，在不同的时机采取适宜的策略，以期目标的早日实现。战略创新成功来源于周密、准确的战略分析。目前，资产重组成了许多企业谋求快速发展的战略选择。人们似乎达成了一个共识——企业要想迅速成长，就要进行资产重组。一些企业盲目"跟风"，片面追求眼前资产规模的扩大，而缺少企业长远发展的充足的战略分析，忽略了并购后企业所面临的新的经营风险，结果新企业运行后出现了许多始料不及的问题，严重困扰了优势企业。不仅被兼并方未被扶起，兼并方甚至也被拖下了泥潭。

战略分析要能够达到识别风险，规避风险的目的。随着我国市场经济体制的深化，外部环境的不确定性对企业的影响将越来越严重，决策信息的来源多变，市场风险（产品市场、资本市场、信息市场、技术市场等）时刻威胁着企业的生存和发展。具体到以并购方式进行的企业扩张，如何选择兼并对象，如何制定、实施兼并方案，如何进行公司治理……这些步骤要在兼并前进行周密的测评和确定。三九集团对雅安药厂的兼并在事前就形成了新企业发展的指导思想——通过优势互补，化解新企业的运行风险。

三九集团的优势在于拥有适应市场的运行机制，较雄厚的资金实力，专家型的企业管理队伍，国内一流的市场营销网络，良好的信誉和知名度，这些优势正是雅安药厂所欠缺的。雅安药厂的优势在于拥有市场潜力大、技术基础较强的产品。如果三九不以兼并方式而是独立开发或以购买专利的方式来获得这种产品，则会遭遇巨大的市场风险。一项创新取得成功要经历三次考验，第一次是技术考验，即技术困难能否被攻克，这期间要进行大量的研究开发经费和时间的投入。在美国，一项全新药品的开发约需 10 年时间，耗资 2 亿美元，在我国目前条件下要想开发出稳定的中药针剂类产品，也需 5 年左右时间及巨额开发费用。技术考验通过后就是市场化考验，新产品能否有销路。第三次面临的是产业化考验，即新产品能否被市场广泛接受形成大批量的生产规模。这期间哪一个环节出现问题，都将使企业的创新努力夭折，使企业的开发成本付诸东流。即使费尽周折开发成功，该产品的市场可能早被竞争者占领，丧失了最佳的销售时机。而雅安药厂优势恰恰满足了三九集团产品结构调整的需要。

当二者的优势结合并充分发挥之后,犹如一组啮合完好的齿轮,通过重组和改造两种润滑剂,使原雅安药厂这台运转不够灵敏的旧机器重新并以更高的速度运行起来,同时增强了三九药业的发展后劲。

3. 企业集团在发展过程中一定要注意结构调整。我国宏观经济的主要问题之一是现有经济结构与市场需求脱节,产业结构、产品结构、技术结构、组织结构、地区结构不合理。我国钢产量已超过亿吨,成为世界第一,每年还得花60亿~70亿美元进口1500万吨钢材。我国汽车生产厂有116个,超过其他所有国家的总和,但企业规模过小,1996年全国轿车产量仅38万辆,不到一个世界名牌汽车厂的零头。由于重复建设,盲目生产,许多产品严重积压,仅库存的衬衫就够全国每人两件左右。笔者认为,造成产业结构不合理的原因,一方面是由于宏观经济管理部门的政策引导和调控力度不够;另一方面是由于作为市场经济微观主体的企业本身的产业结构不合理,许多大企业甚至一些小企业都在追求多元化经营,投资分散,丧失了自己的专业特长和主导产品。特别在兼并浪潮中,许多企业进入自己不熟悉的领域,向多个无关行业迅速扩张。无关联多元化使企业领导者进入全新的领域,对购并对象行业不甚了解,决策的正确性难以保证。同时,这种并购增大了总部管理的难度,管理人员对新行业不熟悉,内部沟通、指导困难,管理效率低下。国外最近的研究表明,与同行业兼并相比,对其他行业,特别是无关联行业的企业进行兼并,成功率很低。所以,企业集团在发展中要解决好以下两个问题:

第一,要正确处理发展主业与多元化经营的关系。多元化经营一直是我国许多企业集团倡导的战略。亚洲金融危机的爆发使韩国一向强调多元化经营的企业集团受到了重创,而三九集团及时调整产业结构,由发展8大产业转向集中发展药业,将提高主导产业的核心能力作为首选目标,无疑为降低企业风险进行了有益的探索。特别是随着我国金融市场的进一步开放,防范金融风险越来越成为企业发展的当务之急,大企业在发展过程中一定要牢牢抓住主业,成为这一行业的佼佼者,靠主业的壮大来降低风险,靠主业的稳定收益补偿其他产业经营中可能出现的损失。

第二,资产重组中一定要注意加强企业间产品和产业的关联度。从雅安三九与医贸公司结合创造出巨大效益的过程看,二者结合的意义不仅仅在于实现了企业的超常规、跨越式发展,更重要的是,依靠专业化分工实现了规模化的生产和规模化的销售,企业的内部经济性与外部经济性同时获得。随着医贸公司的发展壮大,在集团内部,越来越多的被兼并企业的销售职能不断从原企业母体中分离出来,转由医贸公司承担,各企业成为单纯的生产基地,可以进一步细化分工，在专业化基础上扩大规模，形成集团的一个从初级产品到终级产品联动的生产行业，而医贸公司通过自我积累与资本经营，使药品销售也成为集团药业的一个独立行业，从而获得行业规模扩大的好处。同时，集团内部也形成了一个小市场，医贸公司是生产企业的用户，以内部价格获得较低的产品成本，以对外部大市场信息的及时反馈向生产企业提供正确的产品选择导向，降低了双方的交易成本。因此，企业集团在进行资产重组时，一方面要选择在主业和产品结构上相关度较强的企业为兼并对象；另一方面在重组过程中还需注意产业的分离与调整，使企业之间的合作真正实现规模经济效益。

4. 企业的生产经营活动在注意满足市场需求的同时，还要不断地创造市场的新需求。三九医贸公司的营销活动的核心是市场的创新。一方面根据市场的实际需求为生产企业提供产品选择；另一方面是激发市场的潜在需求，奠定新产品的市场基础，使企业保持持续快速发展。目前，一些企业虽然做到了以满足市场需求为原则进行决策，但在市场需求的创新上还未有足够的体现。

三九集团在二次创业以来取得了迅猛的发展，同时，国有资产总额也从1993 年的 31.9 亿元，发展到 1997 年的近 100 亿元。特别是集团药业，营业额从 1993 年的 29.8 亿元，发展到 1997 年 55 亿元。雅安三九作为药业企业的一个成功范例，实现了超常规、跨越式发展，为集团企业以及我国国有企业的发展提供了有益的启示。我们期待着三九集团的第二个、第三个雅安制药厂的出现，期待着三九集团早日步入世界 500 强的行列。

（资料来源：李良忠：《在北大、清华学 MBA》，中国档案出版社 2002 年版）

二、思考·讨论·分析

1. 试讨论分析企业发展主业与多元化经营的关系？
2. 请问：你如何看待国有企业法人的责任风险与收入不相符这个问题？

参考文献

1. 王礼：《澳柯玛盛衰记》，《南方周末》2006年4月27日。
2. 余来文：《管理竞争力：基于战略、管理与能力的整合》，东方出版社2006年版。
3. 项习文：《解析企业成败》，石油工业出版社2003年版。
4. 宁建新：《企业战略管理策划与案例》，青岛海洋大学出版社2000年版。
5. 吴岩：《会当凌绝顶——成功领导典范》，中国互动出版网www.china-pub.com，2003年。
6. 高红岩：《战略管理学》，清华大学出版社、北京交通大学出版社2007年版。
7. 王建中：《资本复兴：中国个体私营经济20年速写》，山东人民出版社2000年版。
8. 管理营销资源中心，http://www.mmrc.net。
9. 《施振荣的宏碁之道》，管理营销资源中心，http://www.mmrc.net。
10. 《零售之王沃尔玛——世界第一大零售商经营案例》，国研网，2002年5月13日。
11. 黄雁芳：《新世纪高校经济学管理学核心课教辅用书——管理学教程案例集》，上海财经出版社2001年版。
12. 高福安：《媒体战略管理》，中国传媒大学出版社2006年版。
13. 许晓明：《企业战略管理教学案例精选》，复旦大学出版社2003年版。
14. 邱国栋：《公司发展战略：企业的资源与范围》，人民出版社2005年版。
15. 胡军：《富豪密码》，地震出版社2006年版。
16. 陈明星：《世界顶级企业18条竞争法则》，中国纺织出版社2005年版。
17. 台商信息网，www.3722.cn，2005年11月18日。
18. 汤定娜、万后芬：《中国企业营销案例》，高等教育出版社2001年版。

19. 侯铁珊：《市场营销学案例与练习》，大连理工大学出版社 2002 年版。
20. 吴健安：《市场营销学》，高等教育出版社 2005 年版。
21. 侯贵松：《战略营销》，中国纺织出版社 2006 年版。
22. 林钰：《发展经济学案例集》，中国社会科学出版社 2005 年版。
23. 李剑锋：《战略管理 10 大误区》，中国经济出版社 2004 年版。
24. 黄凯：《战略管理——竞争与创新》，石油工业出版社 2004 年版。
25. 林广瑞、李沛强：《企业战略管理》，浙江大学出版社 2006 年版。
26. 王德清、陈金凤：《现代管理案例精析》，重庆大学出版社 2004 年版。
27. 叶秉喜、庞亚辉：《伊莱克斯中国战略转型》，中国营销传播网，2004 年 6 月 8 日。
28. 刘松柏：《开创型战略》，中国经济出版社 2006 年版。
29. 于云飞：《管理其实很简单》，金城出版社 2005 年版。
30. 陈炳岐：《麦当劳与肯德基》，中国经济出版社 2006 年版。
31. 陈佳贵：《北京奥运商机》，华艺出版社 2002 年版。
32. 干春晖：《企业并购：理论、实务、案例》，立信会计出版社 2002 年版。
33. 李亚：《民营科技企业产权运营：战略、操作与案例》，中国方正出版社 2002 年版。
34. 姜汝祥：《新惠普超越 400 亿撞墙危机》，《中国经营报》2003 年 2 月 10 日。
35. 《新惠普合力更需合心》，《中国经济时报》2002 年 5 月 15 日。
36. 王文：《新惠普文化与品牌策略》，《市场报》2004 年 4 月 1 日。
37. 胡涛：《新惠普卡莉·菲奥里纳的领导艺术》，亚商人力资源网。
38. 胡明沛：《不是被饿死就是被噎死？如何合并两家大公司》，《IT 经理世界》2004 年 7 月 29 日。
39. 马钢：《海尔业务流程再造模式及其经济学分析》，《决策借鉴》2002 年第 1 期。
40. 常征：《企业家领导方法》，中国商业出版社 2002 年版。
41. 曹刚：《国内外市场营销案例集》，武汉大学出版社 2002 年版。
42. 李传江：《终端营销》，中国经济出版社 2006 年版。
43. 薛娜：《经典品牌故事全集》，金城出版社 2006 年版。
44. 孙川：《开拓型品牌》，中国经济出版社 2006 年版。
45. 周莹玉：《营销渠道与客户关系策划》，中国经济出版社 2003 年版。

46. 韩立达：《中国企业管理科学案例库教程——战略管理》，光明日报出版社 2001 年版。

47. 李弘、董大海：《市场营销学》，大连理工大学出版社 2003 年版。

48. 蔡玉春：《管理的力量》，中国纺织出版社 2006 年版。

49. 黄保强：《创新概论》，复旦大学出版社 2004 年版。

50. 章平：《战略传媒：分析框架与经典案例》，复旦大学出版社 2004 年版。

51. 熊春锦：《中华国学道德根》，中央编译出版社 2006 年版。

52. 应勤俭：《企业战略》，上海财经大学出版社 2002 年版。

53. 段从清：《企业战略管理》，人民出版社 2005 年版。

54. 张辉：《营销实战》，中国商业出版社 2001 年版。

55. 袁闯：《管理哲学》，复旦大学出版社 2004 年版。

56. 李良忠：《在北大、清华学 MBA》，中国档案出版社 2002 年版。

57. 赵曙光等：《中国著名媒体经典案例剖析》，新华出版社 2002 年版。

58. 郑风田：《美国人企业家精神》，中国经济出版社 2001 年版。

59. 郭振玺：《品牌实效传播》，中国传媒大学出版社 2005 年版。

60. 鲁丹萍：《公平贸易战略与案例研究》，人民出版社 2005 年版。

61. 罗宾：《企业战略理财营销成功案例》，团结出版社 2003 年版。

62. 赵健：《资本的力量》，中国纺织出版社 2006 年版。

63. 李钢：《"走出去"开放战略与案例研究》，中国对外经济贸易出版社 2000 年版。

64. 何诚斌：《眼力决定成败》，甘肃文化出版社 2004 年版。

65. 候贵松：《破规者立规者》，中国纺织出版社 2006 年版。

66. 王伟：《管理创新原理与实务》，中国对外经济贸易出版社 2002 年版。

67. 宋冬林：《商战醒世恒言》，长春出版社 2000 年版。

68. 李炳炎：《中国著名企业首席执行官》，中国财政经济出版社 2002 年版。

69. 王雨：《经营自己的一生》，中国盲文出版社 2002 年版。

70. 翟鸿燊：《富豪都是逼出来的》，甘肃文化出版社 2005 年版。

71. 冯周卓：《走向柔性管理》，中国社会科学出版社 2003 年版。

72. 陈国生等：《现代企业管理案例精选》，对外经济贸易大学出版社 2006 年版。

73. 胡恒松：《中国儒式管理新模式：蒙牛法则与联想定律》，中国纺织出版社 2006 年版。

74. 成思危：《成思危谈企业与管理科学》，企业管理出版社 2002 年版。

75. 王霖：《特许经营》，中国工人出版社 2000 年版。

76. 陈燕：《开放型文化》，中国经济出版社 2006 年版。

77. 吕叔春：《管理寓言枕边书》，中国纺织出版社 2006 年版。

78. 关健：《营销 X 档案》，中华工商联合出版社 2002 年版。

79. 刘景雄：《你不必再错过美元：跨国经营失误的案例》，山东人民出版社 2002 年版。

80. 鲁桐：《WTO 与中国企业国际化》，中央党校出版社 2000 年版。

81. 肖祖珽：《挑战全球化：经济全球化与中国企业》，金城出版社 2001 年版。

82. 邓海涛：《涉外管理系列教材：企业战略管理》，国防科技大学出版社 2005 年版。

83. 蒋任重：《图解企业战略管理》，中国经济出版社 2004 年版。

84. 林汉川：《中小企业战略管理》，对外经济贸易大学出版社 2006 年版。

85. 邵培仁：《媒介战略管理》，复旦大学出版社 2003 年版。

86. 张锦喜：《帝商》，中国经济出版社 2006 年版。

87. 胡鹏：《中国富豪发迹 50 型》，中国档案出版社 2005 年版。

88. 丰晓月：《胜者为王：世界成功管理名案》，石油工业出版社 2005 年版。

89. 余凯成：《管理案例学》，四川人民出版社 1987 年版。

90. 张丽华：《管理案例教学法》，大连理工大学出版社 2000 年版。

91. 梅子惠：《现代企业管理案例分析教程》，武汉理工大学出版社 2006 年版。

92. 里德著，徐德任、曾剑秋译：《哈佛等一年：商学院的真实经历》，中国建材出版社 1998 年版。

93. 刘新哲：《哈佛学不到，海尔是课堂》，《青岛日报》1998 年 3 月 30 日。